单忠东　綦建红 ● 编著

北京大学光华管理学院教材

光华管理学院
Guanghua School of Management

F i n a n c e
金融学系列

国际金融

（第三版）

INTERNATIONAL FINANCE

北京大学出版社
PEKING UNIVERSITY PRESS

图书在版编目(CIP)数据

国际金融/单忠东,綦建红编著.—3版.—北京:北京大学出版社,2011.1
(北京大学光华管理学院教材·金融学系列)
ISBN 978-7-301-18164-5

Ⅰ.①国… Ⅱ.①单… ②綦… Ⅲ.①国际金融-高等学校-教材
Ⅳ.①F831

中国版本图书馆CIP数据核字(2010)第238779号

书　　名:国际金融(第三版)
著作责任者:单忠东　綦建红　编著
责任编辑:马　霄
标准书号:ISBN 978-7-301-18164-5/F·2659
出版发行:北京大学出版社
地　　址:北京市海淀区成府路205号　100871
网　　址:http://www.pup.cn
电　　话:邮购部62752015　发行部62750672　编辑部62752926
出版部62754962
电子信箱:em@pup.cn
印　刷　者:北京鑫海金澳胶印有限公司
经　销　者:新华书店
730毫米×980毫米　16开本　27.5印张　507千字
2005年3月第1版　2006年7月第2版
2011年1月第3版　2016年12月第4次印刷
印　　数:9001—11000册
定　　价:49.00元

编委会名单

丛书总序

教材建设是大学人才培养和知识传授的重要组成部分。对管理教育而言,教材建设尤为重要,一流的商学院不仅要有一流的师资力量、一流的生源、一流的教学管理水平,而且必须使用一流的教科书。一流的管理类教科书必须满足以下标准:第一,能把所在领域的基础知识以全面、系统的方式和与读者友好的语言呈现给读者;第二,必须有时代感,能把学科前沿的研究成果囊括进去;第三,必须做到理论和实务(包括案例分析)相结合,有很强的实用性;第四,能够启发学生思考现实的管理问题,培养他们分析问题和解决问题的能力;第五,可以作为研究人员和管理人士的工具书。

中国的管理教育是伴随改革开放而产生的。真正意义上的管理教育在中国不过十多年的历史,但巨大的市场需求使得管理教育成为中国高等教育各学科中发展最快的领域,管理类教科书市场异常繁荣。但总体而言,目前国内市场上管理类教科书的水平仍不能令人满意。国内教科书作者大多数在所涉及领域并没有真正的原创性研究和学术贡献,所撰写的教科书普遍停留在对国外教科书的内容进行中国式排列组合的水平上;国外引进的原版教科书虽然具有学术上的先进性,但由于其写作背景是外国的管理实践和制度安排,案例也都是取自于西方发达国家,对中国读者而言,总有一种隔靴挠痒的感觉。如何写出一流的中国版的管理类教材,是中国管理教育发展面临的重要任务。

北京大学光华管理学院一直重视教材建设工作。1999 年夏,我们曾与经济科学出版社签约,以每本 20 万元的稿酬,向全国征集 MBA 教科书作者。这个计划公布之后,我们收到了十几本教科书的写作方案。遗憾的是,经专家委员会评审,没有一本可以达到我们所期望的水平。究其原因,主要是当时中国管理学院的教授、学者大多数并没有真正从事有关中国商业实践、管理实践的理论性和实证性研究。我们得出的结论是:没有一流的学者,没有一流的学术研究成果,就不可能写出一流的教科书。国外有大量优秀的教科书,这些教科书都是成千上万的优秀学者在对每一个具体的管理问题进行出类拔萃的研究的基础上写成的,是学术研究的结晶。国内学者如果没有研究的积累,要写出包含中国管理实践的好的教科书是不可能的。所以,我们果断地中断了这个计划。

自1999年以来,师资队伍的建设成为光华管理学院工作的重中之重,除了通过出国培训、合作研究等方式提升原有教师的水平外,我们还从国内外引进了六十多位优秀的新教师,使得光华管理学院成为真正与国际接轨的研究型商学院。我们的绝大多数教师不仅受过良好的科学研究训练,具有很好的理论素养,而且潜心于中国管理实践的研究和教学。不少教师已在国际一流的学术刊物上发表论文,受到国际同行的关注。

今天,我们有充分的信心向社会呈献一套由光华管理学院教师撰写的优秀的管理类系列教科书。本系列教材包括"应用经济学"、"金融学"、"会计学"、"市场营销学"、"战略管理"、"组织管理"、"管理科学与工程"和"信息系统管理"等子系列,涵盖管理学院教学的各个层面。这些教科书都是作者在光华管理学院多次授课的讲义的基础上反复修改写成的,经受过课堂实践的考验。

当然,我们深知,优秀教材的建设是一项长期的任务,不可能一蹴而就,也不是一个学院所能独立完成的,需要所有管理学院的通力合作。我们欢迎兄弟院校的师生和广大读者对教材提出批评和建议,以便我们不断改进。

让众多的没有机会进入光华管理学院的读者分享我们的课堂内容,是我们的荣幸,更是我们的责任。我们将以开放的姿态和与时俱进的精神为管理学教育的发展而努力,将更多更高水平的教材奉献给广大读者!

张维迎
北京大学光华管理学院
2005年7月11日

金融学系列序言

“北京大学光华管理学院教材·金融学系列”是应北京大学出版社的邀请，作为北京大学“重大立项教材”项目而写作出版的。

本系列教材的作者均是北京大学光华管理学院金融系的骨干教师，内容涉及金融学专业的各个方面。该丛书的宗旨是致力于三方面的结合：一是国外研究的前沿成果与国内金融发展实践相结合；二是金融理论与具体案例相结合；三是宏观研究与微观行为相结合，以期对全球和国内金融的理论与实践进行回顾、分析与展望。

我认为，出版一套金融专业精品教材有着十分重要的意义，是适应金融学发展的战略之举，是解决高校金融专业教学需要的重要措施。

在计划经济年代，我国的金融业不够发达。当时提出的口号是“一切信用集中于银行”，除了银行融资之外，几乎没有其他融资形式和融资渠道，因此，当时的金融学就是货币银行学。当然，由于还存在着对外金融贸易关系，有国际收支、汇率和外汇等问题，因此又形成了国际金融学。

随着我国市场经济的发展，企业融资的市场化，对外贸易及国际融资的不断扩大，全球经济一体化、经济金融化的发展，世界金融业的兴旺发达，金融制度、金融市场、金融技术、金融工具的不断创新，金融经济已成为世界经济的重要组成部分。在此情况下，金融学科也得到了长足的发展，已成为独立的学科。当前应创立广义金融学，即现代金融学，改革金融学的教育和教学，以适应 21 世纪对金融人才提出的更高要求。

我认为，广义金融学应包括多种含义与内容。从金融市场与企业金融的角度来看，应当包括货币银行学、保险学、金融市场学、证券投资学、公司理财学等；从金融理论和金融技术的角度来看，应当包括金融经济学、金融制度学、金融工程学、金融数学、金融技术学、金融管理学等。对于近几年发展较快的金融经济学、金融工程学和金融管理学，在教学方面应给予高度重视。

金融经济学是经济与金融结合的新兴学科，主要研究现代社会经济条件下经济金融化、货币证券化的发展趋势，金融经济的基本特征，金融经济时代与其他经济时代发展的比较，金融经济的可持续发展。金融经济学的基本理论包括信息经济学、制度经济学、公司经济学和发展经济学理论与金融学的结合等。同时，对金融业与经济发展的相关性进行分析。学习与研究金融经济学，能使学生更好地了解现代经济的特点，处理好实体经济与虚拟经济发展的关系。

金融工程学也是近年来才发展起来的一门学科，主要研究利用各种金融工具降低和消除金融风险，或如何将此风险重新组合，以改变原有风险特质；研究各种金融工具、产品服务、融资方式以及机构和市场组织方面的技术变革，把握各种技术创新的成果和特点、操作要求、管理方法和经验；揭示当代金融向技术化、工程化方向发展的趋势；同时，用技术的、数学的、模型化的方式进行宏观和微观金融分析。

金融管理学是现代金融学的重要组成部分。现代金融是一个庞大而复杂的体系，加上现代电子技术的应用，蕴藏着极大的风险。金融管理变得非常重要：不仅要进行宏观管理，还要进行微观管理；不仅要进行外部管理，还要进行内部管理；不仅要进行政策管理，还要进行技术管理。金融管理学主要研究现代金融管理的一般理论、管理内容和管理体系，包括系统论、控制论、信息论等现代管理理论在金融管理中的运用以及金融业务管理、货币资金管理、金融资产管理、财务管理、人事管理、技术管理，研究金融监管法律体系、金融监管组织体系、金融监管评价体系、国际金融监管、金融监管环境等。

当然，金融技术学也应引起我们的重视。我认为，金融技术学就是与电子货币、网络银行、网络金融交易、结算相适应的相关技术的科学，它是一种边缘学科，是现代技术与金融的结合，是现代技术在金融交易中的应用。金融技术学的宗旨是利用现代技术运转金融交易并保证金融交易的技术安全，如开发金融交易软件、金融风险防范软件、投资组合软件以及防止密码被盗和防止黑客入侵等技术。

随着金融的市场化、现代化和国际化以及中国加入WTO，对金融学科的教学提出了更高的要求。我国金融学的教学必须在以下几个方面进行质的突破与改革：

1. 在教学中必须让学生了解和掌握金融发展的最新理论、知识、方法和技术，以及金融市场和金融工具等发展的最新动态。不仅要了解货币体系和货币制度、金融体系和金融理论、利率和利率管理体系、货币供求和均衡理论、金融发展、金融制度、国际收支等理论，而且还要了解金融市场。现代金融市场包括货币市场、外汇市场、资本市场以及在此基础上派生出来的衍生市场。现代金融市场发展迅速，金融工具层出不穷，应把重点放在让学生了解和掌握金融市场的各种市场机制、金融工具的定价以及各主体的行为上，既要有知识性，还要有理论性和实践性。这样有利于培养出具有综合能力的金融人才。

2. 在过去金融学的教学中，我们侧重于宏观金融、金融理论和货币金融政策，也就是注重定性分析。从目前的发展来看，金融学更是一种实用经济学，更要求实际和实证分析，需要懂得实际操作，需要掌握和运用金融工具与金融分析方法，因此在教学过程中，金融技术、金融数学及金融工程等方面应该加强。另外，还应吸收国外新兴的金融工程学的最新成果，结合中国情况加以介绍。鉴于金融研究的精密化、数理化和工程化，在教学方法上要大胆创新，抛弃原来过分依赖定性分析的做法，而坚持定性与定量相结合、逻辑分析与数理分析相结合的分析方法，这样有利于从质和量两方面把握金融市场的各种规律和各种金融定量之间的相互联系，有利于培养既懂得理论又懂得实际操作的复合型金融人才。

3. 在教学中必须注意理论研究联系实际，尤其是联系中国金融发展的实际。现在有些人对金融理论尤其是西方金融理论比较熟悉，但却不能解释中国金融发展问题；有些人热衷于研究金融数学和金融模型，但是却不能有效地分析中国金融市场的实际。我们不能为理论而理论，为方法而方法。我们要培养既懂得金融理论又懂得金融方法的人，但更重要的是要培养能运用这些理论和方法解决中国乃至世界金融实际问题的人。因此，在教学过程中，如果有条件的话，应当让学生到金融实际部门和金融管理部门去实习，也可以组织学生参与有关货币市场、资本市场等金融方面的科研项目的研究工作。这样有利于培养学生分析问题、解决问题的能力。

当前,适应现代金融学发展、适应中国金融发展的教材尚不多见,精品教材更是凤毛麟角,学生普遍反映教材内容和体系较为陈旧,引进国外教材虽可解燃眉之急,但对于研究中国金融问题来说,则有隔靴搔痒之感。因此,编写适合中国经济和金融发展、有利于培养现代金融人才的教材,是我们不可推卸的责任。鉴于中国金融市场正处于快速发展阶段,许多东西尚未成熟、尚未定型,甚至尚无定论,在编写教材过程中,应摆脱当前国内教材过分拘泥于当前实际的条条框框,大胆借鉴成熟市场经济条件下的金融理论与方法,再结合中国实际,写出全新的教材。

北京大学光华管理学院金融系具有雄厚的师资队伍:既有经验丰富的老教授,也有蒸蒸日上的年轻人;既有从国外留学、获取博士学位后又在国外任教多年的海外学者,又有立足国内、踏踏实实从事学术研究的国内优秀学者。本系列丛书是金融系教员多年来研究成果和教学经验的汇总,具有较高的科研水平和学术价值。本系列丛书既有适合本科生的教材,也有适合研究生的教材,同时有些教材的内容也适合于有实践经验和在实际部门工作的读者学习和阅读。我希望本丛书的出版不仅能够适应高等院校财经专业教学的需要,而且能够对学术机构及实际部门起到抛砖引玉的作用。

我作为一名有着多年教龄、多年从事金融教学和研究工作的老教员,还要为丛书的出版付出自己的绵薄之力。同时,我欣喜地看到我的同事——一群埋头苦干、兢兢业业的中青年教师用辛勤的汗水换来了累累的硕果,从他们身上我看到了金融学发展的光明之路。我衷心祝愿他们的未来更加美好。故为序。

曹凤岐
北京大学光华管理学院
2005 年 2 月 28 日

序

读了单忠东教授和綦建红博士新编的《国际金融》教材，发现该教材注重基础理论与经济实践的结合，注重国外案例与国内案例的结合，很有特色。单忠东是我的学生，他于1978年考入北京大学经济系，成绩优异，1985年取得硕士学位后，先在财政部工作，后又到澳大利亚留学，获博士学位，然后在澳大利亚几所大学执教十多年，讲授“国际金融”等课程。三年前，他回国在北京大学光华管理学院从事国际金融方面的教学和研究。綦建红博士是北大光华管理学院的博士后，同单忠东教授合作研究，是一位学习认真、刻苦钻研的年轻人。因此，我欣然为他们的这本著作作序。

近几年来，国际金融的发展出现了很多新特点和新趋势，这些也是“国际金融”这门课程的教学过程中同学们最关注的问题。比较典型的事件有：

1. 国际金融危机此起彼伏，并且危及范围越来越广。从1995年的墨西哥金融危机，到1997年的东南亚金融危机，再到1998年的俄罗斯金融危机，无不表现出这种特点。在这个过程中，金融危机前的预警缺失和金融危机后IMF备受争议的援助方案，引发了学术界长期的讨论。

2. 统一的欧洲货币欧元自1999年推行以来，发展势头良好，距离诺贝尔经济学奖获得者蒙代尔的“三大货币区”的设想似乎越来越近。在这一进程中，人民币应该如何定位，能否发挥“区域货币”的职能，成为人们关注的焦点。应当说，从中国经济增长的势头以及中国在东亚和西太平洋地区所处地位的变化来看，人民币成为这一区域有代表性的货币，已经是大势所趋。但这一区域的“区域货币”最终如何形成，现在还难以断定，需要在今后的发展进程中继续观察、研究。

3. 最近人们讨论最多的话题便是大量国外游资进入中国，意欲从人民币升值的预期中获得巨额利润。中国政府必须从人民币升值的成本与收益、利益与弊端、短期与长远等方面加以考虑，对人民币汇率进行渐进式改革。这是一个相当敏感的问题，而且中国并未确定中国汇率制度调整和资本项目可自由兑换的时间表。我们只能预言，市场机制在人民币汇率的渐进式改革中将发挥越来越大的作用，这一点是坚信不疑的。

4. 国际经济全球化和一体化已是大势所趋，中国的金融开放与国内改革如何与这种大环境相互适应、相互促进是我们分析问题和解决问题的前提条件。这就要求面对国际金融形势的迅猛变化，我们必须从中国国情出发，仔细思考中国金融国际化和自由化道路中所采取的每项改革措施，特别是实施的顺序与效果，汲取成功的经验和失败的教训。

针对学生们关注的问题，单忠东在课堂上作了详细的阐述，并在这本著作中作了深入的探讨。我为他长期孜孜不倦而取得的成果感到高兴，并希望他在国际金融领域的研究能够百尺竿头，更进一步！

厉以宁

北京大学光华管理学院

2004 年 12 月 22 日

第三版前言

本书是应北京大学出版社的邀请，作为北京大学光华管理学院教材的系列之一而写作出版的。本书在2005年3月出版之后，获得了各方面的鼓励和支持，我们既感到欣喜，又倍感压力，希望能精益求精，不负读者厚待。在第三版中，我们不仅根据日新月异的国际金融形势，对第二版的数据和资料再次进行了全面更新，而且还在相关章节补充了金融危机的相关知识，增加了相关专栏，全方位解析了金融危机及其对世界经济的影响；补充了汇率理论的最新进展，让作者更好地把握当今世界变幻莫测的汇率波动问题；补充了最新的动态分析和专栏，力求让教材内容与时俱进，把握时代跳动的脉搏。

我们在写作时，注意把握以下三个方面：第一，基础理论与金融实践相结合，以期达到科尔纳所说的衡量科学理论的“双重标准”，即理论本身的逻辑一致性和理论逻辑同现实逻辑的一致性。第二，国外最新研究成果与国内金融案例相结合。单忠东教授从国外回到国内执教之后，发现国内出版了许多不同版本的原版教材，但这些教材主要倚重国外的案例分析，而忽视了国内的金融发展现状与案例。因此，本教材试图在推介国外最新研究成果的同时，主要配合中国的金融案例分析，做到“中西结合”。第三，宏观分析与微观分析相结合。现有的国内版本教材中，大多还是强调宏观经济条件下的金融分析。其实，从国际学科的最新发展来看，对跨国公司颇具实用性的微观财务分析愈加重要。因此，本教材将宏、微观部分有机地结合在一个框架下，既突出该学科的发展方向，又突出该学科的实用性。

本书的主要结构安排如下：第1章从中国的对外贸易、吸引外资和对外投资等方面讲述中国经济的国际化，并介绍国际金融市场的最新发展态势；第2章主要介绍国际金融市场和国际金融机构的组成和发展趋势，回顾中国参与国际金融市场的历程，从而可以把握中国国际融资的主要渠道和方式，同时介绍主要国际金融机构及其规章制度，了解中国与国际金融机构的良好关系；第3章针对"内外平衡"问题，主要讲述了国际收支及其宏观管理，介绍了中国的外汇储备管理；第4—5章解释了汇率波动对经济发展的影响，介绍和分析各种经典的外汇汇率理论及其最新进展，围绕外汇汇率制度在固定汇率制和浮动汇率制方面的争论，指出人民币汇率制度改革的发展趋势和完善举措；第6—8章主要介绍外汇风险构成、外汇风险度量、外汇风险预测和外汇风险管理；第9—12章侧重国际金融的微观部分，即了解国际财务管理的内容与重要性，区分长期融资与短期融资的各种渠道，明晰国际贸易融资的各种方式以及国际投资的财务管理。

单忠东教授曾经在澳大利亚求学和执教20年，长期从事国际金融专业的教学和研究；回国后，在北京大学光华管理学院继续在该专业领域内进行潜心研究。可以说，该教材既是长期以来学术积累的结果，也是经过广大学生（本科生、硕士生、MBA、EMBA和EDP等）讨论、反馈和认可的成果。綦建红博士是山东大学经济学院教授，也是单忠东教授的博士后学生。作为合作者，她参与了"国际金融"和"国际财务管理"两门课的教学和审卷工作，对作者过去的讲稿进行了整理，促进了该书的顺利完稿，并主笔了本次修订工作。

我们要感谢恩师厉以宁先生长期以来的教导，以及在百忙之中为本书撰写序言；感谢光华管理学院的徐信忠教授、张圣平副教授、肖宇波同学，他们都对本书的结构提出了中肯的意见；感谢北京大学出版社的林君秀女士，正是她的精心组织和安排，才坚定了作者整理以往研究成果、付梓出版的决心；感谢北京大学出版社的张燕女士和马霄女士，她们兢兢业业、于细微处追求完美的敬业精神，保证了本书质量的进一步提高。

书中的错误和遗漏，敬请广大读者批评斧正。

单忠东　綦建红

于北京大学，山东大学

2010年6月12日

CONTENTS
目录

CONTENTS
目 录

CONTENTS
目 录

第八章 外汇风险管理

第九章 国际财务管理概述

第十章 长期融资与短期融资

第十一章 国际贸易融资

CONTENTS
目 录

第一章 融入世界的中国经济

1

- 中国经济的国际化
- 国际金融形势与特点
- 国际金融一体化：机遇与挑战

[知识要求]

通过本章的学习,掌握

- 中国经济对外开放的趋势;
- 国际金融形势变化的方向。

[技能要求]

通过本章的学习,能够

- 掌握中国经济日益国际化的重要指标;
- 掌握当前国际金融形势的主要特点。

第一节 中国经济的国际化

改革开放以来,随着中国经济对外开放和国际化程度的日益提高,国际金融在我国经济活动中扮演的角色愈发重要。从宏观层面看,这一趋势可以通过外贸、外资、国际融资方式、国际收支、国际储备等许多方面体现出来。从微观层面看,中国企业也在逐步走向国际化舞台,既有在原材料和制成品方面对外国市场的依赖,也有政府与企业融资对国际金融市场的依赖;既有企业界与金融界融合的不断深化,又必须直面外资与中国企业合资的种种现实问题等。因此,关注中国经济的国际化,是了解和学习国际金融有关理论和实践的重要背景。

一、中国的对外贸易

经过三十多年的改革开放,中国的对外贸易取得了长足进步,在中国国民经济发展过程中具有不可替代的重要作用,主要表现在贸易总额、贸易依存度、贸易地位和贸易结构方面,而中国对外贸易的增长加强了中国的国际化。

从贸易总额来看,中国进出口贸易在过去三十多年里获得了高速发展(见表 1-1 和图 1-1),在世界货物贸易中的地位不断上升,为中国从“贸易大国”走向“贸易强国”迈出了坚实的一步。据海关总署公布的 2008 年中国对外贸易情况,中国对外贸易继 2007 年首次突破 2 万亿美元后,2008 年达到 25 616.3 亿美元,其中出口 14 285.4 亿美元,进口 11 330.9 亿美元,在全球贸易中稳居第 3 位。对外贸易的扩大,既是保证中国经济继续对外开放的有力支撑,又是中国经济走向开放化的一个重要标志。

表 1-1　改革开放以后中国进出口贸易的发展状况　　单位:亿美元

年份	进出口贸易总额	年增长率(%)	出口总额	年增长率(%)	进口总额	年增长率(%)	差额	位次
1978	206.4	39.4	97.5	28.4	108.9	51.0	-11.4	27
1980	381.4	42.0	181.2	40.2	200.2	43.9	-19.0	26
1985	696.0	28.9	273.5	33.8	422.5	24.7	-149.0	17
1990	1 154.4	30.0	620.9	4.6	533.5	54.1	87.4	15
1995	2 808.6	3.4	1 487.8	18.2	1 320.8	-9.8	167.0	11
1996	2 898.8	17.6	1 510.5	15.8	1 388.3	19.6	122.2	11
1997	3 251.6	22.0	1 827.9	18.1	1 423.7	26.3	404.2	10
1998	3 239.3	-0.3	1 837.1	-0.6	1 402.4	-1.5	434.7	9
1999	3 606.3	20.9	1 949.3	31.9	1 657.0	11.2	292.3	9
2000	4 742.9	18.7	2 492.0	23.0	2 250.9	14.2	241.1	7
2001	5 097.7	3.2	2 661.5	1.5	2 436.1	5.1	225.4	6
2002	6 207.7	21.8	3 255.7	22.3	2 952.1	21.2	303.6	4
2003	8 512.1	37.1	4 383.7	34.6	4 128.4	39.8	255.4	4
2004	11 548.0	35.7	5 934.0	35.4	5 614.0	36.0	320.0	3
2005	14 221.2	23.2	7 620.0	28.4	6 601.2	17.6	1 018.8	3
2006	17 603.9	23.8	9 689.4	27.1	7 914.6	19.9	1 774.8	3
2007	21 737.3	23.5	12 177.7	25.7	9 559.5	20.8	2 618.2	3
2008	25 616.3	17.8	14 285.4	17.2	11 330.9	18.5	2 955.0	3

注:1981 年以前的数据来自于外经贸业务统计。

资料来源:中华人民共和国海关统计和《中国对外经济贸易统计年鉴》。

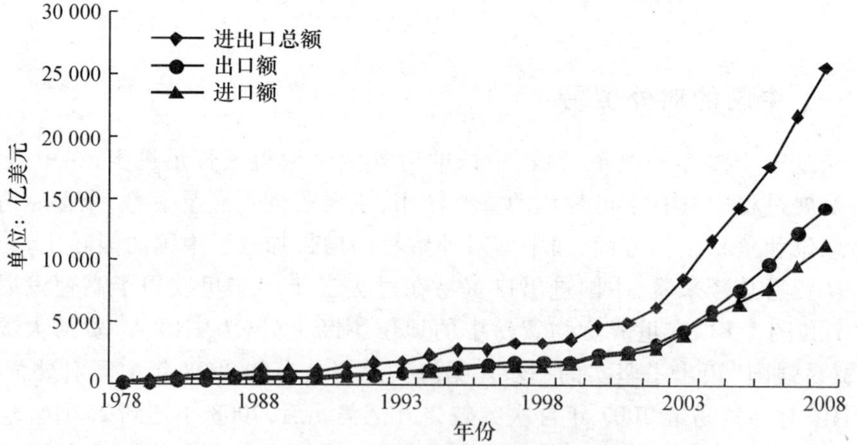

图 1-1　中国进出口贸易发展的趋势图

资料来源:中华人民共和国海关统计和《中国对外经济贸易统计年鉴》。

从贸易地位来看，中国在全球贸易总额中所占的比重不断提高（见表 1-1 和表 1-2），在世界贸易中的排名从 1978 年的第 27 位上升到 2004 年的第 3 位，仅次于德国和美国。

表 1-2　2007 年世界最大的 15 个出口国（地区）和进口国（地区）

排名	出口国（地区）	数量（10 亿美元）	份额（%）	变化率（%）	排名	进口国（地区）	数量（10 亿美元）	份额（%）	变化率（%）
1	德国	1 326.4	9.5	20	1	美国	2 020.4	14.2	5
2	中国①	1 217.8	8.7	26	2	德国	1 058.6	7.4	17
3	美国	1 162.5	8.3	12	3	中国	956.0	6.7	21
4	日本	712.8	5.1	10	4	日本	621.1	4.4	7
5	法国	553.4	4.0	12	5	英国	619.6	4.4	3
6	荷兰	551.3	4.0	19	6	法国	615.2	4.3	14
7	意大利	491.5	3.5	18	7	意大利	504.5	3.5	14
8	英国	437.8	3.1	-2	8	荷兰	491.6	3.5	18
9	比利时	430.8	3.1	17	9	比利时	413.2	2.9	17
10	加拿大	419.0	3.0	8	10	加拿大	389.6	2.7	9
11	韩国	371.5	2.7	14	11	西班牙	372.6	2.6	13
12	俄罗斯	355.2	2.5	17	12	中国香港	370.1	2.6	10
13	中国香港	349.4	2.5	8	13	韩国	356.8	2.5	15
14	新加坡	299.3	2.1	10	14	墨西哥	296.3	2.1	11
15	墨西哥	156.0	2.0	9	15	新加坡	263.2	1.8	10

资料来源：WTO 官方网站（http://www.wto.org）。

从外贸依存度②来看，中国的外贸依存度从 1978 年的 9.8% 上升到 2006 年的 65.8%，既高于美国（23.1%）、日本（30.1%）、英国（38.4%）等发达国家，也高于墨西哥（51.0%）等发展中国家。2007 年，中国外贸依存度已经达到 78%，这一比例大大高于其他发达国家和发展中国家的水平，中国由此成为世界上外贸依存度最高的国家。与此同时，世界平均的贸易依存度从 1980 年的 35.9% 提高到 2007 年的 51.8%。这说明：一方面，中国外贸依存度的不断提高是符合国际趋势的；另一方面，中国经济对国际金融的依赖性随着对外贸易依存度的提高将有所加强。

---

① 此处不包括中国香港、澳门特别行政区及中国台湾地区。

② 外贸依存度，是指一国进出口总额在其国内生产总值（GDP）中所占的比重。

案例分析 1-1

关于中国外贸依存度过高的争议

由于对外贸易对中国经济发展发挥着非常重要的拉动作用，特别是由于我国多年来一直实行外向型经济发展战略，因此，很多人都用对外贸易额占 GDP 的比重或相当于 GDP 的比重，来计算中国经济的外贸依存度。例如，2007 年，中国对外贸易总额为 217 381.3 亿美元，其中出口额为 121 801.2 亿美元，分别相当于 GDP（按美元换算）的 66.18% 和 37.14%。于是，一些人就通过国际比较证明了中国经济的外向型，说中国是一个贸易依存度很高的国家。面临全球性金融危机的冲击，在我国出口严重受阻的情况下，为以扩大内需来确保 8% 以上的经济增长，必须走出中国经济贸易依存度高的误区，正确认识"外向型经济"，这也是总结过去 30 年经验教训时需要认真总结的一个问题。之所以说中国经济贸易依存度高是一个误区，是因为上述计算方法缺乏科学性，有如下严重的缺陷或问题：

第一，进出口贸易是一国向国外的销售额和从国外的采购额，要计算一国经济的贸易依存度或对外依存度，应该计算出口额占国内销售额、进口额占国内采购额以及对外贸易总额占国内销售、采购总额的比重。究其原因，是因为 GDP 是一国国内总生产即国内增加值总额或新创造价值总额的统计，两个具有不同内涵的数字显然是不可比的。

第二，迄今为止，我国虽然没有统计对外贸易创造的 GDP，但就像企业销售额大大超过企业新创造价值的金额一样，对外贸易额不等于对外贸易所创造的 GDP。而且，出口额中虽然包含一些 GDP 即包含国内新创造的价值，但进口额中却没有国内新创造的价值。

第三，出口额中所包含的 GDP 在不同国家有很大的差别。就一般情况而言，发达国家产业技术水平高，再加上劳动力昂贵，单位产品生产的劳动力成本高，因此其产品生产额进而出口额中新创造价值的比重是比较大的。相比之下，发展中国家产业技术水平低，再加上劳动力便宜，单位产品生产的劳动力成本低，因此其产品生产额进而出口额中新创造价值的比重是比较小的。另外，即使在同一国家，一般贸易和加工贸易所包含的 GDP 的比重也是不一样的。在一般贸易的出口额中，国内新创造价值的比重大一些，但加工贸易出口额中却是转口价值的比重大，国内新创造价值的比重小。因此，像美国那样加工贸易比重很小的国家,其出口额中国内新创造价值的比重就比较大,而像我国这样加工贸易占很大比重的国家(2007 年加工贸易占货物出口总额的 50.17%,超过一般贸易的 44.12%),单位出口额中国内新创造价值的比重比较小,有的产品不足 20% 甚至不足 10%。

第四,人民币不是国际货币,人民币现行汇率也不体现人民币的真实购买力。因此,在国内各种经济活动全部按国内市场价格计算销售额、采购额以及增加值额的情况下,其与按国际市场价格计算的出口额、贸易额显然存在着统计口径方面的误差,二者的不可比性乃是显而易见的。另外,与工农业产品相比,我国以国内服务为主的服务业,其服务不仅很少出口,而且绝大多数服务的价格也大大低于发达国家的水平。因此,在第三产业生产比重提高的大趋势下,人民币的现行汇率越来越难以体现中国 GDP 的真实规模。上述事实意味着尽管少数发达国家例如美国可以近似地用对外贸易额或出口额相当于 GDP 的比重来计算其国民经济的对外依存度,但不拥有国际货币的发展中国家却不能如此简单地计算。

资料来源:节选自"中国经济外贸依存度高的误区",《国际贸易》,2009 年第 3 期。

从贸易结构来看,制成品在出口与进口贸易中均占绝对比重,但制成品在出口中的比重高于在进口中的比重;初级产品在进口中的比重高于在出口中所占比重(见图 1-2)。数字表明,2007 年,制成品在出口中的比重已达 95%,在进口中的比重约为 75%。尤其值得一提的是,在中国制成品出口中,高新技术产品出口的数量及其比重不断攀升。2008 年中国高新技术产品出口额达到 4 156 亿美元,占全国外贸出口总额的 29.1%,对拉动中国的外贸出口增长功不可没。①

从贸易政策来看,中国进出口商品和服务贸易自由化趋势日益明显,这加强了中国金融市场与国际金融市场的接轨,从而也加强了中国经济对国际金融的依赖性。首先,在关税税率方面,2008 年中国进一步降低进口关税,关税平均水平降至 9.8%。其中,农产品平均税率降低到 15.2%;工业品平均税率降低到 8.9%。② 其次,在数量限制方面,根据 WTO 规则中取消数量限制的原则,中国将经过 5 年的过渡期,逐步减少直至取消进口商品的配额、许可证和特定招标数量限制,同时中国还承诺了 24 类产品的基期配额和过渡期内每年的配额增长率。与此同时,粮食(小麦、大米、玉米)、棉花、植物油、食糖、羊毛 5 种农产

① 数据来源:根据《2008 中国统计年鉴》及国家海关总署公布数据整理所得。

② 数据来源:"国务院关税税则委员会关于 2008 年关税实施方案的通知",http://www.mof.gov.cn/,2007 年 12 月 14 日。

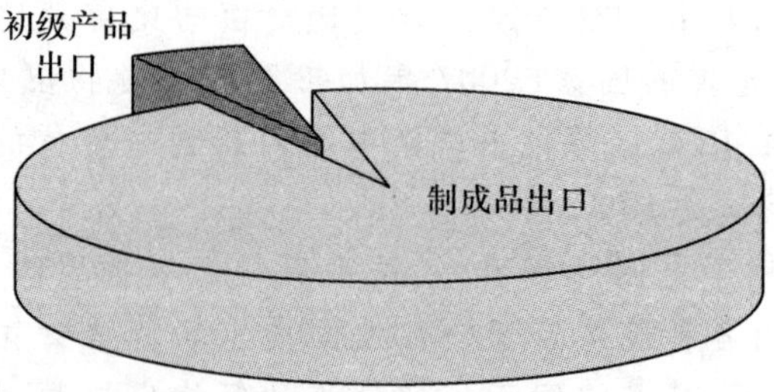

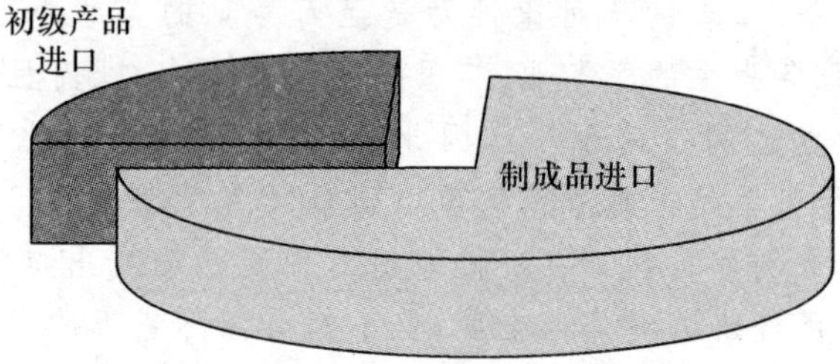

图 1-2 2007 年中国进出口商品结构

品和化肥共6种商品，由绝对配额管理改为关税配额管理。最后，在服务贸易方面，中国在加入WTO后做出以下承诺：外国服务提供者可以自由选择中方合资伙伴；对外资进入中国主要敏感服务行业不能有数量限制；在审批过程中，只要外方符合行业的审慎原则，即应给予批准；不能以防止重复建设或以需要试点为由拒绝批准外资进入服务业；允许外商进入银行、保险、分销、电信、运输、法律咨询和会计等服务行业（见表1-3）。

表 1-3 电信、银行、证券业的开放时间表

行业	开放进程
电信服务业	• 中国将按照WTO《基础电信协议》取消各类服务地理限制的过渡期分别为：寻呼和增值电信3年，移动通信5年，国内在线服务6年。
银行服务业	• 中国将按照《金融服务协议》，承诺在5年内逐步取消外资经营外汇和人民币业务的客户和地理限制。 • 除已承诺开放的上海、深圳、天津、大连、广州、珠海、南京和武汉外，继续开放济南、福州、成都和重庆，允许外资金融机构向中国企业提供本币服务。
保险服务业	• 中国将在加入WTO后5年内，分阶段取消对外国保险公司经营业务范围和地理范围的限制。 • 允许外国非寿险公司设立外资独资子公司，取消企业形式限制。
证券服务业	• 允许外商参股证券基金管理公司，但必须由中方控股，业务范围限于：A股的承销；B股、H股及境内外政府、公司债券的承销；自营买卖和代理买卖；不允许从事A股交易。

从贸易管理来看,中国对外贸易管理手段日趋法制化和市场化,与国际化接轨的步伐加快。WTO 规则是以市场经济为基础的,而市场经济通常又是法制经济。加入 WTO 后,中国不断加强对外经济法制建设,提高依法管理对外经济的水平;继续做好对外经济法律的清理、修改和制定工作,尽快建立健全服务贸易领域和知识产权领域的立法;加强对外经济管理执法的监督检查工作,消除和纠正实践中有法不依、执法不严的现象,避免和减少行政纠纷和贸易争端;进一步完善符合市场经济的外贸管理手段,健全出口退税制度,完善金融和出口保险等贸易服务体系;推进人民币结售汇体制的改革,扩大经常项目可自由兑换的幅度,完善人民币汇率形成机制,提高运用市场手段管理外贸的水平和能力。

以上分析表明,中国的对外贸易发展十分迅猛,不仅进一步带动了经济的高速发展,而且与世界经济的融合日益密切。货物出口贸易依存度的提高和资源性产品进口的快速增长不仅表明了进口在弥补中国资源性产品需求高涨中的重要作用,而且也显示了出口在提供国民经济发展所需资金的重要地位,从而在某种程度上说明了中国对外贸易走向平衡的必然性。可以判断,中国在国际贸易方面已经逐步融入世界经济一体化的进程之中。

二、中国的吸引外资

随着中国市场开放程度的提高,中国吸引外商直接投资的存量不断增加(见表 1-4)。截止到 2007 年年底,中国累计利用外资超过 7 600 亿美元。即便是金融危机蔓延的 2008 年,中国利用外资依然达到 923.95 亿美元,连续十七年居全球发展中国家首位。[①] 可以说,近十几年来,无论国际经济环境如何变化,全球外商直接投资(FDI)总流量如何波动,中国吸引 FDI 一直都稳步增长。

表 1-4 改革开放以来中国实际利用外商直接投资状况

年份	项目(个)	协议外资金额(亿美元)	实际利用外资金额(亿美元)
1979—1985	6 797	160.83	60.60
1986	1 498	33.30	22.44
1987	2 233	37.09	23.14
1988	5 945	52.97	31.94
1989	57 798	56.00	33.93
1990	7 273	65.96	34.87

① 中华人民共和国商务部网站(http://www.mofcom.gov.cn)。

（续表）

年份	项目（个）	协议外资金额（亿美元）	实际利用外资金额（亿美元）
1991	12 978	119.77	43.66
1992	48 764	581.24	110.08
1993	83 437	1 114.36	275.15
1994	47 549	826.80	337.67
1995	37 011	912.82	375.21
1996	24 556	732.76	417.26
1997	21 001	510.03	452.57
1998	19 799	521.02	454.63
1999	17 100	412.23	403.19
2000	22 347	623.80	407.15
2001	26 139	691.95	468.78
2002	34 171	827.68	527.43
2003	41 081	1 150.69	535.05
2004	43 664	1 534.79	606.30
2005	44 001	1 890.65	603.25
2006	41 473	1 937.27	630.21
2007	37 871	—	747.68

资料来源：根据中华人民共和国国家统计局网站（http://www.stats.gov.cn）公布的数据整理所得。

展望未来，中国吸引外资的潜力依然十分巨大。首先，影响中国吸引外资的基本因素没有改变，区位竞争优势趋于增强。跨国公司之所以选择中国，一方面源于中国的动态竞争优势日益增强，尤其是高技术劳动力的质量和成本优势；另一方面，中国产业链及其配套网络的快速发展能够为在当地投资的跨国公司提供范围广泛的上下游关联产品与服务。其次，跨国并购成为中国吸引外资的新的增长点。自20世纪80年代以来，以跨国并购为主要方式的外国直接投资迅速增长，2001年后虽有所下降，但仍然是目前外国直接投资的主要方式。最后，中国外资政策的制定随着加入WTO而逐渐放宽，为外资的进入创造了良好的环境。

案例分析 1-2

关于中国“外资依赖症”的问题

数据表明,中国患有“外资依赖症”。此处之“症”不是指外资对内资的简单比例,而是指外资对有效率的内资的比例(“有效率的内资”指民资),2003年中国外资对民资的比例为0.58。这一比例高于新加坡和荷兰,仅低于爱尔兰。而这三国是全球公认的外资依赖国——它们是很小的国家,容易依赖外资。如果放松尺度,把集体企业都算作私营企业,则比例降至0.29。可以认为,2003年中国外资依赖度的上限和下限是0.58和0.29。一般来讲,大的国家相对独立,较少依赖外资。即使按照下限比较,中国的外资依赖度也已接近公认的外资依赖国。这对一个大陆经济形体、有着13亿人口的大国来讲是值得警惕的。20世纪90年代,美国外国直接投资与内资的百分比只有0.062,同期,韩国的这个比例是0.011。

改革开放以来,外资对中国经济的贡献有目共睹。可以将中国引入的外国直接投资比作是一剂药:它克服了中国金融体制的一些弊病,使受歧视的民营企业家获得了一定资金。但买药是要花钱的,中国正在支付成本。

首先是对外的依存度问题。目前,FDI总量占中国GDP的比重已经超过40%,大大高于发达国家及亚洲的一些国家和地区。另外,从20世纪90年代起,在外资企业主导出口的带动下,中国的外贸依存度一路攀升,2004年更达到80%的历史最高峰,成为世界上外贸依存度最高的国家。强劲的出口本不是什么悲伤的事情,问题在于对外依存度集中在外资企业所主导的出口加工业上,有关“外企对中国经济和金融安全构成危险”的问题成为热点话题。人们担心对外依存度过高,一旦外资撤离又没有足够的资本及时注入,或出口环境突然恶化时,将会大大危及相关产业乃至整个国民经济的安全和发展。其次,从产业层面来看,外资对中国经济安全的影响主要体现在对行业的控制和支配上。目前,外商投资企业在许多领域都已形成垄断地位,在中国所认定的四个支柱行业中,外商投资企业在其中两个行业均有出色的表现。在电子和通信行业等国家重点行业中,外商投资企业的股权份额也早已超过国内比例。目前,外商在华投资方式已由过去的合作、合资过渡到现在的独资和控股,外商企业的独资化趋势,不利于中国“以市场换技术”等利用外资战略目标的实现。

再次,随着FDI的迅速膨胀,中国让出庞大市场空间的同时也患上核心技术缺乏症。首要原因是跨国公司对技术的封堵战略，其次是中国企业技术缺乏消化、吸收、创新热情和能力。长期以来，外企凭借垄断主导产业和战略产业的核心技术，就能获得巨大的竞争优势和利益空间。相比之下，国内企业由于处在产业链的最低端，所分配的利润永远最少。2002年开始，外资企业在牢牢控制原有城市阵地的基础上，又刮起一阵阵“降价风潮”，以此作为进军农村市场的前奏。可口可乐、麦当劳、惠普、IBM、SAP、宝洁、欧莱雅、宜家、联合利华等外资巨头在中国打滚多年，逐渐学会运用价格利刃这一竞争武器，提出“中端市场低端化”的经营口号。当前外资巨头向下渗透，进军中低市场，已经成为一个普遍的现象。面对外资巨头的强势攻击，原本以低成本在农村市场立足的民族企业感到危机重重。

因此，调整中国引进外资的战略，强化中国经济主体意识，是防止依赖外资的重要方面。也就是说，中国经济发展到今天，引资思路应该从注重数量转向注重国家经济安全，“质量和效益双管齐下”。在营造公平竞争环境中，中国的引资思路应该将外资从享受特殊公民待遇的位置，调整到公平竞争和作为提高内资技术开发能力和竞争力的陪练角色。同时，面对跨国并购、股权转让等新投资方式的出现，我国应该尽早制定相应法律与实施细则，跟上国际资本流动趋势，这对我国扩大吸收外资规模和提高引资水平十分必要。

资料来源：节选自“中国如何走出外资依赖症”，《商业文化》，2006年第5期。

三、中国的对外投资

伴随着国内经济实力的提高，中国的对外直接投资不断增长，越来越多的中国企业将眼光投向海外，使得“走出去”与“引进来”一起成为中国发展“外向型经济”、进一步走向国际化的两个重要支柱，其具体表现是：

1. 中国企业对外投资规模逐步扩大

1979年8月，国务院颁布了15项经济改革措施，其中第13项明确规定允许出国办企业。这是中国建国以来第一次把对外直接投资作为一项政策确定下来，从而为中国企业跨国直接投资拉开了序幕。截至2007年年底，中国累计对外直接投资总额1 179亿美元，遍及173个国家和地区。其中2007年，中国对外直接投资265.1亿美元，比上年增长25.3%。

表 1-5　2007 年中国按行业分对外直接投资　　单位:万美元

行　业	对外直接投资净额		对外直接投资净额
	2006	2007	截至 2007 年年底
总计	2 116 396	2 650 609	11 791 050
农、林、牧、渔业	18 504	27 171	120 605
采矿业	853 951	406 277	1 501 381
制造业	90 661	212 650	954 425
电力、燃气及水的生产和供应业	11 874	15 138	59 539
建筑业	3 323	32 943	163 434
交通运输、仓储和邮政业	137 639	406 548	1 205 904
信息传输、计算机服务和软件业	4 802	30 384	190 089
批发和零售业	111 391	660 418	2 023 288
住宿和餐饮业	251	955	12 067
房地产业	38 376	90 852	451 386
金融业	352 999	166 780	1 671 991
租赁和商务服务业	452 166	560 734	3 051 503
科学研究、技术服务和地质勘查业	28 161	30 390	152 103
水利环境和公共设施管理业	825	271	92 121
居民服务和其他服务业	11 151	7 621	129 885
教育	228	892	1 740
卫生、社会保障和社会福利业	18	75	369
文化、体育和娱乐业	76	510	9 220

资料来源:《中国对外直接投资统计公报》(2007 年)。

2. 中国企业对外投资区域日益广阔

中国对外投资的区域从 20 世纪 80 年代集中于美、欧、日等少数发达国家和地区,发展到周边国家和亚洲、非洲、拉丁美洲及东欧、俄罗斯等广大发展中国家,遍及 173 个国家和地区。其中,基于市场、技术与品牌的考虑,中国对外投资的主要去向是中国香港地区、德国、美国和新加坡,而发展中国家由于市场、资源和成本的原因也在吸引越来越多的中国投资。

3. 中国企业对外投资领域不断拓宽

中国对外投资已由初期的进出口贸易、航运和餐饮等少数领域,拓展到加工制造、资源利用、工程承包、农业合作和研究开发等国家鼓励的领域。

4. 中国企业对外投资主体日趋优化

中国对外投资主体从初期以国有外贸商业公司和工贸公司为主,转变为目前以具有比较优势的各种所有制企业为主体。在2007年中国非金融类境外企业资产总额前四十家公司中，既有中国移动通信、华润集团这样的大型国企，又有联想、华为等实力雄厚的民营企业。尽管囿于资本管制等外部条件的制约，中国的中小企业在规模上尚远不及大型企业，但是他们能在艰难的条件下生存发展，已经表明了其对市场的把握和经营的效率。

5. 中国企业对外投资形式日趋多样化

中国对外投资从建点、开办窗口等简单方式，发展到投资办厂、资源开发，并开始采用收购兼并、股权置换、境外上市和建立战略合作联盟等国际通行的跨国投资方式。

6. 中国企业对外投资类型日益多元化

中国对外投资的类型是多方面的：既有资源导向型，比如在海外的铁矿、油田、铝矿等，也有市场导向型，比如海尔等家电企业；既有效率导向型，目的是贴近市场，利用廉价的劳动力和东道国的优惠政策，生产产品向周边市场或者发达国家销售，像广东的康佳、TCL、科龙等，也有技术导向型，如华为公司等。

尤其值得一提的是，中国企业扩大海外投资，在中国加入WTO之后日显重要。首先，入世给中国企业海外扩张提供了更好的契机。作为WTO的成员国，中国在工业化国家的市场准入方面面临的壁垒将减弱，国民待遇将更具稳定性。其次，中国入世的承诺包含进一步开放市场与给予外资公司国民待遇，中国企业为进一步有效地与外资公司竞争，需要逐渐熟悉国际市场的竞争环境与运作方式。进行海外投资可以在发挥比较优势的基础上，提高比较优势的广度与深度。再次，中国企业面临相对扭曲的国内市场环境，一方面是给予外资公司的种种优惠条件所致，另一方面则是国有企业与非国有企业的差别待遇而衍生。相形之下，在海外投资，尤其是在工业化国家投资，既可以给企业运作创造以市场为基础的竞争环境，又有助于促进入世后国内中长期的“外资退减战略”与“内资推进战略”。最后，中国入世发生在供给超过需求、产品与服务附加值相对低下的经济结构亟待变迁之时，有效的海外投资对于充分利用国际市场的资源（包括人力、技术、品牌、市场网络、能源、原材料和中间产品）、提高中国商品的内涵与附加值、更好地参与国际分工体系是必不可少的。

专栏 1-1

TCL 并购汤姆逊公司的案例

2003 年 11 月，广东 TCL 公司与全球家电行业的老牌企业法国汤姆逊公司经过三个月的紧张谈判，终于达成协议。双方此次重组的目的在于“建立并巩固在全球彩电行业的领导地位，以高效率的成本优势增加在所有市场的竞争力”，涉及资产规模达到 4.7 亿欧元，TCL 国际控股将以 67% 的股权成为合资公司的大股东，汤姆逊则持有余下 33% 的股份。共同组建的 TCL—汤姆逊公司每年将生产 1800 万台彩电以及 300—400 万台 DVD 播放机，年销售额约为 35 亿美元。英国《金融时报》称，新公司将成为全球最大的电视机及 DVD 播放机制造商。

根据双方签署的协议，TCL 将其在中国内地、越南、德国的所有彩电及 DVD 生产厂房、研发机构和销售网络并入新公司；汤姆逊则将其位于墨西哥、波兰、泰国的彩电生产厂房、所有 DVD 销售业务以及所有彩电及 DVD 的研发机构并入新公司。在取得股东及监管机构的批准后，新公司将于 2004 年上半年完成组建过程。TCL 国际将会把新公司的收入合并到 TCL 国际的报表当中；汤姆逊在合资公司成立后的 18 个月内，可以用合资公司股权置换 TCL 国际的股权。

TCL 借力汤姆逊成为全球最大的彩电供应商，完成了一次成功的“跨国联姻”，足以表明我国企业经过 25 年改革开放的锤炼，在对外投资能力以及对外投资的主动性方面有了长足进步。

资料来源：张晖明，“跨国合并案的启示”，http://finance.sina.com.cn，2003 年 11 月 17 日。

案例分析 1-3

金融危机下的中国企业加速海外并购

面对仍为“正在进行时”的全球金融危机，受冲击相对较小的中国企业可谓迎来了一个难得的并购海外企业的机遇。上周，澳大利亚政府终于同意中国五矿收购澳大利亚OZ矿业公司大部分资产。这笔总价值12.06亿美元的交易，成为中国企业海外并购的最新成功案例。这意味着，中国的大企业正以雄厚的资本、超级的能量，纷纷“出海”，迅速地站在了全球各大经济体的门口，目光着重瞄准了能源、矿产类投资。

统计数字表明，今年以来，我国企业海外并购的积极性高涨，仅前两个月就已有22起，涉及金额218亿美元，较去年同期上升40%，这也是历史同期最高水平。一波中国海外并购的浪潮正在形成。

海外并购是一种国际战略行为，要确保其科学、高效、规范运行，还需政府给予全方位的政策支持。上月我国商务部公布了《境外投资管理办法》，其中的一些内容也充分显示了政府的引导意图。与1月份的征求意见稿相比，《办法》中删除了“房地产开发类境外投资”及“商品城类境外投资”，保留了“能源、矿产类境外投资”，令资源型资产的海外“抄底”意图凸显。

商务部之所以要鼓励大企业到海外“抄底”资源型资产，主要有两方面的原因。其一，中国大企业海外并购是化解外汇储备过高矛盾的重要渠道之一。我国庞大的2万亿美元外汇储备在目前由美国次贷危机引发的全球金融危机中潜藏着难以预见的风险，如何把存在贬值风险的美元转换成我们急需的战略资源，确保我国金融国有资产的安全是当前最紧迫而现实的任务。利用外汇储备来支持条件成熟的企业进行海外并购，使我国的巨额外汇储备又多了一个既安全又长久受益的渠道。其二，中国大企业海外并购行为是缓解我国能源矿产领域对外依赖的重要渠道之一。近期央企的海外并购主要集中在能源矿产领域，包括中俄签署不久的250亿美元“贷款换石油”协议。众所周知，目前我国能源矿产资源对外依赖程度较高，需要大量进口而又缺少价格话语权。要想改变这种状况，除了要增加能源资源自我供给能力外，更重要的就是要引导具备条件的企业“走出去”，参与能源资源开发与合作，而大企业的海外并购不失为一个便捷的途径。

资料来源：“中国大企业海外并购正当时”，《广州日报》，2009年4月27日。

四、中国的境外融资

改革开放以来，中国的境外融资取得了巨大进展，可以分别从融资理念、融资规模、融资地区和融资结构上反映出来，而境外融资的发展进一步加强了中国经济的国际化进程。

在融资理念方面，中国利用境外融资是一个不断演化和渐进的过程（见表

1-6)，大量融资渠道的出现和发展不仅为中国基础设施建设资金“瓶颈制约”的缓解寻找到了广阔的解决途径，而且也反映出从计划经济时期到转轨经济时期，再到现在的市场经济时期，境外融资理念发生了很大的变化。可以说，境外融资理念的变化在一定程度上也反映出中国正在循序渐进地步入国际化的轨道。

表 1-6　中国境外融资理念的渐进过程

时期	计划经济时期	转轨经济时期		市场经济时期	
	1952—1978 年	1979—1984 年	1985—1992 年	1993—1997 年	1998 年以来
特征	少量严格限制，时断时续	融资比重很少，主要是对外借款，以世界银行和亚洲开发银行为主。	融资比重稳步上升，是不可缺少的资金来源，但以国际金融机构为主。	占据重要地位，外商直接投资急剧增加，商业贷款也获得增加。	各种境外商业融资急剧增加，并保持在 15%—20% 的比重。而且，新兴融资方式逐渐引入。

在融资规模方面，随着经济发展和对外开放程度的加深，中国境外融资规模不断增加。1994 年，中国的外债余额仅为 928.1 亿美元，而截至 2008 年年底，中国外债余额(不包括香港特区、澳门特区和台湾地区对外负债)为 14 013 亿美元，同比增长 17%。与此同时，2008 年年末，中国的债务率为 23.69%，负债率为 8.65%，短期外债与外汇储备的比为 10.83%，各项指标均处于国际安全线之内。①

在融资地区方面，中国境外融资的地区来源越来越丰富，不仅可以继续从日本、美国等国家获取资金，而且还可以从中国的其他贸易伙伴那里寻求资金来源。以法国为例，法国政府仅 1995—1999 年，就向中国提供了二十多亿美元的政府贷款，用于一百二十多个项目，涉及中国基础设施建设的各个领域。与此同时，法国商业银行也为中国的建设项目提供了大量的融资，如中国的大亚湾核电站等。

在融资结构方面，中国已经从过去单一利用国际金融机构、外国官方贷款和在国际资本市场上发行债券等传统方式，转向利用境外存托凭证、境外上市、境外可转换债券、境外投资基金、国际租赁和国际项目融资(如 BOT、TOT、ABS)等新的境外融资工具，拓展新的境外融资渠道(详见本书第二章)。

五、中国的国际收支

国际收支反映了一国对外经济、贸易、金融活动水平和国际融资的能力，

① “国家外汇管理局公布 2008 年年底中国外债数据”，http://www.safe.gov.cn，2009 年 4 月 24 日。

是一国对外经济状况的综合反映,因此也是一国国际化程度的重要标志。自 20 世纪 80 年代以来,中国的国际收支保持了一些发展特点:

1. 无论是经常项目,还是资本项目,其总量水平一直保持一个持续、稳定、快速增长的态势。世界上许多国家的经济发展经验显示,一个国家在快速经济增长的过程中,其国际收支往往会发生剧烈变动,这些变化严重到一定程度反过来会给该国的经济增长和体制转移带来不利影响。20 世纪 90 年代后半期的中国经济经历了国内经济的快速增长、经济结构的深刻变化和经济体制的广泛改革,同时国际经济环境在这一期间也出现了许多剧烈变动。然而,出乎许多市场观察者预料的是,中国不仅成功地维持了国内经济的稳定增长,而且化解了来自多方面的对继续保持国际收支平衡的挑战。进入 21 世纪的前几年里,中国保持了大量贸易顺差和资本项目顺差,外汇储备继续增加,人民币汇率市场平稳运行,所有这些都表明了中国在维持国际收支平衡上的巨大成就。

2. 1994 年以前中国国际收支核算中的主要差额项目,即经常项目和资本项目的绝对值都比较小,1994 年以后则增幅巨大(见图 1-3),进一步说明了中国对外经济交易规模的扩大。

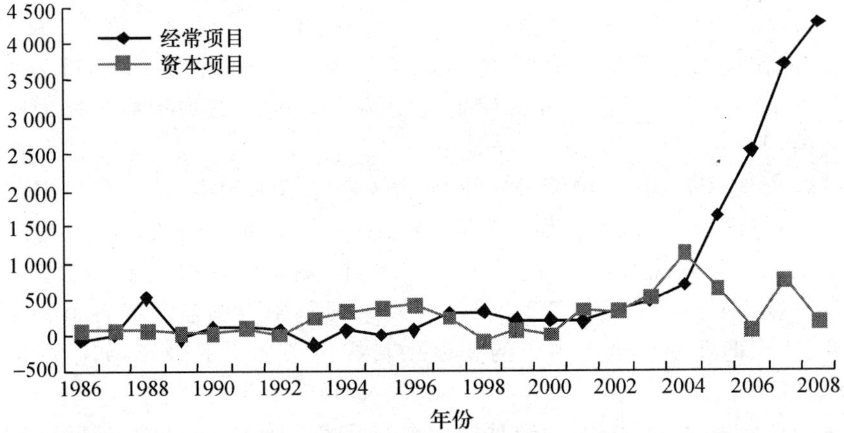

图 1-3　中国国际收支平衡表中的经常项目与资本项目(单位:亿美元)

资料来源:相关年度的《中国国际收支统计报告》。

3. 2005 年以后,经常项目在整个国际收支中的比重趋于上升,而资本项目比重则略有下降,表明随着我国国际化程度的不断提高和深化,经常项目对我国国际收支顺差的贡献依然占据主导地位。与此同时,经常项目中的贸易与非贸易(服务贸易)收支总额保持同步增长,但服务贸易自 1992 年以来一直保持逆差。

六、中国的国际储备

在中国的非黄金国际储备资产中,外汇储备占主导地位。因此,合理有效的外汇储备规模以及适当的储备资产结构是保证国际收支平衡的重要条件。纵观改革开放初期一直到20世纪90年代前期,与当时的经济发展状况和外汇市场发育状况相一致,国家外汇储备从未超过100亿美元。1994年中国对外汇体制进行了重大改革,实行了汇率并轨和人民币在经常项目下的有条件可兑换,从而极大地吸引了外资流入,促进了出口,其对国际收支的正面效果逐步显现(见表1-7)。此后,中国实行了储备集中管理和相应的经营制度,开始建立经常储备和战略储备制度以及风险管理制度,以保证国家外汇储备的安全、流动和增值,同时确保国家运用外汇储备引导外汇市场平稳运行的能力。国家外汇管理局的统计数字表明,到2008年,中国外汇储备达到了1.95万亿美元,连续三年取代日本成为世界第一大外汇储备国。因此,中央银行在国内外汇市场上成为最为关键性的市场交易主体,有力地维持了外汇市场的平稳运行和人民币汇率的稳定。可见,中国国际储备的增加不仅表明了中国经济的实力,加强了中国经济的国际地位,而且显示了中国经济国际化程度的加深,提供了进一步改革开放和稳定金融体系的物质基础。

表1-7 1979年以来中国外汇储备规模 单位:亿美元

年份	年末余额	年份	年末余额
1979	8.40	1994	516.20
1980	-12.96	1995	735.97
1981	27.08	1996	1 050.49
1982	69.86	1997	1 398.90
1983	89.10	1998	1 449.59
1984	82.2	1999	1 546.75
1985	26.44	2000	1 655.74
1986	20.72	2001	2 121.65
1987	29.23	2002	2 864.07
1988	33.72	2003	4 032.51
1989	55.50	2004	6 099.32
1990	110.93	2005	8 188.32
1991	217.12	2006	10 663.44
1992	194.43	2007	15 282.49
1993	2 115.99	2008	19 460.30

资料来源:中华人民共和国海关统计。

第二节 国际金融形势与特点

近十几年来,特别是进入21世纪以来,国际金融的发展出现了许多新特点和新趋势,主要表现为:

一、金融一体化与自由化的进程加快

(一) 金融一体化

全球金融一体化主要表现在以下几个方面:第一,金融市场一体化,即世界各国、各地区之间的金融市场相互贯通,网上金融交易开始替代传统的集中竞价交易,为金融界提供了全天候交易场所,打破了不同地区市场时差的限制。第二,金融政策一体化,即各国在金融领域中的联动性增强,各国所执行的货币政策与汇率政策、国际收支的调节政策和国际储备的管理营运,都将对其他国家产生较大影响。金融政策越来越超越一国界限,已变成一种国际性的政策行动。第三,金融机构国际化。随着世界上国内金融市场和国际金融市场日益结合,全球的金融中心和金融机构正在形成一个全时区、全方位的一体化国际金融市场,区域性、全球性金融机构空前活跃。第四,资金流动自由化和国际化。这是金融一体化最突出的表现,它包括货币自由兑换、资本在行业间自由转移和资金自由进出。

(二) 金融自由化

金融自由化自20世纪70年代兴起以来,呈现出迅猛发展的态势,目前世界上绝大多数国家都参加到这一进程中来。由于经济基础和相应金融制度的差异,发达国家与发展中国家的金融自由化具有不同的特征。发达国家先后放松或取消了对利率、分业经营和资本市场的管制,使本国金融业发展进入了较为宽松的时期。发展中国家则根据发达国家的改革经验,相继开展以金融深化或金融发展为主题的金融体制改革,力争赶上国际金融自由化的潮流,促进本国经济快速发展。

毋庸讳言,全球金融自由化具有十分积极的意义,例如,增强了金融市场的竞争性,提高了金融市场的效率,促进了世界银行业的发展;分业管理制度的逐步解除,为商业银行在盈利性和安全性之间的选择提供了条件和手段;金融信息更具公开性,能够更准确、更迅速地反映市场的供求状况,形成更为有效的价格信号体系;推动了全球性的金融一体化,减少了金融产品间、银行间的资金流动障碍,从而使资源配置更加接近最优化。但是,金融自由化同时也具有相当

大的、不可忽视的负面影响。例如,加剧了资产价格的波动程度,尤其是汇率的剧烈变动,已给各国金融和经济带来严重危害,20 世纪 90 年代的墨西哥金融危机、东南亚金融危机和俄罗斯金融危机便是明证;削弱了各国货币的自主性,导致国内货币政策往往难以达到预期效果;在信息不对称的现实市场条件下,利率市场化可能妨碍资源优化配置,阻滞新兴产业的快速成长和产业结构升级;加大了客户和金融业自身的风险,国际金融风险的深度和广度均有所提高。

二、国际金融市场的不稳定性因素加强

国际金融市场的不稳定性可以从外部和内部两方面来看。所谓国际金融市场的外部不稳定性,是指由于政治、经济、军事等外生变量引发的金融市场不稳定。尽管目前国际政治局势仍不稳定,在“9·11”事件后仍有阿以冲突不断升级、伊拉克战争及其后遗症、国际恐怖主义猖獗等许多不稳定因素,但国际金融市场的波动在总体上重回经济基本面,经济基本因素对国际金融市场的影响力大为提高。从近期来看,世界经济的表现仍不乐观。其中,美国经济虽然出现复苏态势,但是增长步伐将继续受到制约。作为世界经济的火车头,美国经济前景直接关系到欧洲、日本等主要经济体的复苏,因而为世界经济增长增添了许多新的变数。

所谓国际金融市场的内在不稳定性,是指“国际资本市场容易发生‘自我实现’的金融恐慌”,其出现的原因正如萨缪尔森所描述的,“由于某种原因而对个体说来是对的,便据此而认为对集体来说也是对的,这就是合成推理的谬误”。① 相形之下,国际金融市场的这种内在不稳定性更有甚于一般商品市场。一方面,在全球一体化条件下,国际资本尤其是短期游资在开放经济国家间的流动更为自由,更缺乏管制,因此,当一国储备少于到期债务时,短期资本便可能夺路而逃,使该国的国际储备很快耗尽,从而面临国家破产的困境。另一方面,也是更为重要的是,现存的国际经济秩序不存在真正的超国家的政府经济机构充当最终救援者的角色,因此,国际金融市场仍是市场经济中最脆弱的一环。可以说,20 世纪 90 年代相继出现的墨西哥金融危机和东南亚金融危机,究其原因,十分复杂,然而共同的、最为重要的原因便在于国际金融市场的内在不稳定性。② 而 2007 年发端于美国的次贷危机,最终演变成波及全球的“百年一遇”的国际金融危机,也是国际金融市场内在不稳定性的充分体现(见专栏 1-2)。

---

① 〔美〕保罗·萨缪尔森:《经济学》,中国发展出版社 1992 年版,第 13 页。

② 喻德坚:“国际资本流向与国际金融市场内在不稳定性”,《社会科学》,2001 年第 5 期。

专栏 1-2

国际金融危机的成因综述

首先,以低利率为分析起点的观点。世界银行负责经济发展的前高级副行长兼首席经济学家、诺贝尔经济学奖获得者 Stiglitz(2007)在法国《回声报》上发表文章指出,美国当前的次级抵押贷款市场危机与过去所实行的低利率政策有关。他认为本轮经济上涨并没有太多受益于投资的回暖,而事实上由于 20 世纪 90 年代的过度投资,使得美国的经济复苏开始转向消费导向。这一增长模式在低利率条件下运转良好,但随着利率步入回调阶段并造成资产价格暴跌时,其先前积累的大量风险便会迅速释放。无独有偶,美联储前主席沃克尔日前表示,资产价格泡沫膨胀应归咎于美联储的纵容,而这集中体现在 2000 年至 2004 年这段时间美国极低的利率水平上。林毅夫认为,金融危机之所以发展到目前阶段,与美国政府没有很好处理 2001 年互联网泡沫破灭有关。当时泡沫破裂美国经济就应该陷入衰退,但那次衰退时间很短。原因就在于美联储用降息来刺激房地产经济,由此造成美国房地产市场一度高度繁荣,而代价是房地产泡沫是更大的泡沫,泡沫破灭以后就更难解决。随着 2006 年年初美国房地产泡沫破裂,次贷危机逐步显现,并愈演愈烈成为影响全球的金融危机。

其次,以经济基本面为分析起点的观点。持此观点的经济学家认为次贷危机与美国过度消费的发展模式密切相关。美国政府利用美元作为国际货币的巨大优势,鼓励公众透支,大力发展债务经济,而庞大的债务赤字只能由顺差国支持。顺差国家成为捆绑在美元战车上的人质,不得不持有美元,购买美国国债等金融资产和大量出口商品来支持美国的高负债、高消费的经济发展。美国的巨额逆差造成了对应的经常账户盈余国持有着大量的外汇储备剩余。而当美国国债不能满足其需求时,在收益率和供给量上具有优势的衍生品市场便得到了快速的发展,而次贷便是其中之一。但是,大量盈余美元对高收益的次债及其衍生产品的需求,超过了次贷基础金融产品以及整个宏观经济环境所能支持的供给能力,从而形成泡沫。当基本面环境反转时,这些泡沫不可避免地破裂了。

最后,关于信息不对称与次贷危机关系的观点。比较有代表性的是 Stiglitz (2007),他认为,提供虚假信息的动机和利益的冲突、承担过量风险、欺诈性行为是这次次贷危机爆发的三大原因。其一,由于公司的股票期权激励计划使得经理人可能获取极高的收益而不必为其损失负责，因而其提供虚假信息以及采取欺诈性行为的激励较强。其二，对于迅速发展的证券化业务而言，由于信息不对称的问题，即：证券购买者对于标的资产的偿还可能性了解不充分，而证券化者的主要目的又是出售其“生产”的证券，这一倾向使其有动机进行欺诈性行为。事实上，证券化本身是要求基于未来可预测的现金流的基础之上的，而本次的次贷危机中，大部分的证券化业务显然并不满足这一要求。其三，信用评级机构由于只能从其提供评级的机构获取收益，也具有为不满足要求的机构提供评级的倾向。最后，Glass Steagall 法案的废除，使得商业银行部门和投资银行部门之间的利益相关性增加了。然而，信息不对称所造成的道德风险远不止于此。所谓的“伯南克-格林斯潘卖权”便是一个例子。当银行投资风险过高并最终造成巨额损失时，往往会有政府的救援计划来帮助其走出困境，这就产生了类似于我国的国有企业预算软约束的问题。

资料来源：节选自王健，“次贷危机产生原因的综述”，北京大学 CCER 学刊第 33 期。

三、国际金融风险居高不下

近些年来，国际金融市场的各种风险居高不下，金融危机此起彼伏，主要源于以下原因：

第一，金融混业经营趋势所致。20 世纪六七十年代以后，金融自由化带来的金融混业经营趋势造成了货币市场与资本市场的边界日益模糊化，金融机构的业务交叉越来越普遍。一方面，金融机构经历了从中介化到市场化、证券化的深刻变革；另一方面，商业银行资产总额在金融体系资产总额中的比重不断下降，而保险基金、养老基金、共同基金等机构投资者的地位不断上升。商业银行的大量资金流入到资本市场机构投资者的账户，出现了所谓的“脱媒”现象。在传统的分业经营和分业监管的环境中，金融风险在证券市场与银行之间的传递还存在一定的制度障碍，等到资本市场与货币市场的关系越来越密切的时候，资产泡沫的风险就越发突出了。①

第二，金融风险传导机制日益顺畅所致。经济全球化使各国间的经济合作、市场开拓、贸易往来、技术开发等，都依赖于国际资本流动和国际金融服务的支持和保障，一旦一国经济体系存在漏洞并且处理不当，就会造成金融风险，金融风险的多米诺骨牌效应与日俱增。

① 参见马庆泉：“当前国际金融市场的问题和发展趋势”，《经济理论与经济管理》，2002 年第 9 期。

第三,法制约束弱化从而强化道德风险所致。道德风险的核心思想在于行为主体的行为后果由别人承担。也就是说,在信息不对称的情况下,由于金融监管总是滞后于金融创新的发展,从而形成法律监管的灰色地带,市场主体总会想方设法进行高风险的投机活动。投机成功可以获得高额利润,投机失败则寄希望于政府的援助。当每一个市场主体都存在这种行为动机时,整个金融体系的风险就越来越大。

第四,国际投机力量活跃所致。国际投机因素的扩大,进而使得主要金融商品和战略资源价格出现跳跃性的震荡。特别是近来欧元走势与经济面的逆向,其直接原因就是投机因素的推动与炒作。①

四、国际金融市场各组成部分发展趋势不一

(一) 外汇市场动荡不安

美元作为影响国际货币体系格局的重要货币,1995—2002 年的 8 年间,加权汇价疯狂上升了 50%,美元指数从低位的 80.2 上升到 120.99。但是自 2002 年 1 月份达到顶点后美元又不断贬值,到 2003 年中期对欧元贬值了 30%,对日元贬值了 19%,对其他主要国家的货币也出现不同程度的贬值。但 2005 年,美元对其他主要国际货币单边上扬。美元反弹的根本原因在于三点:首先,2004 年 12 月美国国会通过了《本土投资法案》,鼓励美国海外资本的回流,在此吸引之下,美国跨国公司纷纷将海外收益汇回国内,减缓了美国经常项目逆差扩大的速度。其次是美元升息。进入 2005 年,美元短期利率超过欧元,并逐步扩大,在美国资本回流的引领之下,国际资本大量流入美国,带动美元强劲反弹。最后,美国经济的高速增长也是支撑美元的重要因素。然而,在这期间美元对欧元和日元的汇率起伏无常,其外汇市场发展动荡不安,存在很多变数。

2006 年,美元重拾跌势,除日元以外的主要国际货币对美元汇率出现升幅,其中,欧洲系货币对美元升幅较大。究其原因,美国和欧元区的经济形势不同是根本所在。美国经济处于降势,增长速度明显减缓。而欧元区经济处于升势,且上升势头较强劲,呈现出良好的增长前景。

2007 年 8 月以来次贷危机的全面爆发加速了美元贬值的趋势,美联储于 2007 年 9 月、10 月和 12 月连续三次调低联邦基金利率,此举虽短期内缓解了次级贷款人的付息压力和债券持有者的流动性困难,但同时也促使更多的国内资本外流,增加了美元的贬值压力。2007 年美元对主要货币汇率持续贬值,其中

---

① 具体分析参见谭雅玲:“动荡显复苏,博弈有风险——国际金融市场的回顾与展望”,《中国经济信息》,2004 年第 1 期。

对日元贬值6.54%,对欧元贬值9.97%。随着美元持续走软,大量资金涌入亚洲地区,亚洲各主要货币对美元的汇价均创新高。2008年7月份由于美国政府注资"两房"等一系列干预措施的出台,美元开始快速走强,在波动中出现逆转。而2009年3月18日,美联储宣布买入3 000亿美元长期国债,美元大幅下挫。基于以上分析,金融危机下全球外汇市场的震荡将是未来相当长时期内国际金融市场的常态。

（二）股票市场总体呈下挫趋势

2001年,随着美国股市暴跌,全球各主要股市纷纷进入熊市,纳斯达克指数一度跌至仅相当于2000年最高点的1/3水平。欧洲和亚洲新兴市场闻风而落,日本股市更是创下16年来的新低。2002年,以美国股市为首的全球股市已是连续第三年下跌,美、欧、日股市跌幅全部达两位数,股市投资的回报连续第三年低于债市。一方面,回顾历史,这是美国自20世纪二三十年代大萧条以来首次出现。另一方面,2002年是美国乃至全球经济复苏的第一年,股市不仅未能像以前一样劲升20%—30%,反而是继续下跌,为战后首见。

与之形成对比的是,2005年全球股市走势各异,主要表现为欧美发达国家股市疲软,而亚洲和新兴市场则持续受到资金的追捧。随着韩国、日本及印度的经济转强,三地股市成为2005年表现最好的,日本日经指数上升幅度达到40%,创下近20年来的最大年度升幅,而韩国和印度股市,全年升幅分别达到50%和40%。2006年,全球股市普遍上涨。

全球性的金融危机给美国股市,乃至欧洲和亚洲股市造成了巨大冲击。不管是发达国家股市还是新兴市场股市,都遭遇了有史以来最惨烈的跌势。摩根士丹利资本国际(MSCI)全球指数显示,2008年全球股市累计下跌42%,超过29万亿美元人间蒸发,相当于全球股市自2003年以来的所有累积获利(MSCI全球指数追踪23个发达国家市场变动)。冰岛、俄罗斯、阿联酋股市"熊"冠2008年全球股市跌幅前三名。①

（三）利率市场加息热潮转为降息热潮

进入2005年以后,全球掀起了新一轮的加息热潮。美联储的加息周期接近尾声,欧洲央行加息并结束了60年以来的超低利率,东南亚小经济体纷纷加息抵御通胀风险,只有英国为了使经济恢复增长而采取了降息措施。触发此轮利率上升的最主要因素当然是美联储的13次加息,而美国经济的强劲增长、能源和原材料价格上涨对消费价格的压力以及困扰日本经济七年之久的通货紧

① "2008年世界经济大事记",《解放日报》,2009年1月10日。

缩的结束则是更深层原因。[①] 2006年，全球继续着升息热潮，美联储自2004年6月连续17次加息后，2006年8月停止升息，将利率维持在5.25%的水平。自2005年年底经济复苏后，欧洲央行连续升息7次，将利率水平从2%提升至3.75%。日本央行自2005年7月首次升息以后，一直对利率抱有不温不火的态度。2006年2月再次升息25个基点，但随后戛然而止。

随着次贷危机的愈演愈烈，全球经济下滑和通货紧缩的忧虑上升。以美国为首的主要国家和地区均进入减息通道。2007年9月份美联储将基准贷款利率下调0.5个百分点，这是美联储自2003年6月以来首次降息。随后，2008年10月，英国、欧洲央行和日本央行都采取了不断降息的措施，全球央行联合降息以应对金融动荡。为阻止经济进一步下滑，美联储于2008年12月16日决定将联邦基金利率降到历史最低点，从1%下调到0至0.25%，为自1990年首次推出联邦基金目标利率以来的最低水平。这意味着美国已进入“零利率”时代。2009年5月7日，欧洲央行决定将基准利率下调至1%，创下该行历史上的最低水平。随着经济见底迹象日渐明显，可以预见，全球降息热潮或许渐近尾声。

五、国际金融市场创新活动层出不穷

国际金融创新除了包括金融工具和金融业务方面的创新以外，还包括金融品种、金融机构、金融市场等多方面的创新。

（一）衍生工具创新

随着国际金融市场货币化和证券化程度越来越高，以杠杆交易为特征的金融工具——金融衍生产品不断涌现，加速了金融资产的创新过程。所谓金融衍生产品，是指价值由其基础金融工具的价格变动决定的一种金融契约，根据交易特征可以分为远期、互换、期货、期权等四类。虽然金融衍生产品最初是设计用来通过套期保值规避金融风险的，但由于金融衍生品种是缴纳保证金进行交易，投机者可以利用金融杠杆进行大规模的投机，在实际操作中往往利用其高杠杆比率进行以小搏大，从事高风险的投机活动，因此金融市场的波动性将会增大。金融衍生产品把人类的金融智慧发挥到了极限，也把金融风险放大到了极限。根据巴塞尔委员会的研究，金融衍生产品主要有市场价格变动造成亏损的市场风险、交易对手无法履行合约的信用风险、无法平仓的流动性风险、人为错误或欺诈造成的操作风险和交易纠纷无法可依造成的法律风险等。正如乔纳丹·泰纳鲍姆在世界金融体系的“倒金字塔”结构中所描述的，金融资本的发展远远超过了实物资本的规模，其中，最上层的同时也是规模最大的就是纯粹

---

① “2005年全球利率上升的因素”，《金融时报》，2005年12月29日。

虚拟的金融衍生资本。从 20 世纪 80 年代中期以来,因参与金融衍生产品交易而导致严重损失乃致危及国际金融市场稳定的事件层出不穷。1995 年巴林银行交易员里森投机日经股指期货失败,导致百年老店一朝破产就是其中最著名的一个例子。因此,如何发挥金融创新对金融市场的正面推动作用,同时又适当抑制金融市场的内在风险,是各国迫切需要解决的问题。

(二) 交易品种创新

1999 年 1 月 1 日欧元正式启动以后,国际金融市场交易品种的创新围绕着欧元相继展开。在外汇市场推出即期欧元交易和远期欧元交易以后,外汇期货市场、外汇期权市场、欧洲货币市场、欧洲货币利率期货市场、欧洲货币利率期权市场、欧洲债券市场、欧洲债券期货市场、欧洲债券期权市场也立刻做出反应,推出了一系列新的金融品种交易。由此可见,围绕着欧元产生而进行的金融品种创新不仅种类齐全,几乎包括了全部主要的金融衍生品种,而且发展迅速,许多新的金融品种都是在欧元产生的当月开始交易的。①

(三) 交易过程创新

国际金融市场交易过程的创新表现为交易手段的创新和交易规则的创新。随着电子计算机技术的发展,国际金融市场的交易手段越来越先进,芝加哥商业交易所 GLOBEX2 电子交易系统的采用,既是交易过程创新的典型例子,也是该系统处于当今国际金融市场电子交易革命前沿的重要原因。除芝加哥商业交易所之外,其他交易所也纷纷使用电子交易系统来提高交易效率。例如,伦敦国际金融期货交易所也采用了 CONNECT 系统和入门技术进行交易。②

(四) 交易规则创新

为了适应市场发展的需要,国际金融市场还不断推动交易规则的创新。伦敦国际金融期货交易所推出的大宗交易便利也是一个典型的例子。③ 1999 年 4 月 19 日,伦敦国际金融期货交易所引入了大宗交易便利,使会员可以自己买卖或代理买卖高额的期货或期权,而不会发生价格或数量上的不确定性。无独有偶,芝加哥国际货币市场为了适应小投资者的需要,则推出了在电子交易系统进行交易的微型期货和期权,其实质是把现有的期货和期权拆开,因而也是一种交易规则的创新。国际货币市场继 1994 年 9 月 9 日引入微型标准普尔 500 种股票指数期货以后,于 1999 年 10 月 7 日又引入微型欧元期货和微型日元期货,其标准金额一般是普通期货标准金额的 50%。例如,日元期货的标准金额是 1 250 万日元,微型期货的标准金额是 625 万日元。这些交易规则的创新迎

---

① 参见李翀:“论近期国际金融市场的金融创新”,《中山大学学报》,2001 年第 5 期。
② 同上。
③ 同上。

合了投资者的需要，推动了国际金融市场的发展。

六、国际融资方式发生了显著变化

（一）国际融资方式的构成变化

20世纪80年代以来，国际金融市场上的融资方式由间接融资为主转为直接融资为主，即以国际债券和国际股票发行为代表的直接融资在国际资本市场上逐渐取代以银团贷款为主的中长期间接融资，证券化融资成为国际融资的主要方式。据统计，1987—1993年间，国际债券发行总额从1 808亿美元上升到4 810亿美元，在国际市场上所占比重由45.79%上升到59.65%。

但是进入21世纪以来，国际直接融资市场，即债券市场与股票市场之间发生了剧烈的分化，以美国三大股指为代表的全球股市连续走低，国际股票市场的吸引力呈下降趋势。与此同时，国际债券市场则迅速发展。据Thomson Financial统计，2006年全球债券发行规模达到创记录的6.9万亿美元。但是受国际金融危机影响，2007年全球债券发行稍有下滑，降幅7%，至6.6万亿美元，2008年前三季度更是大幅下挫。但自2008年第四季度起，国际债券市场开始出现转暖迹象，全球债券发行总量逐渐反弹，据国际清算银行统计，2008年第四季度全球金融市场各金融机构与国际组织的债券发行量环比增加了1.5倍，激增至6 243亿美元，而2009年第一季度，国际债券净发行总额达到7 400亿美元，同比增长17%，表明全球对金融市场的信心正在逐渐恢复。

国际融资方式结构的转变，与国际形势的变化息息相关。2001年以来，随着市场投资者对于美国经济出现趋势性逆转忧虑的不断加剧，部分资金开始撤离股票市场，转向政府债券市场这一传统的避难所。考虑到美国政府债券市场容量的收缩和资本吸纳能力的下降，国际投资者需要寻找新的投资渠道，而欧元启动后迅速走向一体化的欧洲政府债券市场引起了国际资本的关注。

（二）国际新兴融资方式的兴起

1. BOT、TOT与ABS

随着国际债券融资方式一跃成为国际融资的主要方式，其他新兴国际融资方式如BOT、TOT、ABS也在不断创新和发展，并在全部融资总额中所占的比例越来越高。

所谓BOT（Build-Operate-Transfer），也称为“公共工程特许权”，是一种基础设施建设的股权和债权相结合的产权，是指由项目构成的有关单位（承建商、经营商及用户）组成的财团所成立的一个股份组织，对项目的设计、咨询、供货和施工实行一揽子总承包。项目竣工后，在特许权规定的期限内进行经营，向用户收取费用，以回收投资、偿还债务和赚取利润。特许权期满后，财团无偿将项目交给政府。[①]

所谓TOT(Transfer-Operate-Transfer),即将建设好的公共工程项目,如桥梁、公路移交给外商企业或私营企业进行一定期限的运营管理,在合约期满后,再交回给所建部门或单位的一种融资方式。在移交给外商或私营企业时,建设单位将取得一定金额的资金以再建设其他项目。

所谓ABS(Asset-backed Securitization),即资产支持的证券化。它是指以目标项目所拥有的资产为基础,以该项目资产的收益为保证,通过在国际资本市场发行高档债券来筹集资金的一种项目证券融资方式。

无论是BOT、TOT还是ABS融资方式,它们的共同优势不仅在于投资者有较大的经营自主权和较高的投资收益,而且在于作为东道国的发展中国家可以进一步缓解基础设施落后的"瓶颈制约",减轻中央和地方政府对公益性基础设施项目资金短缺的压力,同时可以加速社会生产力的形成,使一些早该建而政府目前仍无力兴建的项目提早建成,以提前满足公众的需要。另外,采用这些国际融资的新方式可以借鉴和吸收国外的科学管理方法,有助于改进和提高发展中国家基础设施项目的设计、管理及运作效率,为社会提供高质量、低价格的公益服务。

2. 离岸资产证券化的迅速发展

离岸资产证券化是资产证券化的一种特殊形式,是指借助本国之外的特殊目的载体(SPV),通过在国际资本市场上发行资产支撑证券(ABS)或抵押支撑证券(MBS)筹集资金的融资方式。这种运作方式具有如下几个重要特征:业务流程中的大部分,如信用评级、信用增级、证券发行等是在本国之外完成的,与本国资本市场关联很少;由地处本国之外的机构充当特殊目的载体,不仅可以实现风险隔离,而且还可以起到良好的避税作用;通过国际资本市场面向国际资本市场上广大的机构和个人投资者来筹集资金,有利于吸引外资流入,促进本国的经济发展。

离岸资产证券化作为一项全新的国际融资方式,在20世纪90年代的发展尤为迅猛,引起了各国的广泛关注。美国、法国等西方发达国家也非常重视离

---

① 据世界银行《1994年世界发展报告》中对BOT的定义,通常所说的BOT实际上至少包括以下三种具体的建设方式:(1) BOT(Build-Operate-Transfer),即建设—经营—转让。政府给予某些公司新项目建设的特许权时,通常采取这种方式。私人合伙人或某国际财团才愿意自己融资,建设某项基础设施,并在一段时期内经营该设施,然后将其转让给政府部门或其他公共机构。(2) BOOT(Build-Own-Operate-Transfer),即建设—拥有—经营—转让。私人合伙人或国际财团融资建设基础设施项目。项目建成后,在规定的期限内拥有所有权并进行经营,期满后将项目移交给政府。(3) BOO(Build-Own-Operate),即建设—拥有—经营。这种方式是承包商根据政府赋予的特许权,建设并经营某项基础设施,但是并不将此设施移交给公共部门。

岸资产证券化业务。例如，美国证券交易委员会为了使美国的证券法适用于国际交易，特别是为了涵盖国际证券化业务，于1990年5月2日采用了“S条例”，放松了对国际交易的管制，为离岸资产证券化业务的发展打开了方便之门。离岸资产证券化业务的兴起，成为国际资本市场上一道亮丽的风景线。

3. 国际保理（Factoring）业务的兴起

国际保理业务是近年来国际消费品贸易中新的融资方式之一，是指以赊销（O/A）、承兑交单（D/A）为付款条件，保理商（专门办理国际保理业务的金融机构）无追索权地买断出口商以单据表示的对进口商的应收账款，并提供信用销售控制、销售分户账管理、债款回收、坏账担保等综合性金融服务。保理业务既可提供短期融资，又可用作国际结算，适合于商品周转快、资金回收期短的国际消费品贸易。由于国际保理业务能够为进口商、出口商提供多种多样的金融服务，并能够给国际保理商带来丰厚的利润，因此，保理业务在国际贸易结算中得以广泛使用。据统计，目前欧美国家间的消费品贸易中，保理结算已经取代信用证结算。2000年全球保理业务总额达6 000亿美元，主要发生在欧美等国家。[①]

七、美元、欧元和日元成为“超级货币”和三大货币区框架的趋势日益明显

诺贝尔经济学奖获得者罗伯特·A. 蒙代尔（Robert A. Mundell）曾预言：在未来10年内，全球将出现三大货币区，即欧元区、美元区和亚洲货币区，这三大体系将成为未来货币体系的基本架构，而且货币联盟的渐次演进是有可能实现的。从目前的形势来看，蒙代尔的这一预测似乎正在成为现实。目前，美元、欧元和日元不仅是世界上最主要的储备货币和贸易结算货币，而且已成为国际金融市场的“超级货币”。据国际清算银行2007年统计，全球外汇交易的日均交易量估计为32 000亿美元，其中美元仍然是交易最为活跃的货币，占外汇市场交易量的87%，其次为日元和欧元。

同时，三大货币区的框架已经凸显，其前景令人看好。欧元区和美元区的发展正如火如荼。就欧元区来看，不仅其国家数目正在不断扩张，而且中非和西非的13个CFA法郎区国家通过钉住法郎，实际上间接地钉住了欧元。如果北非和中东的部分国家也选择钉住欧元，那么欧元区可能扩展到50国，总人口超过5亿，GDP总规模将大于美国。美元化在最近几年也得到了普遍关注，阿根廷、萨尔瓦多、厄瓜多尔等拉美国家均表示出对美元化的兴趣。与此同时，通过区域货币合作建立一个亚洲货币区也是大势所趋。从理论上看，按照“开放

① 李海燕：“保付代理：一项亟待研究与推广的国际融资方式”，《农村国际金融》，2001年第11期。

条件下的宏观经济政策的三难选择”，货币联盟将是浮动汇率制之外的唯一选择①；从实践上看，亚洲货币合作会带来巨大的收益，例如，有助于减少交易成本，促进商品和生产要素的自由流动；有助于维护亚洲的安全；有助于增加亚洲在国际事务中的发言权。这正是许多亚洲国家积极支持亚洲货币区的理由。1999年11月，“10+3”（东盟10国加上中国、日本和韩国）峰会在马尼拉通过了《东亚合作的共同声明》，同意加强金融、货币和财政政策的对话以及协调与合作。2000年5月“10+3”的财政部长在泰国达成了《清迈协议》，同意加强有关资本流动的数据及信息的交换；建立区域救援网络；加强各国货币当局现有的合作框架。2000年8月，“10+3”的中央银行又将多边货币互换计划的规模由2亿美元扩展到10亿美元。这些信号均表明，尽管亚洲货币区的困难较之欧元区要大得多，但其未来仍然令人期许。

八、跨国并购浪潮在国际金融市场上起起伏伏

20世纪末，国际并购逐渐发展成为国际资本流动的主导力量，从1995—1999年，国际并购额由不到2 000亿美元上升到7 200亿美元，增长了260%，到2000年，国际并购达到1995年以来扩张浪潮的顶峰，数起金额巨大、影响范围深远的跨国并购案频频震惊国际金融市场，如1999年英国沃达丰集团收购美国空中通信，涉及交易金额603亿美元。到2000年，涉及金额超过10亿美元的跨国并购案占总并购价值的74.0%（见表1-8）。

表1-8　1987—2007年价值10亿美元以上的跨国并购

年份	交易数（宗）	占总数比例（%）	价值（亿美元）	占总价值的比例（%）
1987	19	1.6	39.1	40.1
1988	24	1.3	53.2	38.7
1989	31	1.1	68.2	40.8
1990	48	1.4	83.7	41.7
1991	13	0.3	31.5	27.0
1992	12	0.3	23.8	21.0
1993	18	0.5	37.7	30.5
1994	36	0.8	72.6	42.5

① 这是因为，按照“开放条件下的宏观经济政策的三难选择”，一国政府只能在汇率稳定、资本自由流动和国内货币政策自主性三个目标中任选两个，而放弃第三个目标。如果想要谋求汇率稳定，则一国政府只能在资本自由流动和国内货币政策自主性之间进行取舍。随着民主化进程的发展，一国政府放弃国内货币政策自主性的政治成本可能无比高昂。同时，在金融全球化潮流下，一国实施资本项目管制的难度越来越大，其机会成本也越来越大，依靠自己的力量维持固定汇率制从长期看几乎是不可能的，因此货币联盟将是浮动汇率制之外的唯一选择。

（续表）

年份	交易数(宗)	占总数比例(%)	价值(亿美元)	占总价值的比例(%)
1995	44	0.8	97.1	41.9
1996	48	0.8	100.2	37.9
1997	73	1.1	146.2	39.4
1998	111	1.4	408.8	59.0
1999	137	1.5	578.4	64.0
2000	207	2.1	999.0	74.0
2001	137	1.7	451.0	61.7
2002	105	1.6	265.7	55.0
2003	78	1.2	184.2	44.8
2004	111	1.5	291.3	51.5
2005	182	2.1	569.4	61.3
2006	215	2.4	711.2	63.6
2007	300	3.0	1 161	70.9

资料来源：联合国贸发会议，《2008 年世界投资报告》。

进入 2001 年，跨国并购形式突然逆转，跨国并购数量从 2000 年的 7 894 起降至 2002 年的 4 493 起，其平均价值也从 2000 年的 1.45 亿美元降至 2002 年的 0.82 亿美元。跨国并购盛极而衰与全球经济形势的变化息息相关，同时也反映了其自身的发展特征，跨国并购参与者开始陷入并购后艰难的业务整合以及不同国家、不同机构之间的文化冲突和错综复杂的经营矛盾中，屡屡出现失败的案例。

出人意料的是，2003 年以后，全球再次掀起并购浪潮，到 2007 年，全球跨国并购额达到创纪录的 1.637 万亿美元，与此同时，涉及金额超过 10 亿美元的跨国并购案占总并购价值的比重也在不断上升。此次跨国并购浪潮主要归因于世界大多数国家和地区经济的强劲增长和跨国公司在高利润及竞争压力驱使下的国际扩张。

然而，进入 2008 年以后，新一轮的国际金融危机导致许多发达国家陷入流动性危机，极大地抑制了跨国并购，尤其是在私募股权基金（Private Equity Fund）推动下的杠杆收购数量锐减，2008 年上半年，全球跨国并购交易额仅为 0.62 万亿美元。据联合国贸发会议《2008 年世界投资报告》预计，2008 年全年的跨国并购交易额将低于 2007 年。

九、网络技术在国际金融市场上普遍使用[①]

20世纪末以信息高速公路为核心的网络技术的出现和发展,为金融市场的发展提供了技术支持和保障,促进了金融市场的全球化和自由化,改变着金融市场的主体、工具和监管手段。首先,新兴网络技术以网络银行、网络证券、网络保险等形式给客户提供了一种与传统相结合的全新服务方式,使客户可以选择最符合个人需求的金融服务,丰富了网络金融服务。其次,网络技术扩展了金融市场的广度和深度,其具体表现是交易时间的延伸、金融品种的丰富、市场规模的扩大、资金流动的迅捷、市场效益的提高和经营成本的降低。根据麦肯锡的调查,采用传统方式经营的商业银行比运用网络技术的银行的经营性费用高20%—30%;设立网络银行的成本仅是设立一家传统分支机构成本的5%,而成本降低可以为消费者提供更廉价的服务,从而给市场带来深刻的影响。再次,网络技术改变了金融中介机构的特性。一方面,现有金融机构不断实现网络技术化,以降低经营成本;另一方面,网络金融机构愈加虚拟化,专营网络金融服务的虚拟网络银行、网络证券已经出现,并且在金融市场中的作用越来越大。最后,网络技术挑战现行金融监管模式。网络技术的出现和发展使得风险更加难以预测和控制,而网络银行和网络证券等新金融形式的出现,又与现行的金融监管制度政策相冲突。因此,银行、证券、保险等监管机构必须面对网络技术带来的新挑战。

第三节　国际金融一体化:机遇与挑战

生产社会化和国际分工的发展,使世界商品市场日益形成一个统一的整体,形成国际商品市场一体化的格局;国际投资的不断发展,也促成了国际生产领域一体化的趋势。在国际商品市场一体化和国际生产领域一体化形成和不断发展的基础上,金融国际化得到深化,从而形成了国际金融一体化的基本状态和进一步发展的趋势。因此,国际金融一体化是指在金融国际化基础上进一步深化、发展,从而形成世界范围内金融制度的趋同、金融机构的国际化、金融市场的一体化以及金融协调机制一体化乃至货币一体化等诸方面的一体化状态和过程。[②]

---

① 参见薛万祥:“网络技术对国际金融市场的影响”,《中国外汇管理》,2000年第2—3期。
② 杨培雷:“国际金融一体化的含义、结构及其内容探析”,《韶关学院学报》,2003年第4期。

一、国际金融一体化带来的机遇[①]

国际金融一体化的发展为国际金融乃至世界经济的发展带来了诸多机遇，主要表现为：

1. 有利于各国之间的金融往来和全球融资。国际金融一体化的出现可调节资本、资金的供需，减少资金、资本供应与需求不匹配的可能性，为资金、资本剩余者和不足者提供联系的桥梁，供求双方可进行多种多样的资金融通活动，防止资金浪费和短缺并存的矛盾，提高资金的配置效率，促进了资金、储蓄在全球范围内的有效配置。

2. 有利于提高金融业本身的效率。由于国际金融一体化减少了价格扭曲和市场失灵，从而降低了金融业的成本，提高了服务质量。一方面，在大部分国家，银行从服务费和利差中赚取的总收入占总资本的比例下降，工资开支占总收入的比例下降，营业费用与总收入相比下降。这些结果表明，银行竞争加剧导致成本和利差下降，但在银行传统的存贷业务之外，与证券有关的业务和各种表外业务却得到了迅速发展。其他一些指标，如证券交易费用也在递减，各类新型金融服务项目不断涌现，显示金融业服务质量提高，成本下降。另一方面，在国际金融一体化条件下，由于政府取消了直接利率控制和信贷控制，减少了资金相对成本的扭曲，使金融机构的信贷和投资可在市场和效率的引导下进行更合理的配置。

3. 有利于降低筹资成本，提高企业生产力。在国际金融一体化和全球资本市场日趋成熟后，个人及企业筹集资本的成本也随之降低。在欧洲，全球资本的成功开放已有效消除了证券的内线交易，而且融资证券化趋势成功减少了费用相对高一些的间接融资的比重。因此，一方面，越来越多的企业和个人筹集到条件比较好的资本，很多规模小的企业因为获得资金而得以成长，提高了生产力，创造了新的就业机会；另一方面，投资者也得到了更高的回报。

4. 有利于国际直接投资的发展。国际金融机构的设立和增加，以及全球金融市场的形成，大大便利了跨国公司、国际企业的国际直接投资活动，使其不受自有资金的限制，可向设在投资东道国的国际银行和全球金融市场融资，以便进行初始直接投资和扩大直接投资。吸收外国直接投资的国家，不但可弥补资金的缺口，而且可引进国外先进的生产技术和管理经验，借助外商的外销渠道扩大出口，有利于资本形成和产业结构的优化升级。

5. 有利于进一步放宽各国的金融管制。西方发达国家在 20 世纪 70 年代

---

① 黄锦明："国际金融一体化的影响与国际社会的对策"，《商业研究》，2003 年第 22 期。

中期开始的金融自由化运动催化了国际金融一体化。反过来,国际金融一体化又成为推动世界各国政府进一步推进经济金融自由化、放松政府管制的重要力量。全球资本流动规模越来越大,速度越来越快,对政府设置的障碍形成很大的压力。国际资本、国际企业、跨国公司、跨国银行和其他国际金融机构具有极高的活动能力和应变能力,结合成一股强大的力量,采取各种方式冲破外国和本国政府设置的障碍,规避政府管制,进入外国市场和本国被限制的业务领域和地域。

二、国际金融一体化带来的挑战[①]

我们也应该清醒地看到,国际金融一体化的出现也对国际金融的健康稳定发展带来了一系列消极的影响与挑战。

1. 有可能导致国际金融风险的生成。金融市场的开放消除了隔离国与国际金融市场的屏障,尤其是经济金融相似的国家之间危机传播的渠道是畅通的,这就增加了金融体系的不稳定性。也就是说,一国金融的不稳定有可能产生"蝴蝶效应",使金融危机在国际间的传播扩散成为可能,最终可能波及整个国际金融体系,增强了金融危机的破坏性,加剧了金融市场的系统性风险。

2. 有可能加剧全球金融的脆弱性。金融创新使金融业务呈现成交额大、操作便利、速度快捷和交割灵活的特点,从而产生了对短期投机的巨大诱惑力,使以避险为主要目的的金融衍生工具在国际金融市场上运行的结果变成了以投机性交易为主的金融工具,虚拟经济的交易大大超过实物经济的交易,国际金融交易仅有2%同商品生产、贸易等实物经济有关,其余98%都在自我循环,进行钱生钱的游戏。这种本末倒置的关系不仅会引起消费市场的萎缩,而且会加剧全球金融的脆弱性。

3. 有可能削弱货币政策的自主性,降低金融政策的效力。国际金融一体化导致全球主要的通货和金融资产之间的套利关系连续不断,全球短期实际利率的离散度将进一步降低,促使货币传导机制发生变化,使阐释和控制货币和金融的总量和变量变得更加困难,各国汇率政策、货币政策、财税政策的独立性和有效性随之降低了。国际金融一体化对各国政府的宏观调控能力提出了更高的要求和挑战。

4. 有可能提高对金融监管的国际合作要求。在国际金融一体化条件下,大量资金,尤其是国际游资可以大量快速地自由跨境流动,衍生金融产品交易迅速扩张,新型的准金融机构不断涌现,一些新型交易技术及交易手段(如远程交

① 参见陈来:"国际金融一体化发展的影响和对策",《经济研究参考》,2003年第41期。

易、无纸交易、网上交易等）被广泛使用，导致各国政府和国际金融组织的监管难度加大了，从而提高了对金融监管的国际合作要求。

本章重要术语

外贸依存度	国际收支	国际储备
境外融资	贸易差额	对外投资
吸引外资	金融一体化	金融自由化
衍生工具	跨国并购	金融风险

本章小结

- 改革开放以来，中国经济的开放程度越来越高，可以从外贸、外资、国际融资方式、国际收支、国际储备等许多方面体现出来。这表明，中国经济已经逐步融入经济全球化和经济一体化的进程之中，对国际金融市场的依赖性加强。
- 国际金融市场的发展出现了很多新特点，如金融市场一体化、自由化和区域化的进程加快；国际金融市场存在许多不稳定因素；国际金融风险居高不下；国际金融市场的组成部分之间发展趋势不一；国际金融创新活动层出不穷；国际融资方式发生显著变化；美元、欧元和日元成为三大“超级货币”；跨国并购在国际金融市场明显降温；网络技术在国际金融市场普遍采用等等。
- 国际金融一体化是指世界范围内金融制度的趋同、金融机构的国际化、金融市场的一体化、金融协调机制一体化乃至货币一体化等诸方面的一体化状态和过程，为世界经济和国际金融的发展带来了诸多机遇和挑战。

相关网络地址

- http://www.wto.org：世界贸易组织网站，可以查询国际贸易、国际投资和国际金融方面的最新官方信息；
- http://www.mofcom.gov.cn：中华人民共和国商务部网站，可以查询中国进出口贸易、吸引外资和对外投资的最新官方信息；
- http://www.finance.sina.com.cn：新浪网中的“财经网站”，可以查询有关中国国际贸易、吸引外资和对外投资的最新发展动态和相关数据；
- http://www.stats.gov.cn/tjsj：中华人民共和国国家统计局网站中的“统计数据”，可以查询到中国改革开放二十多年来有关进出口贸易、外资利用、国际收支和国际储备的历史性数据；
- http://www.customs.gov.cn/tjsj：中华人民共和国海关统计网站，可以查询到中国历年进出口贸易的总额、部门分布和商品分布的具体信息；
- http://www.safe.gov.cn/tjsj：中华人民共和国外汇管理局网站，可以查询到中国历年国际收支和国际储备每年、每月的历史性数据和最新数据。

简答题

1. 20世纪90年代以来,中国的进出口贸易在贸易总额、贸易地位、外贸依存度和贸易结构方面取得了哪些进步?

2. 在全球外资流量下降的情况下,中国为什么还能保持高涨的引资流量和速度?

3. 试述2008年国际金融危机的原因与影响。

4. 以互联网为核心的网络技术的出现和发展,给国际金融市场的发展带来了哪些影响?

思考题

试分析全球范围内的金融自由化改革及其对中国的启示。

第二章
国际金融市场与国际金融机构

2

- 国际金融市场
- 国际金融机构
- 中国与国际金融市场
- 中国与国际金融机构

[知识要求]

通过本章的学习,掌握

- 国际金融市场的组成;
- 国际金融机构及其机构设置和主要业务;
- 国际金融机构的基本职能和主要业务;
- 中国参与国际金融市场的主要渠道;
- 中国与主要国际金融机构的关系回顾。

[技能要求]

通过本章的学习,能够

- 掌握欧洲货币市场的基本金融工具;
- 了解债券种类的选择及其发行的基本程序;
- 掌握金融市场上衍生金融工具的基本原理;
- 了解使用衡量外债风险的指标。

第一节　国际金融市场

国际金融市场(International Financial Market)是指世界各国从事国际金融业务活动的场所和机制的总和,其组成部分包括外汇市场、欧洲货币市场、国际资本市场(国际股票市场和国际债券市场)、国际黄金市场和衍生金融市场,其主体是由经营国际间的货币业务的一切金融机构组成,其业务活动包括国际货币借贷、外汇买卖、黄金买卖、国际股票与债券的发行与流通等内容。

一、外汇市场

(一)外汇市场的性质

外汇市场是进行跨国界货币支付和货币互换的场所,是规模最大的国际金融市场。据国际清算银行2007年有关外汇及其衍生品市场的央行调查报告显示,全球外汇市场的规模估计每天高达3.21万亿美元,而英国、美国和日本三个最重要的交易市场即占了全球近六成的外汇交易量。这不仅说明外汇市场在实现国际结算中发挥着重要作用,更重要的是表明了外汇交易已远远超越了最初那种附属于贸易结算的地位,拥有了更为重要的意义和作用。

外汇市场并不是一个可供交易商们聚在一起兑换货币的有形场所,而是一个用现代通讯设备连接在一起的世界性网络系统。外汇市场没有中央总部，交易商们往往坐在世界各主要商业银行的办公室里，通过电子计算机终端、电话、电传和其他通讯手段进行联系。因此，外汇市场实际上是一种无形市场，既没有一定的固定场所，也没有开盘和收盘时间，而是通过路透社终端①、美联社终端、德励财经终端、美国银行间清算系统和环球金融电讯网形成网络市场，每天24小时连续营业。同时，外汇市场既没有监管机关制定交易规则，汇商之间也没有结算中心，因此也是规范最少、监管最少的国际金融市场。如果以每日成交量来看，目前的主要外汇市场包括芝加哥商品交易所、伦敦外汇市场、纽约外汇市场、东京外汇市场、苏黎世外汇市场、新加坡外汇市场、香港外汇市场和巴黎外汇市场等，其业务交易量在全球交易量总额的比重可参见图2-1。

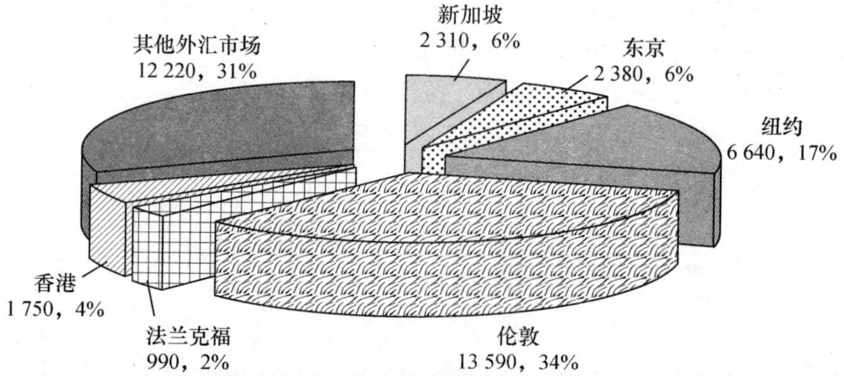

图2-1　2007年世界主要外汇市场的业务量及比重(亿美元)

注：按照日外汇交易量来计算比重。

资料来源：根据国际清算银行2007年有关外汇及其衍生品市场的央行调查报告中提供的相关数据绘制而成。

(二) 外汇市场的参与者

外汇市场的主要参与者是商业银行、个人和公司、中央银行和外汇经纪人。

1. 商业银行

商业银行作为外汇市场的主体和外汇业务的中心，在零售市场进行外汇买卖是为客户服务，以赚取价差为主；在批发市场则不仅代客户买卖，获取适当的手续费，而且自营买卖，以获取盈利或避免风险。此外，商业银行还出于投机或保值等目的进行同行业间外汇交易，并且构成了外汇交易中的绝大部分。因

① 在由路透集团牵头与50家国际银行集团共同组建的Atriax交易平台上，每天产生着差不多1兆亿的外汇交易量，这个数字是全球外汇交易量的70%，而路透占有这个平台25%的股份。参见《经济观察报》2001年12月17日标题为《路透启示录》的报道。

此，狭义的外汇市场，即指银行同业间外汇交易市场，也称批发外汇市场。

2. 个人和公司

公司包括从事国际贸易的进出口商和在多个国家进行生产经营活动的跨国公司以及专门从事外汇买卖的外汇投机商。它们或为生产、流通等经营性目的进行外汇交易，或为保值和防范风险的目的进入外汇市场，抑或单纯为了牟利而买卖外汇，后者的活动往往会引起外汇市场行情的短期性波动，也是国际短期资本大幅度移动的一个主要原因。个人也同样有机会进入外汇市场，如旅游者购买或兑换旅行支票。通常情况下，个人和公司是通过商业银行完成交易的。

3. 中央银行

作为一国货币政策的制定者和实施者，中央银行参加外汇市场交易的目的是干预市场，以保持本国货币汇率的相对稳定。近年来，随着国际经济联系日益紧密，任何一国独立的货币政策愈加没有效力，各国中央银行不断加强对外汇市场的联合干预。尽管中央银行的外汇交易量通常不是很大，但是由于外汇市场的各参与者都密切关注中央银行的行为，因此中央银行对汇率走势的影响举足轻重。

4. 外汇经纪人

外汇经纪人的主要作用是充当商业银行间外汇交易的中介，并不真正参加外汇交易，也不承担汇率变动的风险。一般情况下，经纪人对购买者所报汇率高于出售者所报汇率，其差额就是经纪人的佣金。

（三）外汇市场的主要功能

外汇市场的主要功能表现在以下几个方面：

1. 清算作用。通过外汇市场上的汇兑，结清国际间债权与债务关系，实现不同国家货币购买力的国际转移，这是外汇市场成立的最主要根据。

2. 生成汇率。零售市场上的外汇不平衡，必然引起批发市场上外汇头寸的调拨；而批发市场上的汇率又决定和影响了零售市场上的汇率水平。

3. 授信作用。商业银行作为外汇市场的主体，能够利用外汇收支的时间差，为国际贸易提供多种形式的信贷和资金融通。

4. 保值作用。在外汇市场上，可以利用套期保值或掉期交易来规避风险，保障国际贸易和国际投资的安全。

5. 投机作用。外汇市场上的资金流入和流出、利率的升高和降低以及汇率的频繁涨跌，为外汇投机者提供了条件，投机者或获取巨额利润，或遭受沉重损失。

6. 窗口作用。外汇市场作为国际金融市场最大的组成部分，其汇率和交易量直接反映了货币资本在国际间的流动情况。因此，外汇市场是人们了解国际金融和一国国际收支的窗口。

专栏 2-1

中国的外汇市场

改革开放前,中国对外汇实行统收统支的计划管理体制,出口创汇全部按官方汇率交给中国银行,进口用汇则按国家计划及官方汇率向中国银行购买。1979年年底出现了"外汇留成"制度,使国家、地方和企业外汇利益得以科学调整,提高了企业创汇的积极性。

1980年,经国家批准,中国银行开始了外汇调剂业务,调剂价可在美元兑换人民币贸易结算价基础上作10%的浮动,调剂外汇是各单位留成外汇,主要用于进口加工材料、轻纺物资和急需设备。1985年12月,中国在深圳特区首设外汇调剂中心,正式开办留成外汇调剂业务。这是中国外汇市场雏形的产生阶段,标志着中国从计划经济向市场经济的转轨。

1986—1987年,中国外汇调剂市场有了很大发展,主要表现为:(1) 放宽外汇调剂范围,企业之间进行外汇调剂。(2) 提高外汇调剂价格。规定现汇调剂最高限价达1美元=4.20元人民币,外商企业间的调剂价更可随行就市。(3) 发展外汇调剂市场规模,继深圳之后,几乎各大城市都相继设立了外汇调剂中心或外汇交易市场,全国外汇调剂量迅速增加,中国外汇调剂市场开始活跃。

1988—1993年,中国外汇调剂市场获得迅速发展,具体表现为:(1) 调剂中心机构激增。据统计,仅1988年,全国调剂中心就新增39家。(2) 调剂范围扩大,已从企业留成外汇和外商企业外汇参加调剂的范围扩大到各地方、各部门买卖外汇,甚至进一步扩大到境内个人外汇调剂和外商企业与内商企业间外汇调剂的范围。(3) 交易日趋公开市场化。1988年,上海实行公开喊价竞价交易方式,使多个买方与卖主在信息公开的市场上公开竞争。

从1994年1月1日起,中国人民币汇率并轨,并建立起银行之间的外汇交易市场。中国外汇交易中心暨全国银行间同业拆借中心是中国人民银行的直属机构,专事提供银行间外汇、人民币同业拆借和债券市场的交易、信息和监管服务。中国外汇交易中心于1994年4月4日在上海开始交易,其外汇市场主体是中国的13家银行、部分外资银行和部分金融信托投资公司。1994年年末,共有303家金融机构为该交易中心会员,其中有相当部分是专业银行的省分行。2003年,交易中心系统成交外汇折合美元1 511亿,人民币同业拆借与债券交易17.2万亿元人民币。2004年1—5月,本外币市场累计成交额分别为5.5万亿元人民币和646.9亿美元,市场成员分别增至963家和349家。

2004年6月8日,中国外汇交易中心与世界最大的外汇市场芝加哥商品交易所(CME)在芝加哥签署了合作谅解备忘录。根据这份备忘录,交易中心将向CME提供中国外汇和货币市场的分析和信息,包括政策、规章、市场运作和发展情况,以帮助CME更好地了解中国的金融市场;同时,CME将帮助交易中心熟悉国际外汇衍生市场的操作、产品和规则,并协助开展衍生产品设计、业务开发、市场营销和培训。

资料来源:"十年豪情——外汇交易中心成立10年回顾与展望",《中国货币市场》,2004年6月;"中国外汇交易中心牵手世界最大外汇市场",《北京晨报》,2004年6月10日。

二、欧洲货币市场

欧洲货币是在货币发行国境外被存储和借贷的各种货币的总称。首先,欧洲货币并不是指欧洲国家的货币,事实上,最早出现的欧洲货币是欧洲美元,以后才渐渐出现了欧洲英镑、欧洲德国马克、欧洲日元等;其次,欧洲货币市场并不限于欧洲境内的金融中心,而是已超出欧洲的范围,在亚洲(如东京、中国香港、巴林)、加勒比海地区(如巴哈马、开曼群岛)形成了许多重要的金融中心。可以说,这里的"欧洲"已失去了地理上的意义,被赋予了经济上的意义,实际等同于"境外"或"离岸"的意思。最后,尽管欧洲货币市场是一个以短期资金借贷为主的市场,但其业务经营范围并不仅限于货币市场业务,还经营中长期信贷业务和中长期债券业务。因此,欧洲货币市场作为经营欧洲货币业务的市场,又称"境外金融市场"或"离岸金融市场"。

(一) 欧洲货币市场的产生与发展

在欧洲货币市场发展过程中,欧洲美元市场一直是欧洲货币市场最主要的组成部分,而这一市场的产生最早可以追溯到20世纪50年代初期。当时,由于美国政府在朝鲜战争期间冻结了各国存放在美国银行的资金,苏联和东欧国家为避免它们在美国的资产也被冻结,就把它们出口原材料换取的美元存款从美国转存到苏联在巴黎开设的北欧商业银行、在伦敦开设的莫斯科国民银行,以及在伦敦和其他欧洲国家开设的商业银行。最初的欧洲美元由此得以产生。这一历史事实表明了欧洲货币市场的一个基本特征,即欧洲货币市场基本上脱离了一国政府的干预和管制,并为欧洲市场的发展提供了一个基本依据。

进入20世纪60年代以后,欧洲货币市场发展迅猛,并逐渐成为国际金融市场的主体和核心。欧洲货币市场的迅速发展有诸多原因,可以从供给和需求两个层面来分析。

1. 欧洲货币的供给

其一,美国持续的国际收支逆差,为欧洲货币市场的发展提供了资金条件。其二,美国实施的一些金融管理条例,促使美国国内资金大量向外转移。例如,在欧洲银行利率高于美国银行利率的条件下,美国《Q 项条例》规定美国商业银行不得擅自提高定期存款利率,促使国内存款人纷纷将资金存入欧洲银行;《M 项条例》对银行存款准备金的要求只限于国内银行,而海外分支机构则不受限制,于是美国银行便纷纷到海外设立分支机构,以获取高额利润。其三,美元危机中的保值和投机活动,进一步促进了欧洲货币市场的发展。其四,石油输出国的"石油美元",为欧洲货币市场的发展增加了新的资金来源。

2. 欧洲货币的需求

其一,英镑区对美元的需求,增加了对欧洲美元的需求量。其二,西欧国家放松外汇管制,为欧洲货币市场的顺利发展铺平了道路。其三,美国的金融管制措施,迫使国际资金需求者转向欧洲货币市场获取资金。例如,1963 年 7 月美国开始征收"利息平衡税",即美国居民购买外国在美国发行的有价证券,包括美国商业银行对非居民的贷款,所得利息一律要纳税。其四,欧洲货币市场的优越性吸引了大量的国际资金需求者。欧洲货币市场作为一种跨国界的批发型金融市场,其主要竞争优势表现在:交易不受各国政府的监督和干预;在欧洲货币市场上经营的银行,不受信用分配的管制,没有储备要求,具有缴纳存款保险等降低经营成本的有利条件;没有利率限制,因而存款利率高,贷款利率低(见图 2-2);没有诸如对金融机构地理分布和业务范围等影响竞争能力的限制;更没有中央银行的监管。

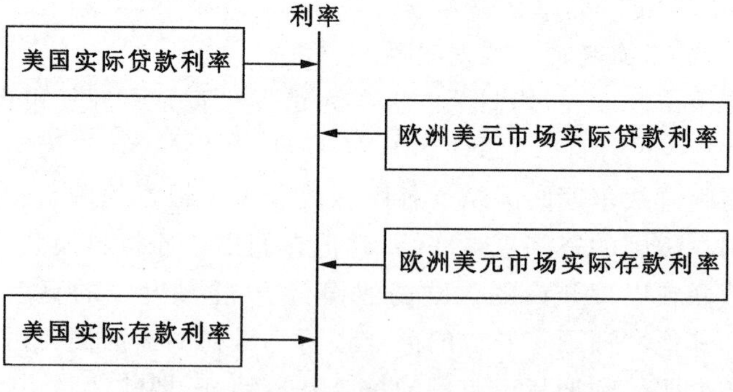

图 2-2 欧洲美元市场利差示意图

（二）欧洲货币市场的基本金融工具

欧洲货币市场的金融工具基本可以分为存款工具和贷款工具两种。[①]

就存款而言，欧洲货币市场上多为固定利率的短期定期存款，70%的存款期限不超过3个月；存款工具主要有欧洲美元定期存单、可转让欧洲美元定期存单、浮动利率中期债券、远期欧洲美元定期存单和欧洲美元利率期货等。20世纪60年代以来，欧洲货币存款的增长速度非常惊人，到20世纪90年代末，欧洲货币存款总额从1961年的10亿美元增长到15万亿美元。进入21世纪，欧洲货币市场保持持续增长，据欧洲中央银行统计，2007年欧洲货币市场的交易额是2000年的两倍之多。欧洲货币存款的增长，成为欧洲货币贷款不断增加的基础。

就贷款而言，主要用于满足政府和跨国公司长期巨额贷款所需的银团贷款（Syndicate Loan）在欧洲货币市场发展最为迅速，银行也可以借此分散政治风险。为了增加银团贷款的灵活性，20世纪70年代的欧洲货币市场还出现了"贷款参与证书"（证明一家银行参与某项贷款的可转让证书），持有银行只要卖出该证书，就可以放弃对该项银团贷款的参与。1981年，欧洲货币市场又应运而生了新的贷款工具——票据发行便利，即银行与借款人签订在未来一段时间内由银行以连续承购短期票据的形式向借款人提供信贷资金的法律协议。如果银行承购的短期票据不能以协议中约定的最高利率成本在二级市场上全部出售，那么承购银行自己必须购买这些未能出售的票据，后者向借款人提供等额的银行贷款。票据发行便利实际上是用短期票据代替中期票据，将传统欧洲银行信贷风险的一家承担转变为多家机构承担。票据发行便利目前已经成为欧洲货币市场中期信用的主要形式。

（三）欧洲货币市场的延伸——亚洲货币市场

随着20世纪60年代末和70年代初亚洲经济在世界经济中地位的上升，跨国公司和跨国银行迫切希望在亚洲建立一个以亚洲美元为主的境外美元信贷中心。在这种大背景下，新加坡政府确立了借发展国际金融业务来带动本国经济贸易发展的经济发展战略，采取了一系列优惠措施来吸引外资和外资金融机构，加之新加坡所处地理位置优越，时区差正好连接欧洲和美洲，可以实现全球24小时的不间断交易。1968年年末，美洲银行新加坡分行首先获准专门办理非居民的外币存放款业务；到1970年年底，新加坡政府又批准花旗、汇丰等16家银行在新加坡建立分支机构并经营境外货币存贷业务；1972年取消了20%的外币存款准备

---

① 有很多学者认为，欧洲货币市场的金融工具还包括欧洲债券等，我们则将之放在下面的"国际债券市场"中来讲述。

金要求;1973 年对本国居民和公司开放亚洲货币市场,并对非居民持财政部批准的亚元债券免缴所得税。至此,亚洲货币市场正式建立,使欧洲货币市场的范围扩大到了全球。近年来,随着日本国际经济地位的提高及日元国际化的发展,1986 年 12 月 1 日正式设立的东京离岸金融市场迅速崛起,进一步扩大了亚洲货币市场的规模。

三、国际股票市场

国际股票是由一些大企业在国外发行并参加市场交易的股票。当今世界上一些发达国家和新兴工业化国家及地区都有规模不等的国际股票市场,如纽约、伦敦、法兰克福、东京、中国香港的股票市场(参见专栏 2-2)。这些股票市场不仅为市场所在地的国内企业提供了筹集资金的重要手段,而且也已逐渐成为跨国公司和外国企业扩大资金来源的重要渠道。

专栏 2-2

世界上著名的证券交易所

纽约证券交易所。纽约证券交易所是目前世界上规模最大的有价证券交易市场。1792 年 5 月 17 日,24 名经纪人在纽约华尔街和威廉街的西北角咖啡馆门前的梧桐树下签订了“梧桐树协定”,这是纽约交易所的前身。到了 1817 年,华尔街上的股票交易已十分活跃,于是市场参加者成立了“纽约证券和交易管理处”,一个集中的证券交易市场基本形成,1863 年,管理处更名为纽约证券交易所,此名一直沿用至今。2006 年 6 月 1 日,纽约证券交易所宣布与泛欧证券交易所合并组成纽约-泛欧证券交易所。2007 年 4 月 4 日,纽约-泛欧证券交易所正式成立,总部设在纽约,由来自 5 个国家的 6 家货币股权交易所以及 6 家衍生产品交易所共同组成,其上市公司总数约 4 000 家,总市值达 28.5 万亿美元(21.5 万亿欧元),日平均交易量接近 1 020 亿美元(77 亿欧元)。

纳斯达克证券市场。纳斯达克(NASDAQ),全称为全美证券交易商协会自动报价系统(National Association of Securities Dealers Automated Quotations,简称 NASDAQ),是一个基于电子网络的无形市场,目前大约有 3 200 家公司在该市场挂牌上市,是美国上市公司最多、股份交易量最大的证券市场。2007 年 5 月,纳斯达克以 37 亿美元收购北欧证券市场 OMX 公司,联合组建一个跨大西洋的交易平台。新公司命名为纳斯达克 OMX 集团,总市值高达 71 亿美元,其中纳斯达克拥有 72% 的股权,OMX 公司股东拥有 28% 的股权。纳斯达克市场分为纳斯达克全球市场、纳斯达克资本市场和纳斯达克全球精选市场三个层次。

伦敦证券交易所。伦敦证券交易所是世界上历史最悠久的证券交易所之一,其历史可以追溯到 300 年前。它的前身为 17 世纪末伦敦交易街的露天市场,是当时买卖政府债券的"皇家交易所"。1761 年,伦敦 150 名股票交易商自发组成一个俱乐部以买卖股票。1773 年露天市场交易迁入司威丁街的室内进行,并正式更名为"伦敦证券交易所"。伦敦是世界上最国际化的金融中心之一,不仅是欧洲债券及外汇交易领域的全球领先者,还受理超过三分之二的国际股票承销业务。伦敦证券交易所也以其国际化著称,其外国公司股票的交易量和市值都超过了本国公司的股票,这在其他交易所是罕见的。截至 2007 年 4 月,在伦敦证券交易所上市的公司有 1 585 家,市值达 45.67 亿英镑;其中外国公司 320 家,市值 25.83 亿英镑,外国公司的市值超过交易所上市公司总市值的 56%。

东京证券交易所。东京证券交易所的股票交易量占日本全国交易量的 80% 以上。如果按上市的股票市场价格计算,它是仅次于纽约证券交易所的世界第二大证券市场。1990 年,东京证券交易所吸引了全世界 60% 的股票市场资本,成为当时世界最大的证券交易所。虽然随着证券泡沫的破灭,东京证券交易所已不再有往日的辉煌,但目前仍是世界上最大的证券交易所之一。与伦敦证券交易所与美国证券交易所不同,东京证券交易所挂牌的基本上都是日本的公司,国外上市公司相当少。东京证券交易所目前有 2 416 家上市公司,其中有 25 家外国公司在东京证券交易所挂牌,2007 年 4 月的总市值为 556 万亿日元。

国际股票发行市场是由股份公司发行股票而形成的市场。股票的发行一般有两种情况:一是新设立的股份公司发行股票集资;二是原有股份公司增资扩股发行,尤以后者为主。从发行程序来看,在国际上发行股票与在本国发行股票的程序基本相同,只是国际股票发行涉及的当事人更多,审查更为严格。国际股票流通市场,又称二级市场,主要由证券交易所、证券交易自动报价系统、经纪人、证券商、投资者以及证券监管机构组成。其中,证券交易所是股票交易市场的中心,是股票集中并按一定规则进行交易的市场,因而被称为有组织的市场。由于能进入证券交易所进行交易的只是一些挂牌上市的股票,因此那些未能上市的股票只能通过"场外市场"(又称"柜台市场")进行交易。随着科学技术的发展,这一市场已经演化成一个计算机网络市场,即证券交易自动

报价系统。例如，美国在1971年成立了“全美证券商协会证券自动报价系统”(NASDAQ)，该系统由相互联结的六千多家证券投资机构组成，现已成为世界上最大的股票场外交易市场。

实例

2009年6月12日的国际股票价格指数

国际股票指数				
股票指数	价值	变化	百分比变化	时间
FTSE 100	4 441.95	-19.92	-0.45	17:15
S&P	946.21	+1.32	+0.14	21:59
DJIA	8 799.26	+28.34	+0.32	21:59
NASDAQ	1 858.80	-3.57	-0.19	21:59
CAC 40	3 326.14	-8.80	-0.26	17:15
DAX	5 069.24	-38.02	-0.74	17:15
HANG SENG	18 889.68	+98.65	+0.52	07:00
NIKKEI	10 135.82	+154.49	+1.55	07:00

资料来源：*Financial Times*，2009年6月12日。

股票交易市场的行情往往被誉为一国经济的“晴雨表”，因为从其价格波动中可以反映出该国的经济发展状况，而国际股票市场的行情不仅反映出市场所在国的经济状况，而且可以反映出世界经济的发展状况。目前国际上比较重要的股票价格指数有美国的“道-琼斯股价指数”和“标准普尔500股价指数”、日本的“日经指数”、英国的“金融时报指数”和中国香港地区的“恒生指数”等。

四、国际债券市场

国际债券是筹资者(包括一国的政府机构、公司、银行以及国际性组织等)在国外市场上以外币为面值货币所发行的债券，其目的主要是为了满足中长期的资金需要，故债券期限一般都在一年以上。

（一）国际债券的种类

按照发行范围和面值货币，国际债券可以分为外国债券和欧洲债券。所谓外国债券（Foreign Bond），是指甲国发行人在乙国市场上发行的以乙国货币为面值货币的债券，如中国某企业在日本发行的以日元为面值货币的债券。主要西方国家的外国债券市场规模很大，业已形成了一些国际上的通称，如将外国人在美国发行的美元债券称为“扬基债券”（Yankee Bond）；在日本发行的日元债券称为“武士债券”（Samurai Bond）；在英国发行的英镑债券称为“猛犬债券”（Bulldog Bond）。外国债券是一种传统意义上的国际债券，其发行必须得到发行市场所在国的证券监管机构的同意，并要受该国金融法规的限制。所谓欧洲债券（Euro Bond），是指甲国发行人在乙国市场上发行的以第三国货币为面值货币的债券，如中国企业在日本市场上发行的以美元为面值货币的债券。欧洲债券实际上是一种无国籍债券，它的发行不受发行市场所在国金融法规的限制，也无须发行市场所在国有关主管机构的审批。正因为如此，欧洲债券市场自20世纪60年代形成以来发展迅猛，目前占国际债券的比重已高达80%左右，超过了外国债券，成为跨国公司、各国政府机构以及国际性机构筹措资金的重要渠道。

近年来，国际债券市场出现了很多新兴的债券工具，如本息分离债券、次级债券、选择性债券等。本息分离债券，简称STRIPS（Separate Trading of Registered Interest and Principal Securities），主要是依据利率期限结构理论，将附息债券的本金和利息部分剥离后分别进行证券化的一种债券业务创新。由于进行本息分离后的债券仅是在债券到期兑付或者债券被出售获得资本利得时才能获得收益，期间并无利息收入，因此进行本息分离后的债券就成为零息债券。① 次级债券（Subordinated Debt or Mezzanine Debt）是指偿还次序优于公司股本权益，但低于公司一般债务（包括高级债务和担保债务）的一种特殊的债务形式。次级债只是针对债务的清偿顺序而言的，即若公司一旦进入破产清偿程序，该公司只有在偿还其所有的一般债务（高级债务）之后，才能将剩余资金来偿还此类次级债务。由于次级债的偿还次序在一般债务之后，因而其享有对公司资本的第二追索权。② 选择权债券（Callable Bond）是将固定收益证券和选择权相结合而产生的一种衍生产品。选择权是一种权利，它赋予期权持有者可以选择在某一确定时间以确定价格购买或出售标的资产的权利，期权持有者只享

① 可参见赵青伟、樊力嘉：“国际债券投资工具之一——本息分离债券”，《中国外汇管理》，2003年第4期。

② 可参见黄栋、樊力嘉：“国际债券投资工具之一——次级债券”，《中国外汇管理》，2003年第5期。

有权利而没有必须履行的义务。按选择权持有者分类,选择权债券可以分为发行人选择权和投资人选择权债券。发行人选择权债券和投资人选择权债券的区别就在于谁享有执行期权的权利。如果债券发行人享有在债券到期日之前的某一约定时间全部或部分赎回债券的权利,就称为发行人选择权债券。如果这种权利是由投资人来享有的,则称为投资人选择权债券(Putable Bond)。①

(二) 国际债券的发行市场和流通市场

在大多数国家,国际债券的发行都没有规定的场所,而是通过投资银行、金融公司或证券公司等金融机构进行。这些机构先按一定价格承购筹资者新发行的债券,然后将新债券投向二级市场,转售给一般投资者。国际债券的发行可采用公募发行与私募发行两种方式。公募发行是指新债券在经过承购公司承购后,可向社会非特定的投资者公开销售的一种发行方式;私募发行是指债券发行者只能向有限的指定投资者出售债券的发行方式。公募债券的发行虽然会受到许多限制,且利率较低,但发行后可公开上市;私募债券一般是采用记名方式发行,约束较少,利率相对较高,但发行后一般不能转让。

在国际债券市场上发行债券一般要由专门的评级机构对发行人的资信进行评级,以供投资者参考。目前国际上比较具有权威性的资信评级机构有美国的标准普尔公司(Standard and Poor's Corporation)和穆迪投资服务公司(Moody's Investment Service Corporation),它们对美国国内债券发行人和国外债券发行人的评判标准和评判依据如表 2-1 所示。

表 2-1 国际债券等级的评判标准

标准普尔等级	穆迪等级	含义	质量说明	性质
AAA	Aaa	最高级	质量最佳,本息支付能力极强	投资级
AA	Aa	高级	本息支付能力很强	
A	A	中高级	质量较佳,支付能力较强,但易受经济波动影响	
BBB	Baa	中级	质量尚可,但易受外界因素影响	
BB	Ba	中低级	中等品质,具有一定的投机性,保障条件中等	
B	B	较差,半投机	具有投机性,本息缺乏足够保障	投机级
CCC	Caa	差,明显投机	能支付本息,但无保障,经济波动时可能停付	
CC	Ca	差,风险大	投机性极强,本息基本没有保障,潜在风险极大	
C	C	风险极大	没有能力支付本息	

国际债券流通市场主要由证券交易所、经纪人、证券商、投资者以及证券管理机构组成,其中证券交易所是流通市场的中心。证券交易商一方面代客户买

① 可参见樊力嘉:“国际债券投资工具之一——选择权债券”,《中国外汇管理》,2003 年第 6 期。

卖债券,为客户提供服务;另一方面又自营债券买卖,从而增强了流通市场的流动性,保证交易的连续性。此外,一些未能在交易所登记上市的债券交易可以分散在交易所之外的场外市场进行买卖。

(三) 国际债券市场的发展趋势

近年来,国际债券市场的发展出现了很多新趋势,其将面临一个规模更大、市场更成熟、创新更频繁、交易电子化的债券市场格局。

1. 国际债券发行量在经历了21世纪初的持续增长后,受金融危机冲击呈下滑趋势。国际债券市场的长期利率在1998年年底步入低谷后,1999年后开始逐步攀升,国际债券的发行量随之持续增长,据国际清算银行统计,到2002年9月底,国际债券发行额由1998年的6811亿美元增加到2001年的13488亿美元,增长幅度十分可观。但受美国次贷危机的影响,2007年全球债券发行量6.6万亿美元,比2006年下降7%,为近七年来首次下降。随着金融危机冲击力的持续扩散,到2008年,全球债券发行额较2007年大幅下降28%,至4.34万亿美元。

2. 欧元债券来势汹汹,大有后来居上之势。1999年初欧元正式启动,以欧元为面值的债券受到发行人和投资者的热烈追捧。据《欧洲货币》1999年8月的报道,在当年欧洲公司债券的发行市场中,以欧元为面值的公司债券发行量远远超过头年同期以欧盟地区货币为面值的债券总额,筹资金额高达778亿美元,首次超过美元债券成为主要币种债券。

3. 发展中国家主权债券与美国国债的收益率之间的差额重新回落。受1997年亚洲金融危机和1998年俄罗斯债务危机的打击,亚洲、拉丁美洲和东欧国家发行的国际主权债券信用风险市场严重高估,导致这些国家发行的美元债券与美国10年期国债收益率差急剧扩大,曾一度超过800—1200个基点,俄罗斯甚至超过4000个基点。随着债务危机的缓和以及亚洲经济的复苏,近年来亚洲国家的主权债券利率持续下降,与美国国债的收益率差不断缩小,韩国、泰国和菲律宾等国的收益率差已经下降到400个基点以下。

4. 随着互联网电子交易的广泛应用,国际债券交易市场也将逐渐实现电子化交易。

五、国际黄金市场

国际黄金市场是指集中进行国际间黄金买卖和金币兑换的交易场所。在世界经济彻底脱离金本位制以后,黄金在世界经济生活中仍然占有重要地位。黄金不仅可以继续充当国际经济往来中最后的支付手段和最重要的价值储藏手段,而且还是工业生产和珍贵艺术品的重要原料。因此,黄金买卖既是国家调节国际储备的重要手段,也是居民调整个人财富和财富保值的一种方式。据世界黄金协会统计,截止到2008年,全世界黄金储备总量大约为32 692.3吨。其中美国的黄金储备最多,为8 133.5吨,约占世界国家黄金储备总量的24.9%。[①]

由于黄金本身的特殊性,因此国际黄金市场上的黄金交易具有两重性:一方面可以作为一种商品来交易的国际贸易性质,另一方面又可以作为一种世界货币来交易的国际金融性质。正是从后一种角度来看,国际黄金市场是国际金融市场的一个重要组成部分。目前世界专营黄金交易的金融市场有四十多个,其中起主导作用的国际性市场是通称为世界五大黄金市场的伦敦黄金市场、苏黎世黄金市场、纽约黄金市场、香港黄金市场和新加坡黄金市场,其价格的形成及交易量的变化对其他黄金市场影响较大。

近年来,由于黄金的货币职能逐渐淡化,商品属性显现,其供应与需求的市场化程度也较以往增强。从1996年开始,西方主要国家在调整金融投资组合时,纷纷减少黄金储备,把黄金抛向市场,导致金价跌破每盎司400美元。

然而,在2001年美国发生"9·11"事件之后,黄金作为回避金融风险的首选金属,在动荡时期的保值避险功能凸现,再次成为国际金融市场的焦点,其平均价格从恐怖事件发生前的每盎司271美元猛涨至每盎司290美元以上,涨幅高达8%。世界政治经济局势越动荡,越能够促进黄金货币属性的还原,并推动国际黄金市场价格上扬。

2008年2月,国际黄金市场价格冲高到了1 000美元/盎司附近。受金融危机影响,2008年2月以后国际黄金价格稍有下滑,但2008年年底开始反弹。这再次说明了黄金市场和国际政治、经济和金融形势之间的紧密关系(见图2-3)。

图2-3 2000—2009年国际黄金价格走势

资料来源:http://goldprice.org,2009年5月29日。

① 世界黄金协会:http://www.gold.org。

六、金融衍生市场

（一）金融衍生工具与金融衍生市场

20 世纪 70 年代，国际金融市场发展极不稳定，先后出现了全球性的高通货膨胀和布雷顿森林体系的崩溃。利率与汇率的日趋不确定性，促使人们积极寻求新的金融工具，以有效地规避市场风险。在这一背景下，金融衍生工具应运而生，即通过金融合约的形式，事先将未来的交易价格固定下来，使交易者能预先确定未来的交易成本和资产收益，以控制市场价格波动所带来的风险。随着金融创新的不断发展，金融衍生工具的品种也不断翻新。在远期交易、互换交易、期货交易、期权交易等衍生工具的基础上，近年来又不断有新的品种问世，如期货期权、利率上限、利率下限、互换期权等。目前，金融衍生工具的种类已超过 1 200 种。与之相对应，金融衍生市场是以金融衍生工具为交易对象的市场，具体包括场内交易市场和场外交易市场。前者是在交易所统一设计和规定的标准下进行金融衍生工具的买卖；后者是由买卖双方通过经纪人，按照其订立的合约来进行金融衍生工具的交易。

（二）金融衍生工具的种类

1. 远期合约交易

远期合约交易（Forward Transaction）是指买卖双方分别承诺在将来某一特定时间按照事先确定的价格购买或提供某种商品。远期合约交易是最简单的金融衍生工具，其最大特点在于，虽然实物交割在未来进行，但交割价格已经在合约签订时确定。

例如 A 公司计划在 3 个月后借入 1 000 万美元的 3 个月短期资金。为避免市场利率上升而增加融资成本，该公司决定买进一份“3 * 6”（即 3 个月对 6 个月）的远期利率协议。银行对“3 * 6”的远期利率协议的报价为“7.85—8.00”（即银行买入价和卖出价），参照利率为 3 个月的 LIBOR。计算在结算日 LIBOR 分别为 8.1% 和 7.9% 的两种情况下，该公司的实际筹资额。

第一种情况：在 LIBOR 为 8.1% 时，

$$结算差额 = \frac{10\,000\,000 \times (8.1\% - 8\%) \times 91 \div 360}{(1 + 8.1\% \times 91 \div 360)}$$

$$\approx 2\,477（美元）$$

$$实际筹资额 = 10\,000\,000 - 2\,477$$

$$= 9\,997\,523（美元）$$

由于结算日市场利率高于协定利率，所以公司可以获得银行支付的 2 477 美元的结算差额，这使得公司的实际筹资额降为 9 997 523 美元。

第二种情况：在 LIBOR 为 7.9% 时，

$$结算差额=\frac{10\,000\,000\times(7.9\%-8\%)\times91\div360}{(1+7.9\%\times91\div360)}\approx-2\,478(美元)$$

$$实际筹资额=10\,000\,000+2\,478=10\,002\,478(美元)$$

由于结算日市场利率低于协定利率，所以公司要向银行支付 2 478 美元的结算差额，这可能使得公司的实际筹资额上升为 10 002 478 美元。

2. 互换交易

互换交易(Swap Transaction)是指交易双方通过远期合约的方式，约定在未来某一段时间内互换一系列货币流量的交易。按照交换标的物的不同，互换合约可以分为利率互换、货币互换、商品互换、股权互换、股票收益互换、股权债权互换等。其中，利率互换和货币互换是国际金融市场上最为活跃的互换交易，而国际股票收益互换则是发达国家运用得极为成功的衍生工具。

(1) 利率互换(Interest Rate Swap)。利率互换是根据交易双方存在的信用等级、筹资成本和负债结构的差异，利用各自在国际金融市场上筹集资金的相对优势，将同一种货币不同利率的债务进行对双方有利的安排。利率互换可以分为许多种，例如，同种货币固定利率与浮动利率之间的互换；同种货币浮动利率与浮动利率之间的互换；交叉货币固定利率与固定利率之间的互换；交叉货币固定利率与浮动利率之间的互换；交叉货币浮动利率与浮动利率之间的互换等。其中，同种货币固定汇率与浮动汇率之间的互换又称为息票互换，其基本做法是交易一方以固定利率资产或负债换取另一方的浮动汇率资产或负债。

例如，假定中国银行和美国高盛银行在国际金融市场上的筹资成本有所不同，如表 2-2 所示①：

表 2-2　中国银行和高盛银行筹资成本表

	固定利率	浮动利率
中国银行	10.0%	LIBOR
高盛银行	12.5%	LIBOR +0.5%
借款成本差额	2.5%	0.5%

如果中国银行需要 1 亿美元的浮动利率借款，而高盛银行需要 1 亿美元的固定利率借款，那么这里存在两种选择：第一种选择是，中国银行和高盛银行分别按照自己所能获得的利率去借自己所需的款项，也就是说，中国银行直接以

① 此案例参见姜波克主编：《国际金融学》，高等教育出版社 1999 年版。

LIBOR 借浮动利率美元，而高盛银行直接以 12.5% 的固定利率借 1 亿美元。第二种选择是，两家银行进行利率互换。考虑到高盛银行在浮动利率借款方面有比较优势，则中国银行以 10.0% 的固定利率借入 1 亿美元，而高盛银行以 LIBOR +0.5% 的利率借入浮动利率美元，双方按照约定条件进行利息支付的互换。进一步假设中国银行按照 LIBOR 利率支付利息给高盛银行，高盛银行则按照 11.0% 的固定利率支付给中国银行，然后双方按照各自借款的利率支付给资金提供者。这一利率互换的结果（如表 2-3 所示）是交易双方均从利率互换中获益，降低了融资成本。

表 2-3　利率互换的经济效果

中国银行	高盛银行
固定利率 支付：10.0% 收取：11.0% 收益：1.0%	固定利率 支付：11.0% 直接借款：12.5% 收益：1.5%
浮动利率 支付：LIBOR 直接借款：LIBOR 收益：0	浮动利率 支付：LIBOR +0.5% 收取：LIBOR 亏损：0.5%
净收益　1.0%	净收益　1.0%

（2）货币互换（Currency Swap）。货币互换是指交易双方按照固定汇率彼此交换不同货币债务的支付义务。货币互换一般包括期初的本金交换、期中的利息交换和期末的本金再交换三个环节。

例如，甲银行需要筹集一笔日元，但其筹集日元的能力低于筹集美元的能力（筹集日元的成本为 7.7%）。于是采用先发行欧洲美元债券，然后通过与乙银行货币互换的方法来获得所需的日元资金。假设甲银行发行的欧洲美元债券期限为 5 年，金额为 1 000 万美元，利率为 9.5%。达成货币互换协议时市场汇率为 1 美元 = 130 日元，日元利率为 7.5%，互换开始日为 2007 年 3 月 15 日，以后每年在 3 月 15 日支付一次利息。则该笔互换交易操作如下：

2007 年 3 月 15 日本金互换：

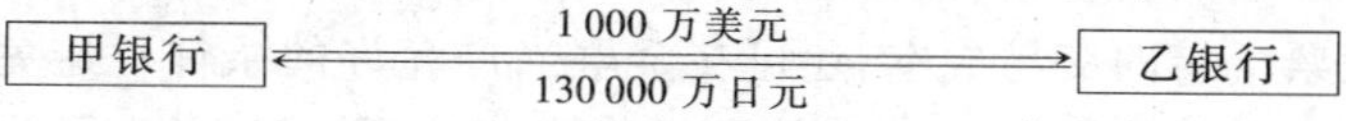

2007 年 3 月 15 日—2008 年 3 月 15 日每年互换一次利息：

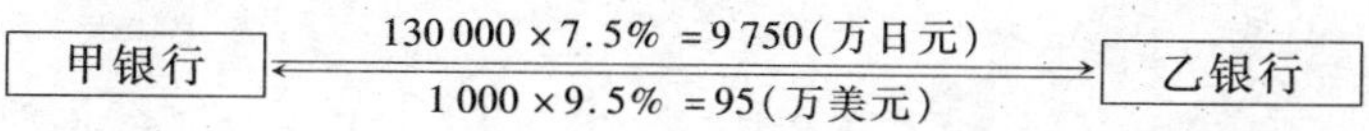

2009 年 3 月 15 日本息互换：

甲银行 ⟷ 乙银行（甲银行 → 乙银行：130 000 + 9 750 = 139 750（万日元）；乙银行 → 甲银行：1 000 + 95 = 1 095（万美元））

通过货币互换，乙银行实际上代甲银行支付了欧洲美元债券本息，而甲银行则代乙银行支付了日元本息。通过货币互换，甲银行将筹集日元的成本降低了 0.2%。

(3) 股票收益互换。国际股票收益互换所要解决的问题是资本控制下的国际多样化投资，能将投资的资本流动效应同其承担的风险分隔开来，从而减少各方损失，更有效地配置风险。具体来说，如某国的国内投资者已经拥有国内股票，那么他们就可以与已拥有国外股票的国外投资者签订（互换）协议，该协议可以这样规定：以某一时期（如 7—10 年）国内股票市场的市值加权平均收益转换成国外某主要股票市场的市值加权平均收益。到期执行协议时，双方仅交换两种收益的差额部分，而都不需向对方支付首期款。以国内投资者与国外投资者直接交易为例，其流程如下：

国内投资者 ⟷ 国外投资者（国内投资者 → 国外投资者：$A \times R_d$；国外投资者 → 国内投资者：$A \times R_f$）

其中，R_d 为国内股票市场市值加权平均收益率；R_f 为国外股票市场市值加权平均收益率；A 为目标本金。

则国内投资者到期收益为：$A \times R_f - A \times R_d$

相应地，国外投资者的到期收益为：$A \times R_d - A \times R_f$

令
$$R = A \times (R_f - R_d)$$

若以伦敦银行间同业拆借市场利率 LIBOR 为贴现率，那么对国内投资者来说，该份合约在任意时刻 t 的价值为：

$$V_t = R_{t+1}/(1+\text{LIBOR}) + R_{t+2}/(1+\text{LIBOR})^2 + R_{t+n}/(1+\text{LIBOR})^n$$

其中，n 为合约期限，$0 < t < n$。

通过这种互换，国内股票市场的风险便被有效地转嫁到外国投资者的身上，国内股票投资者由此得到了品种繁多的国外股票的风险收益。由于没有首期款的支付，首期没有资本流入或流出国境。而最终支付时，双方也只是交换收益的差额部分，其实际资本流量大大低于本金，可以控制在金融当局的限定范围内。对外国投资者来说，如果他们看好国内股市，互换交易可以免去直接进行单个股票交易的交易成本，还可在金融当局允许的条件下避免在跨国投资中很常见的一些税收问题。如果外国投资者拥有国内上市公司的股权达到一定程度时,此互换交易还可以避免参与公司的管理。①

3. 期货交易(Futures Transaction)

期货交易实质上是一种标准化的远期交易。在期货合约中,交易的品种、规格、数量、期限、交割地点等都已标准化(见表 2-4),唯一需要协商的就是价格,从而大大加强了期货合约的流动性。也正是因为如此,现实生活中,在合约到期时只有不足5%的合约最终进行实物交割,而绝大多数交易在此之前通过购买一份内容相同、方向相反的合约来对冲,以避免实际的实物交割。国际上著名的期货交易所有纽约商品交易所(COMEX)、伦敦国际金融期货交易所(LIFFE)等。

表 2-4 在芝加哥商品交易所交易的货币期货合同

币种	每一合同金额
澳大利亚元	100 000
英镑	625 500
加拿大元	100 000
日元	12 500 000
墨西哥比索	500 000
瑞士法郎	125 000

期货交易的种类既包括现实资产的期货交易,如外汇期货,也包括虚拟资产的期货交易,如股票指数期货等。下面试分别举例说明。

(1) 外汇期货(Foreign Exchange Futures)。外汇期货交易是指交易双方在期货交易所内,通过公开竞价买进或卖出某种有息资产,并在未来某一日起内,根据协议价格,交割标准数量外汇的合约交易。目前,外汇期货交易主要是日元、欧元、瑞士法郎、英镑、加拿大元、墨西哥比索等币种与美元的外汇交易。

例如,在 2008 年,美国某跨国公司在日本有一工厂,该厂急需资金,但预测 6 个月后资金状况可能好转。同时该公司在美国的另一家工厂有资金多余。为此,美国的工厂在现货市场上买来 2 000 万日元(JPY)汇给欧洲的工厂,为了避免汇率波动损失,该工厂同时又在期货市场上卖出两份日元合约(详见表 2-5)。可见,美国工厂虽在现货市场上损失了 3 922 美元,但在期货市场上却有 6 062 美元的盈利,相互抵消后赚得 2 140 美元。如果美国工厂没有进行套期保值,那么它就会因汇率的变动而损失 3 922 美元,此即为空头保值。

① 参见李志武、刘镭:"一项金融创新工具——国际股票收益互换合约",《现代管理科学》,2004 年第 1 期。

表 2-5 该案例中的现货与期货市场

现货市场	期货市场
3 月 1 日 买进 JPY20 000 000 汇率 US ＄ 1 = JPY100 价值 US ＄ 200 000	3 月 1 日 卖出 2 份 8 月份 JPY 期货合约（每份 JPY10 000 000），共 JPY 20 000 000 汇率 US ＄ 1 = JPY98 价值 US ＄ 204 082
8 月 1 日 卖出 JPY20 000 000 汇率 US ＄ 1 = JPY102 价值 US ＄ 196 078	8 月 1 日 买回两份 JPY 期货合约，共 JPY20 000 000 汇率 US ＄ 1 = JPY101 价值 US ＄ 198 020
损失 US ＄ 3 922	收益 US ＄ 6 062

（2）利率期货（Interest Rate Futures）。利率期货交易是指买卖双方在有组织的交易所内，通过公开竞价买进或卖出某种有息资产并在未来一定的时间内进行交割的一种交易。利率期货交易原理与外汇期货交易原理一样，只是交易对象不同而已。

（3）股票指数期货（Stock Index Futures）。股票指数期货是以某一股票指数作为基础产品的金融期货产品，其经济意义是买卖双方约定在将来一定时间内，按照事先确定的价格交收某一股票指数的成分股票而达成的契约，其实质是投资者将其对整个股票市场价格指数的预期风险转移至期货市场的过程，通过与对股票价格趋势持不同判断的投资者之间的买卖，来冲抵股票市场的风险。1982 年才问世的股票指数期货是金融期货市场中产生最晚的品种，却是 20 世纪 80 年代金融创新过程中出现的最重要、最成功的金融工具之一，故而被誉为 20 世纪 80 年代“最激动人心的金融创新”。目前，世界股票指数期货交易的主要品种有纽约证券交易所指数期货、标准普尔 500 指数期货、日经 225 股票指数期货、香港恒生指数期货等。

4. 期权交易（Options Transaction）

期权，又称选择权，是指它的持有者在规定期限内具有按交易双方商定的价格购买或出售一定数量的某种金融资产的权利。期权交易自 1987 年 5 月 29 日伦敦金属交易所正式开始运作，到今天已逐渐规范化，不仅规模不断扩大，而且种类也日益齐全，已从传统的有形商品的期权交易发展到包括货币、证券、利率、指数等领域。目前这类交易所有费城交易所、芝加哥商品交易所、纽约商品交易所、美国证券交易所、阿姆斯特丹交易所、蒙特利尔交易所、伦敦股票交易所、伦敦国际金融期货交易所和中国香港商品交易所等。

按照交易的标的物来定义,期权交易包括商品期权、股票期权、利率期权、货币期权、期货期权等多种类型。按照对未来价格的预期,期权交易则可分为看涨期权和看跌期权两大类。其中,看涨期权(Call Option)给予合约持有人在未来某一时间以事先约定的价格(又称为协定价格或执行价格)购买某一资产的权利;看跌期权(Put Option)则给予合约持有人在未来某一时间以约定价格出售某一资产的权利。

以看涨期权为例,假定某投机商预测欧元在某年8月10日后将出现上涨趋势。为了赚取一定的收益,该投机商决定进行没有现货保证的外汇期货交易,但是,该投机商又不愿意承担预测失误所带来的外汇损失。基于这两点考虑,该投机商决定 外汇期货看涨期权进行保险。为简单起见,期货合约买卖的手续费忽略不计。因此,7月21日,该投机商买入两份9月份欧元期货的看涨期权合约,金额为€100 000(每份合约为€50 000),协定价格为€1 = USD1.5,保证金价格为€1 = USD0.001。

第一种情况:若8月10日欧元期货汇率果然上涨,€1 = USD1.6,该投机商见有利可图,则行使期权。这样该投机商获利金额为9 900美元,其计算过程如下:

$$(USD1.6 - USD1.5 - USD0.001) \times 100\,000 = USD9\,900$$

结算后,盈利贷记保证金账户,如果超过原始保证金规定金额,可随时提取超额部分。

第二种情况:若8月10日欧元的汇率走势与预期相反,欧元的汇率跌至€1 = USD1.4,该投机商就可以放弃行使期权,这时他损失的只是€100的保证金部分。

第三种情况:若8月10日欧元的汇率与期权合约汇率相等,那么该投机商是否履行合约,都必须支付€100的保证金。这时他既可以履约,也可以弃权,€100的保证金起到了汇率保险费的作用。

第二节 国际金融机构

一、国际金融机构

国际金融机构是指从事国际货币关系与政策的协调、管理,并经营各种国际金融业务,以促进世界经济发展的、具有超国家性质的各类金融机构。国际金融机构在平衡各国国际收支、稳定汇率、扩大国际贸易与投资、协调各国货币政策、加强国际金融合作、提供中长短期信贷资金或分配各类提款权、维护国际货币体系的稳定运行等方面,均发挥着积极的作用。

国际金融机构按地区范围可划分为全球性国际金融机构和区域性国际金融机构两大类。其中,全球性国际金融机构的参与国是世界性的,其经营活动也是世界性的。目前这类机构包括联合国属下的两大金融组织,即国际货币基金组织和世界银行集团。国际清算银行经过70年的发展,已从区域性国际金融机构转变为全球性国际金融机构。世界贸易组织(WTO)虽然以国际贸易为其主要工作范围,但由于国际贸易与国际金融日益融合,尤其是国际间政策的协调日益重要,WTO也常常被视为国际金融机构的组成部分。区域性国际金融机构又分两种类型:一种是严格的区域性国际金融机构,它是某一地区国家组成并且为本地区经济服务的机构,如欧洲投资银行、阿拉伯货币基金组织、伊斯兰发展银行、西非发展银行、石油输出国国际发展基金等;另一种是宽泛的或称半区域性国际金融机构,如亚洲开发银行、非洲开发银行、泛美开发银行等。这类机构虽然主要进行区域性货币信贷安排,从事区域性金融活动,但其参与国却有区域外的。例如,亚洲开发银行,其业务对象主要是亚太地区,但其成员国并不限于亚太地区,目前区域内成员国有32个,区域外成员国有15个。

二、全球性国际金融机构

(一) 国际清算银行

1. 国际清算银行的建立与宗旨

国际清算银行(Bank for International Settlement)是根据1930年1月20日签订的海牙国际协定,于同年5月由英国、法国、意大利、德国、比利时、日本六国的中央银行,以及代表美国银行界利益的摩根银行、纽约花旗银行及芝加哥花旗银行三大商业银行组成的银团共同出资组成,总部设在瑞士的巴塞尔。后来欧洲其他国家以及澳大利亚、加拿大和南非的中央银行也相继参加,目前共拥有50个成员国。

国际清算银行成立的最初目的是为了处理第一次世界大战后与德国战败赔款相关的债务问题。1945年国际货币基金组织和世界银行成立后,国际清算银行则变成了为OECD成员国之间进行结算的代理机构,与各国中央银行进行业务往来的国际性金融机构。但是,它与国际货币基金组织等其他金融机构在性质、业务和体制方面均不相同,既不是政府的金融决策机构,也不是发展援助机构,它实际上只是世界大多数国家中央银行的中央银行。因此,其宗旨是“促进中央银行之间的合作,并为国际金融业务提供新的便利”。

国际清算银行在国际金融活动中发挥着重要作用。它经常举行“十国集团”成员国中央银行行长会议、欧盟成员国中央银行行长会议等重要会议,因而是西方国家中央银行行长和银行家们交换意见的中心。国际清算银行自20世纪70年代以来还成为国际银行业监督的重要中心,其下设的巴塞尔委员会所颁布的《巴塞尔协议》成为银行业监督的纲领性文件。

2．国际清算银行的资金来源

据国际清算银行年报显示,截至2008年3月,国际清算银行的总资产约为3 111.39亿SDR,主要资金来源包括:

(1) 股本金。国际清算银行创立时核定股本为5亿金法郎,且始终以金法郎作为记账核算单位,含金量至今不变。日常营业中不使用金法郎,而只作为资产负债表记账单位,按1金法郎等于1.94美元的比值换算。目前,国际清算银行的股份不仅可由各国中央银行认购,而且私人银行和个人也可以认购,但各国中央银行掌握着4/5以上股份,私人持股只占1/5,且私人持股无投票权。

(2) 一些国家中央银行存款。目前,世界上大多数国家的中央银行都在国际清算银行开立存款账户,且将10%左右的外汇储备存入该行。

(3) 借款。国际清算银行还可以向成员国的中央银行借入资金以补充资金不足。

3．国际清算银行的业务活动

在“布雷顿森林会议”后,国际清算银行在提供国际金融业务便利及充当国际金融清算业务代理人方面发挥了重要作用。1948年,该行成为“欧洲专付同盟”和“欧洲煤钢联盟”的银行。1961—1968年,该行成为各国中央银行合作和“十国集团”的活动中心,并承担“黄金总库”的代理。1973年6月起,该行又成为欧共体“欧洲货币合作基金”的代理人。目前该行主要业务是:办理存款、放款、贴现业务;买卖外汇、黄金和债券;与各国政府或中央银行签订特别协议,代办国际清算业务,协助各国中央银行管理货币储备与金融投资。由于国际清算银行国际金融业务范围广泛,资信甚佳,其国际金融调研与信息工作有很高的权威性,所以它在国际金融机构中具有独特地位和广泛影响。

4．国际清算银行与《巴塞尔协议》

20世纪七八十年代,国际银行业发生了巨大变化。一方面,激烈的竞争导致各类银行片面扩大资产规模,加大了银行的经营风险;另一方面,银行业之间的不平等竞争愈演愈烈,导致一些国家为了加强本国银行的竞争力,松懈了对银行的监管。为了改变这种不利于国际金融秩序稳定的情况,鼓励银行实行谨慎的流动性管理,1974年9月由国际清算银行发起,美国、英国、法国、联邦德国、意大利、日本、荷兰、加拿大、比利时、瑞典10国中央银行官员在瑞士的巴塞尔开会,自此形成了《巴塞尔协议》及其后来的一系列文件。[①] 20 世纪 90 年代以来，国际银行业的运行环境和监管环境发生了很大的变化，《巴塞尔协议》强调的信用风险远未消除，而市场风险、流动性风险及法律风险等的破坏力又日趋显现。因此，2001 年 1 月，巴塞尔委员会发布了涵盖三大风险、包含三大支柱的新资本协议草案。2006 年年底，"十国集团"、25 个欧盟成员国、澳大利亚、新加坡和中国香港地区等发达国家和地区开始实施新资本协议，部分发展中国家也将采取积极措施加以实现。可见，新资本协议在未来几年内全球范围实施已成定局。

新资本协议的核心内容（三大支柱）包括：(1) 第一大支柱——最低资本要求。新框架中有关最低资本要求仍为 8% 的最低充足比率，保持原有规则不变；仍然强调银行资本由两部分构成：一是核心资本（包括股本和从税后保留利润中提取的公开储备），协议要求此部分要占银行总资本的 50% 以上。二是附属资本（包括未公开储备、重估储备、普通准备金、混合资本工具和次级长期债务等），新框架主要对信用风险的衡量和风险资产的计算方法作了重大修改。(2) 第二大支柱——监管约束。监管约束第一次被纳入资本协议框架之中，其基本原则有四个：一是监管当局应该根据银行的风险状况和外部经营环境，要求银行保持高于最低水平的资本充足率；二是银行应参照其承担风险的大小，建立起关于资本充足整体状况的内部评价机制，并制定维持资本充足水平的战略；三是监管当局应对银行的内部评价程序与资本战略以及资本充足状况进行检查和评价；四是监管当局应对银行资本下滑的情况及早进行干预。(3) 第三大支柱——市场约束。新框架第一次引入了市场约束机制，让市场力量来促使银行稳健、高效地经营以及保持充足的资本水平。市场约束作用得以发挥的前提是提高银行信息披露的水平，加大透明度，也就是要求银行提供及时、可靠、全面、准确的信息，以便市场参与者据此做出判断。由此可见，新资本协议首次将三大要素结合在一起，代表了资本监管的发展趋势和方向。这表明以指标为核

---

① 这一系列文件包括：a. 1975 年协议（库克协议），即对海外银行监管责任进行了明确分工，规定监管的重点是现金流量与偿付能力，这是国际银行业监管机关第一次联合对国际商业银行实施监管。b. 1983 年协议，它的两个基本思想是任何海外银行都不能逃避监管，任何监管都应恰如其分。c. 1988 年协议，主要内容包括：一是资本的组成。协议将银行资本分为核心资本和附属资本两部分。规定核心资本应占整个资本的 50%，附属资本不应超过资本总额的 50%。二是风险加权制。协议对不同资产分别给予 0%、10%、20%、50%、100% 的风险权数。三是设计目标标准比率。确立到 1992 年年底，从事国际业务的银行资本与加权风险资产的比例必须达到 8%（其中核心资本不低于 4%）的目标等。d. 1992 年声明，即明确了对国际银行的最低监管标准，使得各国银行监管机关可以遵循这些标准对银行业实施监管。e. 1996 年《关于市场风险补充规定》和 1998 年《有效银行监管的核心原则》。前者强调了市场风险管理，一些主要的国际大银行据此着手建立自己的内部风险测量与资本配置模型；后者进一步提出了比较系统的、全面风险管理的思路。具体内容可参见徐铭栋、章礼善："巴塞尔协议的发展历程及其启示（上）"，《福建金融》，2003 年第 1 期。

心的数量型监管模式正在逐步向以风险管理为核心的质量型监管模式过渡。①

（二）国际货币基金组织

1. 国际货币基金组织的成立

第二次世界大战结束前后，以英美两国为代表，各国纷纷提出重建国际货币金融体制，以改变国际金融界的动荡局面。1944 年 7 月，在美国新罕布什尔州的布雷顿森林召开了由 44 国代表参加的联合与联盟国家货币金融会议，并通过了《布雷顿森林协议》。根据该协议，1945 年 12 月正式成立了国际货币基金组织（International Monetary Fund, IMF），其总部设在美国华盛顿。1947 年 11 月，IMF 成为联合国下属负责促进汇率和国际货币体系稳定的专门机构，与世界银行集团、世界贸易组织一起构成战后国际经济秩序的三大支柱。

IMF 的宗旨是：(1) 为成员国在国际货币问题上进行磋商与协作提供所需要的机构，以促进国际合作；(2) 促进国际贸易的均衡发展，达到高水平的就业与实际收入，并扩大生产能力；(3) 促进汇率的稳定和有条不紊的汇率安排，以避免竞争性的货币贬值；(4) 为经常性交易建立一个多边支付和汇兑制度，并设法消除对世界贸易的发展形成障碍的外汇管制；(5) 在临时性的基础上和具有保障的条件下，为成员国融资，使它们在无须采取有损于本国和国际经济繁荣的措施的情况下，纠正国际收支的不平衡；(6) 争取缩短和减轻国际收支不平衡的持续时间和程度。

2. 国际货币基金组织的资金来源

IMF 的资金主要来源于成员国缴纳的份额、借款、捐款，出售黄金所得的信托基金以及有关项目的经营收入。

(1) 份额（Quota）。所谓份额，是指成员国参加 IMF 时所要认缴的一定数额的款项。IMF 以份额作为其资金的基本来源，并用于对成员国的资金融通。当某一国家被批准加入基金组织时，就应按规定缴纳份额（在《牙买加协议》生效前，25% 以黄金缴纳，75% 以本国货币缴纳；《牙买加协议》生效后，25% 改用 SDRs 或可兑换货币，75% 仍为本国货币）。IMF 成员国应缴份额大小，在 IMF 建立初期是根据其国民收入、黄金与美元金额、进出口额（后改为经常项目的支出和收入）及其占国民收入的比例等因素计算的。对成员国来讲，份额的多少不仅决定了成员国认缴的款项数额，还决定了在基金组织的投票权、借款权和 SDRs 的分配权。在投票权方面，每个成员国都有 250 票基本投票权，此外每缴纳 10 万美元，便可增加一票投票权。按照 IMF 协定，重大问题须经全体成员国

① 具体内容参见徐铭栋、章礼善：“巴塞尔协议的发展历程及其启示（下）”，《福建金融》，2003 年第 2 期。

总投票权的85%通过才能生效,因此谁的份额足够大,谁就拥有了对重大提案的否决权。在借款权方面,借款限额是与其份额密切相关的。在SDRs方面,份额越多,所分得的SDRs越多。因此,份额的多少决定了权利、义务和地位。图2-4给出了截至2008年4月底IMF最大的五个份额认缴国。

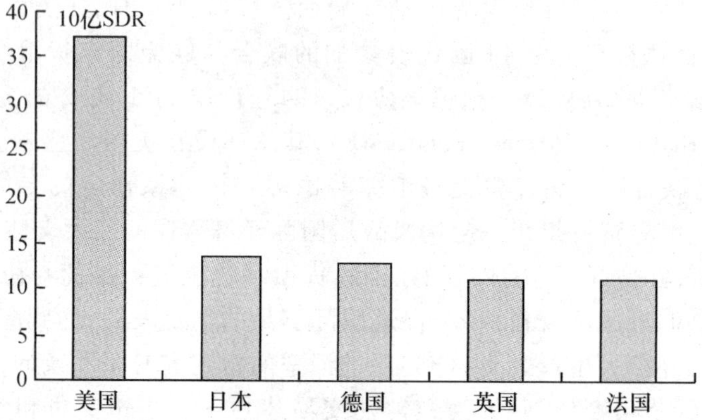

图2-4　IMF最大的五个份额认缴国

注:根据2008年IMF年报,截止到2008年4月30日,1SDR = 1.62378美元。

(2) 借款。借款是在IMF与成员国达成协议的前提下实现的,主要形式有借款总安排(1962)、补充资金贷款借款安排(1979)、扩大资金贷款借款安排(1981)以及与成员国签订的双边借款协议等。

(3) 出售黄金。1975年1月,IMF决定将其所持黄金的1/6即2 500万盎司,分4年按市价出售,以部分所得收入作为建立信托基金的一个资金来源,用以向最贫穷的成员国提供信贷。

3. 国际货币基金组织的主要业务

(1) 汇率监督。IMF的汇率监督包括三方面内容:其一,对成员国宏观经济政策进行监督,反对利用宏观经济政策、补贴或任何其他手段来操纵汇率以谋求不公平的竞争利益。其二,对汇率制度进行监督。在布雷顿森林体系下,IMF监督成员国实行可调整的固定汇率制度;在《牙买加协议》之后,IMF允许成员国自行决定本国汇率,但原则上还是反对复汇率或任何其他形式的差别汇率政策。其三,根据基金协定第八条有关规定,IMF要求成员国在经常项目下对其他成员国所持本国货币应无条件予以购回。近几年,尤其是墨西哥金融危机和东南亚金融危机发生以来,IMF扩大了监管活动范围,关注成员国经济数据的质量及其适时公布情况,关注成员国金融制度的效率和能力以及私人资本的稳定性,并通过警告可能出现的问题,来防止金融和经济危机的发生。

（2）磋商与协调。为了履行监督成员国汇率政策的责任，IMF 通过商讨与协作的方式了解成员国经济发展与政策措施，以便迅速处理成员国申请贷款的要求。IMF 通过与成员国磋商和协调，不仅提出相关的政策建议，而且还不断提供讲坛，以促进成员国之间的国际合作与协调发展。

（3）资金融通。IMF 最主要的业务是融通资金，发放各种贷款。其中，贷款对象仅限于成员国政府；贷款用途仅是解决成员国国际收支不平衡，用于贸易和非贸易经常账户支出；贷款额度与成员国缴纳的份额具有密切联系。自 20 世纪 50 年代开始，基金组织贷款种类逐渐增加，发展至今已有 10 种贷款（见表 2-6）。

表 2-6　IMF 的贷款种类

贷款种类	贷款最高额度	贷款期限	贷款用途
普通贷款 （Normal Credit Tranche）	成员国份额的 125%	3—5 年	解决成员国国际收支困难情况下的短期资金需求
进出口波动补偿贷款 （Compensatory Financing Facility）	成员国份额的 100%	3—5 年	初级产品出口成员国发生暂时的、偶然的和不可控的国际收支困难
缓冲库存贷款 （Buffer Stock Financing Facility）	成员国份额的 45%	3—5 年	帮助初级产品出口国家维持库存，从而稳定物价
石油贷款 （Oil Facility）	贷款总额为 38 亿 SDRs		解决因石油涨价而引起的国际收支困难
扩展贷款 （Extended Facility）	成员国份额的 140%	4—10 年	解决特殊情况下的国际收支困难
信托基金贷款 （Trust Fund Facility）		10 年	以优惠条件向较贫穷的发展中国家提供贷款
补充贷款 （Supplementary Financing Facility）	成员国份额的 140%	3.5—7 年	用于补充普通贷款和扩展贷款的不足，帮助成员国解决持续性的巨额国际收支逆差问题
扩大资金贷款 （Enlarged Access Facility）	视情况而定	3.5—7 年	用于补充普通贷款和扩展贷款的不足，帮助成员国解决持续性的巨额国际收支逆差问题
结构调整贷款 （Structural Adjustment Facility）	成员国份额的 70%	10 年	用于帮助国际收支发生持续性逆差的低收入国家的国际收支调节
制度转型贷款 （Systemic Transformation Facility）	成员国份额的 50%	4—10 年	帮助苏联和东欧国家克服从计划经济向市场经济转变过程中出现的国际收支困难

专栏 2-3

IMF 加强为帮助解决全球经济危机而采取的行动

国际货币基金组织(IMF)将在现有努力的基础上,对当前全球危机期间IMF成员国的需要做出迅速而大胆的回应,并将继续动员增资承诺,完成IMF贷款框架的全面改革,进一步提高IMF的监督质量,并考虑在IMF自身治理的关键领域进行改革。

施特劳斯-卡恩先生在讨论工作计划时对执董会说:"IMF在帮助成员国应对金融和经济危机中发挥了核心作用,我们准备继续努力。在10月份伊斯坦布尔IMF年会召开前,我们将迅速推进各项优先工作,以便帮助世界经济尽快恢复长期繁荣和金融稳定。"

应对危机

IMF将采取措施进一步增加IMF资金,扩大其优惠贷款能力,并调整其向低收入国家的贷款工具,以便强化全球金融安全网。IMF还将监测和分析成员国为应对本次危机影响而做出的政策回应,考虑各国摆脱当前危机后必须解决的主要问题,并确保IMF支持的规划能够使各国尽可能有效地恢复稳定。

IMF资金与全球流动性

IMF正在与新借款安排(NAB)的参与方和潜在参与方进行讨论,力求扩大新借款安排并提高其灵活性。同时,IMF正在与成员国一道努力,确保将近期承诺转变为双边贷款协议,并迅速提交董事会批准。此外,执董会不久将讨论使IMF能够首次向成员国或其中央银行发行票据的文件,这也将提高IMF向成员国提供及时和有效资金援助的能力。而且,执董会还将讨论扩大IMF优惠贷款能力的建议。执董会还将于6月底考虑一项向成员国普遍分配特别提款权(SDR)的建议,其数额相当于2 500亿美元。

向低收入国家的贷款

近期IMF将低收入国家的优惠贷款限额提高了一倍,这已经向前迈出了重要一步。今后几周内,执董会将进一步考虑有关融资方案,以支持大幅增加对这些国家的补贴贷款。IMF有关低收入国家贷款框架的进一步改革,将确保全球危机的扩散效应不会造成许多贫穷国家近年来在减贫和经济稳定方面所取得的来之不易的成果出现倒退。为此,执董会将于7月讨论有关建议,以简化和加强对最贫穷国家的贷款机制架构和融资框架。

监测和政策建议

作为IMF危机管理的一部分，确保大量IMF支持的经济规划能尽可能有效地帮助各国渡过危机并恢复稳定至关重要。在此背景下，执董会将有机会对IMF在与危机相关的规划参与方面所取得的初步经验进行评估。IMF今后的经济报告将考察全球经济和金融体系摆脱危机的路径。主要问题包括贸易融资的可获得性、税收政策以及那些大量投资于危机相关资产的国家的退出策略。构建一个稳健的全球金融架构。

加强监督

IMF正在对提供更有效独立监督的要求做出回应。IMF正在与金融稳定委员会一起就早期预警分析(EWE)开展工作，以便评估对意外冲击的脆弱性，并得出与系统性风险的关联。委员会将评估当前进展，并在2009年伊斯坦布尔年会期间正式启动早期预警分析之前讨论下一步工作。全球金融危机还显示有必要考察涉及不同的、具有系统重要性国家的问题，以此实现与决策者的更公平对话。委员会还将考虑进一步使金融部门评估规划更加灵活、更有针对性并与监督更好地结合起来。

改革国际金融体系

IMF的工作计划还将满足加强监管改革的需要，以便跟上金融体系创新步伐，并探讨国际货币体系的稳定性，包括储备货币。

治理与份额改革

IMF在治理改革方面继续取得进展，使本机构能够增强履行职能的合法性和有效性。执董会将启动第14次份额总检查方面的工作，评估适当的总体增资幅度，并进一步根据成员国在全球经济中的地位调整其份额。该检查将于2011年1月前完成，比计划提前两年。执董会还将为10月份国际货币与金融委员会会议准备一份有关治理改革的报告，该报告将吸收20国集团、独立评估办公室、特雷弗·曼纽尔(Trevor Manuel)委员会以及民间社会就这些问题所准备的报告的意见。施特劳斯-卡恩表示："我坚信，IMF的治理改革不仅对IMF的合法性至关重要，而且还能使IMF成为一个更有效的领导，对诸如当前危机等意外全球紧急状况做出反应。"

资料来源：IMF官方网站新闻发布稿第09/196号，2009年6月4日。

（三）世界银行

世界银行集团（World Bank Group）由世界银行本身即国际复兴开发银行（IBRD）、国际开发协会（IDA）、国际金融公司（IFC）、多边投资担保机构（MIGA）和解决投资纠纷国际中心（ICSID）五个机构组成。其中，世界银行与IMF作为两个姊妹机构在促进成员国经济持续增长和发展方面是相同的，但在实现这个目标的手段上不一样。世界银行侧重于长期发展，IMF侧重于短期平衡，二者互为补充。

1. 世界银行的建立和宗旨

世界银行（World Bank），全称是国际复兴开发银行（International Bank for Reconstruction and Development，IBRD）是根据布雷顿森林会议上通过的《国际复兴开发银行协议》于1945年12月成立的。从1947年起，世界银行成为联合国的专门机构，其总部设在美国华盛顿。按规定只有参加国际货币基金组织的成员国才能申请加入世界银行，其刚成立时只有33个成员国，发展到目前为止，会员国已增加到180个。

世界银行的宗旨是：(1) 对用于生产目的的投资提供便利，以协助成员国的复兴与开发，并鼓励较不发达国家生产与资源的开发。(2) 通过保证或参与私人贷款和私人投资方式，促进私人对外投资。(3) 用鼓励国际投资以开发会员国资源的方法，促进国际贸易的长期平衡发展，维持国际收支平衡。(4) 与其他方面的国际贷款配合提供贷款保证。因此，世界银行的主要任务是开发贷款，对成员国提供长期资金，促进各国经济的恢复与重建，并协助发展中国家的经济发展与资源开发。

2. 世界银行的资金来源

(1) 成员国缴纳的股金。任何一国加入世界银行均需认购该行的股金，其数量根据该国经济实力并参照该国在IMF的份额来确定。成员国认缴股金分两部分：一是实缴股金，一般要求以美元（或黄金）和本国货币缴付，实缴股金占总股金的20%；二是待缴股金，通常是在世界银行因偿还借款向成员国催缴时才需缴付。同IMF份额相似，成员国认缴股金数额的多少也决定着成员国在世界银行的投票权。成员国拥有250票基本投票权，另外每认购70万美元股金即增加1票。但与IMF不同的是，有关决议一般只需有多数表决通过即可。

(2) 借入资金。借入资金是世界银行主要资金来源，因为世界银行收缴的股金只占成员国认缴股金的一小部分，而且从事中长期贷款业务，贷款对象是经济急需发展的发展中国家，所以世界银行需另寻资金来源，且是中长期资金来源。世界银行借入资金，主要是通过在各国和国际金融市场发行债券来筹措。由于世界银行资信卓著,所以其进入市场能力强,资金成本也较低。自20世纪80年代以来,随着世界银行贷款业务的不断扩大,其在国际金融市场上的借款逐年增多。

(3) 转让债权。世界银行通过债权转售给私人投资者(主要是国际商业银行)可以收回一部分资金,从而加速贷款资金的周转。

(4) 净收益。从贷款的利息收入和投资收益中扣除业务支出即为世界银行净收益。

3. 世界银行的贷款业务

世界银行在成立初期贷款集中投向西欧国家,帮助西欧国家战后经济复兴。1948年后世界银行贷款重点逐渐转向了亚洲、非洲和拉丁美洲的发展中国家,为之提供长期开发资金,以促进其经济发展,提高人民生活水平,目前这已成为世界银行最主要的业务活动。

世界银行的贷款包括六种:(1) 项目贷款(Project Loan)。这是世界银行传统的贷款业务,也是最重要的业务。世界银行贷款中约有90%属此类贷款。该贷款属于世界银行的一般性贷款,主要用于成员国的基础设施建设。(2) 非项目贷款(Non-Project Loan)。这不是一种与具体工程和项目相联系的,而是与成员国进口物资、设备及应付突发事件、调整经济结构等相关的专门贷款。(3) 技术援助贷款(Technological Assistance Financing),包括两类:一是与项目结合的技术援助贷款,如对项目的可行性研究、规划、实施,项目机构的组织管理及人员培训等方面提供的贷款;二是不与特定项目联系的技术援助贷款,亦称“独立”技术援助贷款,主要用于资助为经济结构调整和人力资源开发而提供的专家服务。(4) 联合贷款(Co-financing)。自20世纪70年代以来,世界银行自身贷款规模虽然一再扩大,但仍然满足不了成员国的资金需求。为了适应这一趋势,世界银行在原有贷款方式的基础上又发展了一种新的贷款方式——联合贷款,它是指世界银行与其他贷款者结合起来,共同为某项目的借款提供融资。(5) “第三窗口”贷款(The Third Window Facility),亦称中间性贷款(Intermediate Financing Facility),是指在世界银行和国际开发协会提供的两项贷款(世行的一般性贷款和开发协会的优惠贷款)之外的另一种贷款。该贷款条件介于上述两种贷款之间,即比世界银行贷款条件宽,但不如开发协会贷款条件优惠,期限可长达25年,主要贷放给低收入的发展中国家。(6) 调整贷款(Adjustment Facility)。包括结构调整贷款和部门调整贷款。结构调整贷款的目的在于通过1—3年的时间促进借款国宏观或部门经济范围内政策的变化和机构的改革,有效地利用资源,5—10年内实现持久的国际收支平衡,维持经济的增长。结构调整问题主要是宏观经济问题和影响若干部门的重要部门问题,包括贸易政策（如关税改革、出口刺激、进口自由化等）、资金流通（如国家预算、利率、债务管理等）、资源有效利用（如公共投资计划、定价、刺激措施等）以及整个经济和特定部门的机构改革等。部门调整贷款的目的在于支持特定部门全面的政策改革与机构改革。

三、区域性国际金融机构

（一）亚洲开发银行

亚洲开发银行（Asian Development Bank，ADB）是面向亚洲和太平洋地区，旨在促进该地区经济发展的政府间多边开发银行机构，其宗旨是“筹集官方及私人资金，向本地区的发展中国家提供贷款和技术援助，以促进本地区的经济发展和合作”。它是根据联合国亚洲及太平洋经济社会委员会的决议于1966年11月建立的，同年12月开始营业，总部设在菲律宾首都马尼拉。亚洲开发银行的最高权力机构是理事会，由每个成员国指派理事和副理事各一名组成。一般来说，理事大多数由成员国的财政部部长或中央银行行长担任。理事会每年举行一次年会，以决定接受新会员，确定银行股本额，以及修改银行章程等。

亚洲开发银行的资金来源有两类：普通资金和特殊基金。普通资金是亚洲开发银行最主要的资金来源，包括：(1) 成员国认缴的股本。根据规定，本地区成员国均需按其国民生产总值、进出口额等因素确定股金认缴额，非本地区成员国则根据其对外援助政策和政府对多边开发银行机构的预算拨款，经过协商谈判来确认股金认缴额。目前三大认缴股本国依次是日本、美国和中国。(2) 借款。亚洲开发银行的贷款资金最初主要靠资本金，从1969年起开始在国际金融市场上通过发行债券借入资金，同时也向成员国政府、中央银行及其他国际金融机构借入款项，有时还向国际商业银行直接借款。(3) 营业收入。亚行每年将净收益的一部分转为普通资金，以扩大资金来源。特殊基金是亚洲开发银行的另一类资金来源，主要来自发达国家的捐款，一般用于特定的资助对象。

亚洲开发银行的业务活动主要包括：(1) 提供贷款。亚行的贷款有普通贷款和特殊基金贷款之分。普通贷款也称“硬贷款”，贷款利率是浮动的，每半年调整一次，期限一般为10—30年，宽限期为2—7年，该贷款主要发放给高收入发展中国家。特殊基金贷款即“软贷款”，期限可长达40年，不收利息，每年仅收1%的手续费，该项贷款只提供给低收入发展中成员国。从投向来看，亚行贷款主要用于农业、能源、工业、交通运输、供水、城乡发展、教育和卫生等方面，以促进借款国生产能力提高，实现经济增长。(2) 技术援助。亚行的技术援助包括项目准备技术援助、项目执行技术援助、咨询性技术援助、区域性活动技术援助等形式。(3) 参与股本投资。除各种形式贷款外,亚洲开发银行还以购股方式对成员国提供资金,旨在通过购买成员国私营企业股票,为私营企业提供资金。

(二) 非洲开发银行

非洲开发银行(African Development Bank,AFDB)是非洲国家政府合办的互助性国际金融机构,其宗旨是向非洲成员国提供贷款、投资以及技术援助,充分利用非洲大陆的人力和自然资源,以促进非洲各国经济的协调发展和社会进步,从而尽快改变非洲大陆贫穷落后的面貌。1963 年 8 月在喀土穆举行的非洲国家财政部部长会议上通过了成立非洲开发银行的协定,1964 年 9 月该行宣告成立,1966 年 7 月正式开始营业。非洲开发银行总部设在科特迪瓦首都阿比让。非洲开发银行的最高权力机构是理事会,由各成员国指派一名理事组成。理事一般由各国财政部部长或中央银行行长担任。

最初,只有除南非以外的非洲国家才能加入非洲开发银行。为了广泛吸收资金和扩大非洲开发银行的贷款能力,1980 年后欢迎非洲以外国家加入非洲开发银行。目前非洲开发银行的成员除 50 个非洲国家外,还有 25 个区外国家。

非洲开发银行资金来源主要是成员国认缴的股本,其中 50% 必须为实缴股本,可分六次缴纳,首次需以黄金和自由外汇缴纳,其余各次缴付方式由理事会决定。另外 50% 为待缴股本。在必要时由非洲开发银行催缴,可用黄金、自由外汇或非洲开发银行履行债务所需的其他货币缴付。

非洲开发银行的贷款业务分普通贷款业务和特别贷款业务。前者是非洲开发银行用普通股本金提供的贷款和担保偿还贷款;后者是该行用规定有专门用途的特别基金开展的优惠贷款业务,期限最长 50 年,且不计利息。非洲开发银行贷款主要用于公用事业、农业、交通运输业、教育、卫生等部门。非洲开发银行除提供贷款外,还重视与其他金融机构的合作,通过采用共同投资方式以解决成员国项目资金不足的困难。

(三) 泛美开发银行

泛美开发银行(Inter American Development Bank,IADB)是拉美国家、某些西方国家及前南斯拉夫联合创办的区域性国际金融机构,其宗旨是动员美洲内外的资金向成员国政府及公私团体的经济、社会发展项目提供贷款或对成员国提供技术援助,以促进拉美国家的经济发展和经济合作。1959 年 4 月 8 日,20 个拉美国家和美国签订了建立泛美开发银行的协定,于同年 12 月 30 日生效,1960 年 10 月 1 日正式营业,行址设在美国华盛顿。泛美开发银行的管理机构由理事会、执行董事会和行长组成。理事会是泛美开发银行的最高权力机构，由成员国委派一名理事和副理事组成。

泛美开发银行的资金主要来源于成员国缴纳的股本以及向外借款。该行最初的法定资本为10亿美元，分为普通资本和特种业务基金。由于上述两项资金逐渐增加，并有美洲以外的国家先后加入，所以又将法定资本分为三种：一是普通资本，由美洲国家认缴；二是区际资本，由美洲和美洲之外的国家共同认缴；三是特种业务基金。在以上出资中，美国认缴资本最多，由此也决定了美国在泛美开发银行拥有最多的投票权。除成员国缴纳的股本外，泛美开发银行还多次通过向成员国政府及其他国际金融机构借款，以及在国际金融市场上发行债券来筹集资金。

泛美开发银行的主要业务是向成员国提供贷款，包括普通贷款和特种业务基金贷款。普通贷款主要是向成员国政府及公私团体的特定经济项目提供，期限一般为10—25年，还款必须用贷款时所使用的货币，月利率较高；特种业务基金贷款主要是对以公共工程为主的特别经济项目提供，期限一般为10—30年，还款可全部或部分以借款国货币偿还，且利率较低。

第三节　中国与国际金融市场

随着金融市场全球化的推进，中国正逐步融入国际金融市场。除了向国际金融机构借款这一传统方式之外，1982年，中国国际信托投资公司率先在日本东京发行100亿日元私募债券，标志着中国已进入了国际资本市场。中国已经从过去单一利用国际金融机构、外国官方贷款和在国际资本市场上发行债券等传统方式，转向了利用境外存托凭证、境外借壳上市、境外可转换债券、境外投资基金、国际租赁和国际项目融资等新的境外融资工具，并取得了实质性的进展，拓展了新的境外融资渠道。①

一、国际间接贷款

作为国际融资的传统方式，国际间接贷款包括国外商业银行贷款、政府援助贷款和国际金融机构贷款等，在中国起步较早，涉及的范围也比较广泛。据

① 参见聂名华："中国企业境外融资方式的比较"，《国有资产管理》，2000年第4期。

中国财政部统计,自1981—2008年,中国利用世界银行、亚洲开发银行等国际金融组织贷款项目累计达457个,承诺贷款金额约为657.5亿美元,并累计获得国际金融组织赠款28亿多美元。贷款资金的70%分布在中西部地区,主要涉及基础设施、社会发展和环境保护等国民经济重点领域,取得了较好的社会效益和经济效益。

(一) 中国利用国际间接贷款的现状分析

1. 国际间接贷款一直保持较快的增长速度(见表2-7)。国家外汇管理局2009年5月发布的最新统计数据表明,截至2008年年底,中国外债余额(不包括香港特区、澳门特区和台湾地区对外负债)为14 013亿美元。

表2-7 1979—2008年度中国外债余额 单位:亿美元

年份	外债余额	年份	外债余额
1979	21.83	1994	928.10
1980	45.04	1995	1 065.90
1981	57.98	1996	1 162.80
1982	83.59	1997	1 309.70
1983	96.09	1998	1 460.40
1984	120.80	1999	1 518.30
1985	158.30	2000	1 457.30
1986	214.80	2001	1 701.10
1987	302.10	2002	1 685.40
1988	400.00	2003	1 936.60
1989	413.00	2004	2 285.90
1990	525.50	2005	2 810.45
1991	605.60	2006	3 229.88
1992	693.20	2007	3 736.18
1993	835.70	2008	14 013.00

资料来源:根据国家外汇管理局(http://www.safe.gov.cn)公布的数据整理所得。

2. 国际商业银行贷款占据主导地位。1985年,国际商业银行贷款在中国外债中所占比重仅为10.7%,此后迅速上升。20世纪90年代,国际商业银行贷款在中国外债总额中虽有所回落,但一直都在50%左右。进入21世纪,国际商业贷款所占份额尽管有所下降,但仍维持在48%以上,而国际金融组织贷款和外国政府贷款的比率都呈现下滑趋势(见图 2-5 和表 2-8)。

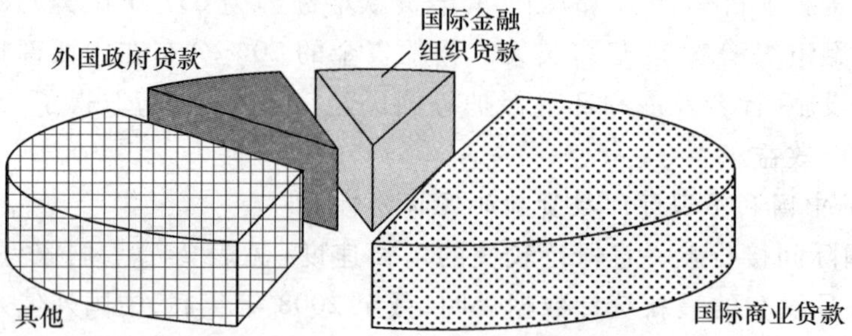

图 2-5　2007 年度中国外债来源结构

资料来源:根据国家外汇管理局(http://www.safe.gov.cn)公布的数据整理所得。

3. 外债币种高度集中。在中国的外债总额中,主要由美元、日元、欧元等币种构成。截至 2008 年底,美元债务占 68%,日元债务占 12%,欧元债务占 6%,其他币种债务占 14%。可见,美元和日元长期居于主导地位,20 世纪 90 年代中期以来,两者合计占到全部债务的 80% 以上。在当今浮动汇率制下,外债币种的过分集中会扩大外债的汇率风险。

表 2-8　截至 2007 年年底中国外债债务类型

债务类型	外债余额(亿美元)	比重(%)
贸易信贷	1 331.00	35.62
国外银行及其他金融机构贷款	546.11	14.62
外国政府贷款	300.57	8.04
国外出口商、国外企业或私人借款	594.97	15.92
国际金融组织贷款	283.71	7.59
对外发行债券	163.38	4.37
买方信贷	75.14	2.01
国际金融租赁	67.21	1.80
其他	374.09	10.03

资料来源:根据国家外汇管理局(http://www.safe.gov.cn)公布的数据整理所得。

4. 外债期限结构不合理。20 世纪 90 年代以来,中国长期外债增长速度明显快于短期外债的增长速度。2001 年之前,短期债务比重远远低于 20%,而 2001 年以后,短期债务比重大幅上升,已经超过了短期外债与全部外债比率的警戒线(中国以不超过 20% 为宜),不利于降低债务风险。见表 2-9。

表 2-9　1990—2008 年中国外债期限结构指标

	长期债务（亿美元）	短期债务（亿美元）	长期债务比重（%）	短期债务比重（%）
1990	457.79	67.66	87.1	12.9
1991	502.57	103.04	83.0	17.0
1992	584.75	108.46	84.4	15.6
1994	823.91	104.15	88.8	11.2
1995	946.74	119.16	88.8	11.2
1996	1 021.67	141.08	87.9	12.1
1997	1 128.0	181.40	86.1	13.9
1998	1 287.0	173.40	88.1	11.9
1999	1 366.5	151.80	90.0	10.0
2000	1 326.5	130.8	91.0	9.0
2001	1 195.3	505.8	70.3	29.7
2002	1 155.6	529.8	68.6	31.4
2003	1 165.9	770.4	60.2	39.8
2004	1 242.9	1 043.1	54.4	45.6
2005	1 249.0	1 561.4	40.0	60.0
2006	1 393.6	1 836.3	43.1	56.9
2007	1 535.3	2 200.8	41.1	58.9
2008	1 638.8	2 107.9	43.7	56.3

资料来源：相关年度的中国统计年鉴。2008 年数据取自国家外汇管理局（http://www.safe.gov.cn）公布的数据。

5. 外债控制在安全线之内。从表 2-10 中可以看出，中国外债规模风险指标近年来都保持在国际公认的最低警戒线以内，处于偏低水平，所以总体上中国属于轻度债务国，外债运行状况是安全的、合理的，近期偿债能力有充分保证，发生债务危机的可能性极小。

表 2-10　1985—2007 年中国外债规模的风险指标

年份	偿债率（警戒区间 25%）	负债率（警戒区间 20%—50%）	债务率（警戒区间 100%）
1985	2.7	5.2	56.0
1990	8.7	13.5	91.6
1991	8.5	14.9	91.9
1992	7.1	14.4	87.9
1993	10.2	13.9	96.5
1994	9.1	17.1	78.0
1995	7.6	15.2	72.4
1996	6.0	14.2	67.7
1997	7.3	14.5	63.2
1998	10.9	15.2	70.4
1999	11.3	15.3	68.7

（续表）

年份	偿债率（警戒区间25%）	负债率（警戒区间20%—50%）	债务率（警戒区间100%）
2000	9.2	13.5	52.1
2001	7.5	14.7	56.8
2002	7.9	13.6	46.12
2003	6.9	13.7	39.9
2004	3.2	13.9	37.8
2005	3.1	12.6	33.6
2006	2.1	12.3	30.4
2007	2.0	11.5	27.8

资料来源:相关年度的中国统计年鉴。

专栏 2-4

各种外债风险指标介绍

一、外债清偿能力指标分析

1. 偿债率,是指一国当年外债还本付息额与出口创汇收入额的比率,是分析、衡量外债规模和一个国家偿债能力大小的重要指标。国际上通常认为这一比率在20%左右为宜,最高不得超过25%。根据世界银行的建议,中国的偿债率应以15%为安全线。

2. 债务率,是指一国的当年外债余额与出口创汇收入之比,反映该国对外举债能力的大小。国际上通常认为,该指标不应超过100%。当债务率超过100%时,说明该国外债余额过大,外债负担过重,外汇收入难以满足对外还债的需要。根据世界银行的建议,中国的债务率应以75%为安全线。

3. 外汇储备与外债余额的比率,反映当一国偿还外债的其他支付手段不足时,可动用国际储备资产来偿还外债的能力。当这一比率大于1时,则表明偿债能力较强。按照国际惯例,一国外汇储备不应低于该国1—3个月进口的外汇支付额。对于发展中国家而言,外汇储备应高于年进口额的1/4。这是为了满足弥补国际收支逆差和偿还外债本息的需要,也是为了避免发生外债风险所必须采取的措施之一。

二、外债结构指标分析

1. 外债期限结构,是指一国对外负债总额中,短期债务(偿还期在一年以内)与中长期债务(偿还期在一年以上)的构成比例。世界银行认为,短期外债的适当水平一般不应超过三个月的进口额,长期贷款的偿还期应与项目回收期一致。国际上通常认为一个国家的短期债务占全部外债比率的警戒线为25%,中国以不超过20%为宜。

2. 外债类型结构,是指一国对外负债总额中各种不同类型外债的构成比例。从债务类型看,外债有外国政府贷款、国际金融组织贷款、国际商业银行贷款和其他形式的借款四大类。前两项属于官方优惠贷款,具有开发援助和贸易性质,贷款期限长,利率低,有的甚至是无息贷款,但贷款条件较为严格。商业贷款的程序相对宽松,但期限短,利率高,且多为浮动利率,易受国际金融市场的影响,一般认为占外债总额的比重以低于60%为宜。

3. 外债币种结构,是指一国对外负债总额中货币币种的构成比例。为了减少和避免对外借款由于汇率变化而引起的损失,应使主要通货保持一定比例,这样可以在一定程度上抵消汇率变化引起的盈亏。

4. 外债利率结构,是指一国对外负债总额中浮动利率债务与固定利率债务的构成比例。按照国际经验,一个合理的利率结构是以固定利率计算的债务额占外债总额的比重为70%—80%,而浮动利率的外债比重应在20%—30%为宜。

三、外债增长指标分析

1. 新增外债与外债还本付息。新增外债是指当年外债余额与上年度外债余额之差。一国偿债能力如何,不仅决定于外债总额,而且依赖于某年的外债还本付息额。

2. 负债率,是指一国当年外债余额与GNP之比,常被用来考察一国对外负债与整个国民经济发展状况的关系,国际上通常认为负债率的安全线为20%。

3. 外债利用系数,是指外债增长速度与GNP增长速度之比,反映了举借外债对国民经济发展的促进作用。一般认为,外债利用系数应小于1。

4. 出口创汇系数,是指外债增长速度与出口创汇收入增长速度之比,反映了举借外债对商品和劳务出口的促进程度。一般认为,出口创汇系数应小于1。

资料来源:孙敬水、项贤勇,"中国外债风险的经验分析",《世界经济》,2001年第8期。

(二) 国际间接贷款在华发展趋势

近些年来,国际间接贷款这一传统融资渠道在中国呈现出一些新的特点和趋势。①

① 参见胡学好:"中国借用国外优惠贷款的战略思考",《中国财政》,2000年第5期。

1. 国际间接贷款规模缩小。由于世界政治经济格局发生变化,发达国家的贷款援助政策也在相应变化。一方面,对外贷款援助最初主要服从于政治需要,之后逐步发展为双边财政合作,今后有可能重回起点,更多地受到政治因素的影响。例如,欧盟东扩将使欧洲主要发达国家的政府贷款由亚洲逐步转向东欧。另一方面,一些发达国家正面临财政困难,准备调整或削减贷款援助计划。与此同时,国际金融组织从1998年起向中国提供的贷款开始减少。

2. 贷款条件趋硬。由于中国已不能借入世界银行的软贷款,而硬贷款的费率又有所上升,因此中国利用世行贷款的总体筹资成本将会增加。与此同时,根据OECD规定,其成员国向发展中国家提供的政府贷款,按照贷款利率、贷款期限及宽限期等因素计算出的赠与成分(即贷款优惠成分)应大于35%。正因为如此,许多国家过去向中国提供政府贷款的赠与成分在50%左右,甚至会高达80%。但是近几年,这些政府贷款的赠与成分正在下降,且有可能逼近OECD规定的下限。

3. 贷款政策改变。以美国为首的发达国家加强了对世界银行政策方向的操纵,使世行业务更多地介入到非经济领域。对部分贷款项目的审批,不再注重项目对受援国社会经济发展的影响和项目本身的可行性问题,而是开始注重受援国的政府管理、军费开支,甚至民主和人权等问题。这就意味着借用世行贷款要受到一些非经济因素方面附加条件的限制。与此同时,根据OECD规定,其贷款资金主要用于环境保护、社会发展等领域,对工业类项目采取限制的政策(即工业项目的贷款额度不能高于280万美元)。

二、国际直接融资

目前,中国企业已经到了进入国际证券市场直接融资的最好时机。中国经济正面临新一轮增长期,市场规模以年均8%的速度扩张,是21世纪潜力最大的市场。中国广阔的市场缓解了西方经济的市场约束,更是投资者的"金矿"。中国经济离不开世界,世界经济也离不开中国。在国际资本市场上,通过证券融资的融资额已占国际融资总额的80%。利用证券市场吸收外资,具有"借外资而不背外债"的功能,不会构成外债负担,风险小,操作简易,是中国企业进入国际资本市场筹资的一条有效途径。

(一) 国际股票融资

自20世纪90年代以来,许多中国企业在国际股票市场上成功筹集到了所需资本,其募集方式也愈加多样化(见表2-11)。

表 2-11 中国股票筹资额

年份	发行量（亿股）	A股	H股，N股	B股	筹资额（亿元）	A股	AB配股	H股	B股
1991	5.0	5.0			5.0	5.0			
1992	20.8	10.0		10.8	94.0	50.0			44.0
1993	95.8	42.5	40.4	12.8	375.4	276.4	81.6	60.9	38.1
1994	91.3	10.9	69.8	10.4	326.7	99.7	50.2	189.0	38.2
1995	31.6	5.3	15.3	10.9	150.3	85.5	62.8	31.5	33.3
1996	86.1	38.2	31.7	16.1	425.0	294.3	69.9	83.6	47.1
1997	267.6	105.7	136.9	25.1	1 293.8	825.9	170.8	360.0	107.9
1998	105.5	86.3	12.8	9.9	841.5	778.0	334.9	37.9	25.5
1999	122.9	98.1	23.0	1.7	944.5	893.6	320.9	47.1	3.7
2000	512.0	145.6	359.2	7.1	2 103.0	1 527.0	519.4	562.2	13.9
2001	141.4	93.0	48.4		1 252.3	1 182.1	430.6	70.2	
2002	291.7	134.2	157.5		961.7	779.7	56.6	181.9	
2003	281.4	83.6	196.7	1.0	1 357.7	819.5	74.7	534.6	3.5
2004	227.9	54.8	171.5	1.5	1 510.9	835.7	104.5	648.0	27.1
2005	567.0	13.8	553.2		1 882.5	338.1	2.6	1 544.3	
2006	1 287.7	351.1	936.6		5 594.2	2 463.7	4.3	3 130.5	
2007	637.2	413.2	223.9		8 680.1	7 722.9	227.6	957.1	

资料来源：相关年度的中国统计年鉴。

1. 境外存托凭证融资。存托凭证（Depositary Receipts，DR）是一种以证书形式发行的可转让证券，代表投资者对境外证券所有权的证书，从而为证券跨国界交易和结算提供便利。存托凭证融资的优势在于：可以避开当地法律对外国公司在注册手续、财务报表和信息披露等方面的严格要求，使外国公司股票较为方便地进入当地证券市场。近年来，已有几家中国企业尝试利用存托凭证筹集国际资金。例如，在中国香港地区发行 H 股的上海石化，将 H 股转换成 ADR 和 GDR，分别在美国和欧洲配售，结果欧美投资者认购踊跃，融资 2.2 亿美元，取得了比在中国香港地区发售更好的效果。

2. 境外借壳上市融资。境外借壳上市可分为两种形式：境外买壳上市和境外造壳上市。境外买壳上市是指国内企业通过买进一家已在境外挂牌上市公司的部分或全部股权，取得对该上市公司的控股地位，利用该上市公司在当地资本市场上筹措资金。采用这种方式，可以使中国企业绕过境外市场对新上市公司的严格要求，在较短时间内取得间接上市地位，因而是企业走向国际资本市场的一条捷径。例如，中国大型跨国企业集团首钢公司与外商合作，联手收购中国香港东荣钢铁公司，首钢以拥有 51% 的股份取得其控制权。首钢利用东荣公司的上市条件，在香港展开了大规模的集资和企业并购活动。在不到一年的时间里，首钢不但收回了在港的全部投资，而且拥有当地市值约五十多亿美元的资产。境外造壳上市是指国内企业在境外独资或合资设立一家控股公司，然后以该控股公司的名义申请在境外证券市场上市，并将筹集的资金投入到国内企业，从而实现国内企业通过境外控股公司在境外间接上市筹资的目的。例如，广州汽车集团通过其在香港的控股公司骏威投资公司的上市地位，在香港公开招股筹资4.02亿港元，成为首家在香港造壳上市的内地企业。

3. 境外投资基金融资。投资基金是指通过向投资者发行股份或受益凭证方式募集一定资金汇集成基金，然后交由专业性投资基金管理机构管理，投资机构根据与客户商定的投资最佳收益目标和最小风险原则，把集中的资金再适度分散投资于各类有价证券、企业股权或其他特定项目等，获得收益后由原投资者按出资比例分享，投资管理机构从中获取相应的报酬，从而实现投资资金与投资能力的有效组合。由于投资基金具有获得规模经济效应、分散投资风险、投资收益较高等多方面的优越性，目前已经成为国际上流行的融资形式。目前，中国利用投资基金进行国际融资业已进入尝试阶段，并以国家基金为主。创立国家基金筹措外资，不仅有利于提高中国企业在国际金融市场上的知名度，更重要的是，中国在不增加债务负担的条件下就可吸收外国资本，因此是一项稳定可靠的资金来源。

人物介绍——李嘉诚

他掌控着香港的经济；经营着世界上最大的港口；垄断着面向中国内地的输电线；享有着来自顶级地产商和零售商的美誉；拥有着最大的移动手机运营商的头衔。唯有他能够在他的领域中频繁地被世界所感知，进而影响全球这一行业的未来，这个人就是香港著名的塑胶商、房地产巨商、杰出的世纪企业家——李嘉诚。

在香港，李嘉诚被传媒敬称为“超人”，其投资策略有颇多过人之处，特别是他的逆市投资策略，更是为业界所称颂。人退我进，人弃我取，在低潮期以低价入市，到高峰期再以高价脱手，这是李嘉诚积累财富屡战屡胜的招数。

1979 年，“长江”购入老牌英资商行——“和记黄埔”，李嘉诚因而成为首位收购英资商行的华人。

早在 20 世纪 80 年代中期，李嘉诚就已频频采取“逆市投资策略”。当时，部分英资集团出走香港，市场一度弥漫着悲观情绪。趁“置地”集团急于出售“港灯”，李嘉诚在 1985 年 1 月果断出手，收购后者 34% 的股权。6 个月后，“港灯”股价回升，他出售 10% 股份，成功套现，净赚 21.8 亿港元！

李嘉诚于 1993 年购入英国移动电话公司 Rabbit，并易名为 Orange（“橙”）时，不知多少业内人士嗤之以鼻。短短 6 年时间，李嘉诚转手卖出“橙”，一夜之间赚了 1 180 亿港元，令全球为之瞠目，从而创造了投资界至今仍津津乐道的经典个案——“卖橙神话”。

“赫斯基”可以说是另外一个“橙”。20 世纪 90 年代初，“和黄”斥资收购加拿大赫斯基石油公司，当时该公司日亏 500 万港元。而如今，该公司已成为“长和系”的一个“金手指”，并成功地在加拿大上市。

在“长和系”（由“长江实业”和“和记黄埔”控股的一系列公司所组成的李系财团）中，香港电灯（简称“港灯”）属于比较保守的公司，很少有大的投资动作。但是，2001 年 10 月 28 日，“港灯”却宣布以 7 亿港元入股泰国电厂项目，跻身为该项目的最大股东，从而成为“长和系”逆市投资的最新战例。

前些年，李嘉诚积极进军电讯市场，尤其是发展第三代手机（3G）业务，其称霸全球之心世人皆知。李嘉诚在这方面的投资策略和对时机的把握，更显“超人”的深厚功力。何时急流勇退，何时高歌猛进，颇耐人寻味。2000 年 8 月中旬，欧洲 3G 热潮如日中天之际，“和黄”已经成功投得重要的德国 3G 牌照。但是令全球电讯市场为之震动的是，李嘉诚迅即宣布放弃该牌照。事后的发展证明，这正是全球电讯业走下坡路的一个拐点。

有“股神”称呼的沃伦·巴菲特对李嘉诚赞不绝口：“李是商业界的领袖，所有赚钱的人都想效仿他。按照李所说‘做人、做生意，即使不能成为富豪，也绝不会是个穷人’。”

资料来源：《李嘉诚经商自白书》，群言出版社 2004 年版；“逆市频出手 屡创投资经典个案”，http://ceo.icxo.com。

（二）国际债券融资

1. 中国走向国际债券市场

20 世纪 80 年代初，中国开始涉足国际债券发行，筹措资金用于国家大中型基础设施和基础产业项目的建设。1982 年，中国国际信托投资公司在日本发行了100亿日元的私募债券，首开中国利用国际债券融资的先河。其后，中国建立了国际债券发行窗口制度，中国银行、中国投资银行、交通银行、中信公司等十家金融机构被指定为中国对外发债窗口，从而促使我国的国际债券融资工作有了长足的发展，融资数额迅速增加。1993年是中国对外发债史上的一个里程碑，中国财政部首次作为主体发行了政府国际债券，即在日本发行了300亿日元武士债券和在美国发行了3亿美元扬基债券，开辟了中国国际债券新渠道。1994年，财政部再次进军美国资本市场，发行10亿美元全球债券，获得巨大成功。此后的1996年，财政部又在美国发行了包括1亿美元100年期债券在内的4亿美元扬基债券，引起了国际资本市场的强烈反响。此外，中国企业还在国外发行了可转换债券进行融资。例如，深圳南玻集团股份有限公司在瑞士资本市场上成功发行了4 500万美元的B股可转换债券，获1.5倍的超额认购。

经过十几年的实践，中国的国际债券融资工作正从初级阶段逐步走向成熟，并显示出两个鲜明特点：第一，发行策略步步为营，稳中求新。中国发行国际债券以服务于经济建设为目的，又依托于中国的经济增长态势和发展潜力，制造声势，扩大影响，通过有目共睹的经济引力吸引投资者确保发行成功。而且通过由点到面的多样发行方式，逐步构建起国家、金融机构、企业共同发债的全方位、多层次的融资渠道。第二，各种类型的国际债券适当搭配、相互结合；发行市场由集中逐步走向分散；债券币种由单一币种向多样币种过渡；国内企业发债和海外中资企业发债相互补充。正因为如此，2003年10月标准普尔公司表示，因中国健康的债务水平和良好的经济改革成果，该公司将新债券的评级定为BBB。同年夏天，中国自2001年5月以来首次发行全球债券，结果中国最新发行的10亿美元和4亿欧元的全球债券被投资者争相抢购。

2. 中国债券市场的对外开放

除了中国企业走出国门，到国际债券市场融资之外，中国还必须考虑本国债券市场的开放问题。中国债券市场一直在封闭的环境中发展和成长，债券的发行主体局限于财政部、政策性银行和少量国有大型企业，只有国内投资者才可以买卖债券(个人投资者还不能进入银行间债券市场，银行也还不能进入交易所市场)，参与债券市场的资金全部来自于国内，债券的供给受到严格的管制，投资者的需求得不到满足。在中国已经加入WTO后，能否通过逐步开放来促进债券市场的发展，提升中国资本市场的竞争力，是一条值得探索的新思路。

中国债券市场的开放主要有两层含义：一是允许境外政府、金融机构和企业到中国债券市场发行债券；二是允许境外投资者投资中国债券市场。在WTO框架下，中国金融业采取渐进式开放，其中，债券发行市场的开放主要是指允许境外券商或其他金融机构在中国承销或分销债券，并可延伸为引进境外发行者，此举具有更加深远的意义：引进境外发行者可以增加债券的有效供给，为中国投资者提供高品质的投资品种，丰富投资者的资产选择，增强资本市场的吸引力，提升资本市场转化储蓄/投资的功能；可以改变债券发行者结构，增加发行者之间的竞争，促使中国企业改善公司治理，规范运作；可以向国际规则、国际惯例靠拢，在这一过程中，中国的债券发行制度、证券评级制度、信息披露制度、证券监管制度等必须做出相应的变革，有利于推动中国资本市场的市场化和国际化。债券流通市场的开放则是指中外合作基金、合资证券公司、合资（外资）保险公司、合资（外资）银行、合资（外资）企业都可以进入债券流通市场，境外个人投资者可以通过“合格境外机构投资者”（QFII）买卖中国债券（见表2-12）。①

表2-12　过渡期内境外投资者进入中国债券市场一览表

境外投资者	国债（金融债）发行	企业债券发行	债券交易
中外合资（合作）基金	★	★	◆
合资证券公司	◆	◆	◆
合资（外资）保险公司	◆	★	◆
合资（外资）银行	◆	★	◆
合资（外资）企业	▲	▲	◆
境外个人投资者	▲	▲	◆

注：◆ 表示允许；★ 表示暂时不允许；▲ 表示在任何国家都不允许。

三、对外贸易融资

对外贸易融资是指银行对进口商或出口商提供与进出口结算业务相关的资金融通或信用便利。目前，中国对外贸易融资的具体方式有出口信贷、补偿贸易、预付款融资、预支信用证融资、进口押汇融资、福费廷业务融资、保理融资等。

（一）出口信贷（Export Credit）

出口信贷是指发达国家银行为鼓励其所在国设备出口而向发展中国家提供的贷款。出口信贷有两种方式：一是买方信贷，即出口方银行直接向进口方（买方）或进口方银行（买方银行）提供贷款，限于购买出口方国家的设备。二是卖方信贷，即出口方银行向本国出口商（卖方）提供贷款，卖方向买方（发展中国家融资人）提供设备，买方延期付款。在中国，出口信贷虽然发展比较迅速，

① 桂荷发：“中国债券市场：发展、开放与主要问题”，《国际金融研究》，2003年第9期。

但是其业务量仍与中国贸易大国的地位不相称。以中国政策性专业银行——进出口银行为例，2007年中国进出口银行对卖方出口信贷业务实际放款1 206.7亿元人民币，对买方信贷实际放款37.8亿美元。同期对外开立保函587笔，总金额97亿美元，比2006年增长了122.1%，中国进出口银行的对外担保业务实现了跨越式增长，为中国企业扩大船舶、成套设备等资本性货物出口和促进企业走出去开展境外工程承包、境外投资等活动，提供了强有力的担保服务支持。

(二) 福费廷(Forfaiting)

福费廷业务是一种新型的贸易结算融资工具，通常是指由商业银行(包买商)从出口商那里无追索权地购买经进口商承兑的并由进口商所在地银行担保的远期汇票或本票，从而为出口商提供融资的一种贸易融资方式，可用于出口后融资、出口前融资、结构贸易融资和项目融资，具有独特的防范风险和融资功能，在欧美及亚太地区贸易中被广泛使用。中国近几年已开始引进福费廷业务，中国银行国内分行自2001年开始正式推出福费廷业务，马上受到出口企业的热烈欢迎。目前，中国银行、交通银行、中国进出口银行、中国工商银行已在上海、广东、北京、深圳等地开办了此项业务，并将在沿海及大中城市逐步推广。

(三) 保理融资(Factoring)

1987年10月，中国银行与德国贴现与贷款公司签署了国际保付代理总协议，从此拉开了中国国际保理业务的序幕，其他商业银行也开始尝试办理。1992年2月，中国银行正式成为国际保理商联合会(FCI)的会员。截至2009年4月，中国银行已与40个国家和地区的103家保理商签约，连续12个月出口保理业务量排名世界第一，为中国国际保理业务的进一步发展建立了较为广泛的联系和代理网络。可以说，国际保理已经在中国得到初步的应用和推广。但2006年，中国国际保理业务额为190亿美元，仅占全球总量的1.2%，表明国际保理业务在中国尚有巨大的发展空间。

四、国际融资租赁

国际租赁是跨国界的租赁方式，体现了位于不同国家的出租人与承租人在约定期内将出租财产交承租人有偿使用的租赁关系。国际租赁是现代信用制度创新的产物，也是目前国际上公认的一种“借鸡生蛋，卖蛋还债”的融资方式，能够提供一般中长期信贷方式所不能提供的融资便利，所以国际上采用这种方式进行融资的企业越来越多。

1980年中国国际信托投资公司率先承做中国第一笔的租赁业务，自此中国租赁业从无到有，逐步发展壮大。截至2008年，中国融资租赁业务总交易额达到1 550 亿元,预计 2009 年全国融资租赁业务总额将达到3 500 亿元,表明中国融资租赁业务已进入快速发展时期。但是,从租赁业市场渗透率(租赁在固定资产投资中所占比例)来看,世界融资租赁市场渗透率已接近 17%,发达国家一般在 10%—30%之间,而我国尚不足 3%。由此可见,中国的融资租赁市场还有很大的发展前景。同时,中国政府也不断对中国制造业厂商和租赁公司在法律制度上实行"松绑解套",为中国租赁行业的"新崛起"提供前所未有的良好契机。

五、国际项目融资

国际项目融资是在对拟投资项目本身进行有效包装的基础上,依靠该项目自身的投资价值进行国际融资的一种方式,也就是利用项目投产后的收益来偿还国际贷款的本息和以该项目本身的资产作为抵押物的一种融资方式。国际项目融资是一种无追索权或有限追索权的融资方式,近年来逐步取代传统的商业贷款方式,受到越来越多国际筹资者的青睐。目前,中国基础设施建设投资长期相对不足,其中最直接的制约因素是投资资金短缺。由于在经济市场化过程中,中国财政收入增长缓慢,基础设施建设不可能过多依赖国家财政;传统的融资方式,即商业银行和国际金融组织的信贷也面临诸多困难。在这种情况下,充分利用 BOT、TOT 和 ABS 等方式开展国际项目融资,可以为基础设施项目开辟更广阔的天地。例如,中国第一个 BOT 基础投放项目是 1984 年由香港台和实业公司和中国发展投资公司等作为承包商在深圳建设的沙角 B 电厂。继沙角 B 电厂之后,中国广东、福建、四川、上海、湖北、广西等地出现了一批 BOT 项目。在世界 500 强排名第 67 位的法国威望迪通用水务公司从 1997 年以来,采用 TOT 模式相继购买了武汉、天津和上海等水厂的产权和经营权。1998 年 4 月 13 日,中国第一个以获得国际融资为目的的 ABS 证券化融资方案率先在重庆市推行,这是中国第一个以城市为基础的 ABS 证券化融资方案。

六、离岸资产证券化

资产证券化是指将缺乏流动性,但能够产生可预见现金流入的资产,转换成为在金融市场上可以出售和流通证券的行为,是 20 世纪 80 年代以来国际金融领域中重大的金融创新之一。正如第一章中所说的,资产证券化的一种特殊形式——离岸资产证券化在 20 世纪 90 年代的发展尤为迅猛,并引起了各国的广泛关注。中国目前已有离岸资产证券化的几次成功尝试。1996 年,广东省珠海市人民政府以交通工具注册费和高速公路过路费为支撑,在美国成功发行了两批共 2 亿美元的债券。该债券由著名的投资银行——摩根斯坦利承销,分别获得了 Baa3 和 Ba1 的评级以及 3 倍超额认购,发行利率高出同期美国国库券利率 250 个基本点和 475 个基本点。这是中国第一次在国际资本市场上进行证券化融资。它们在离岸资产证券化方面的成功实践为中国开拓了一条崭新的国际融资渠道。目前,在中国国内尚不具备大规模推广资产证券化的条件下,通过开展离岸资产证券化业务,借鉴与吸收国外的先进经验,并进而推动中国资产证券化市场的培育与完善,不失为一种合理的选择。

第四节　中国与国际金融机构

一、中国与国际货币基金组织的关系

中国是 IMF 创始国之一,但由于历史原因,1980 年 4 月才得以恢复在 IMF 的合法席位。截止到 2008 年,中国认缴基金份额增加到 3.997%。在 IMF 执行董事会里,中国单独选派执行董事,具体负责中国在 IMF 的事务。

在过去二十多年的时间里,中国与 IMF 一直保持着良好的合作关系,中国不仅积极支持 IMF 的各项政策,如历次增资、加强 IMF 对成员国监督等,并在资金上给予实际支持,如为加强结构调整贷款出资,并参与业务预算方案等。2008 年 3 月 28 日,经过特别增资,中国在基金组织中的份额占总份额的 3.977%,总发言权的 3.803%,其位次由原来的第 8 位上升到第 6 位。

IMF 也一直关注中国的经济发展,每年就中国的经济形势和政策与国内主要宏观经济部门进行磋商,并积极提出政策建议,为中国的经济发展和改革起到了咨询作用。IMF 对中国经济发展和政策评价较为客观,对国际社会正确了解中国起到了积极作用。此外,IMF 还在货币政策、统计、外汇、财税体制改革、银行法等方面向中国提供了许多技术援助和人员培训,对中国市场经济的发展起到了一定作用。

二、中国与世界银行集团的关系

中国也是世界银行的创始国,基于同样的原因,到 1980 年 5 月才恢复了合法席位。至今中国拥有世界银行 2.99% 的股权,在世界银行所有成员国中列第 6 位。在世界银行执行董事会里,中国单独选派执行董事,具体负责中国在世界银行的事务。

自从 1980 年以来,世界银行对中国经济发展和改革开放事业给予了积极的支持(参见表 2-13 和图 2-6)。中国是迄今为止世行贷款项目最多的国家,也是执行世行贷款项目最好的国家之一。截至 2004 年 12 月 31 日,世界银行共

向中国提供贷款近380亿美元(减去取消的贷款),用于约260个项目,其中80个项目仍在实施中。世行贷款项目涉及国民经济的各个部门,遍及中国的大多数省、市、自治区,其中基础设施项目(交通、能源、工业、城市建设等)占贷款总额的一半以上,其余资金投向农业、社会部门(教育、卫生、社会保障等)、环保以及供水和环境卫生等项目。所有这些项目对于减少贫困都发挥着直接或间接的作用。据估计,在2005—2006财年期间,世行对中国的贷款额预计将在24亿美元左右,用于25个项目。①

表2-13　1997—2002年6月国际金融公司在中国的业务　　单位:百万美元

年份	项目数量	项目规模	IFC总投资	IFC净投资
1997	10	657	335	134
1998	8	500	244	151
1999	4	318	112	82
2000	9	578	123	95
2001	7	425	179	159
2002*	12	624	255	207
总计	50	3 102	1 248	828

* 只包括1—6月。

资料来源:世界银行东亚和太平洋地区中国业务局,《世界银行集团对华国别援助战略备忘录》,2003年1月22日。

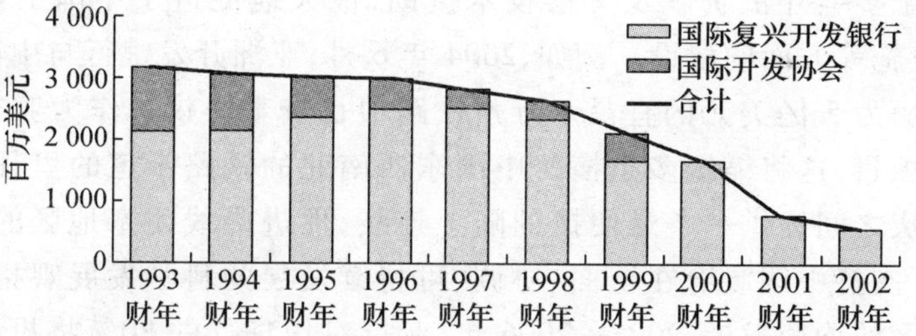

图2-6　1993—2002财年国际复兴开发银行和国际开发协会对中国的承诺贷款

资料来源:世界银行东亚和太平洋地区中国业务局,《世界银行集团对华国别援助战略备忘录》,2003年1月22日。

除此之外,中国于1980年5月成为国际开发协会的成员国,并且拥有2%的投票权。到20世纪80年代末期,国际开发协会对中国承诺软贷款金额为33.37亿美元。中国利用这些优惠贷款发展了农业、港口扩建以及一些轻工业

① 数字来源于世界银行集团网站(http://www.worldbank.org.cn/Chinese/Overview/overview_brief.htm)。

项目。

1980 年 5 月,中国获得国际金融公司席位,从此积极寻求与之合作的机会,目前已成为国际金融公司投资增长最快的国家之一,是国际金融公司投资第 9 位的国家。从 1985 年批准第一个项目起,至 2005 年 6 月 30 日止,国际金融公司在中国共投资了 92 个项目,并为这些项目提供了 22 亿美元的资金,其中 16 亿美元为自有资金,5.67 亿美元来自银团中的其他银行。[①] 国际金融公司在中国投资的重点是:通过有限追索权项目融资的方式,帮助项目融通资金;鼓励包括中小企业在内的中国本土私营部门的发展;投资金融行业,发展具有竞争力的金融机构,使其能达到国际通行的公司治理机制和运营的标准;支持中国西部和内陆省份的发展;促进基础设施、社会服务和环境产业的私营投资。

三、中国与其他金融机构的关系

中国人民银行于 1984 年与国际清算银行建立了业务联系,并于 1996 年 9 月加入该组织时认缴了 3 000 股的股本金,实缴金额为 3 879 万美元。目前,中国人民银行与国际清算银行的联系日益密切,合作良好,并定期参与国际清算银行举办的中央银行行长例会、年会和巴塞尔委员会举办的各种会议,参与国际清算银行主办的有关研究项目等。

中国于 1986 年 3 月 10 日正式成为亚洲开发银行的成员国。此后,中国从亚行获得了多笔外汇贷款及无偿技术援助,极大地促进了中国工业、环保、扶贫、基础设施等方面的建设。例如,2004 年 6 月,亚洲开发银行与中国在上海签署一项金额为 5 亿美元的宜昌—万州铁路项目贷款协议。作为亚行在中国最大的贷款项目,这将缩短多条横跨中国东西南北的铁路干道的里程,为上海和成都及重庆之间提供一条最便捷的陆上连线,促进沿线闭塞地区的经济发展。再如,为了支持中国政府在全面、协调、可持续发展的科学发展观指导下,实现东西部地区的均衡发展,2005—2006 年,亚行对华贷款的 80% 将投向中国西部地区,每年大约有 15 亿美元用于西部地区交通、能源、农业、环保等方面的基本建设项目。有关专家认为,亚行绝大部分对华贷款投向西部基本建设,对加快西部大开发将有很大的促进作用。[②] 与此同时,中国也为亚洲开发银行贡献着自己的一份力量。2004 年 5 月 26 日,中国国务院总理温家宝在世界银行全球扶贫大会讲话时宣布,中国在继续向非洲发展基金捐资 5 000 万美元的基础上,又决定向亚洲开发银行的亚洲发展基金捐款 3 000 万美元,用于支持亚太地区

① 数字来源于世界银行集团网站(http://www.worldbank.org.cn/Chinese/ifc/overview_ifc.htm)。

② 叶桐:"亚行每年 15 亿美元投向中国西部",《经济日报》,2004 年 4 月 1 日。

的扶贫事业和区域合作。

中国于1985年5月被正式接纳为非洲开发银行成员。虽然加入非洲开发银行并不能使中国获得贷款,但是却可以进入由非洲开发银行贷款或联合贷款项目的工程承包和劳务合作市场,为中国发展与非洲国家的经济合作开辟了新渠道。

中国证监会在国际证券监督者组织的1995年巴黎年会上加入该组织,成为其正式会员。按地区划分,中国证监会属亚太地区委员会正式成员,并分属新兴市场委员会的正式成员。我国的上海证券交易所、深圳证券交易所于1996年9月加入国际证券监督者组织咨询委员会。目前中国证监会与中国香港地区证券及期货事务监察委员会、中国台北证券及期货管理委员会均为国际证券监督者组织的正式成员。1998年9月迄今,中国证监会连续三次当选为该组织的执行委员会成员,出席了历届执行委员会会议。

本章重要术语

国际金融市场	外汇市场	股票价格指数
外国债券	欧洲债券	固定利息债券
浮动利率债券	零息债券	限定下浮债券
本息分离债券	次级债券	选择性债券
衍生金融工具	远期合约	互换交易
利率互换	货币互换	期货交易
看涨期权	看跌期权	外债风险
存托凭证	造壳上市	借壳上市
福费廷	保理融资	融资租赁
项目融资	离岸资产证券化	巴塞尔协议
特别提款权	信息披露	

本章小结

- 国际金融市场是指进行各种国际金融业务活动的市场。
- 外汇市场是进行跨国界货币支付以及货币互换的场所,是国际金融市场的基础。
- 欧洲货币市场,又称境外金融市场,是货币在其发行国以外被借贷的场所。目前,欧洲货币市场已成为国际借贷的核心。
- 国际股票市场的行情不仅反映出市场所在国的经济状况,而且可以反映出世界经济的发展状况。股票交易市场的走势通常采用股票价格指数来判断。
- 国际债券市场将面临一个规模更大、市场更成熟、创新更频繁、交易更趋电子化的债券市场格局。
- 随着金融创新的不断发展,金融衍生工具的品种也不断翻新。在远期交易、互换交易、期货交易、期权交易等衍生工具的基础上,近年来又不断有新的品种问世,如期货期权、利率上限、利率下限、互换期权等。

- 第二次世界大战后,国际金融机构得到快速发展,并且逐步形成体系。其中,国际货币基金组织是协调国际货币关系、促进国际经济合作,保持国际收支平衡的全球性机构;世界银行集团包括国际开发协会、国际金融公司等,是协助发展中国家经济资源开发的全球性机构;国际清算银行是为国际金融往来提供便利,办理黄金外汇买卖清算的机构;此外,还有亚洲开发银行、非洲开发银行等区域性机构在不同地区促进经济发展。国际金融机构的产生与发展在世界经济和国际货币关系中发挥着越来越重要的作用。

- 随着改革的推进和金融市场全球化的推进,中国正逐步融入国际金融市场,从过去单一利用国际金融机构、外国官方贷款和在国际资本市场上发行债券等传统方式,转向了利用境外存托凭证、境外借壳上市、境外可转换债券、境外投资基金、国际租赁和国际项目融资等新的境外融资工具,拓展了新的境外融资渠道。

相关网络地址

- http://www.imf.org:国际货币基金组织官方网站,可以了解IMF提供的有关金融市场的信息和统计资料等;
- http://www.worldbank.org:世界银行集团官方网站,可以获得世界银行的部门设置、对各国的贷款政策和方向、有关出版物、贷款项目介绍等有关信息;
- http://www.adb.org:亚洲开发银行官方网站;
- http://www.afdb.org:非洲开发银行官方网站;
- http://www.eurobank.org:欧洲银行集团官方网站,提供有关欧洲货币市场,乃至国际金融市场发展的有关信息;
- http://www.globefinance.net:世界汇金网,可以查询国内外金融市场、金融机构动态、金融市场监管、专业研究报告、证券外汇交易、产业经济领域的相关资料。

简答题

1. 什么是国际金融市场?它是由哪些部分组成的?
2. 简述外汇市场的组成。
3. 如何从欧洲货币市场的发展中理解其含义的演变?
4. 试判断国际债券市场的发展趋势。
5. 为什么近年来国际黄金市场重新活跃起来?
6. 比较远期合约和期货合同的异同点。
7. 一家公司利用货币期权而不是远期合约对汇率波动进行套期保值,这样做的好处和缺陷各是什么?
8. 假定一个美国投机者以每单位0.04美元的期权费购入了英镑卖出期权。清算价格为1.8美元,实施该期权时英镑即期汇率为1.59美元。假定一份英镑期权有31 250单位。该期权净利润是多少?

9. 假定11月1日英镑即期汇率为1.58美元，并且12月期货合同价是1.59美元。假定英镑在11月贬值，到11月30日时价值1.51美元。

(1) 你认为在11月期货价格将发生什么变化？为什么？

(2) 如果你已经知道这种情况会发生，你将在11月1日购买还是出售一份12月的英镑期货合同？请解释原因。

10. 假定下表中第一栏所列示的交易是一家没有其他国外交易的中国公司所进行的。请对下表中你认为可用来对各项交易进行套期保值的方法打×。

	远期合约		期货合同		期权合同	
	远期购买	远期出售	买入期货	卖出期货	买入期权	卖出期权
1. 美国乔治城公司计划购买以欧元标价的德国商品						
2. 中国海尔公司将向日本出售以日元标价的商品						
3. 美国耶鲁公司在法国设有子公司，该公司将向美国母公司汇回资金						
4. 中国 TCL 公司需要偿付以欧元标价的借款						
5. 中国康佳公司可能会在不远的将来收购一家日本公司，但是该交易尚未达成						

11. 什么是国际金融机构？其主要职能是什么？

12. 试比较国际货币基金组织和世界银行作为姊妹组织的异同点。

13. 简述世界银行同中国的关系。

14.《新巴塞尔协议》的三大支柱是什么？

思考题

1. 试总结20世纪六七十年代以后欧洲货币市场迅速发展的原因。

2. 请根据专栏2-2提供的各种外债风险指标，判断中国外债风险的大小。

3. 试结合《巴塞尔协议》的新内容来分析中国银行业风险的防范问题。

第三章
国际收支及宏观管理

3

- 国际收支与国际收支平衡表
- 国际收支调节方法
- 国际储备及宏观管理
- 中国外汇储备管理

[知识要求]

通过本章的学习,掌握

- 国际收支平衡表的构成;
- 国际收支失衡的含义及其类型;
- 国际收支失衡的调节方法和理论;
- 国际储备及相关理论。

[技能要求]

通过本章的学习,能够

- 对国际收支平衡表进行分析;
- 对国际收支失衡进行分析,提出相关政策建议;
- 评判不同类型国家国际储备规模的高低,确定一国的适度国际储备。

第一节　国际收支与国际收支平衡表

一、国际收支的概念

国际货币基金组织(IMF)在其所编制的《国际收支手册》(1993 年,第五版)中,对国际收支作了如下解释:"国际收支是某一事件的统计表,它表明:(1) 某一经济体同世界其他地方之间在商品、劳务以及收入方面的交易;(2) 该经济体的货币、黄金、特别提款权以及对世界其余地方的债权、债务的所有权的变化和其他变化;(3) 从会计意义上讲,对平衡不能相互抵消的上述交易和变化的任何账目所需的无偿转让和对应项目。"

因此,我们可以将国际收支概括为:国际收支是指一个国家在一定时期内(通常为一年),因与其他国家或地区所发生的贸易、非贸易以及资本往来而引起的国际间的资金收支(包括货币收支以及用货币表示的财产转移)。① 这是广义的国际收支概念,与之相对应,狭义的国际收支概念,仅指一国在一定时期内的外汇收支。

二、国际收支平衡表

国际收支平衡表(Balance of Payment Presentation)是一国根据交易内容和

① 韩玉珍编:《现代国际金融理论与实务》,首都经济贸易大学出版社 2000 年版,第 3 页。

范围设置科目(item)和账户(account),并按照复式记账法的原理对一定时期内的国际经济交易进行系统的记录,对各笔交易进行分类、汇总而编制出的分析性报表。各国对国际收支平衡表的编制有所不同,为了使各国的平衡表具有可比性,IMF出版了《国际收支手册》(1993年,第五版),对报表编制所采用的概念、准则、管理分类方法及标准构成作了统一说明。

(一)国际收支平衡表的编制原理与规则

国际收支平衡表是按照"有借必有贷,借贷必相等"的复式记账原理系统记录每笔国际经济交易的。其中,本国商品和劳务(属于实际资产)的出口、本国对外金融资产的减少和本国对外负债(或称外国在本国的金融资产)的增加记录在贷方,而本国商品和劳务的进口、本国对外资产的增加和本国对外负债的减少则记录在借方。因此,从原则上讲,国际收支平衡表的借方总额和贷方总额是相等的,其净差额为零。按照复式记账的惯例,贷方记录资产的减少、负债的增加,借方记录资产的增加、负债的减少。其记账法则是:凡引起本国外汇收入的项目,亦称正号项目(Plus Items),记入贷方,记为"+";凡引起本国外汇支出的项目,亦称负号项目(Minus Items),记入借方,记为"-"。当收入大于支出而有盈余(Surplus)时,称为顺差(Favorable Balance);反之,则称为逆差(Unfavorable Balance),应在逆差数字前冠以"-"号。也有人称逆差为"赤字"(Deficit),而称顺差为"黑字"。

(二)国际收支平衡表的组成

各国的国际收支平衡表在不同时期会有所不同,但其中的主要项目基本保持一致,即经常项目、资本与金融项目和错误与遗漏三大项目。

1. 经常项目(Current Account)

经常项目反映一国与他国之间实际资源的转移,因此与该国的国民收入账户具有密切的联系,也是国际收支平衡表中最基本、最重要的项目。经常项目通常包括四个主要项目:商品、服务、收益和经常转移。

(1) 商品(Goods),是经常项目乃至整个国际收支平衡表中最重要的项目,记录一国商品的进口和出口。其中借方记录进口总额,贷方记录出口总额,商品进出口的差额称为贸易差额(Trade Balance)。在国际进出口业务惯例中,出口国以离岸价格(FOB)来计算其金额,而进口国则以包括成本、保险费和运费在内的价格(CIF)来计算。为了统一进口与出口的计价,IMF建议进出口均采用离岸价格来计价,保险费和运费另列入劳务开支。

(2) 服务(Services),是经常项目中的第二大项目,相对于商品的有形贸易来说,服务贸易是无形贸易(Invisible Trade),主要记录劳务的输出和输入。贷方记录劳务的输出,即本国为外国提供的各种劳务数额;借方记录劳务的输入,即本国利用外国的各种劳务数额。

(3) 收益(Income),记录因生产要素在国际间流动而引起的要素报酬收支。国际间的生产要素流动包括劳工的输出入和资本的输出入,因而该项目相应下设“职工报酬”和“投资收益”两个细目。其中,职工报酬(Compensation of Employees),即支付给非居民工人的职工报酬,包括个人在非居民经济体中为该经济体居民工作所得到的现金或实物形式的工资、薪水和福利;投资收入(Investment Income),即居民与非居民之间有关金融资产与负债的收入和支出,包括直接投资、证券投资和其他投资所得的收入和支出。

(4) 经常转移(Current Transfers),包括所有非资产转移项目的转移,是商品、劳务或金融资产在居民与非居民之间转移后,并未得到补偿与回报的转移,因而也被称为无偿转移(Unrequited Transfers)或单方面转移(Unilateral Transfers)。这类转移主要包括政府间的无偿转移(如战争赔款、政府援助、政府向国际组织定期交纳的费用以及国际组织作为一项政策向各国政府定期提供的转移)和私人的无偿转移(如侨汇、捐赠、继承、资助性汇款、退休金等)。从本国向外国的无偿转移记入借方,而从外国向本国的无偿转移则记入贷方。

2. 资本与金融项目(Capital and Finance Account)

资本与金融项目是指对资产所有权在国际间流动行为进行记录的项目,包括资本项目和金融项目两大部分。

(1) 资本项目(Capital Account),反映资本在居民与非居民之间的转移。主要包括两大部分:资本转移(主要记录固定资产所有权的资产转移与固定资产收买或放弃相联系的或以其为条件的资产转移、债权人不索取任何回报而取消的债务)和非生产、非金融资产的收买或放弃(记录不是由生产创造出来的有形资产和无形资产的收买或出售)。资本从居民向非居民转移会增加居民的对外债权,减少居民的对外债务。而资本从非居民向居民转移则恰恰相反。因此,此账户表明本国在一定时期内资产与负债的增减变化。

(2) 金融项目(Finance Account),记录一国对外资产和负债所有权变更的所有权交易,反映居民与非居民之间投资与借贷的增减变化。金融项目按照投资类型或功能可分为:直接投资(Direct Investment)、证券投资(Portfolio Investment)、其他投资(Other Investment)和储备资产(Reserve Assets)。

3. 错误与遗漏项目(Errors and Omissions)

该账户是人为设立的一个抵消账户,并不反映实际的经济交易。根据复式记账原则,所有项目的借方总额和贷方总额是相等的,但实际经济生活中,由于各种原因(如统计资料来源不一、数据保密等),平衡表会不可避免地出现借方或贷方差额。基于会计需要,便人为设置“错误与遗漏”项目,以抵消上述统计偏差。若借方总额大于贷方总额,应在贷方列出这一差额;反之,若贷方总额大于借方总额,则将差额列入该项目的借方。

在以上原理的基础上,表 3-1 和表 3-2 分别列出了中国和全球国际收支平衡表的组成情况。

表 3-1 中国国际收支平衡表

项目	贷方	借方
一、经常账户		
A. 货物和服务		
a. 货物		
b. 服务		
1. 运输　　2. 旅游		
3. 通讯服务　　4. 建筑服务		
5. 保险服务　　6. 金融服务		
7. 计算机和信息服务　　8. 专有权利使用费和特许费		
9. 咨询　　10. 广告、宣传		
11. 电影、音像　　12. 其他商业服务		
13. 别处未提及的政府服务		
B. 收益		
1. 职工报酬		
2. 投资收益		
C. 经常转移		
1. 各级政府		
2. 其他部门		
2.1 工人的汇款		
2.2 其他转移		
二、资本与金融账户		
A. 资本账户		
B. 金融账户		
1. 直接投资		
1.1 中国在外直接投资		
1.2 外国在华直接投资		
2. 证券投资		
2.1 资产		
2.1.1 股本证券		
2.1.2 债务证券		
2.1.2.1 (中)长期债务		
2.1.2.2 货币市场工具		

（续表）

项目	贷方	借方
2.2　负债		
2.2.1　股本证券		
2.2.2　债务证券		
2.2.2.1　（中）长期债务		
2.2.2.2　货币市场工具		
3. 其他投资		
3.1　资产		
3.1.1　贸易信贷		
3.1.1.1　长期		
3.1.1.2　短期		
3.1.2　贷款		
3.1.2.1　长期		
3.1.2.2　短期		
3.1.3　货币和存款		
3.1.4　其他资产		
3.1.4.1　长期		
3.1.4.2　短期		
3.2　负债		
3.2.1　贸易信贷		
3.2.1.1　长期		
3.2.1.2　短期		
3.2.2　贷款		
3.2.2.1　长期		
3.2.2.2　短期		
3.2.3　货币和存款		
3.2.4　其他负债		
3.2.4.1　长期		
3.2.4.2　短期		
三、净误差与遗漏		
四、储备资产		
A. 货币黄金		
B. 特别提款权		
C. 在基金组织的储备头寸		
D. 外汇		
E. 其他债权		

资料来源：国家外汇管理局网站（http://www.safe.gov.cn）。

表 3-2 世界国际收支平衡表(2000—2005 年) 单位:亿美元

	2000	2001	2002	2003	2004	2005
经常账户	-1 558	-1 491	-1 281	-350	-73	-61
货物	-93	-181	194	586	397	433
贷方	63 580	60 954	63 875	74 654	90 785	103 224
借方	63 673	61 135	63 681	74 068	90 388	102 791
服务	-207	-302	-187	-40	262	480
贷方	15 220	15 262	16 408	18 871	22 657	24 980
借方	15 427	15 563	16 595	18 911	22 395	24 500
收入	-907	-836	-1 115	-805	-640	-889
贷方	14 315	13 266	12 484	14 600	18 034	22 483
借方	15 221	14 101	13 599	15 405	18 673	23 372
经常转移	-351	-174	-173	-91	-91	-85
贷方	3 681	3 923	4 373	5 115	6 028	6 664
借方	4 032	4 097	4 547	5 206	6 119	6 749
资本账户	143	-48	-152	-170	-43	-118
金融账户	2 329	1 592	1 790	969	-1 967	-291
直接投资	1 880	820	803	-152	-1 707	674
国外	-13 363	-7 234	-6 607	-6 634	-9 204	-9 344
在报告经济体内	15 243	8 053	7 411	6 482	7 496	10 018
证券投资	2 054	1 145	3 342	3 289	5 341	7 468
资产	-13 078	-12 057	-7 444	-14 558	-18 728	-25 269
不包括构成外国政府储备的负债	15 131	13 202	10 786	17 847	24 068	32 737
金融衍生工具	-156	70	-112	-97	-165	-279
资产	2 290	2 369	2 030	2 621	2 785	4 370
负债	-2 446	-2 299	-2 142	-2 719	-2 950	-4 650
其他投资	298	1 068	421	2 831	975	-2 911
资产	-12 600	-7 176	-6 721	-10 284	-21 878	-29 627
不包括构成外国政府储备的负债	12 898	8 243	7 141	13 115	22 852	26 717
储备	-1 746	-1 510	-2 664	-4 901	-6 410	-5 243
净误差与遗漏	-914	-52	-357	-450	2082	469

资料来源:中华人民共和国国家统计局。

（三）国际收支平衡表的差额分析

对国际收支平衡表进行差额分析，主要是为了全面了解一国对外经济状况，从中发现问题，为政府提供决策依据。目前，对国际收支状况的分析主要采用四种差额分析方法，即贸易差额分析、经常项目差额分析、资本与金融项目差额分析和综合差额分析。①

1．贸易差额（货物进出口之间的差额）分析。货物贸易是国际经济活动的基础，在传统意义上，是整个国际收支的代表。对一些发展中国家而言，贸易收支在全部国际收支中所占份额相当大；同时，它还体现了一国（地区）的自我创汇能力及产品在国际市场上的竞争能力。因此，尽管服务贸易在世界贸易中的比重正日趋增加，但各国仍然普遍重视贸易差额分析。

2．经常项目差额（货物贸易、服务贸易、收入和单方面转移四项差额）分析。经常账户差额是衡量国际收支状况最重要的指标，反映了一国实际资源在国际间转移的净额。如果一国的经常项目处于盈余状态，这就意味着该国在货物贸易、服务贸易、收益和单方面转移方面对外存在净投资。反之，则意味着该国输入了较多的商品、劳务和对外赠与，在国内资本形成中利用了较多的国外储蓄资源。

3．资本与金融项目差额（经常项目差额与长、短期资本流动差额之和）分析。根据国际收支的复式记账原理，一笔贸易流量总是对应着一笔金融流量，如果不考虑错误与遗漏因素，经常项目差额必然与资本与金融项目差额数额相等、方向相反。也就是说，资本与金融项目和经常项目之间存在着一种融资关系，当经常项目出现赤字时，资本与金融项目必然会有相应的盈余，这就是一国利用金融资产的净流入来为经常项目赤字融资的机制。资本与金融项目为经常项目提供融资后，这一资本流动会造成国际投资头寸的相应变动，并通过债务支出继而影响到经常项目。当一国经常项目赤字持续偏高时，利用资本与金融项目对其融资应特别慎重，以免债务本息越来越大，加剧经常项目的恶化。

4．综合差额（经常项目差额和资本与金融项目差额之和，即剔除官方储备项目后的差额）分析。综合差额分析可以衡量一国中央银行面临的所持储备的潜在压力，因为综合差额必然导致官方储备的反方向运动，特别是在实行固定汇率制的国家。当国际收支的各种交易行为使得本国货币与外国货币的比价发生变动时，政府为维护固定汇率制度，必然会动用官方储备介入市场以求本、外币供求平衡。在实行浮动汇率制的国家，政府并不会因为要维护某一固定汇率而动用储备主动干预外汇市场，因此，对于后者，综合差额分析的意义不大。

① 参见杨星主编：《国际金融学》，广东经济出版社 2001 年版，第 8—10 页。

第二节 国际收支调节方法

一、国际收支的平衡与失衡

一般情况下,国际收支平衡可分为静态平衡和动态平衡。国际收支静态平衡,指一国在一定时期(一般是一年)的期末,国际收支不存在顺差,也不存在逆差。国际收支动态平衡,亦称国际收支均衡,并不强调一年的国际收支平衡,而是以经济实际运行可能实现的计划期为平衡周期,保持周期内国际收支的平衡。换言之,国际收支均衡能够促进该国经济与社会正常、健康的发展,促进该国货币均衡汇率水平的实现和稳定,使该国储备接近、达到或维持充足与最佳水平。然而一国的国际收支状况从数量上一般是不平衡的,平衡只是一个相对概念。

(一)国际收支失衡的类型

根据国际收支失衡的原因,可将国际收支失衡划分为以下几种类型:①

1. 周期性失衡(Cyclical Disequilibrium),即国民经济的循环性波动引起的国际收支不平衡。一般来讲,危机阶段的典型特征是生产过剩、国民收入下降、失业增加、物价下降,通常有助于该国增加出口和减少进口,从而可以缓解该国的国际收支逆差;高涨阶段的典型特征是生产和收入高速增长、失业率低、物价上升等,一般会刺激进口,从而容易造成贸易逆差。因此,经济周期会造成一国国际收支顺差和逆差的更替。

2. 收入性失衡(Income Disequilibrium),即国家之间收入平均增长速度差异所引起的国际收支不平衡。在其他条件不变时,一国收入平均增长速度越高,进口也会增长得越快,容易出现国际收支逆差,而收入增长较慢的国家容易出现国际收支顺差。但是,如果考虑收入增长过程中其他因素的变化,则需要修正上述结论。例如,如果一国在收入增长过程中通过规模经济效益和技术进步引起生产成本下降,那么,收入增长不仅使进口增加,而且还会使出口增长。

3. 货币性失衡(Monetary Disequilibrium),即一国货币供应量与货币对内价值的变化所引起的国际收支不平衡。一国货币供应量增加,该国物价水平便会上升,会导致出口减少和进口增加,从而引起或加剧该国的国际收支逆差。货币供应量增加还会引起本国实际利率下降,通过刺激资本外逃导致该国资本项目逆差。总体而论,一国货币供应量增长速度高于别国,其国际收支容易出现逆差。

① 贾孟学等编著:《国际收支理论与实务》,中国金融出版社 1998 年版,第 296—298 页。

4. 结构性失衡(Structural Disequilibrium),即一国经济结构不能适应世界市场供求结构变动所引起的国际收支不平衡。对于维持国际收支平衡来说,结构性因素主要体现为一国应使其生产结构适应世界市场需求结构变动。一般说来,生产结构的变动滞后于需求结构的变动。对发展中国家来说,由于科技落后、教育不发达、资金短缺、信息系统不健全、资源缺乏流动性等,情况尤其如此。在这种情况下,发展中国家即使面对十分不利的贸易条件,仍然只能大量出口初级产品或劳动密集型产品,其出口收入很难增加。

5. 临时性失衡(Temporary Disequilibrium),即短期的、由非确定因素或偶然性因素引起的国际收支失衡。例如,由于气候变化、政局变动等因素引起国内产量下降,会造成出口供给减少,进口需求增加,而国外贸易伙伴国的这类突发性事件也可能带来本国国际收支的变化。这种性质的国际收支失衡,一般程度较轻,持续时间不长。

6. 冲击性失衡(Shock Disequilibrium),即由于游资流动而引起的国际收支不平衡。这是20世纪90年代以来出现的新现象。目前,世界上存在追逐高息而流动的高达数万亿美元的短期游资(Hot Money)。这些游资大多时候并非为了躲避风险而流动,而是有意狙击一个甚至几个国家和地区,造成这些国家和地区金融秩序动荡,国际收支严重失衡。

上述各种类型的失衡,只有结构性失衡、收入性失衡具有长期性,被称为持久性失衡(Permanent Disequilibrium),而其他类型的失衡具有临时性,被称为暂时性失衡(Temporary Disequilibrium)。

(二) 正确理解国际收支失衡

在现实经济生活中,一国的国际收支不平衡不仅是不可避免的,而且在某种意义上,一定限度内的国际收支顺差或者逆差甚至是有益无害的。例如,一定的顺差会使一国的国际储备得到适度增长,增强对外支付和应付国际游资冲击的能力;一定的逆差可使一国适度地利用外国资源,加快国内经济的发展。但是,一国的国际收支如果出现了持续、大量的不平衡而又得不到改善,即发生了国际收支严重失衡或国际收支危机,那么,无论对顺差国还是逆差国的经济发展来说,都会产生十分不利的影响。①

1. 国际收支逆差的影响

国际收支逆差通常会带来以下不利的影响:(1) 使本国经济增长受阻。由于长期的巨额逆差存在,本国的外汇储备大幅度减少,而发展经济所需要的生产资料进口就会受到影响,从而阻碍国民经济的发展;另一方面在固定汇率制

① 师玉兴主编:《国际收支理论与实践》,对外经济贸易大学出版社1999年版,第19—20页。

度下，当出现逆差时，会使本国货币汇率有下跌的压力，政府干预外汇市场而买进本币，形成国内货币紧缩，促使利率上升，抑制投资从而影响本国经济增长。(2) 不利于对外经济交往。在浮动汇率制下，存在持续逆差的国家，会增加对外汇的需求，促使外汇汇率不断上升，本币不断贬值且国际地位日益下降，对本国的对外经济交往产生消极的影响。与此同时，由于本币贬值或汇率下浮，引起进口商品价格和国内物价上涨，加重通货膨胀。严重的通货膨胀还会引起资本大量外逃，国内资金短缺，影响国内投资和金融市场稳定。(3) 损害国际信誉。长期的国际收支逆差，使一国的偿债率降低。如果陷入债务困境不能自拔，又会影响到本国的经济和金融实力，使一国的国际信誉大降。

2. 国际收支顺差的影响

在实行固定汇率制的国家，国际收支顺差会产生以下影响：(1) 外汇储备急剧上升导致外汇占款大幅度增加，国内货币投放量扩大，物价上涨，通货膨胀加重。此外，巨额国际储备的囤积使得持有外汇的机会成本增加，外汇资金的使用缺乏效率。(2) 不利于发展国际经济关系。大量的顺差说明该国出口大于进口，容易引起贸易摩擦，影响国际经济关系。20 世纪 80 年代以来，美国和日本日益加剧的贸易摩擦就是一个突出的例子。此外，长期顺差还会使一国货币汇率过于坚挺，引发大规模的套汇、套利和外汇投机活动，破坏国内和国际金融市场的稳定。(3) 在实行浮动汇率制的国家，国际收支顺差出现后，汇率会自动升值，使得出口产品价格上升，进口产品价格下降，导致贸易条件恶化。贸易条件的恶化使出口处于不利的竞争地位，影响出口贸易的发展，从而加重国内的失业问题，不利于经济发展。

二、国际收支失衡的调节方法

从理论上来讲，在充分的市场经济条件下，国际收支失衡可以通过市场的力量自动恢复。但由于只能在纯粹的自由经济下才会发生作用，而且需要的中间过程较长，其作用的程度和效果也无法衡量。因此，当国际收支发生失衡时，一国政府或货币当局往往要采取各种政策措施加以调节。

（一）国际收支的市场调节机制

国际收支的市场调节机制是指在不考虑政府干预的情况下，市场经济系统内其他变量与国际收支相互制约、相互作用的过程，即国际收支失衡必然会直接或间接地引起其他经济变量发生变化，后者又反过来引起国际收支失衡缩小的趋势。市场调节机制反映了极为错综复杂的相互作用过程，涉及有关供给、需求、价格、工资、利率、汇率等一系列经济变量。任何一个变量的变化都会对众多其他变量施加影响。为了简化分析，我们将国际收支市场调节机制分为以

下几种类型：①

1．货币价格机制

货币价格机制的较早阐述者是18世纪英国哲学家和经济学家大卫·休谟(David Hume)，其论述被称为“价格现金流动机制”。当一国国际收支发生逆差时(顺差情况正好相反)，意味着对外支付大于收入，货币外流。在其他条件既定时，会导致物价下降，本国出口商品价格也下降，出口增长，贸易收支情况由此而得到改善。货币价格自动调节机制的过程如图3-1所示：

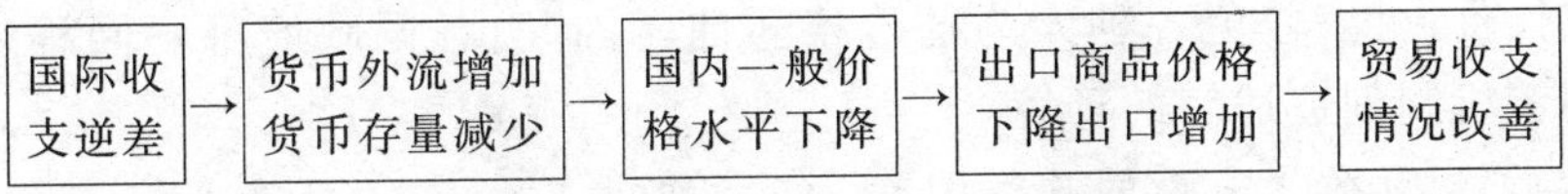

图3-1　货币价格自动调节机制过程

货币价格机制的另一种表现形式是相对价格，而不是一般价格水平变动对国际收支的影响。当国际收支发生逆差时，对外支出大于收入，对外币需求的增加使本国货币的汇率下降。由此引起本国出口商品价格相对下降，进口商品价格相对上升，从而出口增加、进口减少，贸易收支得到改善。这一过程如图3-2所示：

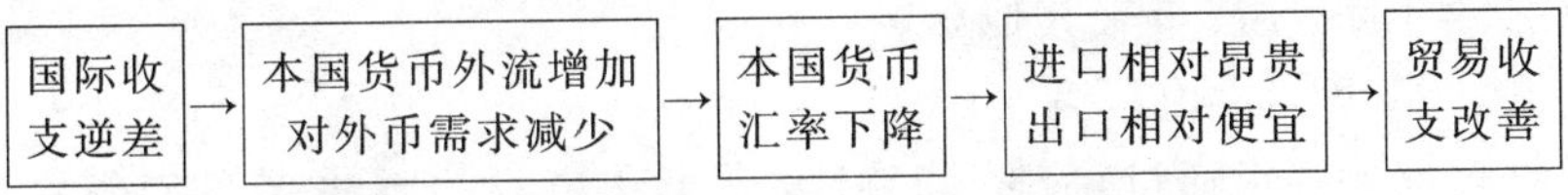

图3-2　货币价格自动调节的另一种表现形式

2．收入机制

收入机制是指当国际收支失衡时，国民收入的水平也会随之改变，从而通过影响总需求及进口需求使贸易收支改善。收入机制的自动调节过程如图3-3所示：

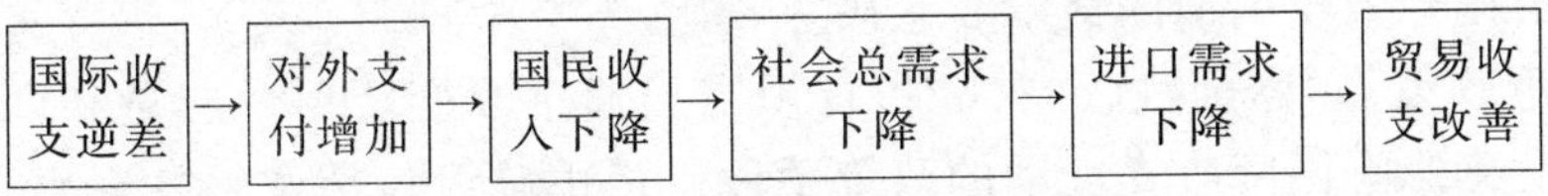

图3-3　收入机制的自动调节过程图

3．利率机制

利率机制主要是通过对资本与金融项目的调节平衡国际收支。尤其是指在固定汇率制度下，由于国际收支逆差而导致的货币供应量改变影响利率水平而使逆差得以改善。其作用过程如图3-4所示：

① 参见姜波克著：《国际金融新编》，复旦大学出版社2001年版，第31—32页。

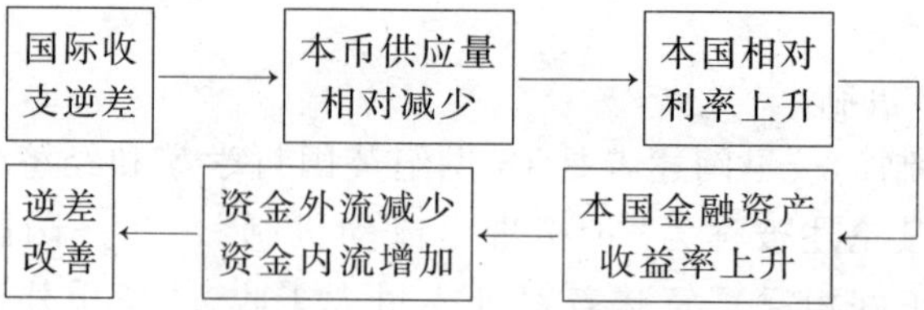

图 3-4　利率自动调节过程图

国际收支市场调节机制能够自发地促使国际收支趋向平衡,不需要政府付出调节代价,可以避免各种人为的价格扭曲。因此,各国政府都不同程度地为市场调节机制创造适宜的环境。

(二) 国际收支失衡的政策调节

市场调节机制有诸多局限性:现实生活中的市场体系存在不健全性,如市场结构的不完整性、资源缺乏完全流动性、信息的不对称性、垄断势力促成的价格刚性等;由于市场主体相互作用的环节很多,市场机制充分发挥作用需要很长时间;市场调节机制无力解决社会制度、生产力国际差异等因素造成的国际收支失衡等。因此,当一国面临国际收支失衡时,政府或货币当局有必要采取相应的政策措施对国际收支进行政策调节。这些政策措施不仅会改变国际收支,而且会给国民经济带来其他影响。

1. 财政政策与货币政策

财政政策主要指通过调整国家财政支出和税收的方法来调节公共支出与私人支出,使总供给与总需求保持一致,从而恢复国际收支平衡。例如,当国际收支逆差严重时,政府可以缩减财政预算,减少财政支出,增加税收,紧缩通货,降低国内物价,增强出口商品竞争力,增加出口,减少进口,从而消除国际收支逆差。除此之外,政府还可以通过出口补贴、出口奖励、进出口关税、减税、出口信贷等财政政策扩大出口,增加外汇收入。因此,在固定汇率制的国家,财政政策是调节国际收支失衡的最重要手段。

货币政策,亦称金融政策,是指货币当局通过改变货币供应量和调整利率水平以达到影响国际收支变动的政策手段。货币政策包括调整贴现率、调整存款准备金率和公开市场业务等政策手段,它是目前西方国家普遍使用的一种间接调节国际收支的政策措施。由于货币供应量变动可以改变利率水平、物价和国民收入,启动国际收支的货币调节机制,所以货币政策成为国际收支调节的重要手段。①

① 师玉兴主编:《国际收支理论与实践》,对外经济贸易大学出版社 1999 年版,第 22 页。

2. 汇率政策

汇率政策是指一国通过调整汇率来实现国际收支平衡的政策措施。一般来说,一国货币贬值,该国出口产品竞争力提高,出口增加,有利于减少贸易收支逆差;相反,若本币升值,则会起到扩大进口、抑制出口的作用,导致贸易顺差减少。但是,汇率政策是否能够奏效,还要视其他具体情况和因素而定。著名的马歇尔—勒纳条件(Marshall-Lerner Condition),即出口商品的国外需求弹性与进口商品的国内需求弹性之和大于1,是本币贬值改善贸易收支的前提。并且,只有在各国没有贸易限制和不采取报复措施的条件下,货币贬值才能扩大出口。①

3. 直接管制政策

直接管制政策,是指政府直接干预对外经济往来、实现国际收支调节的政策措施,具体包括外汇管制和贸易管制。其中,外汇管制,是指一国政府通过有关机构(通常是中央银行、财政部或外汇管理局)对外汇买卖和外汇结算进行行政干预,常用的外汇管制手段包括限制私人持有外汇、限制私人购买外汇、限制资本输出入、实行复汇率制、禁止黄金输出和限制个人携带外币进出国境的数量等。贸易管制,是指政府直接限制进出口数量的政策手段,如进口配额制、进口许可证制、苛刻的进口技术标准、歧视性采购政策与税收政策、国家垄断外贸业务和禁止私人从事进出口贸易等。然而,采用这种调节政策来维持国际收支平衡,具有很多局限性。首先,一旦管制被取消,除非经济结构得到改善,否则国际收支赤字会再次出现;其次,容易引起别国报复,导致贸易伙伴国之间的"贸易战",使直接管制措施不能达到预期效果;最后,容易造成本国产品生产效率低下,对外竞争能力变弱。因此,一国应当对采用直接管制政策持谨慎态度。

4. 国际收支调节政策的国际协调

各国政府调节国际收支都以本国利益为出发点,但可能会对别国经济产生不利影响,并导致其他国家采取相应的报复措施。因此,为了维护世界经济的正常秩序,战后各国政府加强了对国际收支调节政策的国际协调。例如,通过各种国际经济协定规定国际收支调节的一般原则,建立国际经济组织或通过国际协定向逆差国家提供资金融通,以缓解国际清偿力不足的问题,建立区域性经济一体化集团以促进区域内经济一体化和国际收支调节,建立原料输出国组织以改善原料输出国的国际收支状况,通过各种国际会议协调经济政策,以提高经济政策特别是国际收支调节政策的效力。实践表明,各国的经济政策相互

① 贾孟学等编著:《国际收支理论与实务》,中国金融出版社1998年版,第308页。

协调,可以提高政策效力。

（三）内外均衡的冲突及政策搭配

1. 米德冲突(Meade's Conflict)

英国经济学家詹姆斯·米德(James Meade)于1951年最早提出了固定汇率制下的内外均衡冲突问题,被誉为内外均衡矛盾的经典论述。米德指出,在汇率固定不变时,政府只能主要运用影响社会总需求的政策来调节内外均衡,这样,在开放经济运行的特定区间便会出现内外均衡难以兼顾的情形。在表3-3所示的内外经济状况的组合中,第二种、第三种情况意味着内外均衡之间是一致的,而第一种、第四种情况则意味着内外均衡的冲突,因为政府在通过调节社会总需求实现内部均衡时,会引起外部经济状况距离均衡目标更远。例如,在第四种情况下,为了实现物价稳定,政府实施紧缩性财政政策和货币政策以减少总需求,会引起进口减少,在出口不变时,会使原有的顺差进一步扩大。显然,此时运用影响社会总需求的政策来调节内外均衡的目标是无法实现的。图3-5列示了固定汇率制下"内"与"外"平衡政策协调的困境。可见,在米德的分析中,内外均衡的冲突一般是指在固定汇率下,失业增加、经常账户逆差或通货膨胀、经常账户盈余这两种特定的内外经济状况组合。

表3-3 固定汇率制下内部均衡与外部均衡的搭配与矛盾

	内部经济状况	外部状况
Ⅰ	经济衰退,失业增加	国际收支逆差
Ⅱ	经济衰退,失业增加	国际收支顺差
Ⅲ	通货膨胀	国际收支逆差
Ⅳ	通货膨胀	国际收支顺差

		高失业	高通胀
国际收支	盈余	扩张性政策	不确定
	赤字	不确定	紧缩性政策

图3-5 固定汇率制下"内"与"外"平衡政策协调的困境

从严格意义上讲,无论是在固定汇率制度下还是在浮动汇率制度下,内外均衡冲突的问题是始终存在的。在浮动汇率制下,政府不可能完全依赖外汇市场对国际收支的自发调节功能,所以同样面临着外部均衡问题。

2. 内外均衡矛盾政策调节的基本原理

既然在开放条件下单纯运用控制总需求的政策会造成内外均衡之间的冲突,那么开放经济条件下的政策调控就必须采取新的思路。20世纪60年代以来,关于政策配合的丁伯根原则与政策指派的有效市场分类原则等理论的出现,发展了开放经济条件下的政策调控理论,对经济政策研究起了巨大的推动作用。

(1) 丁伯根原则。首届诺贝尔经济学奖得主、丹麦经济学家简·丁伯根(Tinbergen)最早提出了将政策目标和政策工具联系在一起的正式模型,即"经济政策理论",也就是"丁伯根原则"(Tinbergen's Rule)。他指出,要实现若干个独立的政策目标,至少需要相互独立的若干个政策工具。根据这一原则,在一国可灵活调整汇率水平的条件下,实现内外均衡目标是不成问题的。但是,丁伯根原则对目标的实现过程具有如下特点:一是假定各种政策工具可以供决策当局集中控制,从而通过各种工具的紧密配合实现政策目标;二是没有明确指出每种工具有无必要在调控中侧重于某一目标的实现。这两个特点与实际情况不尽符合,因而不能满足实际调控的需要。

(2) 政策指派与有效市场分类原则。诺贝尔经济学奖获得者蒙代尔(Mundell)20 世纪 60 年代提出了关于政策指派的有效市场分类原则。他指出,在许多情况下,不同的政策工具实际上掌握在不同的决策者手中。如果决策者不能紧密协调这些政策,而是独立地进行决策,就不能实现最佳的政策目标。如果每一种工具被合理地指派给一个目标,并且在该目标偏离其最佳水平时按规则进行调控,那么在分散决策的情况下仍有可能实现最佳调控目标。针对每一工具应如何指派给相应目标,蒙代尔提出了"有效市场分类原则"(Effective Market Classification),其含义是:每一目标应当指派给对这一目标有着相对最大的影响力,因而在影响政策目标上有相对优势的工具。如果在指派问题上出现错误,则经济会产生不稳定性而距均衡点越来越远。依据这一原则,蒙代尔区分了财政政策、货币政策对内外均衡的不同影响,提出了货币政策和财政政策的指派方案。蒙代尔主张把内部均衡目标分派给财政政策,外部均衡目标分配给货币政策,以此达到经济的全面均衡。正因为如此,这一原则又被称为"政策搭配论"(Policy Mix Approach)。

三、国际收支调节理论

国际收支调节理论是关于一国国际收支均衡以及国际收支与国民经济均衡的调节手段、调节机制和调节效应的理论。20 世纪 30 年代至 70 年代是国际收支调节理论繁荣发展形成理论体系的阶段。在这一阶段,国际收支开始从国际贸易理论中独立出来。西方经济学家对国际收支进行了深入广泛的研究,提出了国际收支均衡及其调节理论的概念逻辑体系,并运用实证分析和规范分析解释国际收支内在的本质与规律，系统阐述国际收支均衡机制及其状态。[①] 这一时期国际收支调节理论研究涌现出了四大流派：弹性论、吸收论、货币论和结构论。

（一）弹性论

弹性论，全称为国际收支弹性分析法（Elasticity Approach），是由英国经济学家琼·罗宾逊（Joan Robison）和美国经济学家勒纳（Abba Lerner）在20世纪30年代经济大危机期间提出的。其核心思想是：汇率变动通过国内外产品之间、本国生产的贸易品与非贸易品之间的相对价格变动，来影响一国的进出口供给和需求，从而作用于贸易收支。

1. 弹性论的主要内容

该理论的前提假定是：在其他条件不变时，只考虑汇率变化对进口商品的影响；贸易商品的供给几乎有完全弹性；进出口商品的需求就是这些商品和其替代品的价格水平的函数；没有资本转移，国际收支等于贸易收支。

该理论把调整汇率作为调节国际收支的主要手段，考察汇率变动对国际收支（进出口总值）的影响。一国货币贬值，会使该国进出口商品的相对价格发生变化，即该国以外币表示的出口商品价格将下跌，而以本币表示的进口商品价格将上涨。一般情况下，这会有利于一国商品的出口，并限制一国商品的进口，从而会使该国的国际收支得到改善。但实际上，在不同的条件下，会有截然不同的结果，而结果取决于需求与供给的弹性。

基于以上分析，我们建立一个国际收支的简单数学模型：

$$B = EX - M$$

其中，B 为以外币表示的国际收支；X 为以本币表示的出口值；M 为以外币表示的进口值；E 为以单位本币的外币价格表示的汇率。

那么，要想通过降低汇率（E）来改善国际收支（增加 B），其条件为 $\mathrm{d}B/\mathrm{d}E<0$。

上式两边分别对 E 求偏微分，得：

$$\frac{\mathrm{d}B}{\mathrm{d}E} = X + E\left(\frac{\partial X}{\partial E}\right) - \frac{\partial M}{\partial E}$$

$$= X\left(1 + \frac{E}{X} \times \frac{\partial X}{\partial E} - \frac{E}{M} \times \frac{\partial M}{\partial E} \times \frac{M}{EX}\right)$$

只要最初贸易平衡，即 $M = EX$，则

$$\frac{\mathrm{d}B}{\mathrm{d}E} = X(1 - E_X - E_M)$$

① 程惠芳："国际收支调节理论与政策的演变"，《经济学动态》，1996年第8期。

其中，E_M 表示进口商品的需求弹性，即$\frac{E}{M}\times\frac{\partial M}{\partial E}$；$E_X$ 表示出口商品的需求弹性，即$\frac{E}{M}\times\frac{\partial X}{\partial E}$。那么，货币贬值改善国际收支的条件为 $E_X+E_M>1$，即进口需求弹性与出口需求弹性的总和大于1。这就是马歇尔—勒纳条件，它是贬值改善贸易差额的充分必要条件。

在实际经济生活中，当汇率变化时，即使在马歇尔—勒纳条件成立的情况下，贬值也不能马上改善贸易收支，反而可能恶化贸易收支。这是因为：第一，在贬值之前已签订的贸易协议仍然必须按原来的数量和价格执行。贬值后，凡以外币定价的进口折成本币后的支付将增加；凡以本币定价的出口，折合成外币的收入将减少。于是，贸易收支趋向恶化。第二，即使在贬值后签订的贸易协议，出口增长仍然要受认识、决策、资源、生产周期等的影响。至于进口方面，进口商有可能会认为现在的贬值是以后进一步贬值的前奏，从而加速订货。基于上述原因，贬值之后有可能使贸易收支首先恶化，经过半年到一年的时间，在出口供给（这是主要的）和进口需求作了相应调整后，贸易收支才慢慢开始改善。整个过程用曲线描述成字母J形。故在马歇尔—勒纳条件成立的情况下，这种贸易收支对贬值的时滞效应，被称为“J曲线效应”（见图3-6所示）。

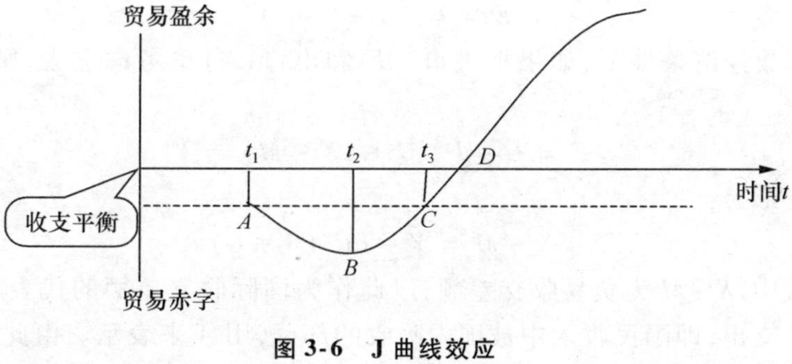

图3-6　J曲线效应

2. 对弹性论的简要评价

根据上面的分析，弹性论明确提出改变汇率对改善一国对外贸易的作用是有条件的。该理论虽然早在20世纪30年代提出，但它是在浮动汇率的背景下产生的，因此直到现在都还有一定的科学价值。

但是，弹性论也有很大的局限性。第一，它是一种局部均衡分析，以收入不变和非贸易商品价格固定为前提，只考虑汇率变动对进出口贸易的影响，这不符合实际情况。第二，它是一种静态分析，没有考虑时间因素。如果引进时间因素，考察汇率变动的长期效果，则贬值不是通过相对价格变动而是通过货币供给和绝对价格水平改善贸易条件。第三,从国际收支平衡表来看,弹性论研究的仅仅是贸易收支问题,从而忽视了规模巨大的资本项目,这是非常片面和脱离实际的。第四,它假定贸易商品的供给有完全弹性,显然不符合实际情况。总的来讲,货币贬值在一定条件下可以改善贸易收支,但却不能根本解决国际收支失衡问题。

(二) 吸收论

吸收论(Absorbing Approach),又称支出分析法,是由瑞士经济学家希德尼·亚历山大(Sidney Stuart Alexander)于1952年根据凯恩斯国民收入方程提出的。他从宏观经济角度将一国对外贸易与国民经济的总收入和总支出相联系,采用进口额、总收入、总支出(吸收)等经济变量和有关政策工具,指出一国外贸净差额等于该国生产的商品和劳务总额与该国市场上被购买的商品和劳务总额之差。

1. 吸收论的主要内容

按照宏观经济学的基本理论,国民收入(Y)与国民支出(E)的关系为:

$$Y = E$$

在封闭经济条件下,国民支出等于国内消费(C)、投资(I)与政府支出(G)之和,其公式为:

$$E = C + I + G = Y$$

在开放经济条件下,如果把进口(M)和出口(X)也考虑进去,则有如下公式:

$$E = C + I + G + (X - M) = Y$$

经变形得:

$$X - M = Y - (C + I + G)$$

上式中,$X - M$为贸易收支差额,以此作为国际收支差额的代表。$C + I + G$为国内总支出,即国民收入中被国内吸收的部分,用A来表示。由此,国际收支差额实际上就可由国民收入(Y)与国内吸收(A)之间的差额来表示。设国际收支差额为$B = X - M$,则有:

$$B = Y - A$$

因此,我们可以得到如下结论:当国民收入大于总吸收时,国际收支为顺差;当国民收入小于总吸收时,国际收支为逆差;当国民收入等于总吸收时,国际收支平衡。

根据以上结论,一国国际收支最终是要通过改变收入或吸收来调节的,调节的方法无非是增加收入、减少支出,即运用支出转换政策和支出增减政策。按照米德的两种目标、两种工具的理论模式,内部平衡就是非贸易商品市场处于供求相等的均衡状态，外部不平衡（外贸逆差）意味着贸易商品的需求超过供给，因而一国的总需求超过总供给，也就是总吸收超过总收入，要同时达到内部平衡和外部平衡这两种目标，就必须同时运用转换政策和吸收政策这两个工具，即通过紧缩性的货币政策和财政政策来减少对贸易商品的过度需求，纠正国际收支逆差。但吸收政策也会减少对非贸易商品的需求，由于价格刚性，需求的减少将导致供给过多，所以还要运用转换政策来消除非贸易商品的过度供给，抵消吸收政策的不利影响。这样，贸易商品的供求相等，非贸易商品的供求也相等。就整个国家来说，总吸收等于总收入，从而达到内部平衡与外部平衡。

2. 对吸收论的简要评价

吸收论将一国国际收支的决定和变动与整个宏观经济状况结合起来分析，使人们得以摆脱弹性论机械地就进出口论进出口的分析局限，确实有助于人们对国际收支失衡和均衡性质的深入认识。然而，它同样也不可避免地存在很大缺陷。首先，吸收论是建立在国民收入核算会计恒等式基础上的，并没有对收入和吸收作为原因、贸易收支作为结果的观点提供任何令人信服的逻辑分析。实际上，收入与吸收固然会影响贸易收支，但贸易收支也会反过来影响收入和吸收。其次，在贬值分析中，吸收论完全没有考虑相对价格在调整过程中的作用。事实上，在贬值后，贸易品价格相对于非贸易品上升，必然会导致资源的再分配。再次，吸收论是一个单一国家模型，在贸易分析中不涉及其他国家，所获结论是无法完全令人信服的。实际上，一国进出口数量的多少和价格的高低正是由本国和贸易伙伴国的出口供给和进口需求所共同决定的。最后，吸收论没有涉及国际资本流动，这对于国际收支理论来说，是一个很大的缺陷。

（三）货币论

随着凯恩斯主义陷入危机，货币主义重新崛起。20 世纪 60 年代末 70 年代初，美国芝加哥大学哈利·约翰逊（H. G. Johnson, 1972）和他的学生雅各布·弗兰科（Jacob Frenkel, 1976）、哥伦比亚大学的罗伯特·蒙代尔（1968, 1971）在观察开放经济条件下货币总量与国际收支之间的关系中创立了国际收支的货币论（Monetary Approach）。[①]

1. 货币论的主要内容

货币论有三个基本经验假定：在充分就业均衡状态下，一国实际货币需求是收入、价格和利率等变量的稳定函数，在长期内货币需求是稳定的；贸易商品的价格主要是外生的（小国尤为如此），在长期内，一国价格水平接近世界市场水平；货币供给不影响实物产量。这三个假定意味着，在一个开放的经济社会

① 详细内容参见张天德主编：《国际经济学》，四川大学出版社 2002 年版，第 228—232 页。

中，产量和其他决定因素不变，如果货币数量低于所希望的存量（货币余额），那么，各个经济单位就要寻求额外的货币余额。金融当局虽然不能控制国内居民所持有的货币量，但它能通过限制国内信用的膨胀来控制国际收支，因为紧缩信用可以迫使人们削减支出，调整他们的货币余额。所以这种分析法并不强调贬值的作用，而是强调货币政策的运用。在金融当局调节货币供给达到适当水平时，国际收支也就趋于平衡。他们认为，国际收支主要是一种货币现象，影响国际收支的根本因素是货币供应量，只要保持货币供给的增加与真实国民收入的增长相一致，就可保持国际收支的平衡与稳定。

货币需求（M_D）是收入（Y）和利率（r）的稳定函数，即：

$$M_D = P \times f(Y,r) \quad (P\text{ 表示本国价格水平})$$

在开放经济条件下，一国的货币供给（M_S）包括两个部分：一是国内创造部分（D），这是通过银行体系创造的信用；二是来自国外的部分（R），这是经由国际收支获得的盈余（国际储备）。即：

$$M_S = m \times (D + R)$$

在这里 m 表示货币乘数，指银行体系通过辗转存贷创造货币使货币供应基数成倍扩大的系数。为了表述方便，我们假定 $m = 1$。因此上式可以写为：

$$R = M_S - D$$

假定长期中货币需求等于货币供给，即：

$$M_D = M_S$$

由此可以导出最基本的方程式：

$$R = M_D - D$$

由于 R 可视同为一国国际储备，因此可以推论：国际收支逆差（国际储备的流失）是由国内货币供给过多引起的；顺差（国际储备的增加）是由货币需求过度造成的；国际收支是与货币供求相联系的一种货币现象，它是一国货币供给的自动调节机制，国际收支问题实际上反映了实际货币余额（货币存量）对名义货币供应量的调整过程。

2. 货币论的政策主张

货币论认为，国际收支政策不会产生国际储备流入，除非它们增加货币需求量，以及除非国内信贷政策迫使居民通过国际收支盈余而增加所想要持有的额外货币。一旦有了国际收支顺差，顺差就会持续，直到它在增加国内货币持有的累计效应中满足国内货币需求为止。由此，货币论的政策主张可以概括为以下几点：第一，国际收支本质上是货币现象，而且只是暂时现象；第二，所有的国际收支不平衡都可以由国内货币政策来解决，而不需要改变汇率；第三，货币贬值只是国内信贷紧缩的替代，其目的在于降低一国货币供给的世界价值，人们之所以选择汇率变化而不是选择货币政策变化,与价格和工资刚性以及某种形式的货币幻觉有关。第四,为了平衡国际收支而采取的进口限额、关税、外汇管制等其他干预贸易和金融的措施,只有当它们的作用是提高货币需求,尤其是提高国内价格水平时,才能改善国际收支。而如果施加的限制伴随着国内信贷膨胀,国际收支状况不一定改善,甚至还可能恶化。总之,货币论政策的核心是在国际收支发生逆差时,应该注重国内信贷的紧缩。

3. 对货币论的简要评价

从假设前提看,货币论认为货币需求是收入和利率的稳定函数,但如果不是稳定的,那么国际收支就不能仅仅从货币供应的变化中预测出来。此外,货币论假定货币供应对实物产量和收入没有影响,这也不尽切合实际。从政策主张看,货币论认为国际收支逆差的基本对策是紧缩性的货币政策,其重要前提是价格不变,通过紧缩性货币政策来消除货币供应大于货币需求的缺口。然而事实上,当名义货币供应大于货币需求时,价格必然会上升,从而名义货币需求也会上升。在这种情况下,降低名义货币供应,在价格刚性的条件下,只能导致实际货币余额的下降。因此,货币论政策主张的必然结果,就是以牺牲国内实际货币余额或实际消费、投资、收入和经济增长来纠正国际收支逆差。这一点,曾受到许多国家,尤其是发展中国家经济学家的严厉批评。

(四) 结构论

结构论(Structural Approach)真正成为比较成熟和系统的独立学派,是作为IMF国际收支调节规划的对立面于20世纪70年代形成的。赞成结构论的经济学家,大多数来自发展中国家或发达国家中从事发展问题研究的学者,如英国萨塞克斯大学发展研究院院长保尔·史蒂芬(Paul Stephen)爵士、英国海外发展署的托尼·克列克(Tony Klick)、英国肯特大学的瑟沃尔(A. Thiwall)等人,都是结构论的积极倡导者和支持者。

1. 结构论的基本内容

在货币论流行的20世纪70年代中期,IMF的理论权威、研究部主任波拉克(J. Polak)将货币论的主要精神结合到了IMF的国际收支调节规划中,使之成为IMF制定国际收支调节政策的理论基础。当成员国国际收支发生困难而向基金组织借用款项时,必须按IMF国际收支调节规划的要求紧缩需求,以牺牲国内经济增长来换取国际收支平衡,因此,众多成员国在执行IMF的国际收支调节规划后,经济活动普遍受到压制。

在这种情况下,结构论有针对性地提出:一方面,国际收支失衡并不一定完全是国内货币市场失衡引起的。货币论乃至以前的吸收论,都从需求角度来提出国际收支调节政策,而忽视了经济增长供给方的相对快速增长不能导致该国出口的相应增加。当进口商品的收入需求弹性高时,本国经济和收入的相对快速增长会导致进口的相应增加。因此,在这种情况下,只会发生国际收支的收入性逆差,而不会发生国际收支的收入性顺差,即国际收支的收入性不平衡具有不对称性。另一方面,国际收支的结构性不平衡,既是长期以来经济增长速度缓慢和经济发展阶段落后所引起的,又成为制约经济发展和经济结构转变的瓶颈,如此形成一种恶性循环。发展经济、改变经济结构需要有一定数量的投资和资本货物的进口,而国际收支的结构性困难和外汇短缺却制约着这种进口,从而使经济发展和结构转变变得十分困难。国际收支结构性失衡的根本原因在于经济结构的老化、单一和落后,在于经济发展速度的缓慢甚至停滞和经济发展阶段的落后。因此,支出增减型政策和支出转换型政策不能从根本上解决问题,有时甚至是十分有害的。①

既然国际收支失衡的原因是经济结构导致的,那么,调节政策的重点应放在改善经济结构和加速经济发展方面,其主要手段是增加投资,改善资源的流动性,使劳动力和资金等生产要素能顺利地从传统行业流向新兴行业。经济结构落后的国家应积极增加国内储蓄,而经济结构先进的国家和国际经济组织应增加对经济结构落后国家的投资。经济结构落后的国家通过改善经济结构和发展经济,不仅能有助于克服自身的国际收支困难,同时也能增加从经济结构先进的国家的进口,从而有助于经济结构先进的国家出口和就业的增长,最终出现一个双赢局面。

2. 对结构论的简要评价

结构论既然是作为传统的国际收支调节理论特别是货币论的对立面出现的,自然会受到许多批评。第一,结构性失衡的原因与进出口商品的特点及现实与愿望之间的差距有关。如果一国的出口商品没有能满足国际市场需求的特点,那么,出口商品需求对收入的弹性就会低。这种问题与其说是缺乏价格竞争力,不如说是缺乏非价格因素的竞争力。第二,对于经济结构单一和经济结构落后引起的国际收支困难,结构论的批评者认为这实际上是愿望与现实之间的失衡,或者说,这是国际收支失衡的压力,而非失衡本身。第三,国际收支制约力是到处存在的,对于维持一国经济长期均衡发展和世界货币金融秩序是十分必要的。结构论讲的实际上是经济发展问题,而不是国际收支问题。经济发展政策对国际收支失衡的调节,常常是行之无效的或收效甚微的。

(五)国际收支调节理论的新发展②

20 世纪 80 年代以来,国际收支调节理论的最新发展主要是引入时间偏好、

① 姜波克著:《国际金融新编》,复旦大学出版社 2001 年版,第 57—60 页。

② 参见程惠芳:“国际收支调节理论与政策演变”,《经济学动态》,1996 年第 8 期,第 51—52 页。

理性预期和跨时动态模拟对吸收论和货币论进行修正和拓展。

1. 时间偏好与国际收支的关系。英国国家经济研究规划局和伯利斯特大学的比特(H. Buiter),于1981年在吸收论基础上引进了消费时间偏好和迭代模型。通过一系列假定,比特从有限寿命居民消费时间偏好角度考察国际收支与本国财富积累资本形成、国内总收入与总支出(吸收)之间的关系,提出一定时期的贸易收支是该时期国内总产出与国内吸收之差额。国内吸收是国内居民工作时期消费加上退休时期消费和国内资本形成之和。而国际收支的经常项目盈余可看成为本国对外净投资,对外净投资则是国内财富积累多于国内资本形成之结果。

2. 理性预期与国际收支的关系。哈佛大学萨克斯(Jeffrey. Sachs)教授在1982年提出了国际收支经常账户是居民和企业跨时预见行为的结果,是当前经济变量与未来经济变量的函数,而不是出口和进口需求变化的函数。当经济主体面临临时预算约束时,改变当前债务的决定意味着改变未来消费的可能性,这种决定并不仅仅根据当前经济变量而将取决于关键经济变量全部未来路径的预期。当一个经济变量改变经常账户时,也会影响将来的消费、价格和产量。从总体看,外部平衡或经常项目为零并不是有效的政策目标,居民的福利是通过经常项目对外在变量冲击的盈亏调节中得到改善的。

3. 资本积累和经济增长与国际收支的关系。哈佛大学利普汤(LiPton)和萨克斯教授于1983年将国际收支与国内储蓄、资本积累、经济增长、技术进步联系起来,对两国国内的资本存量、本国居民拥有的外国债券、商品的相对价格以及人力财富等多个经济变量进行多次调节的动态模拟,预测和判断经济变量干扰变化产生的结果以及考察各种经济变量的变化路径。模型不仅强调了资产市场作为跨时和跨国传递干扰的重要途径及指导企业和居民进行资源跨时有效配置的作用,而且阐述了开放宏观经济中非线性关系及经济变化的传导机制,揭示了平衡预算财政政策的国际效应以及在开放经济中一国通过改善生产技术来影响生产、资本积累以及国际收支。

4. 国际收支盈余在国内收益上的冲销效应。澳大利亚阿盖和默里在1985年采用金融部门证券平衡模型,考察在开放经济运行中通过利率水平和结构变化,进行国际收支盈余对国内收益产生的冲销效应分析,较系统地阐述了提高本国债券利率可冲销国际收支盈余对国内的影响。经济变量之间冲销效应分析对开放宏观经济政策组合和调控具有一定的指导意义。

5. 汇率超调与国际收支关系。美国波士顿大学默菲在1989年采用美国麻省理工学院多恩布什(R. Dornbusch)教授1976年提出汇率超调(Exchange Rate Overshooting)模型(详见第六章),并结合产业组织理论在开放宏观经济中的应用,阐述了汇率动态变化、进口价格与国际贸易收支之间相互作用的关系。默非在此基础上引入了进口商品价格及进口商品之间的替代，表明由于存在汇率超调以及国内市场进口商品之间的替代，货币扩张对汇率产生更强烈的反映，而货币扩张产生的货币贬值对国际贸易收支的影响和调节作用减弱。这一分析结果对货币论中强调国际收支是一种货币现象，政府通过调控国内创造的货币量就可以调节国际收支的观点提出了挑战。

案例分析

2008 年我国国际收支主要状况

2008 年，我国国际收支交易总规模为 4.5 万亿美元，较 2007 年增长 5%，增幅较 2007 年回落 25 个百分点，与同期 GDP 之比为 105%，较 2007 年下降 23 个百分点。国际收支继续呈现“双顺差”格局，其中，经常项目顺差 4 261 亿美元，增长 15%，增幅较上年下降了 32 个百分点；资本和金融项目顺差 190 亿美元，下降 74%，2007 年增长近 10 倍。2008 年年末，国家外汇储备达到 19 460 亿美元，较 2007 年年末增加 4 178 亿美元，比 2007 年少增 441 亿美元。

各主要项目情况如下：

1. 货物贸易顺差小幅增长

2008 年，我国货物贸易总体上保持平稳增长，但从第四季度开始，随着国际市场需求的下滑，以及国内经济增长的放缓，出口和进口增速呈现不同程度回落，而且由于进口回落速度快于出口，贸易顺差止跌回升。按国际收支统计口径，全年货物贸易出口 14 346 亿美元，进口 10 739 亿美元，分别较 2007 年增长 18% 和 19%，增速比 2007 年下降 8 个和 1 个百分点；货物贸易顺差 3 607 亿美元，增长 14%，增速比 2007 年下降了 31 个百分点。

2. 服务贸易逆差增长

2008 年，服务贸易收入 1 471 亿美元，较 2007 年增长 20%，支出 1 589 亿美元，增长 22%，逆差 118 亿美元，增长 49%。服务贸易逆差增长主要是由于旅游和其他商业服务顺差下降，而保险服务及专有权利使用费和特许费等项目逆差增加。

3. 收益项目净流入继续增加

2008 年，收益项目净流入 314 亿美元，较 2007 年增长 22%。主要是由于我国对外资产规模扩大，利润利息等投资收益继续增长。2008 年，我国国际收支交易总规模为 4.5 万亿美元，较上年增长 5%，增幅较 2007 年回落 25 个百分点，与同期 GDP 之比为 105%，年投资收益净流入 250 亿美元，增长 17%。同时，我国海外务工人员的劳务收入继续增长，全年职工报酬净流入 64 亿美元，增长 47%。

4. 直接投资顺差下降

2008 年，直接投资顺差 943 亿美元，较 2007 年下降 22%。其中，外国来华直接投资净流入 1 478 亿美元，增长 7%，绝对规模仍然保持在较高水平；对外直接投资净流出 535 亿美元，增长 215%，我国企业“走出去”步伐进一步加快。

5. 证券投资项下净流入翻番

受境内机构（主要是银行部门）对外证券投资回流影响，从 2007 年下半年开始，我国证券投资项下呈净流入态势。2008 年延续了这一趋势，证券投资净流入 427 亿美元，较上年增长 128%。

资料来源：2008 年《中国国际收支报告》，国家外汇管理局网站（http://www.safe.gov.cn）。

第三节　国际储备及宏观管理

国际储备（International Reserve）是一国的国际金融实力和在国际经济竞争中的地位的重要标志，其作用主要体现为：融通国际收支赤字，维持对外支付能力；干预外汇市场，维持汇率稳定；为国家对外借债和偿还外债提供信用保证。

一、国际储备的概念与构成

（一）国际储备的概念

世界银行对国际储备所作定义为：“国家货币当局占有的那些在国际收支出现逆差时可以直接或通过有保障的机制兑换成其他资产以稳定该国汇率的资产。”根据上述定义，国际储备资产一般应该具备以下几个特征：① 国际性，即国际储备资产应该是能为世界各国在事实上普遍承认和接受的资产，否则就不能充当国际储备资产；② 官方性，即国际储备资产是一国当局所持有的，并且可以自由地无条件支配使用的官方资产；③ 流动性，即国际储备资产必须具有充分的流动性，能在其各种形式之间自由兑换；④ 稳定性，即国际储备资产的内在价值必须相对稳定。

（二）国际储备的构成

1. 自有储备，主要包括一国的货币性黄金储备、外汇储备、在 IMF 的储备头寸和特别提款权余额。

(1) 黄金储备(Gold Reserve)。这是一国货币当局持有的货币性黄金(Monetary Gold),非货币用黄金不包括在内。在金本位制下,黄金是最主要的储备资产,充当世界货币和平衡国际收支的最后手段。在布雷顿森林体系下,黄金与美元共同作为国际货币体系的基础。但是布雷顿森林体系崩溃后,黄金储备的地位由此削弱。1976 年 IMF 的《牙买加协议》中有关黄金非货币化的条款使黄金与各国货币脱离联系,黄金不再作为货币制度的基础,也不再用于各国政府间及各国与基金组织之间的结算支付手段。但是考虑到黄金的贵金属特性和良好的保值功能,没有一个国家愿意完全废除黄金储备,黄金储备在各国(地区)的国际储备中仍占有一席之地(见表 3-4)。但是,黄金实际上已不是真正的国际储备,只是潜在的国际储备。

表 3-4 世界各国(地区)主要年份国际储备与黄金储备统计(2000—2006)

单位:亿美元;万盎司

国家和地区	国际储备(不包括黄金)			黄金储备		
	2000	2005	2006	2000	2005	2006
世界	15 522.1	29 698.2	33 843.9	106 274.0	98 780.8	97 611.9
发达国家	6 552.7	9 397.2	9 532.1	79 650.8	72 393.8	71 290.3
发展中国家	8 969.4	20 301.1	24 311.9	15 638.4	15 445.5	15 424.8
中国内地	1 682.8	8 215.1	10 684.9	1 270.0	1 929.0	1 929.0
中国香港	1 075.4	1 242.4	1 331.7	6.7	6.7	6.7
印度	379.0	1 319.2	1 707.4	1 150.2	1 150.2	1 150.2
日本	3 549.0	8 342.8	8 796.8	2 454.7	2 460.2	2 460.2
韩国	961.3	2 103.2	2 388.8	43.9	45.8	41.8
加拿大	321.0	329.6	349.9	118.4	10.9	10.9
美国	566.0	540.8	548.5	26 161.1	26 155.1	26 149.9
墨西哥	355.1	740.5	762.7	24.9	10.8	9.3
阿根廷	251.5	271.8	309.0	1.9	176.0	176.0
巴西	324.9	535.7	855.6	189.3	43.9	43.9
法国	370.4	277.5	426.5	9 724.5	9 085.2	8 744.3
德国	568.9	451.4	416.9	11 151.9	11 020.7	11 003.7
意大利	255.7	255.1	256.6	7 882.9	7 882.9	7 882.9
俄罗斯联邦	242.6	1 758.9	2 955.7	1 235.9	1 243.8	1 290.8
西班牙	309.9	96.8	108.2	1 682.9	1 471.7	1 339.9
英国	387.7	384.7	407.0	1 567.4	999.3	997.5
澳大利亚	181.2	534.5	534.5	256.3	256.5	256.5

资料来源:国际货币基金组织数据库。

(2) 外汇储备(Foreign Exchange Reserve),又称为储备货币(Reserve Cur-

rencies),指一国政府持有的可兑换外国货币及外币金融资产。一国货币要成为储备货币,必须具备以下条件:在国际货币体系中占有重要地位,例如,二战前的英镑和二战后的美元;能自由兑换成其他储备资产,为世界各国普遍接受;汇率或货币的购买力相对稳定,中央银行和贸易商对其具有信心。二战以后,外汇储备增长很快,在世界国际储备总额中所占的比重越来越大,1950 年仅占 27.5%,到 1970 年已达 48.6%。进入 21 世纪以后,一直维持在 80% 以上。由此可见,外汇储备已是当今国际储备的主体部分,其金额远远超过其他几种类型的储备(见表 3-5)。

表 3-5　欧元诞生后国际储备货币格局的变化　　单位:%

储备货币	1999	2000	2001	2002	2003	2004	2005	2006	2007	2008	排名
美元	71.0	71.0	71.5	67.1	65.9	66.0	66.9	65.5	64.0	63.0	1
欧元	17.9	18.3	19.2	23.8	25.2	24.8	24.1	25.1	26.4	26.8	2
日元	6.4	6.1	5.1	4.4	3.9	3.8	3.6	3.1	2.9	3.1	3
英镑	2.9	2.8	2.7	2.8	2.8	3.4	3.6	4.4	4.7	4.7	4
其他货币	1.8	1.8	1.5	1.9	2.2	2.0	1.8	1.9	2.0	2.4	5

资料来源:IMF 年度报告,2008。

专栏 3-1

欧元能否成为主要的国际储备货币

1999 年 1 月 1 日欧元启动后,欧元能否成为主要的国际储备货币,引起了广泛关注。虽然在欧元的最初运行阶段,其币值一直疲软,尚未能在国际储备中占据重要的地位。但是自 2003 年年初开始,欧元便一直呈走强态势,2003 年 12 月 2 日欧元对美元的比价更是达到了 1:1.2093 的历史新高,较 2000 年的低谷增加了 45%。据法国《回声报》援引的一项调查报道显示,目前在世界各国的外汇储备中,美元仍处于主导地位,但欧元也已崭露头角。在被调查的 54 家中央银行的约为 1.1 万亿美元、占全球外汇储备一半左右的外汇储备中,美元占 57%,欧元占 29%,英镑、日元和瑞士法郎分别占 5%、3% 和 1%。欧元是欧洲国家外汇储备的主体,占其储备总额的 50%,美元占 39%。而在其他地区,美元仍为主要储备货币,所占总额的比重均达 60% 或以上,其中加勒比地区的外汇储备全部是美元;在美洲和非洲,欧元储备分别占 14% 和 18%;太平洋地区的外汇储备只有美元和欧元两种货币，分别占60%和40%。欧元对国际储备结构的影响是渐进的和长期的，美元的霸主地位在短时间内不会动摇。随着欧盟经济的发展，欧元在世界各国的外汇储备中会逐渐增加，从而影响国际储备体系的格局。

资料来源："世界外汇储备欧元显强势"，《经济参考报》，2003年12月3日。

(3) 基金组织的储备头寸(Reserve Position in Fund)，又称普通提款权(General Drawing Rights)，是指在IMF的普通账户中成员国可以自由提取和使用的资产。按照IMF的规定，加入IMF的国家须缴纳一定份额，其中75%用本国货币缴纳，另外25%用特别提款权和可兑换货币(《牙买加协议》生效前是黄金)缴纳。当成员国发生国际收支困难时，有权以本国货币抵押的形式向基金组织申请可兑换货币贷款。贷款最高限额可达成员国所缴份额的125%，分为五档，每档25%。第一档由于是成员国认缴的可兑换货币，因此条件较宽松，成员国只要提出申请便可提用，是一种无条件贷款，这一档称为储备部分提款权。其余四档使用条件逐渐严格，称为信用提款权，是成员国在IMF可能的借入储备。储备头寸即指成员国在基金组织的储备部分提款权，再加上该国向基金组织提供的可兑换货币贷款余额。

(4) 特别提款权(Special Drawing Rights, SDRs)，是IMF创造的无形货币，作为会员国的账面资产，是会员国原有普通提款权以外的提款权利。这种无形货币只能用于IMF会员国政府之间的结算，可同黄金、外汇一起作为国际储备，并可用于会员国向其他会员国换取可兑换货币外汇、支付国际收支差额、偿还IMF的贷款，但不能直接用于贸易与非贸易支付。SDRs创始于1969年，起初与美元等值，即1美元=1 SDRs，或1盎司黄金=35 SDRs。随着黄金非货币化及美元币值波动，美元与SDRs之间的比率也相应地进行调整。1974年7月1日起，SDRs与黄金脱钩，改用一篮子16种货币作为定值标准，1980年9月18日又改为美元、德国马克、日元、法国法郎和英镑定值，欧元发行后用欧元代替马克和法郎的地位(见表3-6)。SDRs自首次发行以来，先后发行了6次，但发行数量不多，总计214亿SDRs单位，在世界储备总额中只占很少比重，至1998年4月，IMF成员国持有的SDRs仅占非黄金储备总额的1.8%[①]，且SDRs的分配很不平均，发展中国家分到的很少(见表3-6)。

① 国际货币基金组织编:《国际货币基金组织概览》，丁爽译，中国金融出版社1999年版，第26页。

表 3-6　特别提款权的计算(2007 年 1 月 31 日)

篮子货币	货币量 (A)	对美元的汇率* (B)	折算后的价值量(US $) (A)×(B)
欧元	0.41000	1.29370	0.530417
日元	18.4000	121.520	0.151415
英镑	0.09030	1.95260	0.176320
美元	0.63200	1.00000	0.632000
			1.490152
			USD1.00 = SDR0.671072
			SDR1 = USD1.490152

注:* 日元的汇率是以美元为单位货币表示的,而其他汇率则是以本币为单位货币表示的。
资料来源:国际货币基金组织网站(http://www.imf.org)

2. 借入储备

除上述自有储备外,一国政府还可以通过各种途径获得借入储备,主要包括备用信贷、互换货币安排、本国商业银行对外短期可兑换货币资产等。①

(1) 备用信贷(Stand-by Credits)是成员国向 IMF 申请的一种信贷形式。成员国在国际收支发生困难对,可以和 IMF 签订一种备用借款协议,其主要内容包括可借用款项的额度、使用期限、利率、分阶段使用的规定、币种等。备用信贷协议的签订表明政府干预外汇市场能力的扩大,也表明政府干预外汇市场的决心,因此对外汇市场上的交易者和投机者的心理会产生影响,其本身能在一定程度上起到调节国际收支的作用。截至 2000 年 6 月 30 日,阿根廷、俄罗斯和巴西分列备用信贷未使用金额数量的前三位。

(2) 互换货币安排(Currency Swap Arrangements),又称互惠信贷和支付协议,指两国签订的使用对方货币的协议。当其中一国发生国际收支困难时,即可按协议规定的条件自动使用对方的货币,然后在规定期限内偿还。从这种协议获得的储备资产是借入的,可随时使用,但只能用于协议国之间的国际收支差额支付,不能用于清算第三国的国际收支差额。互换货币安排最初是西方国家为缓和美元危机而进行的国际货币合作的一个内容,后来成为扩大借入储备的一种形式。

(3) 本国商业银行的对外短期可兑换货币资产,又称为诱导性储备资产。虽然这种资产不属于政府所有,也未被政府借入,但其流动性和投机性很强,对政策的反映特别敏感,政府可以通过政策的、新闻的、道义的手段诱导其流动方向间接地达到调节国际收支的目的。

① 参见姜波克著:《国际金融新编》,复旦大学出版社 2001 年版,第 181—182 页。

二、国际储备的宏观管理

（一）国际储备需求

国际储备需求是指一国在一定时期内，在既定条件下愿意而且能够获得并持有一定量的国际储备资产。国际储备需求一直是国际储备理论和政策中的一个中心论题。如果国际储备不足，往往导致国际支付危机，甚至国内经济失调；如果国际储备过多，一方面持有的机会成本会影响一国经济的发展，另一方面又会造成国内通货膨胀的压力。另外，对于发展中国家来说，持有储备过多还会失去从 IMF 获得优惠贷款的条件。因此，国际储备需求的含义就是维持一个最适度的国际储备量。

专栏 3-2

缺少足够的外汇储备成为金融风暴的旋涡

保持充足的国际储备特别是外汇储备，对维护一国货币或区域性货币的汇率，稳定外汇和货币市场，具有重要的作用。1997 年发端于泰国，后波及马来西亚、菲律宾、印度尼西亚及新加坡等国的东南亚货币危机便是一例。东南亚各国之所以发生货币危机，原因是多重的。例如，在泰国，除了国家有关的经济政策，尤其是货币政策失衡、金融机构对房地产投资过度、银行呆账严重、外债高筑、国际收支经常项目逆差过大、经济结构不合理、外汇投机商的无情炒作等之外，还有一些重要原因，就是国家外汇储备相当有限以及货币危机爆发后动用储备政策的失误。1996 年 2 月，泰国外汇储备为 387 亿美元，这些外汇储备还是泰国通过高利率政策吸引外资流入形成的。1997 年 2 月至 5 月，为稳定泰铢，泰国曾动用了外汇储备中的 60 亿美元，外汇储备总额进一步减少。东南亚其他国家（除新加坡外）外汇储备也十分有限，如马来西亚中央银行拥有的外汇储备至 1997 年 6 月底也仅为 283.5 亿美元，印度尼西亚至 1997 年 3 月外汇储备仅 199 亿美元。由于东南亚国家外汇储备普遍不足，因此，当货币危机来临，本币受到强大的外汇投机力量的打击时，便没有足够的能力捍卫本国的货币。再加上货币危机发生时，面对投机攻势，这些国家的中央银行又不顾实力，不断地动用外汇储备干预市场，结果因外汇储备不足导致干预效果低微，不仅没有达到打击投机活动的目的，反而使储备资产遭受损失。东南亚货币危机给了我们这样一个启示：一个经济基础较薄弱、市场管理水平较低，而又正在不断加大开放力度的国家和地区，必须保持较多的外汇储备，以备不测，捍卫已取得的经济发展成果。

资料来源：韩玉珍，《现代国际金融理论与实务》，首都经济贸易大学出版社 2000 年版，第 65—66 页。

（二）适度国际储备总量的确定

1．适度储备量的确定依据

确定最适度国际储备需求是一个很复杂、很困难的问题。从实践看，由于影响储备需求量的因素很多，很难做到使一国的储备持有量等于最适度储备量。因此，最适度国际储备量的确定很难是一个点，而是一个范围，一个区域值。在确定这一区域值时，主要考虑这样几种国际储备量：最低限储备量、最高限储备量、保险储备量（既能满足国际收支逆差时的对外支付，又能保证国内经济增长所需的实际资源投入的储备量）和经常储备量（保证正常经常增长所必需的进口而不致因储备不足而受影响的储备量）。由于最高、最低限储备量实际存在的可能性极小，因此最适度国际储备量区域值的确定可以以适度储备量为中心，确定一个储备持有额上下波动的目标范围，上限可以是保险储备量，下限可以是经常储备量。只要一国的储备量保持在这个目标范围内，就可以认为是适度的。

2．适度储备量的确定方法

测算和判断一国最适度储备量的方法主要有定性和定量两大类。

（1）定性分析法，其基本思路是国际储备的不足或过剩会影响一些重要的经济变量和政策倾向，因此考察这些经济变量和政策倾向的变动，就可以判断储备水平是否适度。例如，表明国际储备不足的经济变量和政策倾向的指标有高失业率、高利率、汇率贬值、紧缩性需求管理、外汇管制、外贸管制。把积累储备作为经济政策的首要目标和新增储备主要源自信用安排。但是，定性分析法也存在一些缺陷，如不能直接确定适度储备量；某些经济和政策变量因为储备水平以外的因素而发生变化，表示储备不足的指标和表示储备过多的指标可以呈正相关关系等。

（2）定量分析法，主要包括比例分析法、回归分析法和成本—收益分析法。

① 比例分析法，即采用国际储备与其他一些变量的比例水平和变化情况来测算储备需求的最适度水平。其中，美国耶鲁大学教授罗伯特·特里芬（Robert Triffin，1947）提出的 R/M 比例法最具有代表性，即把国际贸易中的进口作为唯

一的一个变量,用国际储备对进口的比例(R/M)来测算最适度储备量,既可以在国际间进行比较,还可以判断储备适度性随时间的变化而引起的变化。特里芬还根据实证检验,认为一国的 R/M 比例在40%较合适,20%为最低限。按全年储备对进口额的比例计算,约为25%—30%左右,即一国的储备量应以满足约3—4个月的进口为宜。这种比例法的最显著优点是简单易行,因此被许多国家采用,IMF也是这一方法的支持者。

② 回归分析法,即通过回归分析建立国际储备需求函数,据此来确定国际储备需求量。其中,福兰克尔(Frenkel)利用柯布—道格拉斯生产函数所建立的回归模型较具代表性。福兰克尔假定国际储备需求取决于三个主要因素:国际收支变动幅度;一国对外开放程度,用平均进口倾向表示;国际贸易规模。根据柯布—道格拉斯生产函数,可以得到以下模型:

$$R = A\sigma^{\alpha_1}M^{\alpha_2}m^{\alpha_3}$$

对上式两边取对数得:

$$\ln R = \alpha + \alpha_1 \ln\sigma + \alpha_2 \ln M + \alpha_3 \ln m$$

式中,R 表示国际储备需求,M 表示平均边际进口倾向,m 表示进口额,σ 表示国际收支变动幅度,α 等于 $\ln A$,α_1、α_2 和 α_3 分别为相应的系数。

回归分析法对国际储备需求的分析,克服了比率分析法仅仅考虑进口额这一单项因素的局限性,可以根据实际需要选择若干变量,并利用实际数据来进行回归和相关分析,具有一定的实用价值。但是利用回归模型进行测算的精确性,依赖于回归变量的选择是否具有代表性或者经验数据是否具有真实性。如果回归变量的选择不是具有代表性或者经验数据不真实,那么利用回归模型进行测算的结果显然是不准确的。①

③ 成本—收益分析法,即当持有储备的边际成本等于边际收益时,所持有的储备量是适度的。海勒(Heller,1966)是最早利用成本—收益分析法探讨国际储备需求的经济学家。他用边际进口倾向的倒数与储备耗用概率的乘积来表示国际储备的边际收益,用资本的社会收益率与储备收益率的差来表示国际储备的边际成本。于是,得到了下列最优储备模型:

$$R = h\frac{\lg(rm)}{\lg P}$$

其中,R 表示最优国际储备量,h 表示国际收支差额,m 表示边际进口倾向,r 表示国际储备的边际机会成本,P 表示发生逆差的概率,一般取0.5。

海勒的模型分析主要以发达国家为对象,阿格沃尔(Agarwal)在海勒模型

① 窦祥胜:“国际收支调节与国际储备需求的经济分析”,《财经研究》,2002年第3期。

的基础上，建立了一个主要测算发展中国家国际储备需求的模型。阿格沃尔认为，发展中国家的经济地位和经济特征决定了发展中国家持有国际储备的机会成本要比发达国家高，因此发展中国家的国际储备也比发达国家要高。在阿格沃尔模型中，持有储备的收益和成本都用产量来表示。根据边际收益等于边际成本原理，阿格沃尔得出了下列模型：

$$\lg R = \lg m + \lg q_2 + \lg D - \lg q_1 - \lg \pi$$

式中，R 表示最优国际储备量，m 表示增加的资本—产出比率的倒数，q_1 表示追加的可使用资本的进口比重，D 表示国际收支逆差额，q_2 表示进口生产性物品与总产量比率，π 表示国际收支逆差出现概率。阿格沃尔利用该模型对亚洲部分国家和地区国际储备量的估计也获得了比较满意的效果，所以该模型具有一定的实用性。

成本—收益分析法为国际储备需求的计量研究开辟了一条新的途径，具有一定的说服力，但是无论是海勒模型还是阿格沃尔模型，都存在一些不足之处，既忽视了国际收支调节中国际储备调节和其他调节方式的政策结构选择与可替代性问题，也忽视了随机变量的变化和资本运动所引起的相关性问题，且持有储备的收益与成本在测算上较为困难，因此很难在实际生活中采用。[①]

第四节　中国外汇储备管理

一、中国外汇储备现状

（一）我国外汇储备规模及分析

1979 年以前，我国实行高度集中的、以行政手段管理为主的统收统支的外汇管理体制，外汇储备数额每年基本在 5 亿美元左右。改革开放以后，随着国家经济体制由计划经济向市场经济的转轨，外汇管理体制实行外汇留成制，并相应地建立了外汇调剂市场，企业的留成外汇额度既可用于进口，也可在外汇调剂市场上出售，使 1979—1994 年间外汇储备每年开始小幅度攀升（见表 1-10 和图 3-7）。

1994 年起我国外汇体制出现重大变革，实行银行结售汇制度，取消外汇留成和上缴，建立银行间外汇市场，改进汇率形成机制；取消外汇收支的指令性计划，国家主要运用经济、法律手段实现对外汇和国际收支的宏观调控等。在外汇体制的改革进程上，于 1994 年 4 月 1 日正式成立银行间外汇市场；1996 年颁

① 窦祥胜："国际收支调节与国际储备需求的经济分析"，《财经研究》，2002 年第 3 期。

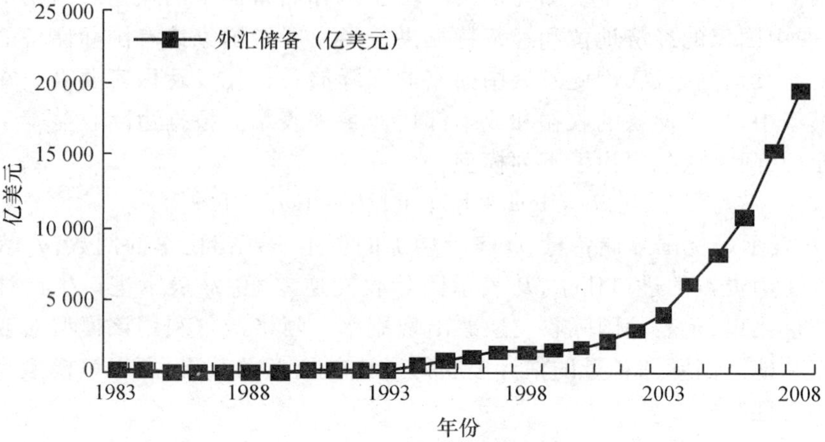

图 3-7　中国历年外汇储备变动趋势图

布了《结汇、售汇及付汇管理规定》，取消了对因私用汇的汇兑限制，并于年底实现了人民币经常项目下的可自由兑换。我国外汇体制一系列重大举措，使 1994 年以后国家外汇储备呈现出持续大幅度增长趋势。2008 年我国外汇储备总额高达 19 460.30 亿美元，是 2000 年的 11.8 倍。

近十年来我国外汇储备的高速增长的原因，可从国际收支和政策体制两个角度来分析。

从政策体制角度来看，我国外汇储备增长受以下三方面的影响：一是外汇体制改革，经常项目结售汇制度极大地增加了我国的外汇储备。二是由于国内经济快速增长以及国家相继出台一系列鼓励出口政策，进一步扩大了商品和服务贸易，对外贸易保持高速增长，使外汇储备持续增加。三是国家进一步吸引外商直接投资，提高利用外资的质量和水平。通过逐步开放服务领域、多种形式利用中长期国外投资，使国际资本看好中国，促使我国外汇储备保持高速增长。

从国际收支角度来看，我国外汇储备增长受经常项目顺差和资本往来项目顺差的双重影响。在经常项目中，我国对外贸易 1994 年以后一直保持顺差；非贸易往来 1993 年之后由此前的顺差转为逆差，且每年的数额有所增加；无偿转让一直表现为顺差，且数额相对较小。因此，我国经常项目顺差的主要原因是对外贸易顺差。入世后，我国外贸顺差累计已经达到 6 293 亿美元，其中 2007 年外贸顺差 2 622 亿美元，与 2001 年相比，6 年增长 11.6 倍。近十年来，我国资本往来项目一直保持较大的顺差增幅。与经常项目顺差相比，资本往来项目的顺差占了绝大比重，已成为我国外汇储备大幅增长的最主要原因。自 2002 年，中国吸引外商直接投资均在 500 亿美元以上，截至 2007 年，中国吸引外商直接投资的存量已达 7 602.19 亿美元。短期资本流动主要在金融账户下的其他投资项目中显示,受投资吸引及人民币升值预期的影响,这一项目外汇流动异常并且规模较大,从1999年和2000年净流出三四百亿美元到2001年净流入100多亿美元,猛增到2004年的净流入379亿美元,变动大约800亿美元。而到了2008年,变为负的1 211亿美元。

(二) 外汇储备结构及分析

1997年,我国外汇储备的币种结构是美元大约占59%,日元占12%,马克和欧洲货币单位分别占16%和12%左右(见图3-8)。1999年1月1日欧元启动时,我国适时将当时的马克、法郎变成欧元,使我国有了一定数量的欧元储备,当时的币种构成结构为美元占55%,日元占27%,欧洲货币占6%。但是欧元启动后其汇率只稳定了两个月,自1999年3月后便开始不断下跌,直到2000年10月27日从启动时的1欧元兑换1.18美元跌到1欧元兑换0.8230美元的历史最低点。鉴于欧元汇率的这种不稳定性,我国对增加欧元在外汇储备中的比重一直持比较谨慎的态度。直到2002年欧元汇率逐渐稳定下来,我国财政部适时决定增加欧元储备,估计在80亿欧元左右。

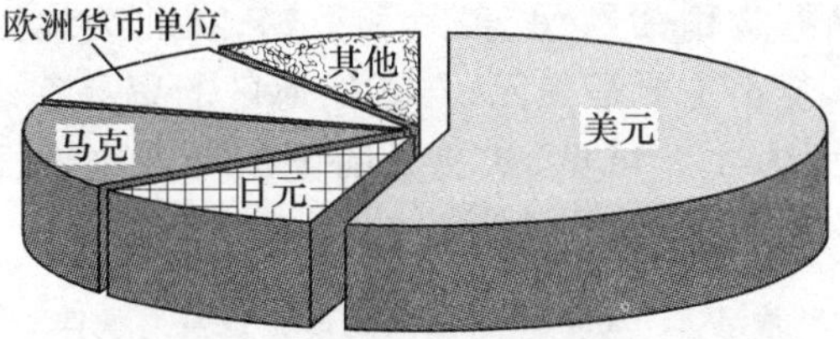

图3-8 我国外汇储备构成

在欧元启动以前,美元是世界的中心货币,国际贸易的80%要通过美元进行结算,美元在国际储备的各种通货中占了68% ,并且20世纪90年代初到2002年,美国实行了十年的强势美元政策。因此,在欧元未启动以前,美元在我国的外汇储备中占60%—70 %的绝对优势是符合外汇储备管理的"安全性、流动性和收益性"三原则,是正确的和合理的。

自2002年11月以来,由于受美国经济衰退和伊拉克战争的影响,美元汇率持续下降,国际汇市上欧元、英镑、日元、瑞士法郎等货币兑美元汇率连续攀升(见表3-7),不断刷新最高记录。相比之下,欧元的地位却在不断提升。近来国际汇市欧元兑美元的汇率在1.3329—1.3468的高位徘徊(2004年12月31日止)。有关数据显示,美元在外汇储备中的比重从1999年的71.0%下降为2008年的63.0%,下降了8个百分点;同期欧元比重则从1999年的17.9%上升为2008年的26.8%,上升了8.9个百分点。但是就整个储备构成来看,美元仍占有绝对的比重,因此美元汇率的变化决定着各国外汇储备实际价值的变动，特别是发展中国家要避免美元贬值的汇率风险也是很困难的。因此，对我国外汇储备结构，应保持美元主导地位，同时适当增加欧元的比重。

表 3-7　2008 年美元兑各主要货币的变动幅度

国际货币	瑞士法郎	新西兰元	欧元	英镑	加拿大元	日元	澳大利亚元
美元	-5.78	32.09	4.88	35.86	24.04	-18.739	25.74
平均跌幅	14.01						

资料来源：http://www.xe.com。

另外，从交易匹配原则考虑，外汇储备构成应主要考察世界各国与中国的贸易交往的数量与程度。中国的主要贸易地区是亚洲、欧洲和北美，同这三个地区的进出口贸易总额占全部贸易额的76%（见表3-8）。需要说明的是，在亚洲，中国内地的贸易对手主要是香港地区和日本，结算货币以美元、港币和日元为主；在欧洲地区，德国、英国、荷兰、法国和意大利等国家与中国的贸易往来金额相对较大，主要结算货币为欧元、美元和英镑；在北美地区，主要贸易国家为美国和加拿大，结算货币主要是美元；与其他地区的贸易往来一是金额较小，二是结算货币多以美元为主。可见，从交易匹配的角度来看，目前中国的外汇储备货币选择美元、欧元、日元和英镑为宜。

表 3-8　2008 年中国内地前十位贸易伙伴

排序	国家（地区）	进出口数额	同比增长	占比	占比变化
	总额	21 886.7	24.4	100.0	0.0
1	欧盟	3 593.7	25.0	16.4	0.1
2	美国	2 813.2	13.6	12.9	-1.2
3	日本	2 258.6	17.7	10.3	-0.6
4	东盟	1 990.7	21.6	9.1	-0.2
5	中国香港	1 724.4	8.7	7.9	-1.1
6	韩国	1 623.3	25.4	7.4	0.0
7	中国台湾	1 147.9	13.8	5.2	-0.5
8	澳大利亚	510.0	45.7	2.3	0.3
9	俄罗斯	479.6	21.8	2.2	0.0
10	印度	455.2	49.5	2.1	0.3

资料来源：中国商务部网站，http://www.mofcom.gov.cn/。

二、巨额外汇储备的利弊分析

我国已经成为世界第一大外汇储备持有国。外汇储备的大幅度增长,一方面大大提升了我国的综合国力和国际地位,另一方面直接导致国内基础货币投放的不断扩大,对中央银行货币政策运作的效果形成严重制约,必然对我国的经济发展产生较大的影响。

(一) 外汇储备高增长对我国经济的正面影响

1. 外汇储备的快速增长增强了我国的综合国力,提高了我国的国际资信。外汇储备是体现一国综合国力的重要指标。我国的外汇储备规模已跃居世界第一位,标志着我国对外支付能力和调节国际收支实力的增强,为我国举借外债以及债务的还本付息提供了可靠保证,对维护我国在国际上的良好信誉、吸引外资、争取国际竞争优势奠定了坚实的基础。

2. 充足的外汇储备可以使我国中央银行有效干预外汇市场,支持本币汇率。干预外汇市场所需的资金具有时间不确定、数额巨大的特点,因此,充足的外汇储备可以保证我国能够从容应对突发金融风险,满足有效干预外汇市场、维护本币汇率稳定的需求。1997 年亚洲金融危机爆发后人民币的良好表现再次证明,充足的外汇储备对于稳定人民币币值、维护投资者信心具有举足轻重的作用。

3. 充足的外汇储备有力地促进了国内经济发展。一是能够提高我国对外融资能力,降低境内机构进入国际市场的融资成本,鼓励国内企业"走出去",寻求更优的投资环境和更大的利润空间。二是在深化经济改革、调整产业结构、提高生产技术等方面都能发挥重要作用。随着我国加入世贸组织,对外贸易的发展大大加速,充足的外汇储备可以满足进口先进技术设备的需求。三是能够更大程度地满足居民正常用汇需求。

4. 充足的外汇储备也是人民币最终实现完全可自由兑换的一个必备条件。我国在 1996 年年底实现了人民币经常项目可兑换,雄厚的外汇储备确保了我国能维持外汇市场汇率的相对稳定,抵御货币兑换所带来的风险。在经常项目可自由兑换后,我们的目标便是取消经常项目和资本项目的外汇管制,对国际间正常的汇兑活动和资金流动不予限制,从而实现人民币完全自由兑换。充足的外汇储备使中央银行能有效地调节外汇市场,保持国际收支的基本平衡,使人民币在迈向自由兑换的过程中保持汇率的基本稳定。

(二) 外汇储备持续高增长对我国经济的负面影响

1. 积累通货膨胀,降低中央银行货币政策的独立性。外汇储备是由货币当局购买并持有的,它在货币当局账目上的对应项就是对外占款,而外汇占款构成中国基础货币投放的主体部分，外汇储备的过快增长，改变了货币供应机制，在一定程度上会加剧国内通货膨胀压力，并使国家货币政策处于一种两难境地。当外汇供给大于需求时，中央银行为了维持汇率的稳定，将会大量买入外汇，使外汇储备增加。外汇储备增加，投放到国内市场的基础货币也必然随之增加。为了消除因外汇买入引起的货币供给量的增加，中央银行就必须在公开市场上回笼人民币，但这必然又会造成国内信贷的收缩。收缩国内信贷的结果是增加人民币利率的上升压力，进而增大了人民币升值的压力，这反过来又迫使中央银行买入外汇，从而又增加了货币供给，加剧国内通货膨胀的压力。事实上，随着我国外汇储备的增长，中央银行通过外汇占款渠道投放的基础货币明显增多，外汇占款已成为影响我国货币供应量的重要因素。外汇储备同比大幅增长，仅 2008 年上半年就新增 2 806 亿美元，造成基础货币净投放将近 1.9 万亿人民币，对通货膨胀构成的巨大压力可想而知。

2. 巨额的外汇储备产生了高额的机会成本。外汇储备实际上是对国外实际资源的购买力，若得到有效利用就可以增加国内投资和加快经济的发展，一国持有外汇储备，实际是将这些资源储备起来，牺牲和放弃了加快本国经济发展的机会。作为发展中国家，从国际金融市场筹措资金时要支付很高的风险溢价，而把外汇储备投向流动性高的美国国债，则只能获得很低的回报率，目前美国国债的平均收益率仅在 2.5% 左右，远低于我国国内的资本投资平均收益率。因此对于我国来说，大量持有作为闲置资源的外汇储备的机会成本很高，这种机会成本包括：以高成本从国外大量引进外资和借外债，外汇储备没有为本国的经济发展服务，放弃了一定量实际资源的使用，放弃了获取高额经济回报率的机会。

3. 增大了外汇储备资产管理的难度和风险。在经济金融全球化的今天，由于国际资本迅速大规模地流动，使得金融市场的利率与汇率瞬息万变，因此汇率风险极大。规模庞大的外汇储备资产必然会使国家财富时刻处于巨大的风险之中，同时巨额的外汇储备也给储备资产的保值增值管理带来了难度和挑战。虽然我国的外汇储备是由多种储备货币组成，分散在不同形式的资产上，但目前大约仍有 60%—70% 是以美元计价的资产，包括大量美国国债与公司债券，而近年来美元相对于其他主要国际货币持续贬值，因此相应的以美元计价的外汇储备资产也就必然会受到损失。从 2005 年到 2007 年，美元相对欧元的汇价跌幅在 35% 以上，美元汇率的持续走低，使大比例持有美元资产的中国外汇储备已经出现严重的缩水。如果按 60% 为美元储备估算，中国外汇储备中约有 3 000 多亿美元的账面损失，如果美元出现长期贬值趋势，必然会造成中国外汇储备巨大的账面损失。

三、中国外汇储备的适度规模

(一)我国外汇储备适度规模分析

一国的外汇储备应当保持总量适度,结构合理。截止到2009年3月,中国的外汇储备已达19 537.41亿美元之巨。一时间,关于适度外汇储备规模的确定问题,成为中国金融界关注的焦点。外汇储备水平应该是一个动态的概念,随着国家的经济发展和政策的变化而变化,这是我们考虑和制定外汇储备政策的基本立足点和出发点。

虽然大多数学者认为我国现有储备规模大大超过适度规模,但他们同时也认为,考虑到中国当前基本国情及未来改革发展的需要,为稳妥起见,中国外汇储备继续保持较高的规模是适宜的。

(1)外汇储备增长是世界各国金融发展的共同趋势,也是中国所面临国际环境的需要。20世纪90年代以来,世界各国中央银行持有的外汇储备规模在世界进口总额中所占比重,已从70年代和80年代的14%和19%,上升到26%。2002年年底,世界外汇储备规模排行前10名的国家中,发展中国家占了6个,中国作为全球最大的发展中国家,自然应保持一个较高水平的外汇储备。

(2)中国当前的外债规模和国际清偿能力要求中国保持较高的外汇储备规模。一方面,与拥有几千亿美元的西方发达国家相比,中国的国际清偿力、外汇资金的二线补足能力都严重低下,需要我们增加外汇储备;另一方面,目前中国利用的外商投资已陆续进入投资回报期,每年需付出大量外汇以还本付息和投资回报。

(3)矫正"水分外汇储备"规模的需要。所谓"水分外汇储备"是指被部分夸大了的外汇储备规模。中国中央银行持有的外汇储备实际上是一个混合体,既包含了狭义的外汇储备,又包含了部分广义的外汇储备。因此,保持一个较高的外汇储备水平是理所当然的。

(4)中国保证外汇市场稳定和人民币自由兑换发展的需要。墨西哥及东南亚发生的金融危机、1998年两次国际炒家偷袭香港金融市场,已使中国充分认识到充足的外汇储备是避免本国经济受外部冲击的必要保证。

(5)有利于中国对外贸易的发展。入世后中国的进口大幅度增长,要求有较多的外汇储备用于进口支付;与此同时,目前中国国际收支顺差很大程度来源于资本往来项目顺差,具有内在的不稳定性,而充足的外汇储备有助于消除对经济发展的负影响。

(二)我国外汇储备规模定量分析

中国外汇储备规模的定量分析如下所示:

（1）特里芬模型

按特里芬 R/M 比例法标准，一国外汇储备的上限是其年进口总额的 40%，下限是其年进口额 20%，适度储备额约为 25%—30% 左右，即一国的储备量应以满足约 3—4 个月的进口为宜，在这里我们取 30%。结合中国的有关数据，可得出中国适度外汇储备的上下限（见表 3-9）。

表 3-9　特里芬模型下中国适度外汇储备推算表　　单位：亿美元

年份	进口总额	适度储备	储备上限	储备下限	实际储备
2000	2 250.9	675.27	900.36	450.18	1 655.74
2001	2 436.1	730.83	974.44	487.22	2 121.65
2002	2 951.7	885.51	1 180.68	590.34	2 864.07
2003	4 128.4	1 238.52	1 651.36	825.68	4 032.51
2004	5 614.0	1 684.2	2 245.6	1 122.8	6 099.32
2005	6 601.2	1 980.36	2 640.8	1 320.4	8 188.72
2006	7 916.1	2 374.83	3 166.44	1 583.22	10 663.44
2007	9 558.2	2 867.46	3 823.28	1 911.64	15 282.49
2008	11 330.9	3 399.27	4 532.36	22 661.8	19 460.30

资料来源：国家商务部网站，http://www.mofcom.gov.cn；国家外汇管理局网站，http://www.safe.gov.cn。

（2）对特里芬模型的修正

特里芬模型仅考虑外汇储备用于弥补国际收支逆差的功能，因此还需要对上述结论进行修正。发展经济学家认为，发展中国家在积累外汇的时候必须考虑偿还对外货币性负债的需求。根据国际经验，一国应当持有外债余额 15%—20% 的外汇储备，在这里我们采用 20%。以此作为偿债需要外汇储备的标准（见表 3-10），再考虑将应付各种冲击而持有的风险储备定为 400 亿美元①，2006—2008 年中国的外汇储备适度量应为 3 420.81 亿美元、4 014.7 亿美元和 4 548.59 亿美元，而实际外汇储备为 10 663.44 亿美元、15 282.49 亿美元和 19 460.30 亿美元，中国国际储备持有量偏高。

① 我们参考 1998 年金融风暴期间中国香港特别行政区为捍卫港元总共动用了 380 亿美元外汇储备的做法。应该说明的是，香港实行的是联系汇率及货币发行局制度，对外汇储备要求是相当高的。

表 3-10　1994—2003 年按中国外债余额 20%计算修正的适度外汇储备量

单位：亿美元

年份	外债余额	偿债所需储备量（外债余额的 20%）	风险储备	根据特里芬比例推算的适度储备量	修正的适度储备量
2000	1 457.3	291.46	400	675.27	1 366.73
2001	1 701.1	340.22	400	730.83	1 471.05
2002	1 685.4	337.08	400	885.51	1 622.59
2003	1 936.3	387.26	400	1 238.52	2 025.78
2004	2 286	457.20	400	1 684.20	2 541.40
2005	2 810.5	560.80	400	1 980.36	2 941.16
2006	3 229.9	645.98	400	2 374.83	3 420.81
2007	3 736.2	747.24	400	2 867.46	4 014.70
2008	3 746.6	749.32	400	3 399.27	4 548.59

资料来源：国家商务部网站，http://www.mofcom.gov.cn；国家外汇管理局网站，http://www.safe.gov.cn。

综上所述，一方面，中国的外汇储备具有明显的借入储备的性质，加之中国实行强制结汇，官方外汇被夸大；另一方面，鉴于当前基本国情及未来改革发展的需要，为稳妥起见，需要保持一个较高水平的外汇储备。因此，简单地断定中国储备规模过高或适度都是不明智的。结合上文的分析，我们可以看出，保持在 3 000—4 000 亿美元的储备水平应该是合适的，当前的储备水平相对来说还是过高。

因此，有必要调整外汇储备的政策取向，彻底摒弃外汇储备越多越好的陈旧观念，采取有效的措施，适度控制外汇储备的增长速度：一是调整汇率形成机制，扩大人民币汇率的浮动幅度；二是改进利用外资工作，减缓外资流入的进度；三是加强对外汇收支交易背景的审核，严防国际热钱的涌入；四是动用超额外汇储备，扩大引进国内建设急需的关键技术，有效推动产业结构升级；五是逐步放宽资本项目的管制，鼓励企业对外投资；六是加强国际货币合作，签订区域性的多边货币互换协议。

本章重要术语

国际收支	国际收支平衡表	经常项目
资本和金融项目	错误与遗漏项目	国际收支平衡与失衡
米德冲突	丁伯根原则	弹性论
吸收论	货币论	结构论
马歇尔—勒纳条件	J 曲线效应	国际储备
黄金储备	外汇储备	在 IMF 的储备头寸

特别提款权(SDRs)　　互换货币安排　　国际清偿力

本章小结

● 国际收支是指一个国家在一定时期内因与其他国家或地区所发生的贸易、非贸易以及资本往来而引起的国际间的资金收支。国际收支平衡表是把一国的国际收支,即一定时期内的国际经济交易,按某种适合于经济分析的需要编制出来的报表,由经常项目、资本和金融项目、错误和遗漏项目组成,并按照“有借必有贷,借贷必相等”的复式记账法原理来系统记录每笔国际经济交易。

● 国际收支的调节方法包括市场调节和政策调节。市场调节机制包括货币—价格机制、收入机制和利率机制,是在没有政府干预的情况下,市场中的各种变量相互作用、相互影响,自动使国际收支达到平衡,不需要政府付出调节代价,并可以避免各种人为的价格扭曲。

● 在开放经济条件下,内部均衡和外部均衡相互影响,当我们采取措施努力实现一个经济目标时,可能会干扰另一个经济目标的实现。米德冲突指出,在汇率固定不变时,政府只能主要运用影响社会总需求的政策来调节内外均衡,这样,在开放经济运行的特定区间便会出现内外均衡难以兼顾的情形。

● 国际收支调节理论是关于一国国际收支均衡以及国际收支与国民经济均衡的调节手段、调节机制和调节效应的理论。目前西方具有代表性的国际收支理论包括弹性论、吸收论、货币论和结构论。

● 国际储备是指一国货币当局能随时用来干预外汇市场、支付国际收支差额的资产,具有国际性、官方性、流动性、稳定性等特点。国际储备包括自有储备和介入储备。前者主要是指黄金储备、外汇储备、在IMF的储备头寸和特别提款权,后者则包括备用信贷、互换货币安排和本国商业银行的对外短期可兑换货币资产。

● 国际储备的宏观管理主要涉及两方面的内容:一是储备数量的管理,二是储备结构的管理。适度国际储备总量的确定为储备数量的管理提供了一种好的方法。

相关网络地址

● http://www.imf.org:国际货币基金组织官方网站,可以了解关于IMF的详细知识,查询各国特别提款权、储备头寸的分配持有情况;

● http://www.safe.gov.cn:国家外汇管理局官方网站,可以查询中国历年国际收支和国际储备每年、每月的历史性数据和最新数据;

● http://www.customs.gov.cn:中国海关官方网站,可以获取中国历年进出口贸易、国际收支和国际储备的历史性数据和最新数据。

简答题

1. 国际收支平衡表的编制原则是什么?它是由哪几部分组成的?
2. 国际收支失衡对一国经济有哪些影响?
3. 简述国际收支调节的市场机制。

4. 简述在开放经济条件下,政策搭配的基本原理和目标。

5. 国际收支调节的弹性分析法的主要内容是什么?

6. 简述国际储备的构成,并解释什么是特别提款权。

7. 请论述影响国际储备需求数量的主要因素有哪些。

8. 解释下列交易是如何在美国国际收支账户中的贷方和借方分别记录的,并说明每笔记录的分类。

(1) 一个美国人购入价值10万美元的德国股票,用在一家美国银行的账户开出的支票支付。

(2) 一个底特律的旅行者,在法国里昂一家豪华饭店吃了一顿饭,用VISA信用卡支付了100美元。

(3) 一个加州葡萄酒生产者,为伦敦葡萄酒品尝节运去一箱价值100美元的葡萄酒。

思考题

1. 1998年,X国的经常项目赤字为10亿美元,非储备资本账户盈余为5亿美元。

(1) 这一年X国的国际收支余额是多少?该国的净国外资产发生了什么变化?

(2) 假设外国中央银行既不买入也不售出X国的资产。1998年X国中央银行的外汇储备有什么变化?这项官方干预行为如何在X国的国际收支账户中反映出来?

(3) 如果已知在1998年外国中央银行购入6亿美元的X国资产,你将如何回答(2)的问题?这些官方购买,如何记入外国的国际收支账户?

(4) 假定(3)中的情况在1998年发生,写出X国该年的国际收支账户。

2. 阐述蒙代尔有效市场分类原则的内容,并作图阐述当一国通货膨胀与国际收支顺差并存时,应该使用何种政策达到内外均衡。

3. 近年来,中国国际储备数量增长比较迅速,这引起对中国国际储备持有合理水平的热烈讨论。请结合所学知识和中国国情谈谈你对这一问题的看法。

第四章 外汇与汇率

4

- 外汇与汇率
- 汇率与经济波动
- 国际套利与外汇投机
- 传统汇率理论
- 汇率理论的新发展

[知识要求]

通过本章的学习,掌握

- 外汇和汇率的分类;
- 均衡汇率的含义,以及影响汇率的各种因素;
- 汇率波动的经济影响;
- 购买力平价的理论基础;
- 利率平价说的主要内容;
- 抵补利率平价和非抵补利率平价、利率与通货膨胀率之间的关系;
- 弹性价格货币分析法与粘性价格货币分析法;
- 资产市场的长短期平衡及其调节机制。

[技能要求]

通过本章的学习,能够

- 理解银行对汇率的各种报价,正确计算汇率的升(贴)水率;
- 简单预测一国货币汇率的变动方向;
- 分析汇率波动对一国经济的影响;
- 运用购买力平价理论对一国货币汇率长期变动趋势做出判断;
- 运用不同的汇率理论对均衡汇率水平做出判断;
- 运用所学的汇率理论,认识与分析人民币汇率的发展趋势。

第一节　外汇与汇率

一、外汇的含义

外汇(Foreign Exchange)是国际汇兑的简称,具有动态和静态双重含义。动态外汇是指人们把一种货币兑换成另一种货币,借以清偿国际间债权债务关系的行为。在这一意义上,外汇等同于国际结算。广义的静态外汇泛指一切以外国货币表示的资产,如外国货币、外币的有价证券、外币支付凭证等。各国管理法令所沿用的便是这种概念,如中国自 1996 年 4 月 1 日起施行的《中华人民共和国外汇管理条例》规定外汇包括:(1) 外国货币,包括纸币、铸币;(2) 外币支付凭证,包括票据、银行存款、凭证、邮政储蓄凭证等;(3) 外币有价证券,包括政府债券、公司债券、股票等;(4) 特别提款权、欧洲货币单位;(5) 其他外汇资产,包括在国外的人寿保险金以及境内居民在境外的稿酬、版税、专利转让费等。狭义的静态外汇是指以外币表示的、可用于进行国际结算的支付手段。也就是说,只有存放在国外银行的外币资金以及对银行存款的索取权具体化了的外币票据,才构成外汇。通常情况下,人们使用的是狭义的外汇概念。

一般而言,外汇必须具备以下三个基本特征:第一,外汇是以外币表示的各种金融资产,如美元在美国以外的其他国家都是外汇,但在美国则不是;第二,外汇必须具有充分的可兑换性(Convertibility),外汇必须能够自由地兑换成其他国家的货币或购买其他信用工具以进行多边支付;第三,外汇是在国外能得到偿付的货币债权,即能为各国所普遍承认和接受的金融资产。

表 4-1　主要国家的货币名称及符号

国家	货币	符号	国家	货币	符号
澳大利亚	元	AUD	加拿大	元	CAD
印度	卢比	INR	日本	元	JPY
伊朗	里亚尔	IRR	科威特	第纳尔	KWD
墨西哥	比索	MXP	沙特阿拉伯	里亚尔	SAR
新加坡	元	SGD	丹麦	克朗	DKK
南非	兰特	ZAR	瑞典	克朗	SEK
瑞士	法郎	CHF	英国	镑	GBP
美国	元	USD	中国	人民币	CNY

根据不同的分类标准,外汇可以进行不同的分类。

(一) 按货币兑换的限制程度不同,可以分为自由兑换、有限自由兑换和不可兑换货币

1. 自由兑换外汇,是指不需要外汇管理当局批准就可以自由兑换成其他国家货币,或者是可以向第三者办理支付的外国货币及支付手段,如美元、英镑、德国马克、日元等货币,以及用这些货币表示的汇票、支票、股票、债券等支付凭证和信用凭证。可自由兑换的货币在国际汇兑结算中使用较广泛,在国际金融市场可自由买卖,并可不受限制地兑换成其他国家的货币。在当今世界,在外汇交易上大约有五十多个国家或地区的货币被认为是可自由兑换货币,但在国际结算中,只有美元、英镑、德国马克、瑞士法郎、日元、法国法郎等十多种是常用的自由兑换货币。

2. 有限自由兑换外汇,是指未经货币发行国批准,不能自由兑换成其他货币或对第三者进行支付的外汇。根据《国际货币基金协定》规定,对国际性经常往来的付款和资金转移有一定限制的货币均属于有限制性的自由兑换货币。此类货币通常存在一个以上的汇率,外汇交易也常常受到限制。

3. 不可兑换外汇，是指对国际间经常往来的付款或资金转移施加严格限制的货币，即一国货币不能成为清偿国际间债权债务的手段。不可兑换外汇的特点是仅限于国内流通。随着各国不同程度的体制改革和对外开放，目前属于这样的货币已是极少数。

（二）按交割期限的不同，可以分为即期外汇和远期外汇

即期外汇又称现汇或外汇现汇，是指国际贸易或外汇买卖中即期进行收付的外汇，是在买卖成交后立即交割，或在第一或第二个营业日内完成交割的外汇。远期外汇又称期汇或远期汇兑，买卖双方先订立买卖合同，规定买卖外汇的数量、汇率、期限等，在约定到期日，依照合同规定的汇率进行外汇交割。远期外汇的期限一般为1—6个月，也可长达1年。

（三）按照来源和用途的不同，可以分为贸易外汇和非贸易外汇

贸易外汇是指由商品的进口和出口而发生的支出和收入的外汇，包括对外贸易中因收付贸易货款、交易佣金、运输费和保险费等发生的那部分外汇。贸易外汇是一国外汇收支的重要项目，在国际收支平衡中占有重要地位。非贸易外汇是指由非贸易业务往来而发生收入和支出的外汇，包括侨汇、旅游外汇、劳务外汇、私人外汇、驻外机构经费，以及交通、民航、邮电、铁路、银行、保险、港口等部门对外业务收支的外汇。随着经济国际化的发展，非贸易外汇收入在一些国家的外汇收入中也占有较大的比重。

（四）按持有者的不同，可以划分为官方外汇和私人外汇

官方外汇是指财政部、中央银行或其他政府机构以及国际组织所持有的外汇，主要用来稳定本国货币汇率、平衡国际收支、偿付对外到期的债务，是一国国际储备的主要部分。私人外汇是指具有自然人地位的居民和非居民所持有的外汇。在实行外汇管制的国家中，或者不允许私人持有外汇，或者规定私人持有外汇必须存放于指定的外汇银行；在不实行外汇管制的国家中，私人对外汇有自行支配的权利。

二、汇率的含义

汇率（Exchange Rate），又叫外汇牌价或外汇行市，是两种不同货币之间的兑换比率，也可以说是以一种外币单位表示的另外一种外币的价格。通过银行用本国货币购买外汇或用外汇兑换成本币，就是外汇买卖。汇率是外汇买卖的计量标准。

（一）汇率标价法

1. 直接标价法（Direct Quotation）①，又叫应付标价法、欧式标价法，是以一

① 如无特别说明，本书中汇率使用直接标价法。

定单位的外币为计算标准，折合成一定数量的本币来表示其汇率，即单位外币的本币价格。中国国家外汇管理局采用直接标价法，每日挂牌公布人民币与十几种主要外汇的汇价。如 2009 年 5 月 22 日，100 美元的买入价 RMB 675.5800 元，卖出价为 RMB 683.7600 元；100 日元的买入价 RMB 7.0649 元，卖出价 RMB 7.2751 元等。在直接标价法下，外币数量固定不变，汇率的涨跌以相对的本币数额的变化来表示。如果外币汇率上涨，说明同样数量的外币折算的本币数量增多，此时外币升值，本币贬值；反之，如果外币汇率下跌，说明外币贬值，本币升值。

2. 间接标价法(Indirect Quotation)，又称应收标价法、美式标价法，是以一定单位的本币为标准，折合成一定数额的外币来表示其汇率，即单位本币的外币价格。在间接标价法下，本币数量固定不变，汇率的涨跌以相对的外币数额的变化来表示。如果本币汇率上涨，说明同样数量的本币折算的外币数量增多，此时本币升值，外币贬值；反之，如果本币汇率下跌，说明本币贬值，外币升值。

可以看出，利用直接标价法与间接标价法表示出的汇率涨跌正好相反，两者的汇率互为倒数，两者的乘积必为 1。掌握了其中一种标价法下的汇率值，就可以计算出另一种标价法下的汇率值。目前世界上绝大多数国家都采用直接标价法，实行间接标价法的国家是英国和美国，但美元对英镑仍沿用直接标价法。

(二) 汇率的分类

1. 按制定汇率的方法不同，可以分为基本汇率和套算汇率

基本汇率(Basic Rate)，是指本币对关键外币的汇率。各国在制定汇率时，必须选择某一种货币作为主要的参考对象，该对象的条件是本国国际收支中使用最多、外汇储备量比重最大，且可以自由兑换和能被各国普遍接受。具备这些条件的货币称为“关键货币”(Key Currency)。根据本币与该关键货币的实际价值对比，计算出的汇率就是基本汇率。实际生活中，经常把对美元的汇率作为基本汇率。

套算汇率(Cross Rate)，又称交叉汇率，是指两种货币通过各自对第三种货币的汇率计算出的汇率。实际生活中，往往是根据基本汇率，经过套算而制定出的本币对非关键货币的汇率(见表 4-2)。例如，某日德国报出德国马克的基本汇率是 USD 1 = DM 1.80，法国报出法国法郎的基本汇率是 USD 1 = FF 6.30。这样，法国的银行在买卖德国马克时，很容易计算出马克与法国法郎之间的套算汇率，即：

USD 1 = DM 1.80 = FF 6.30

则 DM 100 = 100 × 6.30/1.80 = FF 350

2. 按银行买卖外汇的角度,可以分为买入汇率和卖出汇率

买入汇率(Buying Rate, Bid Rate)也称买入价,是指银行买入外汇时所使用的汇率。卖出汇率(Selling Rate, Offer Rate),又称卖出价,是银行卖出外汇时所使用的汇率。这里,买入或卖出是从报价银行的立场来说的。买入汇率与卖出汇率一般相差1%—5%,差额为商业银行买卖外汇的利润。银行对一般顾客的买卖差价通常比银行同业买卖汇率差额要大。

3. 按外汇交易工具和收付时间不同,可以分为电汇汇率、信汇汇率和票汇汇率

电汇汇率(Telegraphic Transfer, T/T Rate),是以电报解付方式买卖外汇时所用的汇率。银行卖出外汇后,立即用电报通知国外分支行或代理行将款项解付给收款人。目前,国际支付绝大多数用电讯传递,故电汇汇率是外汇市场的基准汇率,其他汇率都以电汇汇率为基础而定。一般外汇市场上所公布的汇率,多为电汇买卖汇率。

信汇汇率(Mail Transfer Rate, M/T Rate),是以信函解付方式买卖外汇时所用的汇率。银行卖出外汇后,通过信函通知国外分支行或代理行解付。由于这种付款方式所需的邮程较长,银行可以在一定的时期占用顾客资金,因此信汇汇率比电汇汇率要低一些。信汇汇率主要用于中国香港地区和东南亚国家和地区。

票汇汇率(Draft Rate, D/T Rate),是银行买卖外汇汇票时,即以汇票为支付工具进行外汇买卖时所使用的汇率。由于汇票从售出到付款也有一段间隔时间,票汇汇率自然也比电汇汇率低一些。

专栏 4-1

中国的复汇率问题及改革

1979年起,中国实行外汇留成,并随着各外汇调剂市场的建立,出现了复汇率问题。

在外汇调剂市场上,中国的外汇调剂业务几乎与外汇留成制同时产生,是外汇留成制的直接后果,而外汇调剂市场实际上主要是留成外汇的调剂。1980年,国家规定了留成额度的调剂办法,调剂价限制在高于牌价的10%,调剂业务也不活跃。1987年下半年和1988年上半年,深圳和上海建立了外汇调剂中心,

并实行竞价买卖和允许价格自由浮动,中国的外汇调剂业务迅速发展起来,调剂汇率真正形成。外汇调剂市场在促进外汇的互通有无、改外汇的计划分配为市场分配、加速外汇资金的周转流通方面,贡献是巨大的。

但是,调剂市场和调剂价格也为中国外汇管理带来了问题:第一,在调剂价与官方汇价并存的情况下,形成了双重汇率;通过调剂价与官方汇价的差异及外汇留成比例的多样化,又形成了复汇率。这种实际上的复汇率,曾多达几十种。第二,调剂价的波动较大。1989 年,调剂价与牌价的差距曾达 2 元人民币,1990 年缩小到 0.8 元人民币,1991 年又缩小到 0.5 元人民币,1992 年重新扩大到 2 元人民币,1993 年 6 月高达 5 元人民币。调剂价格的剧烈波动使许多企业无所适从,因而对外贸的正常发展和宏观金融的稳定带来了一定程度的负面影响。第三,全国约一百个外汇调剂中心曾长期处于分离状态,全国统一的外汇调剂市场在 1994 年之前一直没有形成,不利于外汇资金的横向流动,也不利于外汇市场的发育。

这样,长期以来人民币官方汇率与调剂汇率并存、多种多样的留成比例,以及人民币与外汇券(Foreign Exchange Certificate,FEC)同时流通,使中国外汇管理制度变得极其复杂,也造成了许多问题,与建立一个高效、透明、易于操作的外汇体制相悖。为了彻底扭转这种局面,加速中国外汇管理体制的改革,中国人民银行于 1993 年 12 月 30 日公布了中国外汇管理体制的新方案。这一改革,使中国外汇管理体制进入一个崭新的阶段。其主要特征是汇率统一,以结汇制取代留成制,以全国联网的统一的银行间外汇市场取代以前的官价市场和分散割离的调剂市场;以管理浮动汇率制取代以前的官价固定、调剂价浮动的双重汇率制;以单一货币流通(人民币)取代以前的多种货币流通和计价。这些重大改革,无疑使中国外汇管理体系进入一个更加透明、更加市场化、更加统一和更加高效的新时期。从实施效果看,这些改革措施从总体上是相当成功的。

资料来源:姜波克著:《国际金融新编》(第三版),上海:复旦大学出版社 2001 年版,第 174—175 页。

4. 按外汇交易的交割期限不同,可以分为即期汇率和远期汇率

即期汇率(Spot Rate),又称现汇汇率,是指买卖双方成交后,在两个营业日内办理外汇交割时所用的汇率,反映了外汇市场上绝大多数交易者对交割日的即期汇率的预期。表 4-2 列出了在《华尔街日报》或《金融时报》这类主要商业新闻出版商的网页上可以找到的现汇汇率。远期汇率(Forward Rate)又称期汇汇率,是买卖双方事先约定的,据以在未来一定时间(一般为 1—6 个月或 1 年)

进行外汇交割的汇率。远期汇率是在即期汇率的基础上产生的，但其受利率变化、外汇市场供求变化和预期状况的影响很大。

表 4-2 世界主要货币交易的现汇汇率(2009 年 5 月 22 日)

国家（地区）	英镑	周变动率	美元	周变动率	欧元	周变动率	日元（×100）	周变动率
阿根廷	5.94990	5.09%	3.73650	0.24%	5.23177	3.98%	3.94270	0.70%
澳大利亚	2.03666	0.51%	1.27796	-4.35%	1.78891	-0.81%	1.34844	-3.92%
巴西	3.22612	0.57%	2.02601	-4.07%	2.83672	-0.50%	2.13876	-3.65%
加拿大	1.78476	-0.11%	1.11939	-4.94%	1.56764	-1.43%	1.18175	-4.51%
中国内地	10.86366	4.82%	6.82268	-0.01%	9.55292	3.72%	7.19922	0.44%
欧盟	1.13921	1.34%	0.71449	-3.59%	1.00000	0.00%	0.75420	-3.14%
丹麦	8.47386	1.36%	5.31858	-3.55%	7.45156	0.07%	5.61624	-3.06%
中国香港	12.35025	5.10%	7.75194	0.02%	10.84952	3.71%	8.18063	0.46%
日本	151.0574	4.53%	94.87666	-0.38%	132.8021	3.32%	100.0000	0.00%
墨西哥	20.98196	4.34%	13.17697	-0.47%	18.43658	3.21%	13.90724	-0.43%
挪威	10.09082	1.72%	6.32471	-2.97%	8.86525	0.44%	6.68132	-2.75%
俄罗斯	49.35834	1.14%	31.06555	-3.45%	43.45937	0.13%	32.78366	-3.05%
瑞典	11.88495	-0.92%	7.45935	-5.72%	10.46025	-2.20%	7.88184	-5.31%
英国	1.00000	0.00%	0.62838	-4.63%	0.87850	-1.34%	0.66225	-4.42%
瑞士	1.72951	1.71%	1.08470	-3.23%	1.51883	0.35%	1.14495	-2.79%
美国	1.59236	4.84%	1.00000	0.00%	1.40017	3.72%	1.05519	0.45%

资料来源：英国《金融时报》(*Financial Times*)，2009 年 5 月 22 日。

一般来说，各国银行会直接报出即期汇率，但对远期汇率的报价方法却有所不同。一种是直接报价(Outright Rate)，即直接将各种不同交割期限的汇率买入价和卖出价表示出来，通常用于银行对一般顾客的报价。另一种是远期差价(Forward Margin)，又称掉期率(Swap Rate)，即报出期汇汇率比现汇汇率高出或低出若干点。这种报价方法为英、美、德、法等国采用。期汇汇率与现汇汇率之间的远期差价有升水(At Premium)、贴水(At Discount)和平价(At Par)之分。升水表示期汇比现汇高，贴水表示期汇比现汇低，平价则表示二者相等。

由于汇率的标价方法不同，计算远期汇率的原则也不同。在间接标价法下，升水时的远期汇率等于即期汇率减去升水数字，贴水时的远期汇率等于即期汇率加上贴水数字，平价则不加不减。在直接标价法下，计算方法恰好相反。例如，某日纽约的银行报出英镑兑美元的汇率如下：

现汇汇率：　　　£ 1 = $ 2.4210 - 20

3 个月期汇为：　£ 1 = $ 2.4130 - 50

由于是采用直接标价法的纽约银行所报价格，所以前一数字为英镑的买入价，后一数字为英镑的卖出价，英镑的现汇买卖差价为10点。在现汇汇率的基础上，对于3个月的期汇汇率，纽约的银行也可以采用“贴水80—70”的办法报出。相反，如果牌价是由采用间接标价法的伦敦银行报出的美元买卖价格，则前一数字是美元的卖出价，后一数字是美元的买入价。对于美元3个月的期汇汇率，伦敦的银行也可以采用“升水80—70”的办法报出。

在远期汇率的经济分析中，还常常用到升(贴)水年率(Percent per Annum)的概念，即把远期差价换成年率来表示。其计算公式为：

$$升(贴)水年率=\frac{期汇汇率-现汇汇率}{现汇汇率}\times\frac{12}{远期月数}\times 100\%$$

例如，假定表4-3第二栏中的远期汇率是用英镑报价。根据这些远期汇率，就可计算出每一个到期日的远期贴水。远期贴水先按小数来计算，然后可以很容易地转化为百分数。

表4-3　远期汇率升水或贴水的计算

英镑汇率的类型	币值*	到期期限	对英镑远期汇率的升水或贴水
即期汇率	\$ 1.681		
30天远期汇率	\$ 1.680	30天	(\$ 1.680 - \$ 1.681)/\$ 1.681 × (12/1) × 100% = -0.71%
90天远期汇率	\$ 1.677	90天	(\$ 1.677 - \$ 1.681)/\$ 1.681 × (12/3) × 100% = -0.95%
180天远期汇率	\$ 1.672	180天	(\$ 1.682 - \$ 1.681)/\$ 1.681 × (12/6) × 100% = -1.07%

* 即期汇率和远期汇率的币值均是中间价。

5. 从衡量货币价值的角度，可以分为名义汇率和实际汇率

名义汇率(Nominal Exchange Rate)，是用一种货币所能兑换的其他货币的数量来表示该货币的汇率，可分为名义双边汇率和名义有效汇率。名义双边汇率(Nominal Bilateral Exchange Rate)，指用另一国货币的数量所表示的某种货币的汇率，即一般的市场汇率，各种报刊所登载的汇率都是名义双边汇率；名义有效汇率(Nominal Effective Exchange Rate)，是用若干种其他国家货币数量的加权平均值来表示某种货币的汇率，即各种名义双边汇率的加权平均，所以也被称为汇率指数(Exchange Rate Index)。实际汇率(Real Exchange Rate)也称真实汇率，是以不变价格计算出来的某国货币汇率，是将名义汇率中的物价因素扣除后得出的，其计算公式为：

$$e_r = e \times \frac{P^*}{P}$$

其中，e_r 为真实汇率，e 为名义汇率，P^* 为外国基期物价指数，P 为本国基期物价指数。

由上式可以看到，实际汇率比名义汇率能够更真实地反映一国货币在其他国家的购买力。

第二节　汇率与经济波动

一、汇率波动与均衡

（一）汇率波动

随着经济环境的变化，汇率可能会出现不同程度的变动。通常而言，我们把一种货币相对于另一种货币币值的下跌称为贬值，而把货币币值的上升称为升值。当我们对两个确定时点的即期汇率进行比较时，当期汇率记为 e_t，而前期的即期汇率记为 e_{t-1}，外币币值变动的百分比可以计算如下：

$$\text{外币价值的变动百分比}:t(\%)=\frac{e_t-e_{t-1}}{e_{t-1}}\times 100\%$$

正值变动百分比表示外币升值，本币贬值；负值的变动百分比表示外币贬值，本币升值。

例如，美元兑日元的汇率由 1998 年 1 月 10 日的 130.20 日元/美元变为 1998 年 8 月 10 日的 117.20 日元/美元，贬值幅度为：

$$t=\frac{130.20-117.20}{130.20}\times 100\%\approx 10\%$$

相反，日元兑美元的升值幅度为：

$$t=\frac{130.20-117.20}{117.20}\times 100\%\approx 11\%$$

虽然货币币值在一天或一周时间里的变动幅度一般不会如图 4-1 所示的年变动百分比那么大，但是，当经济发生剧烈波动时，还是有一些货币的币值变动在 24 小时内甚至就已经达到了 5%。

（二）汇率均衡

国际经济学界关于均衡汇率有着不同的解说。归纳起来，可以分为两类：一类偏重汇率水平，以购买力平价或外汇市场均衡汇率作为均衡汇率的内涵；一类偏重汇率功能，以国际收支均衡和内部充分就业、经济稳定作为均衡汇率的内涵。两种定义方法均有合理的方面，在这里我们应用古典经济学对汇率均衡的定义，认为均衡汇率水平即为外汇市场外汇供求平衡时的汇率水平。下

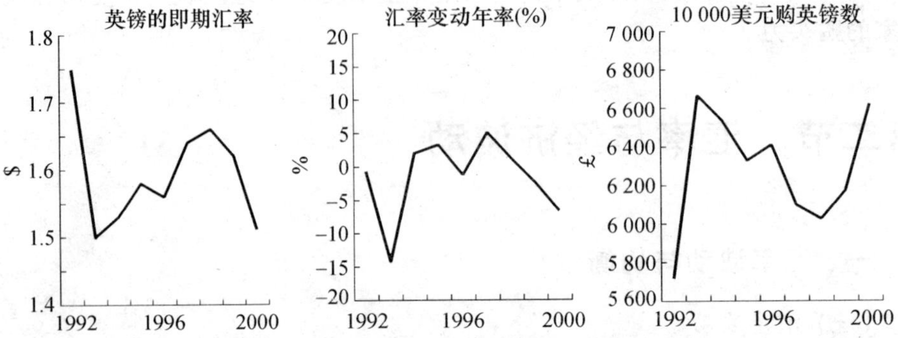

图 4-1　英镑币值变动

面，我们以美元和人民币的相对供给和需求为例来解释汇率均衡。①

1. 货币需求。图 4-2 中，美元需求曲线 *D* 列出了在不同汇率情况下所假定的美元需求量。需求曲线向下倾斜，这是因为在美元币值较低时，相同数量的人民币可以购得更多数量的美元，从而可以购买更多美国的商品，因此对美元的需求量较大。

2. 可供出售的货币供给。图 4-2 中，美元供给曲线 *S* 列出了可供出售的美元供给量（人民币在外汇市场可兑换的美元数量），该供给量是相对于每一个可能的汇率供给量。美元供给曲线是一条向上倾斜的曲线，说明美元价值与可供出售的（供应的）美元之间有正相关关系。这是因为，当美元币值较高时，美国的公司和消费者更愿意购买中国的商品，这样，他们就向市场供应了更多的美元来换取人民币。

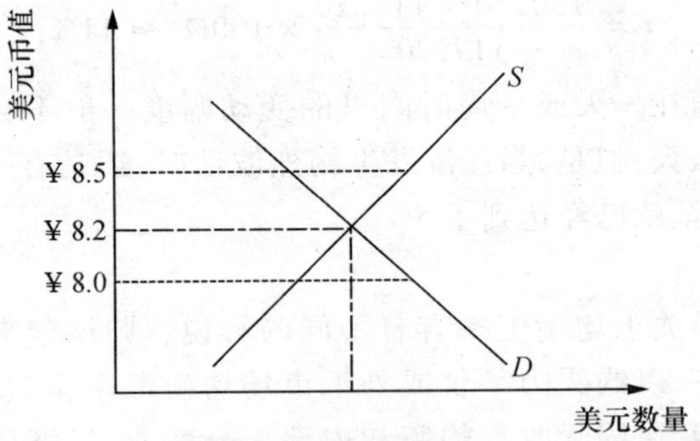

图 4-2　美元供需曲线

① 参见〔美〕杰费 · 马杜拉著：《国际财务管理》，杨淑娥、张俊瑞译，东北财经大学出版社 2000 年版。

3. 供求相等时的均衡汇率。当汇率为＄1=￥8.0时，美元需求数量超过了可供出售的美元数量，这将导致美元价格上升；当汇率为＄1=￥8.5时，可供出售的美元数量超过美元需求数量，这将导致美元价格下降；当汇率为＄1=￥8.2时，美元需求数量等于可供出售的美元供给量，该汇率即为均衡汇率。

二、影响汇率波动的因素

随着货币供求的变化，均衡汇率也将随之变化。货币供求的变动是一个错综复杂的过程，其影响因素既包括经济因素，又包括政治和心理因素；既包括国内因素，又包括国际因素。这些因素相互联系、相互制约。在此，我们将主要针对影响货币供求曲线发生变化的几个因素，来分析它们对汇率的影响。

（一）国际收支

从外汇最终供给和需求的角度看，一国国际收支状况对汇率变动往往产生直接的影响。当一国处于国际收支顺差时，外汇市场上的外汇供大于求，因而本国货币汇率上升，外国货币汇率下降；当一国处于国际收支逆差时，外汇市场上的外汇供不应求，因而本币汇率下降，外币汇率上升。图4-3反映了中国国际收支顺差对均衡汇率的影响，大量的顺差使可供出售的美元充足，美元的供给曲线向右移动，美元汇率趋于下降，人民币有升值的压力。近几年来中国国际收支持续顺差，国际储备存量不断增大，这也是造成人民币升值压力的重要因素之一。

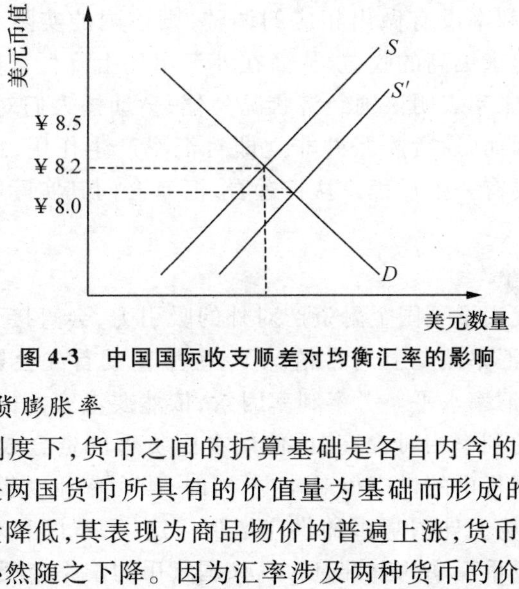

图4-3　中国国际收支顺差对均衡汇率的影响

（二）相对通货膨胀率

在纸币流通制度下，货币之间的折算基础是各自内含的价值量，这就意味着汇率实质上就是两国货币所具有的价值量为基础而形成的交换比例。如果货币的对内价值量降低，其表现为商品物价的普遍上涨，货币购买力降低，其对外价值即汇率则必然随之下降。因为汇率涉及两种货币的价值比较，所以必须考察两国的通货膨胀相对比率。一般来说，相对通货膨胀比率较高的国家，其货币的国内价值下降的速度更快，于是其货币汇率也会随之下降。如果两国通货膨胀率非常接近，那么对汇率的作用相互抵消，名义汇率应不受影响。

例如，如果美国通胀率大幅度上升，而中国通胀率保持不变，美元对内价值降低而对中国产品价值变化不大，这将会增加美国对中国产品的需求，从而使可供出售的美元增加。另外，美国通胀率上升将减少中国对美国产品的购买欲望，因而也会减少对美元的需求。图4-4说明了美元供给曲线与需求曲线的变化。可见，美国的高通胀率变成了美元贬值的压力。

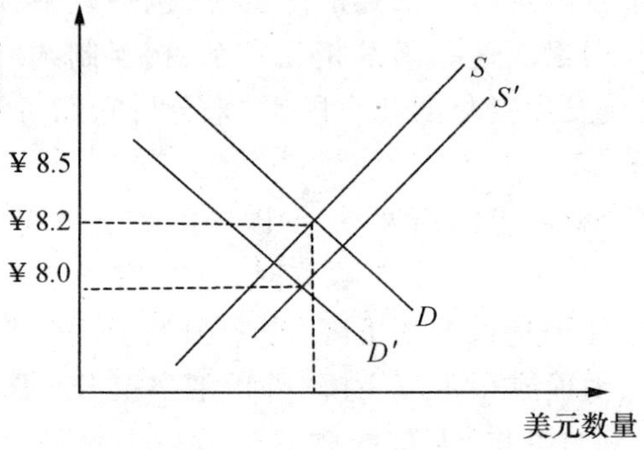

图4-4　美国高通货膨胀率对均衡汇率的影响

通货膨胀对汇率的作用是间接的，一般通过两条渠道：一是通过如上例所述的路径影响进出口贸易；二是通过影响实际利率影响汇率。一国通胀率高于其他国家，而名义利率没有做出相应的调整，则该国的实际利率会下降。短期资金会流向国外追求更高的收益，从而在外汇市场上降低该国货币的汇率。此外，较高的通货膨胀率表明该国经济状况欠佳，会动摇人们对该国货币的信心，引起资本外逃。因而，通货膨胀并非立即对汇率产生作用，一国货币从内部贬值向外部贬值需要有一个过程。从长远看，汇率会向其实际购买力所决定的价值水平回归。

（三）相对利率

利率的高低代表了一国金融资产对外的吸引力，会直接引起国际间套利资本的流动，并导致汇率波动。通常情况下，利率变动首先会影响本国货币的供需平衡，从而影响汇率水平。考察利率因素，依然要考察两国货币的相对利率。当一国货币资金的利率相对提高时，使用本国货币的资金成本相对上升，使得在外汇市场上本国货币的供应相对减少；同时，当利率相对提高时，会吸引外资内流，使得外汇市场上外国货币的供应增加。这样，本国利率的相对上升会从两方面推动本国货币汇率的上升；反之，该国货币的汇率会贬值。

假定中国利率上升而美国利率不变，这时中国会减少美元需求，因为此时本国的利率比美国利率对投资者更有吸引力,因此人们不太愿意把钱存入美国银行。相反,美国投资者更愿意将资金存入中国的银行,因此,可供销售的美元供给量增加。这就造成了美元需求曲线的左移和提供曲线的右移,均衡汇率将会降低(如图 4-5 所示)。

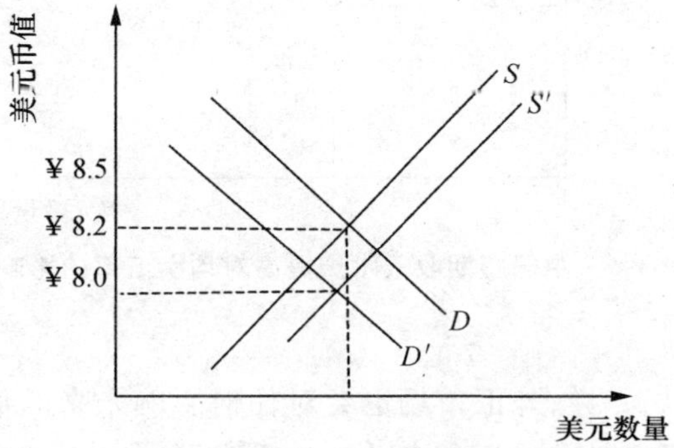

图 4-5　中国高利率对均衡汇率的影响

值得注意的是,短期资金在不同国家间流动时,除了受利率影响之外,还要考虑汇率变动。当国际利差导致套利资金流动而促使汇率变化后,汇率的变动往往会反过来遏制资金的进一步流动,这就是费雪(Fisher)的利率平价理论。只有当一国利率加上汇率的预期变动率之和是有利可图时,才会吸引资金的不断流入。利率对长期汇率的影响是十分有限的。与国际收支、通货膨胀、总需求不同,利率在很大程度上属于政策工具范畴,它具有一种被动性,因而对短期汇率会产生较大的影响。

(四)相对收入水平

相对收入水平对汇率的直接影响是:如果一国收入水平大幅度上升,而另一国收入水平保持不变,那么该国社会总需求增长,将会增加对国外产品的需求,从而拉动外汇需求,需求曲线将向外移动。与此同时,因为国外收入水平不变,那么对本国产品的需求保持不变,可供出售的外汇供给也不会变化,外汇供给曲线不会移动,最终会导致外汇升值,本币贬值(如图 4-6 所示)。但是从另一方面来说,一国经济增长较快,往往意味着生产率的提高和生产成本的降低,由此本国产品的竞争能力提高,出口增加,可供出售的外汇供给增加,从而使本币升值。相对收入水平对汇率的间接影响是通过利率变化发挥作用的。一国经济增长势头较好,意味着投资利润较高,从而会吸引国外资金的流入,改善国际收支,增加可供出售的外汇供给。总的来说,相对收入水平较高在短期内不利于本国货币在外汇市场上的汇价,从长期看却强有力地支撑着本国货币的币值。

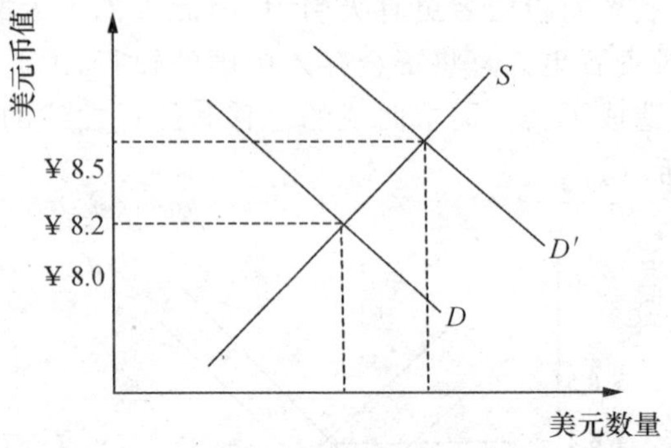

图 4-6 中国短期收入水产提高对均衡汇率的影响

（五）心理预期

与其他金融市场一样，外汇市场也会对任何影响未来的信息做出反应。因此，人们的心理预期有时会对汇率变动产生重大影响。心理预期的来源多种多样，包括经济、政治和社会等方方面面。就经济方面而言，心理预期包括对国际收支状况的预期、相对通货膨胀率的预期、相对利率或相对资产收益率的预期，以及对汇率本身的预期等。这些预期往往是在某些信息的触发下产生的，若与信息相对冲，则会减弱或改变预期的方向。例如，美国通货膨胀飞涨的传言可能会使货币交易者卖掉美元，因为他们预期美元币值将下跌，这种反应会对美元立即产生向下贬值的压力。再例如，许多机构投资者（如商业银行和保险公司）会根据对各个国家利率变动的预期而买卖货币。如果他们预计德国利率会升高，他们可能会暂时选择把资金放在德国，正是由于这种选择可能使更多的资金流入德国，从而对马克币值形成向上的压力。表 4-4 则列示了 1991—1996 年美元币值的变动，以及影响这些变动的心理预期因素。

表 4-4 1991—1996 年美元币值的变动与产生心理预期的原因

日期	美元地位	产生心理预期的原因
1991 年 10 月 24 日	疲软	美国经济指数恶化（使人们预计美国会降低利率）
1991 年 10 月 29 日	疲软	美国消费者信心指数下降（使人们预计美国未来利率也会降低）
1992 年 1 月 16 日	疲软	对一周来涨跌的纠正（投机者认为反应过度）
1992 年 1 月 30 日	坚挺	联邦储备委员会主席格林斯潘认为美联储不可能削减利率
1992 年 7 月 15 日	疲软	对德国货币政策紧缩的预期（可能会使德国利率上升）
1993 年 4 月 19 日	疲软	外汇市场参与者认为克林顿总统发表的谈话表明他希望美元兑日元贬值（会减少与日本贸易赤字）
1993 年 6 月 15 日	坚挺	德国央行的评论说明德国利率可能会降低
1996 年 11 月 7 日	疲软	日本官员谈话表明希望美元对日元应继续坚挺

（六）政府管制

一国政府可以用许多方法来影响汇率，其中最主要的方法包括：施加对外贸易壁垒；干预外汇市场；施加外汇流动壁垒；影响通货膨胀率、利率和收入水平等宏观经济因素。其中，如果政府施加对外贸易壁垒和外汇流动壁垒，限制进口，鼓励出口，将会使本国的外币需求减少，可供出售的外汇供给增加，最终导致本币的升值压力。一国政府还可以通过各种财政与货币政策影响本国的宏观经济因素，间接调整均衡汇率。汇率、政府政策及经济要素之间相互影响的关系如图4-7所示。例如，当一国处于高通货膨胀水平时，本币有贬值的压力，政府可以采取紧缩性货币政策，减少货币供给量，降低总需求水平，减少进口从而减少对外汇的需求量，平抑本币贬值的压力。

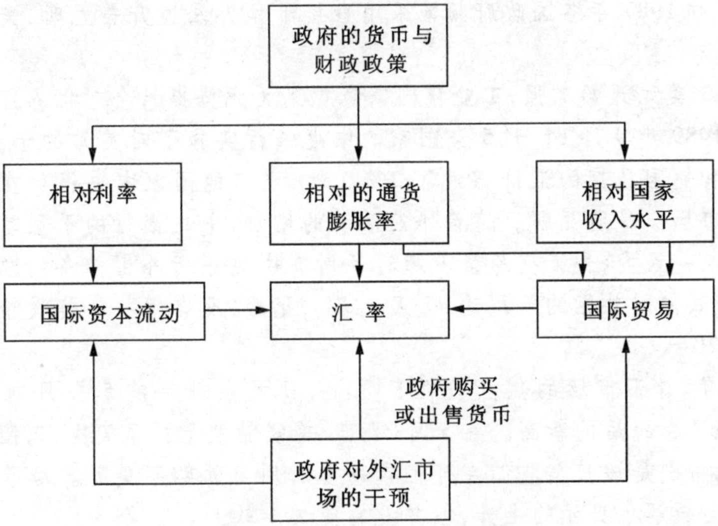

图4-7　政府行为对汇率的影响

一国的中央银行对外汇市场的干预可以更加直接地对外汇汇率产生影响，其干预可分为直接干预和间接干预两种情况：

1. 直接干预(Direct Intervention)，即中央银行在外汇市场上直接买卖外汇的做法。例如，美联储在外汇市场上将其储备货币美元兑换成其他货币，这一"用美元淹没市场"(Flooding the Market with Dollars)的做法会给美元带来贬值压力；如果美联储希望美元走强，可以在外汇市场上把外币兑换成美元，因而会形成美元升值的压力。当中央银行之间齐心合力时，直接干预通常最具有成效。

专栏 4-2

直接干预实例

1985 年 9 月,美国、德国、英国、法国及日本的中央银行施行了打压美元的联合行动。这一行动是各国代表同月在纽约广场饭店达成协议的结果,该协议现在被称为广场协定(Plaza Accord)。由于这些中央银行统一把美元兑换成外币,外汇市场淹没在数十亿美元之中。这一行动最终推进了美元的下跌,以至于 1986 年和 1987 年各国政府频繁采用直接干预办法提升美元时,美元却仍不断走弱。

1988 年美元开始走强,工业化国家意识到美元坚挺只会对世界经济带来负面影响。1989 年 9 月 14 日,5 个国家的中央银行实施了对美元的干预,导致美元对英镑和德国马克的汇价猛跌了 2%。然而,其他国家中央银行在下个月的干预却被市场交易所瓦解。随着外汇活动的增加,中央银行的干预越来越难以奏效。仅仅一天内,外汇交易量就超过了所有中央银行外汇储备的总和。1989 年一年,美联储对外汇的干预达 97 天之多。此后,没有哪一年美联储对外汇的干预超过 20 天。

1993 年,外汇市场的焦点放在日元上,日元在当年前 5 个月对美元升值 13%,达到了二战后的新高。在 5 月 27 日,美联储便干预了 7 次,以阻止日元进一步上升,特别是该日美联储在外汇市场多次用日元购买美元。尽管这些努力可能暂时性缓解了日元的上升,但并没有使其走软。

1994 年 8 月 8 日,美联储和其他 15 个国家的中央银行为阻止美元进一步走软采取了干预措施。它们在外汇市场用外币兑换了大约 15 亿美元,但由于美元币值继续下跌,干预未能获得成功。

1995 年 8 月 15 日,美国、德国和日本的中央银行在外汇市场再次购买美元进行干预,此次干预引起德国马克对美元当日下跌 3%,日元对美元下跌超过 3%。

资料来源:节选自〔美〕杰费·马杜拉著:《国际财务管理》,杨淑娥、张俊瑞译,东北财经大学出版社 2000 年版,第 180—181 页。

人物介绍——格林斯潘

有这么一个老头儿,他永远穿着深色西服,戴着黑框眼镜,白色的衬衣上配着一条不入时的细结领带,头发已经稀疏,一脸的褶子,说话前言不搭后语,总是一脸的沮丧。而就是这样一个人,却立于世界经济舞台的最前端,吸引了无数人的注意力。自1987年出任美联储主席以来,凭借能够对经济形势进行冷静判断,并能果断采取有效措施,多次缓解危机的能力,艾林·格林斯潘赢得了人们的信任。

现年79岁的格林斯潘喜爱音乐和运动,曾在纽约时报广场派拉蒙剧院下面的一家夜总会里演奏萨克斯管。音乐梦"破灭"后转行经济学,1987年8月开始担任美联储主席,历经四位总统,迄今已经5次担任此职(2004年是其新的一届5年任期的开始)。他导引下的美国经济经历过两次衰退、一次股市泡沫和一次历史上最长的增长期。

格林斯潘是个"一打喷嚏,全球就得下雨"的"财神爷",在克林顿时代创造出"零通货膨胀型"经济奇迹。美国的一家媒体在1996年总统大选时说道:"谁当总统都无所谓,只要让艾伦(即格林斯潘——作者注)当联储主席就行。"

格林斯潘一次次的直接干预虽然挽救了市场,但也加大了"道德风险"。有了格林斯潘"看跌期权"的保护,投资者更加不顾风险。也许是意识到自己的威力太大,为了不至于给市场带来太大的冲击,格林斯潘讲话越来越"含糊",他的名言因此而产生:"如果你们认为确切地理解了我讲话的含义,那么,你们肯定是对我的讲话产生了误解。"

格林斯潘上任美联储主席后,"改变了中央银行过去10年的运作方式",使美联储成为"一个更加可预知的实体"。格林斯潘有着"毫不退让的、正统的反通货膨胀斗士"的美誉,但他在新形势下采取的金融政策则是"格外地灵活"。格林斯潘的一举一动影响着美国甚至全球金融市场。

2002年9月25日中午,白金汉宫汇聚了举国精英,英国伊丽莎白女王在各位财政部部长、媒体巨子和商界领袖的面前,把象征着尊贵与荣耀的荣誉骑士勋章授给了艾伦·格林斯潘——美国联邦储备委员会主席。英国财政部在一项声明中称,格林斯潘得此殊荣是由于他对全球经济稳定做出了突出贡献,英国也因其才智和高超的管理技能受益匪浅。这是格林斯潘职业生涯的又一巅峰,这位全球最具影响力的央行行长的名字后面永久地加缀上了KBE(英帝国骑士)的字眼。

中央银行干预外汇市场而不对本国货币供应进行相应调整,即不采取冲销政策以保持货币供给不变的做法被称为消极干预(Non-sterilized Intervention)。例如,如果美联储在外汇市场上以美元兑换外国货币以试图提升外币(打压美元)时,美元供应就会增加。相反,如果中央银行既要干预外汇市场,又要保持本国货币供应不变时,它就采用积极干预(Sterilized Intervention),即同时在外汇市场和国债市场进行交易。例如,若美联储希望提升外币(打压美元)而不影响美元供应,它可以用美元换外币,或者出售一些持有的国债换取美元,最终结果是投资者持有的国债增加,银行的外币余额减少。

2. 间接干预(Indirect Intervention),即中央银行通过影响决定本国货币币值的因素间接影响货币币值,而不是直接在外汇市场买卖外汇的做法。例如,美联储通过增加美国的货币供应来降低利率,从而促使外国投资者不再投资于美国债券,因而可以对美元产生下滑压力。为了促使美元币值回升,美联储能够通过减少货币供应来提高利率。在外汇市场中,这种与直接干预相伴随的战略已经得到了普遍采用。

政府管制的方法虽然可以在短时期内对汇率产生明显的作用,但是却不能对汇率走势产生持久的影响。如果管制被取消,但本国经济并未从根本上得到改变,汇率就又会恢复到原来的水平上。

(七)各种因素的相互影响

值得强调的是,影响货币均衡汇率的因素绝不是孤立和绝对的,它们交织在一起,错综复杂。有时各种因素会同时发生作用,有时个别因素起作用,有时各因素的作用相互抵消,有时起主导作用的某一因素突然被另一因素所代替。图4-8把国家间的资金流动分为与贸易有关和与金融有关的资金流动,并总结了影响这种流动的因素。

三、汇率波动的经济影响

外汇汇率属于宏观经济变量,在受到其他经济因素影响的同时,也对一国经济产生多方面的影响。

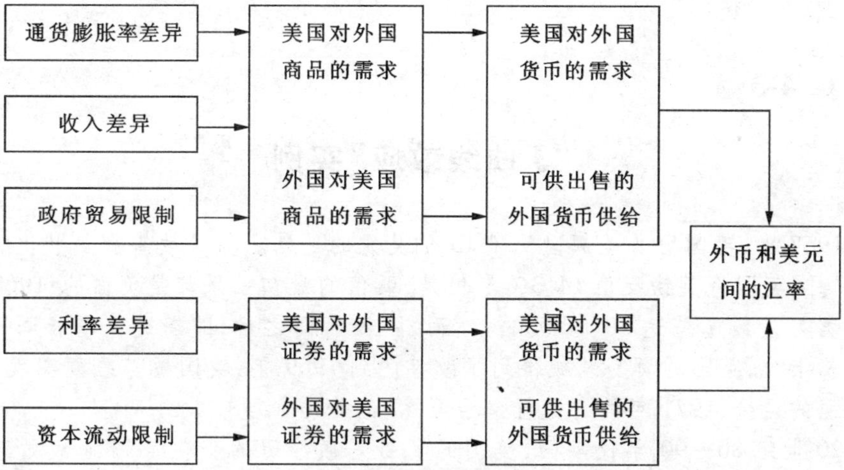

图 4-8　各种因素如何影响汇率综述

（一）汇率与进出口贸易

一国汇率的高低，直接影响到该国贸易商品竞争力的大小。从汇率贬值的直接效果看，本币贬值有助于鼓励出口和限制进口，从而改善经常项目的收支状况。从汇率贬值的间接效果看，一段时间后，汇率的下跌往往促使贸易商品的国内价格上涨，而非贸易商品的价格并不会立即上扬。这样，利润的吸引会使生产者转向增加贸易商品的供给，而减少非贸易商品的生产；同时，由于非贸易商品的价格优势，消费者则会增加对非贸易商品的消费而减少对贸易商品的消费。于是，汇率的贬值产生了非贸易商品与贸易商品之间的替代效应，将使该国的边际出口倾向增大，边际进口倾向减小，从而在上述直接效应的基础上更大地改善了国际收支状况。

但是，本币贬值，并非是如此简单地影响着贸易收支。一系列复杂的因素共同影响着汇率对贸易收支的作用过程。正如第三章中所述，一国汇率的贬值到贸易收支的改善不是瞬间能达到的，而是有一个"时滞"。只有经过一段时间的调整后，才能真正做到扩大出口、减少进口，贸易收支才能得以改善。这就是货币贬值对贸易收支影响的"J 曲线效应"。汇率贬值最终能否改善一国的贸易收支状况，还取决于进出口商品的供给与需求弹性，即著名的马歇尔—勒纳条件。

专栏 4-3

“J 曲线效应”实例

1967 年,英国贸易差额出现了 13 亿美元的逆差。为了改善贸易状况,1967 年 11 月,英国将英镑贬值 14.3%。但是,贬值的最初效果却是负面的:1968 年,英国贸易差额逆差达 30 亿美元。然而,一段时间之后,随着进口增长下降,出口增长上升,英国的贸易差额得到了改善。到 1969 年,英国贸易差额实现了 10 亿美元的盈余,1971 年的贸易盈余增至 65 亿美元。

20 世纪 80—90 年代期间,美国的贸易差额经历的变化是“J 曲线效应”的另一个例子。1980—1987 年,美国贸易赤字急剧增长,但从 1988—1991 年,赤字又大幅度减少。80 年代早期贸易赤字之所以快速增长,主要是因为美元升值,导致美国进口增加,出口减少。1985 年美元开始贬值,受此影响,美国在 1988 年经历了出口繁荣,1991 年贸易赤字有所下降。

资料来源:罗伯特 · J. 凯伯著:《国际经济学》(第 8 版),原毅军译,机械工业出版社 2002 年版,第 411—412 页。

(二) 汇率与物价水平

汇率变动在影响贸易商品进出口价格的同时,会波及其他非贸易商品,从而对一国的整体物价水平产生影响。

传统理论认为,在需求弹性比较高的前提下,货币贬值可以提高进口商品的国内价格,降低出口产品的国外价格。通过这种相对价格的变化,进口可以减少,从而使生产进口替代品的国内产业得以扩张;出口可以增加,从而使生产出口商品的产业得以扩张。因此,贬值可以在不产生对国内物价上涨压力的情况下,带动国内产量和就业的增长。但是,在实践中,贬值不一定能达到上述的理想结果。这是因为,贬值通过货币工资机制、生产成本机制、货币供应机制和收入机制,有可能导致国内工资和物价水平的循环上升,并最终抵消它所可能带来的全部好处。

(三) 汇率与货币替代和资金外逃

所谓“货币替代”(Currency Substitution),是指在一国的经济发展过程中,居民因对本国货币币值的稳定失去信心或本国货币资产收益率相对较低时发生的大规模货币兑换,从而外币在价值贮藏、交易媒介和计价标准等货币职能方面全面或部分地替代本币的一种现象。[①] 从理论上讲,货币替代和资金外流是两个不完全相同的概念。但是,单方面的货币替代往往导致资金外流或资金逃避。

影响货币替代的因素不仅取决于相对通货膨胀率和金融资产的相对名义收益率,而且还取决于本国货币的汇率。在名义收益率和通货膨胀率既定,并且不考虑国家风险等其他非经济因素的前提下,汇率的低估有助于降低货币替代的程度。当汇率低估时,外币资产持有者在投机等因素的驱动下,卖出外币资产,买入本币资产,这时,便出现"货币反替代"。例如,进入21世纪以来,人民币汇率走势趋强,人们对人民币汇率升值的预期增大,纷纷将资金抽调回国。

(四) 汇率与产业结构

无论从理论上还是在实践中,货币贬值都可以被视为一种税赋行为,即对出口的一种补贴,对进口的一种征税。对于出口产品而言,汇率贬值有助于企业扩大出口,增加利润,占领国际市场;对于进口商品而言,汇率贬值导致国内销售价格上升,从而使一部分需求转向国内商品,提高了国内生产的同类产品的竞争能力,从而为本国进口替代品留下了生存和发展的空间,有利于一国实行进口替代战略。

但是,货币过度贬值也会有负作用。一方面,它使以高成本低效益生产出口产品和进口替代品的那些企业也得到鼓励,因此具有保护落后的作用,不利于企业竞争力的提高,同时也使社会资源的配置得不到优化。另一方面,它使本该进口的那些商品尤其是高科技产品,或因国内价格变得过于昂贵而进不来,或进来后加重了进口企业的成本和产业升级的负担,不利于经济结构的调整和劳动生产率的提高。

(五) 汇率与股票价格

外汇行情与股票价格有着密切的联系。一般来说,如果一国货币实行升值的基本方针,股价便会上涨,而货币贬值则会导致股价随之下跌。例如,在1987年10月全球股价暴跌风潮来临前夕,美国突然公布预算赤字和外贸赤字,并声称要继续调整美元汇率,从而导致人们普遍对美国经济和世界经济前景产生了恐慌心理。连同其他原因,这场股价跌风突然掀起。

汇率变动对股价的影响,最直接地体现在那些从事进出口贸易的股份公司。若公司的产品相当大一部分销售海外市场,那么当汇率提高时,该产品在海外市场的竞争力受到削弱,公司盈利情况下降,股票价格下跌;若公司的某些原料依赖进口,产品主要在国外销售,那么汇率提高,使公司进口原料成本降

---

① 姜波克著:《国际金融新编》(第三版),复旦大学出版社2001年版,第82—83页。

低,盈利上升,从而使公司的股价趋于上涨;若预测某国汇率将要上涨,那么部分资金将进入股市,股票行情也可能因此而上涨。随着各国开放度的不断提高,汇率对股市的这些影响将日益扩大。

综上所述,影响汇率变动的因素和汇率波动对经济的影响是复杂的经济命题,在全球经济一体化的过程中,汇率已经成为经济生活中越来越重要的宏观变量,不仅体现了货币数量、利率、总需求等方面的基本状况,而且还对新变量产生复杂的影响。因此,汇率水平的决定与变动研究也就成为各国和国际经济组织最为关注的问题之一。

第三节 国际套利与外汇投机

一、国际套利

国际套利(International Arbitrage)是指利用不同的外汇市场、不同的货币种类、不同的交割时间以及一些货币汇率和利率上的差异,进行从低价一方买进,高价一方卖出,从而从中赚取利润的外汇买卖活动。国际套利一般可以分为地点套利、三角套利、抵补套利三种具体类型。

(一) 地点套利

地点套利(Location Arbitrage)是指投资者利用在两个不同的外汇市场上某种货币汇率之间存在的差异,通过同时在两地市场上贱买贵卖,从而赚取差额利润的国际套利行为。

例如,某一时刻,美元与英镑之间的汇率在纽约与伦敦外汇市场上分别为£1 = \$1.8500与£1 = \$1.8000,则投资者可在纽约外汇市场出售100万英镑,获得185万美元。与此同时,他通过经纪人用180万美元以伦敦市场的即期汇率购买100万英镑,并迅速从伦敦电汇汇往纽约。通过这一交易,投资者可赚取5(185-180)万美元的净利润。应该注意的是,我们在上面的交易中未考虑电话、电传、委托经纪人的费用,若这些费用平摊起来,不足以抵消两个外汇市场上汇率的差别,套汇人便无利可图,套汇活动就不会发生。

(二) 三角套利

三角套利(Cross Arbitrage)是指当三种或三种以上货币的套算汇率[①]与实际公布汇率存在差异时,投资者在同一时间内进行贱买贵卖,从中赚取差额利

① 套算汇率(Cross Rate),又称交叉汇率,是指两种货币通过各自对第三种货币的汇率计算出的汇率,详见本章第一节中“汇率的分类”。

润的国际套利行为。

例如,某一时刻,英镑和美元之间的汇率为£ 1 = $ 1.8000,欧元和美元之间的汇率为€ 1 = $ 1.2800,那么按照套算汇率(依据美元/英镑和美元/欧元的汇率),可以推算出英镑和欧元之间的汇率应为£ 1 =€ 1.4063。而由于当时市场上的供求瞬息万变,英镑和欧元之间的汇率在外汇市场上同一时刻却为£ 1 =€ 1.4300, 这样投资者进行三角套利的机会就出现了。投资者可首先借入180 万美元,买进 100 万英镑;然后在外汇市场上按照1£ =€ 1.4300 的实际汇率卖出,共得 143 万欧元;最后将 143 万欧元按 1 € = $ 1.2800 的汇率卖出,得183.04(143 ×1.28)万美元。通过上述交易活动,该投资者可获利 3.04(183.04 - 180)万美元。

上述案例中三种货币之间的关系可如图 4-9 所示:

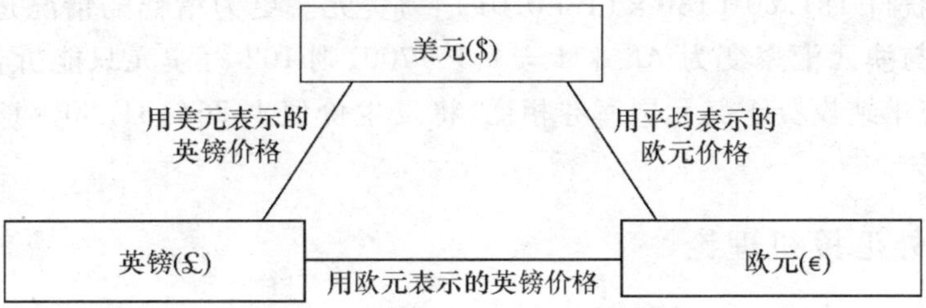

图 4-9　三角套利关系示意图

当然,由于外汇投资者利用电脑技术可以很容易地发现套算汇率之间的差异,因此套算汇率可以在极短的时间内加以调整,三角套利的机会转瞬即逝。相反,三角套利就会发生,直到对汇率进行准确的调整为止。

(三) 抵补套利

抵补套利(Covered Interest Rate Arbitrage)是指投资者利用两国市场的利率差异,借入利率低国家的货币,转而购买利率高国家的货币,并在一段时间后将利率高国家的货币重新转化为利率低国家的货币,从而谋取利差收入的国际套利行为;同时,投资者购买远期外汇合约,锁定货币兑换的汇率,减少第二次兑换货币的风险,避免所投资的高利率货币一段时间后发生贬值而减少利差收入。

例如,若美国 3 个月的国库券利率为 4%,而澳大利亚 3 个月期的短期国库券利率为 8%,且当前两国货币之间的汇率为 Au $ 1 = $ 1.8000,3 月期的远期汇率为 Au $ 1 = $ 1.7900,在以上条件下,某投资者可以出售当前价值 180 万美元的 3 月期美元债券,并将其兑换为 100 万澳元后投资于 3 月期澳元债券,以谋求两国利差所带来的收入;同时,投资者购买远期汇率为 Au $ 1 = $ 1.7900 的远期合约,以保证 3 个月后美元/澳元的汇率不发生过大的变化而减少利差收入。

值得一提的是,正确理解抵补套利需要注意以下两个问题:第一,抵补套利能否达到预期效果,取决于高利率国家货币的汇率变化情况,因为一段时间后,低利率国家的货币会升值,高利率国家的货币会贬值。第二,正因为如此,投资者在进行抵补套利的同时,还应该签订远期外汇合约,锁定高利率国家货币的外汇风险。此时,远期外汇合约中的汇率变化幅度一定要小于两国市场的利差幅度。在上例中,投资者在出售当前价值为 180 万美元的 3 月期美元债券,并将其兑换为 100 万澳元后投资于 3 月期澳元债券的同时,可以在外汇市场上签订出售 3 月期 102 万澳元的远期合约。经过以上交易,投资者在现期没有任何收入或损失,在 3 个月后将收到 102 [100×(1+0.02)]万澳元,执行远期合约后共得 182.58 (102×1.79)万美元。相反,如果投资者没有执行该交易策略,则只能够获得 181.80 [180×(1+0.01)]万美元。更为糟糕的情况是,若 3 个月后美元与澳元汇率变为 Au $ 1 = $ 1.7700,则 102 万澳元只能折合 180.54 万美元,与单纯投资于美元国库券相比,将发生价值 1.26(181.80 - 180.54)万美元的损失。

二、外汇投机理论

所谓外汇投机,是指投机者根据一段时间内某种货币汇率变动的可能趋势,通过买卖现汇、期汇的方式,建立某种货币的多头和空头头寸,以期获取风险利润的一种行为。外汇投机的存在有利有弊:一方面,外汇投机者对阻止汇率过分波动与维护市场活力起了积极的作用;另一方面,过度投机又容易扰乱金融秩序。

近些年来,不少经济学家对外汇市场上投机行为的动因与后果提出了相关理论。①

(一) 纳克斯的“非稳定说”

纳克斯是第一个对外汇投机的后果进行现代式阐述的经济学家。他从两次大战之间欧洲各国混乱而又短暂的浮动汇率经历着手,论证了外汇投机具有使汇率不稳定的性质。

纳克斯认为,持续性膨胀政策会改变投资者的乐观预期,投机性资本开始流出,使弱币进一步贬值,并诱使资本加速外逃从而加剧贬值速度。与此同时,货币贬值导致了成本推进型通货膨胀,形成追加的货币需求,最终导致当局货币扩张以“宽纵”投机预期,这就是所谓的货币贬值的“自我实现”和“自我促

① 具体内容参见纪承烽:“外汇投机理论评介”,《经济学动态》,1998 年第 9 期。

进”;而且,投机性干扰能够产生“高度不稳定”的环境,在这个环境中投机者心理因素将可能起支配作用。纳克斯的观点导致了20世纪50年代和60年代关于外汇投机性质的激烈争论。赞成浮动汇率的经济学家认为外汇投机具有“稳定性”,相反,那些坚持实行固定汇率制的经济学家则认为在浮动汇率制下外汇投机是“不稳定”的。这场论战的结果为20世纪70年代实行浮动汇率体制作了理论准备。

(二) 弗里德曼—米德的“稳定说”

在有关外汇投机的论战中,最引人注目的是弗里德曼和米德所提出的外汇投机具有稳定性的观点。弗里德曼和米德认为,典型的投机者具有比一般人更好的对市场的洞察力和预见力,投机者要取得成功,必须在市场“低吸高抛”,如果他们正确地预期到市场均衡的变化并遵循弗里德曼—米德的“低吸高抛”战略,他们的行为就有助于稳定市场,尽管这种行为是无意识的。在一个具有此类投机的市场中,向均衡汇率的调整得到加快,市场干扰的不利影响被维持在最低限度。因此,外汇投机被认为是稳定的。

(三) 外汇投机气泡理论

鲁迪格·多恩布什将布兰查德和瓦森的理性气泡分析方法应用于外汇市场上,创立了一个理性外汇投机气泡模型。模型表明,在气泡不破裂的情况下,汇率变化的速度取决于利差、气泡破裂概率、现期汇率偏离均衡汇率的程度。国内外利差越大,气泡破裂的概率越高,现期汇率偏离均衡汇率的程度越大,气泡在继续存在的情况下膨胀的速度越快。

以上关于理性气泡的研究显示,气泡可以和理性的市场行为相调和,外汇市场是以暂时理性的气泡为特点的。但理性气泡也有其缺陷,主要是其假设所有市场主体的行为都是理性的,而排除了市场主体的非理性因素。对此,查尔斯·金德尔伯格指出,大多数“真实生活”的金融干扰确实具有非理性的一面。金德尔伯格的研究证实,由于市场从众心理,投机者有时会忽视或严重低估相关信息,从而使其行为非理性化。金德尔伯格结合非理性大众心理效应,提出了一个有趣的描述性气泡模型。该模型表明,投机性市场对于冲击的反应是创造出一种集体性心理,使市场处于“狂热—沮丧”综合症中,从而使气泡从狂热阶段运行到恐慌阶段。

三、外汇投机形式

在传统的外汇市场上,投机有两种形式:一种是即期外汇投机,另一种是远期外汇投机。

然而随着全球金融自由化步伐的加快、投机资本实力的扩展,现代的外汇投机家们已经创造出了外汇投机的新概念——即不仅仅局限于汇市，而且波及股市、债市、期市等；不仅仅使用传统的金融工具，而且广泛使用金融衍生产品；不仅仅与中央银行展开拉锯战，而且还充分利用央行的防御手段进行再投机。

（一）即期外汇投机

即期外汇投机，是指投机者通过买卖现汇的方式进行的外汇投机交易，其原理可参见图 4-10。

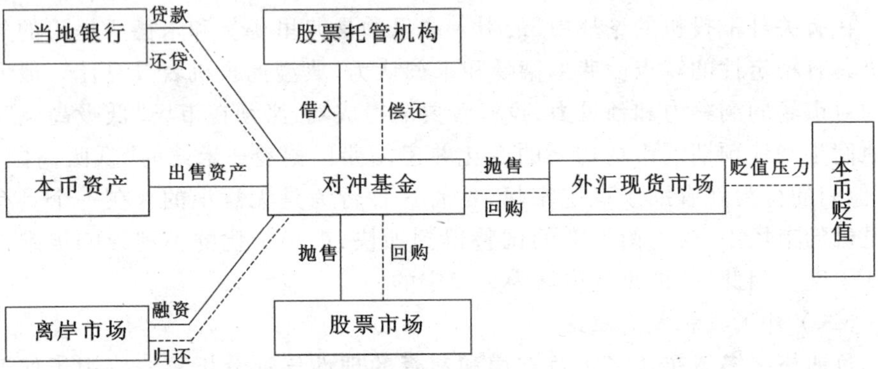

图 4-10　利用即期外汇交易在现货市场的投机性冲击

例如，在东京外汇市场上，美元对日元的汇率经过一段时间的下跌，停留在 1 美元兑换 120 日元的水平上。某一投机商预测美元汇率在近期内将会出现反弹回升，于是就将手中持有的 120 万日元在即期外汇市场上购进 1 万美元。15 天后，美元汇率上升到 132 日元，该投机商又按这个汇率抛出美元，购回 132 万日元。这项成功的投机交易使他赚到了 12 万日元，相隔 15 天，赚得的利润率高达 10%。当然，投机交易是有风险的。假如投机商预测失败，日后美元的汇率不见上升反而进一步下跌，那么投机性质的开放性头寸将给他带来损失。

由于即期外汇交易必须在两个营业日内交割完毕，因此投机者必须持有本币或外币现金，这就产生了两方面的影响：第一，即期外汇投机的数额不能随心所欲，必须受手中拥有的资金数量的限制。第二，用作投机交易的资金可能会存在利息差异的问题。例如，在上述例子中，日本投机商放弃了 120 万日元 15 天的利息，与此同时，他获取了 1 万美元 15 天的利息。假如美元资金和日元资金的利息率有差异，那就会对即期外汇投机的收益率（或利润率）产生影响。

（二）远期外汇投机

远期外汇投机，是通过买卖期货的方式进行的，其交易额不受现金数量的限制，即使没有巨额资金作本，亦可进行大规模的外汇投机。因为远期外汇交易成交时无须付现（只需缴存少量保证金），一般都是到期轧抵，计算盈亏，支付差额。

这个特点决定了远期外汇投机具有更大的风险性,其流程可参见图4-11。

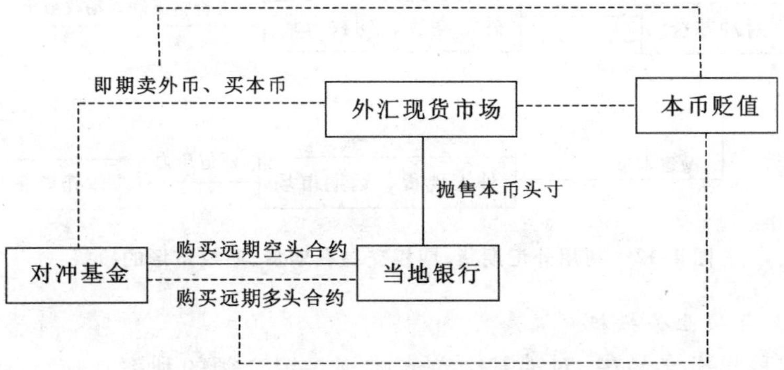

图4-11　利用远期外汇交易在远期外汇市场的投机性冲击

远期外汇投机分为两种类型。一种叫"买空"。这是一种在外汇行情看涨时进行的先买后卖的投机交易。例如,在纽约外汇市场上,美元对英镑的一月期远期汇率为1.5854美元/英镑,某一美国投机商预期英镑在近期内将会趋硬,于是他就作"买空"外汇交易,购买100万英镑的一月期期汇。假定这项远期交易一个月后交割时的即期汇率为1.9854美元/英镑,英镑汇率真的上升了,那投机就获得成功,经轧差后投机赚取40万美元的投机利润。另一种远期外汇投机叫"卖空",其特点是先卖出、后买进,这种投机交易是在预期外汇汇率将要下跌时进行的。

除了上述各种典型的投机活动以外,还有一种非典型的也具投机性质的行为,即进出口商虽未通过外汇交易主动去承担某种外汇的多头和空头头寸,但对其正常国际经贸(如进出口贸易)业务中所产生的外币债权或债务却不进行任何抛补。因为这种貌似消极的态度实际上也是建立在对有关货币汇率将要朝有利方向发生变动的预期心理之上的,也涉及外汇风险的承担,而这两个行为特征正是外汇投机活动所特有的。

(三) 外汇期货、期权投机

外汇期货、期权投机是指利用对冲基金,在货币的远期和期货、期权市场上通过对某种货币的大规模卖空,由此造成此种货币的贬值压力。而对于外汇储备窘困的国家,在经过徒劳无功的市场干预后,所剩的唯一办法往往是任其货币贬值,从而使处于空头的对冲基金大获其利,其原理可参见图4-12。

1997年东南亚金融危机时,对冲基金通过金融衍生产品市场大行其道。以索罗斯量子基金为首的游资全力打压泰铢,促其贬值,同时在货币的远期、期货和期权市场上对泰铢大规模卖空。泰国政府干预失败后,只能任由泰铢贬值,使处于空头位置的对冲基金获利(参见专栏4-4)。

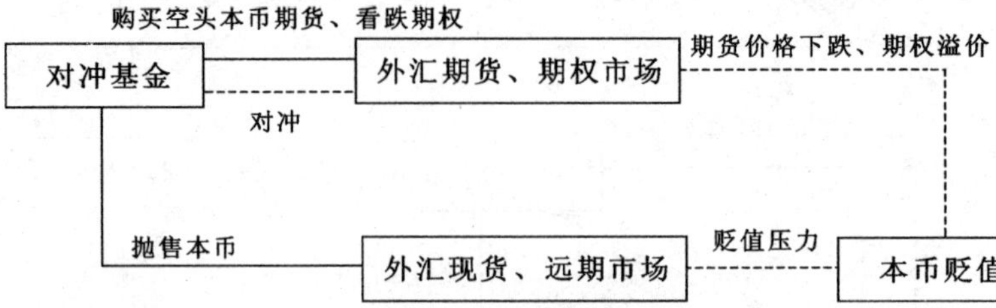

图 4-12　利用外汇期货、期权交易在期货、期权市场的投机

（四）互换业务投机

在这种投机交易中，对冲基金首先购买一定金额的利率互换合约，将自己借款的浮动利率兑换为固定利率，然后在外汇市场上抛售本币，由此形成本币的升值压力，本国政府为了维持汇率稳定，只好提高本国货币市场与资本市场的基准利率，从而使浮动利率大幅上扬，而对冲基金所持有的利率期货合约价值也随之上涨，由此使对冲基金在该交易中大获其利，该种操作的基本原理可参见图 4-13。

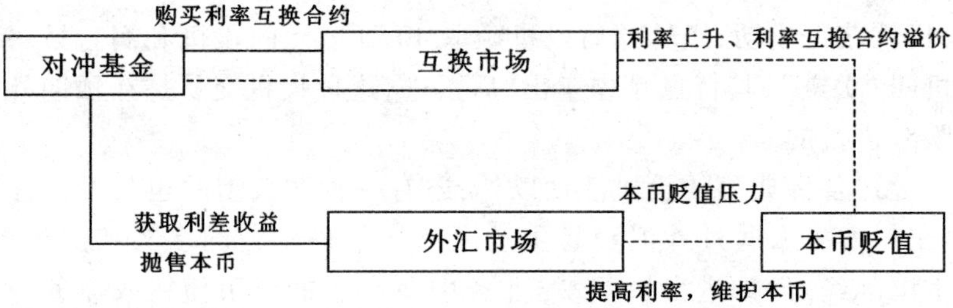

图 4-13　利用中央银行干预在互换市场的投机

在这种交易中，假设一个交易者拥有 100 万当地货币的 3 月期利率互换合约，将其借款的浮动利率互换为一固定利率，则当当地市场基准利率上扬 1% 时，该交易者可以获得价值为 0.25（100 × 0.25%）万当地货币的利润。而一般来讲，当对冲基金利用抛售某种货币的方式来对该种货币施加贬值压力时，该地基准利率的上扬幅度会大大高于 1%，从而会使投机者获得意想不到的超额回报。例如，1997 年 8 月，一些实力雄厚的投资基金进入中国香港汇市，它们利用金融期货手段，用 3 个月或 6 个月的港元期货合约买入港元，然后迅速抛空，对于港元前景的担忧使香港银行同业拆借利率飙升，10 月 21 日仅为 7% 左右的隔夜拆借利率在几天内暴涨三百多倍。

（五）股指期货投机

这种投机交易方式如图4-14所示。据统计，以中国香港地区为例，恒生指数每下跌1点，每张空头恒指期货合约赚取50港元。在1999年8月中旬，现货月期指成交量为26 100张，未平仓合约总数达到90 624张。也就是说，恒生指数每下跌1 000点，国际炒家就可赚取45亿港元。同期，老虎基金也持有约18 000张期指空头合约，按每张押金12万港元计算，单是押金已达21.6亿港元，股指每下跌1 000点，它可赚取9亿港元。据悉老虎基金在恒生指数11 000点水平就开始放空恒指期货，如今已赚取了丰厚的利润。1997年10月，以索罗斯为首的美国对冲基金就是这样在香港股市制造了黑色的星期四，并从中赚取约35亿港元。①

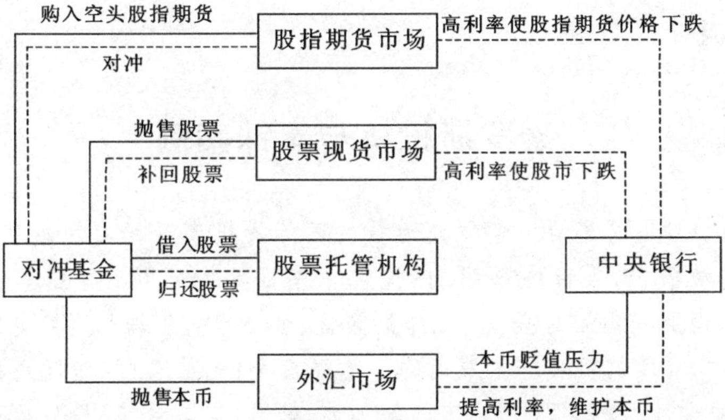

图4-14　利用中央银行干预对股票及股指的投机

以上投机方式便构成了所谓的“立体投机”，即投机者利用各种资产价格在各个市场之间内在的连动性所进行的全方位投机。正如美国著名投机家索罗斯在谈到投机策略时所说的：“如果你把一般的投资组合像名称所显示的一样，看成是扁平或二度空间的东西，就最容易了解这一点。但我们的投资组合更像建筑物，用我们的股本作为基础，建立一个三度空间的结构，有结构、有融资，由基本持股的质押价值来支撑。我们用自己的钱买股票，付5%的现金，另外5%的资金用借的；如果用债券作抵押，可以借更多钱，我们用1 000美元，至少可以买进价值5万美元的长期债券；我们也放空股票或债券，借来自己并不曾拥有的证券卖出，希望后来用比较低廉的价格买回来；我们也操作外汇或股指的头寸，多空都有；不同的部位互相强化，创造出这个由风险和获利机会组成的立体结构。通常两天——一个上涨日和一个下跌日就足以使我们的基金高速膨胀。

① 李永胜：“抵御攻击性外汇投机，提高利率并非良策”，《世界经济》，1999年第5期。

我们愿意根据三个主轴把资本投资下去:股票头寸、利率头寸和外汇头寸。我们的头寸在每个主轴的 ±100% 之间变动,但是,其中一部分风险会彼此加强。因此,我们很不愿意在任何一个主轴上,拿百分之百的资本去冒险。"①

最后需要强调的是,从理论上看,国际套利行为是无风险的,因此不是外汇投机行为,而真正的外汇投机行为因为要面对汇率的不确定性,因而具有相当大的风险。从套利结果看,地点套利和三角套利可以使两地乃至三地的汇率进行调整,从而趋于一致,而外汇投机行为对汇率的影响则具有积极和消极两方面的作用,外汇投机理论和实践均已说明了这一点。

专栏 4-4

索罗斯投机与泰铢案例

1997 年 1 月,以乔治·索罗斯为首的国际投机商开始对觊觎已久的东南亚金融市场发动攻击,其目的很明确:搅乱东南亚金融市场,以图浑水摸鱼,从中渔利。而东南亚一些国家房地产、外汇储备、金融市场管理的混乱与失控,给投机者提供了千载难逢的机会。索罗斯的如意算盘是:先从泰国、印度尼西亚、马来西亚入手,进而搅乱亚洲"四小龙"中的新加坡、韩国、中国台湾,最后攻占中国香港,以图造成他们无坚不摧的印象,击溃市场信心,引发"群羊"心理。索罗斯认为,只要击垮一个国家或地区的金融市场,其他国家或地区就不可避免地一个接着一个倒下,这就是所谓的"多米诺骨牌"效应。由此,泰国,成了首当其冲的目标。

5 月份,国际货币投机商开始大举沽售泰铢,兑美元汇率大幅下跌。面对投机商气势汹汹的进攻,泰国央行与新加坡央行联手入市,三管齐下,企图捍卫泰铢阵地。它们动用了 120 亿美元吸纳泰铢;禁止本地银行拆借泰铢给离岸投机者;大幅提高利息率。一番短兵相接之后,泰铢的地位暂时保住了。

对此,国际货币投机商进行了强有力的反击,他们的招数只有一个:筹集资金,狠抛泰铢。索罗斯开始节节挺进。与此同时,泰铢贬值的浪潮一浪接着一浪,泰铢兑换美元的汇率屡创新低。泰国政府临阵换将,原财政部部长庵雷·威拉旺被迫交出帅印,泰国政府此举,犹如在波涛汹涌的海面投下一颗重磅炸

① 乔治·索罗斯等著:《索罗斯——走在股市曲线前面的人》(*Soros on Soros*),海南出版社 1997 年版。

弹，菲律宾成了受害者，比索汇率开始大幅起落。

庵雷·威拉旺的黯然而去却未能阻止泰铢的节节失利。6月份，投机商开始出售美国国债，筹集资金，再度向泰铢发起致命一击。泰国央行奋起还击。其时，人心惶惶，人人自危，在太平盛世掩盖下的各种弊端一一暴露出来。为了稳定军心，6月30日，泰国总理差厄利发表电视讲话："我再次重申，泰铢不会贬值，我们将让那些投机分子血本无归。"此时的泰国央行已弹尽粮绝，仅有的300亿美元的外汇储备早已花光。面对金融市场这个扶不起的阿斗，差厄利的发誓显得如此苍白无力，就在其讲话两天之后，泰国央行被迫宣布实行浮动汇率制，放弃长达13年之久的泰铢与美元挂钩的汇率制。当天，泰铢重挫20%。7月29日，泰国央行行长伦差·马拉甲宣布辞职。

8月5日，泰国央行决定关闭42家金融机构，且在这一天，泰国同意接受国际货币基金组织附带苛刻条件的备用贷款计划及一揽子措施。8月21日，国际清算银行宣布给予泰国总值33亿美元的临时贷款，以协助它渡过难关。就在泰国四处求援、积极谋划之时，国际投机商却销声匿迹。8月20日，泰铢汇率暂时回稳，但这只是暴风雨前夕的宁静。8月底，又一轮令人目瞪口呆的跌势瞬间而至，索罗斯再度集中力量扫荡东南亚。进入9月份，泰国外汇市场的颓势仍在继续。10月19日，泰国财政部部长他农·比达亚也满腹惆怅地卸任而去。

直到11月上旬，这场对泰国来说噩梦一般的黑色风暴才渐趋平静。但此时，泰国经济早已千疮百孔。

资料来源：曾岩，《97世界金融风暴大纪实》，www.ebook007.com。

第四节　传统汇率理论

追溯西方汇率理论的产生①，重商主义者最早对汇率问题进行比较深入的研究，其研究成果主要体现在两个方面，即汇率决定和汇率变动的决定性因素。他们认为，汇率是由各国货币的贵金属含量，即铸币平价决定的，货币只有按照此种比率进行交换才是合理的。汇率变动是一种货币现象，是由货币供求量的变化决定的。在重商主义之后的17—18世纪期间，各国学者对汇率问题进行了多方面的研究，涉及范围较为广泛。其一，关于汇率变动的影响。英国经济

① 可参见赫国胜著：《汇率决定理论研究》，辽宁大学出版社1996年版，第1—8页。

学家大卫·休谟提出了一国国际收支能够自行调节,最终趋于均衡的理论,即著名的"价格现金流动机制"。其二,关于汇率变动的限度。英国经济学家康替龙和休谟指出,基于各国之间贵金属的运输成本,一国货币的汇率总是在一定幅度内波动,不会超出这一范围。其三,关于货币发行量与汇率之间的关系。当时绝大多数学者都认为,汇率的变化同货币发行量之间具有直接的关系,货币的过度发行,必然引起本国货币对外国货币的汇率下跌。进入19世纪后,汇率理论在金块主义者和反金块主义者的论战中有了进一步的发展,并于19世纪下半叶基本成形。19世纪下半叶以来,西方经济学家对汇率问题愈加重视,并将研究焦点主要集中于汇率决定。同以往相比,各国的经济学家从不同的角度,运用多种方法,对汇率决定问题进行了更加深入的探讨,其代表包括1861年英国经济学家戈森提出的国际借贷说、1922年瑞典经济学家卡塞尔提出的购买力平价理论、法国学者阿夫塔利昂提出的心理汇兑说、20世纪20年代后期和30年代初期著名经济学家凯恩斯提出的利率平价说。我们将对此一一进行介绍。

一、国际借贷说

国际借贷说(International Indebtedness)是产生较早的一种汇率决定理论,最初由英国经济学家戈森于19世纪60年代在其撰写的《外汇理论》一书中进行了系统阐述。此后,该理论被后人不断充实和发展,形成了一套较为完整的汇率理论,至今仍然具有一定的影响。

(一)国际借贷说的主要内容①

国际借贷说认为,两种货币之间的汇率是由供给与需求决定的。当一种货币的供给大于需求时,该种货币的汇率将下降;反之,当需求大于供给时,该种货币的汇率将上升。在国际市场上,各种货币的供求主要由各国的国际借贷状况所决定。

国际经济交往过程中,各国相互之间的债权债务频繁发生,一国对别国既有债权,也有债务。如果一国对别国所拥有的债权和所欠的债务在数量上和期限上均相等,则该国外汇购买者需要购买的外汇量与外汇出售者需要出售的外汇量将一致,此时外汇供求将保持不变。当外汇供求处于均衡状态时,该国货币与外国货币之间的汇率也将不变。另一方面,各国货币之间的汇率如果发生变动,主要是因为这些国家之间的国际借贷关系发生变化,相互之间所欠的债

① 对此内容的详细分析可以参见赫国胜著:《汇率决定理论研究》,辽宁大学出版社1996年版,第19—35页。

权债务在数量上和时间上不一致。这种不一致导致外汇的供求出现缺口,最终使实际汇率脱离平价,发生升水或贴水的现象。该学说认为,商品的进出口、股票和债券的买卖、利润和捐赠的收付、旅游支出和收入、资本交易等都会引起国际借贷关系,而这些关系又会导致汇率发生变动。

虽然国际借贷是导致外汇供求及汇率变动的主要因素,但并不是所有债权债务都具有此种影响。国际借贷说将国际借贷分为固定借贷与流动借贷两种。前者是指借贷关系已经形成,但未进入实际支付阶段的借贷;后者是指已进入实际支付阶段的借贷。在固定借贷与流动借贷中,只有流动借贷才会影响外汇的供求关系。当一国的流动债权即外汇收入大于流动债务即外汇支出时,外汇供给大于需求,外汇汇率就会下跌;当一国的流动债务大于流动债权时,外汇需求大于供给,外汇汇率就会上升;当一国的流动借贷平衡时,外汇收支相等,汇率就处于均衡状态,不会发生变动。

(二)对国际借贷说的简要评价

国际借贷说从国际借贷的角度考察了外汇供求对汇率的影响,指出只有立即清偿的各种到期收付差额,才能引起汇率的变动,这是比较符合客观现实的,能够较好地说明金本位制下的汇率决定问题。由于金本位制下决定汇率的基础是两国货币的含金量之比,汇率变动仅限于黄金输送点之间的狭小范围,因此重要的不是汇率决定,而是对汇率变动的解释。严格说来,国际借贷说解释的是汇率波动,而非汇率决定,它并没有论证汇率决定的基础,也未能说明国际借贷总额平衡时,汇率水平决定于什么,汇率是否会发生变动。随着金本位制的瓦解、浮动汇率制的实施,决定汇率的因素将更为复杂,因此,国际借贷说已很难进一步对汇率变动做出解释。

二、国际收支说

国际收支说,也是从外汇市场的外汇供求角度来阐释一国国际收支与该国汇率之间的关系,实际上是现代形式的国际借贷说。它是研究不兑现纸币流通条件下汇率决定的一种学说,最早产生于两次世界大战之间。二战后,特别是20世纪70年代初浮动汇率制实行以来,该学说有了进一步的发展。[①]

(一)国际收支说的基本内容

国际收支说是从国际收支变动对汇率影响的角度探讨汇率决定问题。该学说认为,在纸币流通条件下,汇率主要是由外汇的供求决定的,而外汇供求状况主要取决于一国国际收支状况。当一国国际收支出现逆差时,该国的外汇需

① 赫国胜著:《汇率决定理论研究》,辽宁大学出版社1996年版,第36—38页。

求大于供给，此时外汇汇率将上升，本币汇率将下跌；反之，该国货币的汇率将上升，外汇汇率将下降。因此，国际收支说在论述汇率决定问题时，主要侧重于分析国际收支如何决定和变动。

国际收支(BP)的状况取决于经常账户和资本账户的收支情况，其实现均衡的条件是经常账户(CA)收支差额等于资本账户(KA)收支差额，即有以下等式：

$$BP = CA + KA = 0$$

一国经常账户中的出口 X 主要受四个因素的影响，即外国国民收入 Y^*、外国价格水平 P^*、本国价格水平 P、两国货币之间的汇率 e，即：

$$X = x(Y^*, P^*, P, e)$$

经常账户中的进口 M 则由本国国民收入 Y、本国价格水平 P、外国价格水平 P^*、两国货币之间的汇率 e 所决定，用公式表示为：

$$M = m(Y, P, P^*, e)$$

一国国际收支中的资本账户收支主要由本国利率水平 i、外国利率水平 i^*、人们对两国货币之间汇率变动状况的预期$\left(\frac{E_{ef} - e}{e}\right)$等因素所决定，用公式表示为：

$$KA = KA\left(i, i^*, \frac{E_{ef} - e}{e}\right)$$

将上述各式合并得到：

$$BP = f(Y, Y^*, P, P^*, i, i^*, e, E_{ef}) = 0$$

如果将汇率以外的变量视为外生变量，则汇率将在这些变量的共同影响下发生变动，直至达到实现国际收支平衡的水平。由此得到：

$$e = e(Y, Y^*, P, P^*, i, i^*, E_{ef})$$

根据该公式，可以得出一国货币对外汇率的决定因素及决定方式，具体为：

1. 本国国民收入的变动。本国国民收入增加(减少)，该国进口将增加(减少)，外汇的需求随之增加(减少)，外汇供给减少(增加)，结果该国货币的汇率将下降(上升)。国民收入与一国货币的对外汇率成反向关系。

2. 外国国民收入的变动。外国国民收入增加，对进口品的需求会增加，从而将导致该国的出口扩大，外汇收入增长。在此种情况下，本国货币的汇率将上升。

3. 本国物价水平的变动。本国物价水平与汇率成反向关系。本国物价水平上升，出口品的国外竞争力减弱，该国的出口将减少，进口将增加，外汇供求将发生不利于该国的变化，结果导致本币汇率下降，外汇汇率上升。

4. 外国物价水平的变动。外国物价水平的变动将通过对一国进出口变动的影响导致该国货币汇率的变动。外国物价水平上升，其出口品的竞争力将减弱，出口数量将减少，而进口数量将增加，由此导致其他国家对物价上升国家的出口增加，外汇供给量扩大，结果引起其他国家货币的汇率上升，物价上升国货币的汇率下降。

5. 本国利率与外国利率的差异。利率水平高低将对国际间资本流动的方向和数量产生影响。如果某一国家的利率水平高于世界其他国家，国外资本将流向该国，从而使得该国的外汇供给增加，在对外汇需求不变的情况下，该国货币的汇率将上升，外国货币的汇率将下降。

6. 对汇率变动的预期。如果在某一时期，人们预期本国货币的汇率将上升，则会纷纷把所持外汇兑换成本国货币，以期在汇率的变动中较少遭受损失或获得额外的好处。人们根据自己的预期而采取的此种行动，将促使汇率朝着有利于本币的方向变动，最终导致本币汇率上升。

（二）对国际收支说的简要评价

国际收支说是凯恩斯主义的国际收支理论在浮动汇率制下的变形，在20世纪70年代早期占据了突出地位。该理论运用供求分析方法将影响国际收支的各种因素纳入对汇率水平的分析，对于分析短期内汇率的变化方向具有重要的指导意义。但是，国际收支说还不能被视为完整的汇率决定理论，因为它只是指出了汇率与其他变量之间存在着联系，而没有深入分析各个变量间的关系，也没有明确的因果关系的结论。因此，国际收支说只是更深入分析时可利用的一个重要工具。另外，国际收支说的分析基础是一国的国际收支状况，而一国的国际收支状况又是一种流量，所以国际收支引起的外汇供求流量决定了汇率水平及其变动。但是，外汇市场上汇率变动比其他普通商品市场上价格变动更为剧烈和频繁。可见，简单地运用普通商品市场上的价格与供求之间的关系来对外汇市场进行分析并不合适。

三、购买力平价说

购买力平价说（Theory of Purchasing Power Parity，PPP）历史非常悠久，其理论渊源可以追溯到16世纪，瑞典学者卡塞尔于1922年对其进行了系统阐述。其核心思想是：货币的价值在于其购买力，因此不同货币之间的兑换率取决于其购买力之比，也就是说，汇率与各国的价格水平之间具有直接的联系。[①] 购买力平价的理论基础是一价定律，因而有必要首先对一价定律进行阐释。

（一）一价定律

一价定律（Law of One Price）认为，在没有运输费用和官方壁垒（如关税）的

① 姜波克著：《国际金融新编》，复旦大学出版社2001年版，第94页。

自由竞争市场上，同质可贸易商品在不同地区或国家出售，按同一货币计量的价格应该是一样的。

在开放经济条件下，一价定律应该同样成立，国际间的套利行为使得各国商品的价格用同一种货币衡量是相同的。但是与同一国家不同地区相比较，一价定律的表现形式有一定的区别。因为不同国家使用不同的货币，因此在进行套利活动的过程中，除商品买卖外，还要通过汇率进行货币的转化，用公式可以表述为：

$$P_i = e \times P_i^*$$

其中，P_i 为本国某种可贸易商品的价格，P_i^* 为外国同种可贸易商品的价格，e 为汇率（直接标价法）。在固定汇率制下，套利活动会带来两国物价水平的调整；而在浮动汇率制下，套利活动引起外汇市场供求变化将迅速引起汇率调整，从而通过汇率调整而不是价格水平调整实现均衡。

值得一提的是，购买力平价和一价定律之间是存在差别的：一价定律适用于单个商品（如商品 i）的情况，而购买力平价理论则适用于普遍的价格水平，即商品篮子中所有基准商品价格的组合。

（二）绝对购买力平价和相对购买力平价

1. 绝对购买力平价

绝对购买力平价是购买力平价理论最典型的形式。它的理论前提是：第一，对于任何一种可贸易商品，一价定律都成立；第二，在两国物价指数的编制中，各种可贸易商品所占的权重相等。这样，两国由可贸易商品构成的物价水平之间存在着下列关系：

$$\sum_{i=0}^{n} a_i P_i = e \times \sum_{i=0}^{n} a_i P_i^*$$

这样我们可以得到：

$$e = \frac{\sum_{i=0}^{n} a_i P_i}{\sum_{i=0}^{n} a_i P_i^*}$$

其中，a_i 表示第 i 种商品在全部商品中所占的权数。如果将这一物价指数分别用 P、P^* 表示，则有

$$e = \frac{P}{P^*}$$

这就是绝对购买力平价的一般形式，表明汇率取决于以不同货币衡量的可贸易商品的价格水平之比，即不同货币对可贸易商品的购买力之比。

许多购买力平价理论的拥护者认为,即使对单个非贸易商品而言,一价定律也不成立,但价格和汇率也不会与购买力平价所预测的关系偏离太远。这是因为,当一国商品或劳务的价格暂时比其他国家高时,对其货币和产品的需求就会下降,从而促使汇率和国内价格重新回到购买力平价所预测的水平上来。因此,购买力平价认为,即使一价定律不成立,其背后所隐藏的经济力量也会使各国货币的购买力最终趋于一致。① 在绝对购买力平价成立的条件下,实际汇率始终等于1,名义汇率的调整不会引起实际汇率的变动。

2. 相对购买力平价

购买力平价的相对形式是考虑了市场的不完全性,如运费、关税壁垒和配额影响的可能性。这种形式承认由于这些因素的存在,如果采用同一种货币来计算价格,不同国家的同一种产品可能不一样,会存在一定的偏离。但是,只要运费和贸易壁垒不变,在采用共同货币计算价格时,各产品价格的变化率应相似。相对购买力平价表示,在任何一段时间内,两种货币汇率变化的百分比将等于同一时期两国国内价格水平变化的百分比之差。可见,绝对购买力平价所反映的是两国价格水平和汇率水平之间的关系;相对购买力平价所说明的是价格水平变动与汇率水平变动之间的关系,即价格和汇率会在保持各国货币的国内和国外购买力不变的情况下发生变化。

(三)购买力平价的图形分析

图4-15是购买力平价理论的图示说明。其中,在本国与外国通货膨胀差额为$X\%$时,由于通货膨胀的差异,外汇会调整$X\%$。把所有的点连接起来形成的对角线被称为购买力平价线。假设美国(这里被认为是本国)和英国通货膨胀率分别为9%和5%,那么$I - I^* = 4\%$,根据购买力平价,这会引起英镑预期升值4%,对此可用A点表示。根据购买力平价理论,如果汇率对通货膨胀差额的确做出反应的话,这些点会在购买力平价线上或靠近购买力平价线。假定开始处于平衡状态,然后两国的通货膨胀率发生了变化。如果汇率不像购买力平价理论表明的那样发生变化,两国的购买力是不同的。例如,D点表示美国通货膨胀率比英国通货膨胀率低4%,但是外币只贬值了2%,因此出现了购买力差别,外国商品的购买力低于本国商品的购买力。购买力平价理论表明在这个例子中英镑应该贬值4%,以便完全抵消4%的通货膨胀差额。由于英镑没有疲软到这种程度,本国消费者不再继续购买外国的商品,使英镑疲软到购买力平价理论预计的水平,因此D点应移向购买力平价线,购买力平价线右边或下面的所有点表示对本国商品的购买力大于对外国商品的购买力。

① 保罗·克鲁格曼著:《国际经济学》,海闻等译,中国人民大学出版社2002年版,第383页。

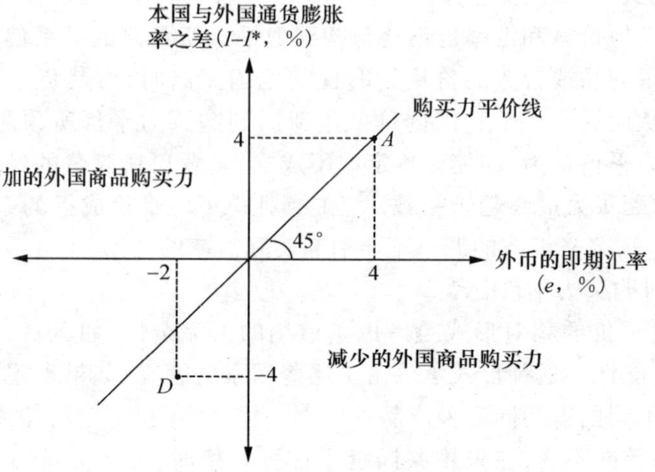

图 4-15　购买力平价的示例

（四）购买力平价理论的现实偏离

目前，所有版本的购买力平价理论都无法很好地解释许多现实数据：一国价格水平的变动与汇率变动之间很少，甚至根本没有联系。例如，通过美国与英国、日本、德国、加拿大四国在1981—1996年通货膨胀率之差与汇率变化百分比的比较可以看出，汇率变化的百分比比通货膨胀差额的波动幅度更大，因此，汇率的变化幅度比购买力平价预期的更大。在有些年份中，甚至一种货币的币值变动方向也不像购买力平价理论预期的那样。图4-16标出了美元/德国马克的汇率和美德两国价格水平之比，它清楚地显示了相对购买力平价的不足。如图4-16所示，1970年以前，美元/马克汇率和美国/德国的相对价格水平基本吻合，但是1970年以后，两者之间的波动幅度逐渐加大，购买力平价理论

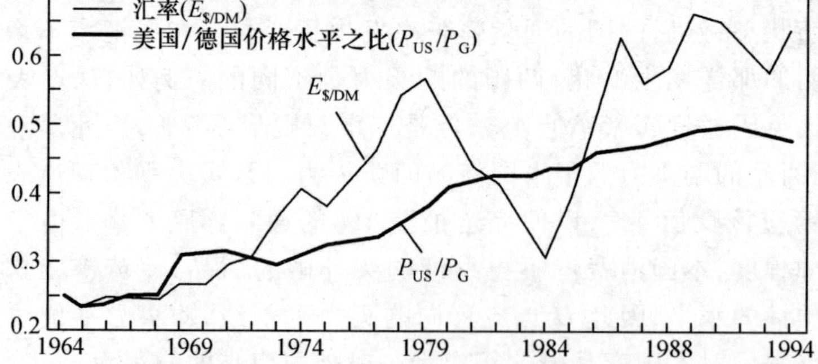

图 4-16　美元/马克汇率和美国/德国的相对价格水平的比较(1964—1994)

资料来源：OECD，*Main Economics Indicators*，汇率及价格水平均为年末的数据。

无法解释美元对马克汇率的变动。

对购买力平价不利的经验证据所做出的解释是:购买力平价的理论基础——一价定律存在几个直接的问题:第一,与一价定律的假定相反,运输费用和贸易管制确实是存在的,这促使一些商品和劳务在两国之间达到无法贸易的程度,从而削弱了购买力平价的基础。第二,存在大量非贸易商品,而它们之间并无多大联系,因此即使是相对购买力平价,也会出现系统性的偏差。第三,商品市场上的垄断或寡头行为可能会与运输费用和其他贸易壁垒相互作用,进一步削弱不同国家商品价格之间的联系。第四,不同国家公布的通胀数据所依据的商品篮子不同。①因此,即使不存在贸易壁垒而且所有商品都是可贸易的,汇率变动也不可能抵消官方所衡量的通货膨胀差异。

专栏 4-5

巨无霸价格——对购买力平价理论的生动检验

根据绝对购买力平价理论,如果汇率等于美国与其他国家物价水平之比,那么某一特定产品,比如麦当劳的巨无霸汉堡,在世界各地的价格都应该与美国一样。事实上,巨无霸的美元价格在各国差异很大,见表 4-5。表4-5 中第一列给出了 24 个国家巨无霸的当地货币价格,第二列给出了不同国家以实际汇率(见第四列)计算的美元价格,第三列测度了美元的购买力平价,这是由巨无霸的当地货币价格除以美国本土的价格得来的,最后一列给出了购买力平价预测的汇率比实际汇率高出的百分比。如果某种货币的汇率使得国内商品比类似的国外商品售价要高,则该货币的购买力平价汇率相对于实际汇率定位过高;反之则为定位过低。

表 4-5 汉堡包标准

国家（地区）	当地本币价格	美元标价	美元的购买力平价	实际汇率（2000/4/25）	美元价值过高或过低（%）
美国	2.49 美元	2.49	—	—	—
阿根廷	2.50 比索	0.78	1.00	3.13	-68
澳大利亚	3.00 澳元	1.62	21.20	1.86	-35

① 保罗·克鲁格曼著:《国际经济学》,海闻等译,中国人民大学出版社 2002 年版,第 394 页。

（续表）

国家（地区）	当地本币价格	美元标价	美元的购买力平价	实际汇率（2000/4/25）	美元价值过高或过低（%）
巴西	3.60 克鲁塞罗	1.55	1.45	2.34	-38
英国	1.99 英镑	2.88	1.25	1.45	+16
加拿大	2.85 加元	2.12	1.34	1.57	-15
中国内地	10.50 元	1.27	4.22	8.28	-49
欧元区	2.67 欧元	2.37	0.93	0.89	-5
中国香港地区	11.20 港元	1.40	4.50	7.80	-42
印度尼西亚	16 000 印尼盾	1.71	6 426	9 430	-32
日本	262 日元	2.01	105	130	-19
俄罗斯	39.00 卢布	1.25	15.7	31.2	-50
新加坡	3.30 新元	1.81	1.33	1.82	-27
韩国	3 000 圆	2.36	1 245	1 304	-5
中国台湾地区	70.00 新台币	2.01	28.1	34.8	-19

资料来源：摘自 Dominick Salvatore, *International Economics*, John Wiley & Sons Inc., 2004, pp. 507—508。

（五）对购买力平价理论的评价

购买力平价理论在西方汇率理论中占有重要的地位，它开创了汇率研究的新局面，提出了汇率研究的新方法，使汇率问题日益为人们所重视。首先，购买力平价理论从货币基本功能角度来分析汇率问题。它认为，汇率的决定不完全局限于货币本身的价值，而可以扩展为货币所代表的价值，这是汇率决定上的一种创新。其次，它为各国货币之间均衡汇率的确定奠定了基础。购买力平价理论承认，在现实世界中，实际汇率并不总是与购买力平价保持一致，更为经常、大量的现象是实际汇率与购买力平价不相符合。但在较长一段时期内，实际汇率基本上是与购买力平价相一致的，购买力平价是实际汇率波动变化的基准。最后，购买力平价理论使汇率理论成为一种可实际操作的理论，它为各国政府制定汇率政策提供了一种可操作性的依据。

但是，该理论也存在着致命缺陷，即在理论上不能回答这样一个问题：在汇率与物价中，一定是相对价格水平决定了汇率吗？现实中，汇率变化后导致物价水平变化的例子比比皆是，很难说清楚是物价决定汇率还是汇率决定物价。显然，购买力平价理论无法给我们一个满意的答案。购买力平价理论仅仅是对汇率理论研究的开始，以此为出发点应该有更深入的汇率理论。

四、利率平价说

利率平价说(Theory of Interest Rate Parity)的基本思想可以追溯到19世纪下半叶,德国经济学家沃尔瑟·洛茨(Walther Lotz)在1889年论及维也纳远期外汇市场上德国马克的汇率时指出,远期马克的升水是由于德国国内较低的利率。洛茨之后,英国经济学家亨利·多伊奇(Henry Deutsch)于1914年论述了远期汇率决定问题。然而,这些人的观点比较零散,缺之系统性和深刻性,没有形成一个完整的理论。直到一战之后,经过凯恩斯系统全面的论述,利息平价理论体系才得以确立,成为一个比较完整的理论。

(一) 利率平价说的主要内容

利息平价理论认为,某种货币远期汇率是由两个国家金融市场上的利率水平决定的。如果不考虑其他因素,远期汇率与即期汇率之间的偏差,等于两国利率水平的差异,两国利率水平的变化,必然引起远期汇率的改变。远期汇率之所以同利率具有此种关系,是因为国际之间资本流动的主要目的是获取投资收益,较高的利率将吸引资本流入,而较低的利率将促使资本外流。资本的流出流入将使汇率发生变化,最终使任何一处的投资都获得相同的收益,也就是说,两国之间的利率差由两国货币之间即期汇率和远期汇率之间的差异所抵消。

利率平价说可分为抵补利率平价(Covered Interest Parity)和非抵补利率平价(Uncovered Interest Parity)两种。

1. 抵补利率平价

假设资金在国际间流动不存在任何交易成本,投资者在国际间进出也不存在任何壁垒,世界上只有两个国家:本国和外国。现在,本国一个投资者持有一笔闲置资金,决定其资金投向的唯一因素是在哪个国家可以获得更高的收益率。假设本国金融市场上一年期存款利率为i,外国金融市场上的利率为i^*,即期汇率为e(直接标价法)。如果投资者投资于本国金融市场,则每单位本国货币到期时的本息为:

$$1+(1\times i)=1+i$$

如果投资于国外金融市场,则首先应将本币在外汇市场上兑换成外国货币;然后用这笔外国货币在外国金融市场上进行为期一年的存款;一年到期后,将到期的外国货币资金本息在外汇市场上兑换成本币。因此,当前,每一单位本币可在金融市场上即期兑换$1/e$单位的外国货币。将这$1/e$单位的外币用于一年期存款,期满时本息为:

$$\frac{1}{e}+\frac{1}{e}\times i^*=\frac{1}{e}(1+i^*)$$

一年后存款到期，假定当时的即期汇率为 e_f，则这笔外币可兑换的本国货币数为：

$$\frac{1}{e}(1+i^*)\times e_f=\frac{e_f}{e}(1+i^*)$$

由于一年后即期汇率 e_f 是不确定的，因此这笔投资的最终收益是难以确定的，或者说这笔投资有很大的风险。为了规避风险，投资者可以在即期购买一年后交割的远期合约，假设此合约上的远期汇率为 f。这样，该笔投资就不存在任何的汇率风险，一年后的收益为 $\frac{f}{e}(1+i^*)$。投资者面临着投资于本国还是外国金融市场的选择，这取决于两种投资方式收益率的高低。

若 $1+i>\frac{f}{e}(1+i^*)$，则投资于本国金融市场；

若 $1+i<\frac{f}{e}(1+i^*)$，则投资于外国金融市场；

若 $1+i=\frac{f}{e}(1+i^*)$，则投资于本国或者外国金融市场都可以。

但是，市场上其他投资者也面临着同样的选择。所以，在 $1+i<\frac{f}{e}(1+i^*)$ 的情况下，众多投资者都会把资金投入外国金融市场，这会导致即期外汇市场上外国货币需求上升，从而使本币贬值（e 增大），远期升值（f 减少），投资外国金融市场收益率下降。只有当两种投资方式的收益率相同时，市场才处于均衡状态。即：

$$1+i=\frac{f}{e}(1+i^*)$$

整理得：

$$\frac{f}{e}=\frac{1+i}{1+i^*}$$

如果用 ρ 表示即期汇率与远期汇率之间的升（贴）水率，则：

$$\rho=\frac{f-e}{e}=\frac{1+i-(1+i^*)}{1+i^*}$$

即：

$$\rho+\rho g^{i^*}=i-i^*$$

由于 ρg^{i^*} 数值非常小，可以忽略不计，因此：

$$\rho=i-i^*$$

上式即为抵补利率平价的一般形式，其经济含义是汇率的远期升（贴）水率等于两国货币的利率之差。若本国利率高于外国利率，则本币远期贬值；若本国利率低于外国利率，则本币远期升值。也就是说，汇率的变动会抵消两国间利率的差异，使金融市场处于平衡状态。[1]

抵补利率平价具有很高的实践价值。事实上，抵补利率平价公式被作为指导公式广泛用于外汇交易中，许多大银行基本上就是根据各国间的利率差异来确定汇率的升（贴）水数。除了外汇市场出现剧烈波动以外，一般来讲，抵补利率平价基本上能很好地成立。当然，由于外汇交易成本以及风险因素的存在，抵补利率平价与实际汇率之间也存在着一定偏差。

2. 非抵补利率平价

实际上，投资者还有另外一种选择可以规避风险，即根据自己对汇率未来变动的预测，不进行相应的远期交易，而是在承担一定汇率风险的情况下进行投资。为简单起见，现假定投资者风险中立。

在不进行远期交易的前提下，投资者通过未来汇率预测来计算投资活动的收益。假设投资者预期一年后的即期汇率为 Ee_f，那么在外国金融市场投资的本息和为$\frac{Ee_f}{e}(1+i^*)$，如果与在本国金融市场投资收益存在差异，那么投资者会通过套利行为使两者一致。这样，当市场出现平衡时，则：

$$1+i=\frac{Ee_f}{e}(1+i^*)$$

整理可得：

$$E\rho=i-i^*$$

$E\rho$ 表示汇率远期变动率，上式即为非抵补利率平价的一般形式，其经济含义为：预期的汇率远期变动率等于两国货币利率之差。在非抵补利率平价成立时，如果本国的利率高于外国的利率，意味着市场预期本币在远期将会贬值；反之，预期本币远期升值。若本国政府提高利率，当市场预期未来的即期汇率不变时，本币的即期汇率将升值。[2]

由于预期的汇率变动率是一个心理变量，难以得到可信的数据进行分析，而且实际意义也不大，因此利用非抵补利率平价的一般形式进行实证检验并不多见。对非抵补利率平价的实证研究一般与对远期外汇的分析相联系，即当 Ee_f 与 f 存在差异时，投机者会认为有利可图，就会通过在远期外汇市场的交易使二者相等，此时，抵补利率平价和非抵补利率平价就会成立，即：

$$f=Ee_f,\quad \rho=E\rho=i-i^*$$

（二）汇率、利率与通货膨胀率

为了更好地理解利率与汇率之间的关系，有必要分析通货膨胀率如何与这两者相联系。如某一投资者选择储蓄作为投资，假设年利率为 10%，而同期通

① 姜波克著：《国际金融新编》，复旦大学出版社 2001 年版，第 102 页。
② 同上书，第 103 页。

货膨胀率也为10%，由于货币的实际购买力下降，使得该投资者的实际收益为零。因此，投资者在作投资选择时，考虑的是他获得的实际收益，而不是名义收益。这表明名义利率要包括通货膨胀预期。通货膨胀对名义利率的预期效应称为费雪效应，它由美国经济学家欧文·费雪(Fisher)提出，因此，通货膨胀率与利率之间的关系式又称"费雪方程"，它可表示为：

$$r = i - \pi^{e}$$

式中，i 为名义利率，r 为实际利率，π^{e} 为预期通货膨胀率，对外国来说，费雪方程同样成立，即：

$$r^{*} = i^{*} - \pi^{e^{*}}$$

根据费雪的假设，当各国不存在资本管制时，国际资本的完全自由流动最终必然导致两国的实际利率相等，即：

$$r = r^{*}$$

将上述前两个公式代入此式后，整理得：

$$i - i^{*} = \pi^{e} - \pi^{e^{*}}$$

如果将此式与利率平价结合起来，就能获得汇率、利率和通货膨胀率之间的关系式：

$$\rho = \frac{f-e}{e} = i - i^{*} = \pi^{e} - \pi^{e^{*}}$$

这表明，在完全竞争和没有资本管制的条件下，即期汇率和远期汇率之间的关系由两国预期的通货膨胀率来确定，而两国的预期通货膨胀率之差又等于两国名义利率的差额。费雪方程、利率平价和购买力平价三者之间的相互联系，为以后各种汇率决定理论的形成和发展提供了基础。

(三) 对利率平价理论的评价

利率平价理论将汇率决定问题从商品市场转移到金融市场，明确指出汇率与利率之间存在着联动关系，由于现实的外汇市场上资金流动非常迅速频繁，使利率平价(主要是抵补利率平价)的前提始终较好地成立，具有坚实的分析基础。利率平价理论还具有较强的实践价值，汇率与利率之间存在的这种联动关系对于预测汇率走势、调整汇率政策有着深远的意义。但是，不容否认，该理论也存在着重大缺陷：第一，该理论在假设上的苛刻使之要成立必须有一个完美市场的存在，而这在事实上是不可能的，国际套利资金活动受限制是引起远期汇率与利息平价偏离的主要原因；第二，与购买力平价理论一样，没说清楚利率与汇率之间到底哪一个是自变量，哪一个是因变量。因此，该理论还是不完整的汇率决定理论。

五、货币分析法

货币主义者认为：汇率是两国货币的相对价格，汇率的变化就是两国货币比价的变化；在不考虑各国货币市场的情况下去分析汇率，是很荒唐的。货币主义者把汇率看成是两国货币的相对价格，而不是两国商品的相对价格，强调货币供求在决定过程中的作用。他们把购买力平价和货币数量方程式有机地结合起来，产生了基于货币供应量和实际产出的一种汇率理论，这就是货币主义的汇率决定理论。

（一）货币数量方程

1. 狭义货币数量方程。实际产出与货币需求之间的联系是货币数量论的核心，在不考虑货币机会成本的情况下，货币数量方程式可表示为：

$$M = KPY$$ ①

式中，M 为货币供应量，Y 为实际产出，P 为商品价格水平，K 为货币行为常数（正系数，等于货币流通速度的倒数）。该式表明，一国的货币供应量与实际产出和价格的乘积成正比，这就是狭义货币数量方程式，由英国经济学家庇古（A. Pigou）于 1920 年最早提出。

2. 广义货币数量方程。狭义货币数量方程仅仅考虑到货币的交易性需求，而没有考虑到货币的其他需求，如投机性需求等。在资本市场上，持有货币的机会成本——利率是影响资本供求的重要因素，借贷双方都将根据利率水平来确定其资本收益的大小。因此，货币数量论者为了弥补狭义货币数量方程式的不足，将其修正为：

$$M/P = KY - hi$$

式中，i 为利率水平，h 为利率系数，M/P 表示实际货币供应量。此式称为广义货币数量方程式。它表明，在交易性需求一定的条件下，即 KPY 保持不变的情况下，当利率升高时，持有货币的机会成本增加，从而导致货币需求减少；相反，当利率下降时，对货币的需求就会增加。广义货币模型，由于引入了利率变量后使其检验变得困难，这种困难主要是来自数学处理上的。因此在实证研究中，货币主义者将广义货币数量方程式表达为：

$$M/P = KY^{\alpha} i^{\beta}$$

式中，α 和 β 均为系数。

① 货币数量方程式的原始形态为 $MV = PY$。式中，V 为货币流通速度，其他变量的含义与文中公式相同，因此 $K = 1/V$。该方程由经济学家费雪最早提出，因此又称为费雪货币数量方程式，而文中的公式称为剑桥方程式。

（二）货币分析法的主要内容

如果假定商品市场价格对外部冲击的反应具有充分弹性，或者说国际贸易会消除贸易商品价格趋势上的差别，则购买力平价成立。将本国和外国的货币数量方程式代入购买力平价，则有：

$$e=\frac{P}{P^*}=\left(\frac{K}{K^*}\right)^{-1}\left(\frac{M}{M^*}\right)\left(\frac{Y}{Y^*}\right)^{-1}$$

在一般情况下，假定 K/K^* 为一常数，则该公式表明汇率由货币市场均衡所决定。当一国货币供应量增长相对过快时，相对价格水平就趋于上升，这时汇率就会下跌；当一国实际产出相对增加时，就会出现超额货币需求，在货币供应量相对不变的情况下，造成相对价格下降，从而导致汇率上升。货币主义者将货币行为系数假定为不变的常数，但事实表明 K/K^* 在任何时刻都是变化的。

货币供应量和实际产出对汇率的影响可以根据图 4-17 作进一步的分析。在 K/K^* 保持不变的情况下，汇率的相对货币供应量弹性和相对实际产出弹性等于 1，即汇率的变化速度与相对货币供应量的变化速度或相对实际产出的变化速度相同。在相对实际产出保持不变的情况下，当一国相对货币供应量从 A 点移到 B 点时，汇率从 e_0 等比例地贬值到 e_1；反之，汇率则同比例上升，如图 4-17(a)所示。在相对货币供应量保持不变的情况下，当一国相对实际产出增长时，直线的斜率减小，如图 4-17(b)所示，从 A 点下降到 B 点，汇率从 e_0 等比例地升值到 e_1。

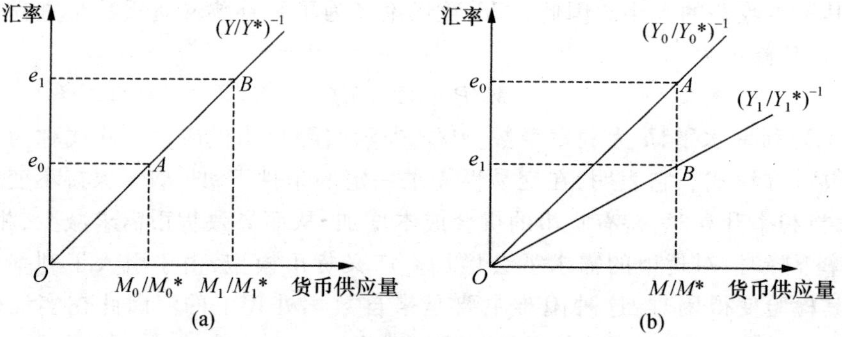

图 4-17　货币供应量和实际产出对汇率的影响

1. 弹性价格货币分析法

弹性价格货币分析法(Flexible Price Monetary Approach)是资产市场法的汇率理论中最为简单的形式，最早由以色列经济学家弗兰克(Frenkel,1975)提出。实际上，弹性价格货币分析法是固定汇率下国际收支决定货币论在浮动汇率条件下的运用，即在固定汇率下，货币决定国际收支的状况，而在浮动汇率制度下，货币对汇率的变化起决定性作用。它强调国际收支是一种货币现象，国际收支的不平衡反映的主要是货币市场的不平衡；在浮动汇率制度下，由于汇率起着调节国际收支的作用，因此货币市场的不平衡将通过汇率反映出来。①

弹性价格货币分析法将其理论建立在三个重要假设之上：第一，价格能够灵活变动，具有充分的弹性；第二，货币需求同某些经济变量存在稳定的关系，即稳定的货币需求方程；第三，购买力平价持续有效。此外，弹性价格分析法认为货币供给是政府可控制的外生变量，货币供给只能引起价格水平的迅速调整，因此利率与实际国民收入都是与货币供给无关的稳定变量。

在这里应用修正后的货币需求函数：

$$M_s = M_d = KPY^{\alpha} i^{\beta}$$

国外的货币需求函数是：

$$M_s^* = M_d^* = K^* P^* Y^{*\alpha} i^{*\beta}$$

购买力平价持续有效，提供了本国和外国之间价格的联系，上面两式联立，解得：

$$e = \frac{P}{P^*} = \frac{K^*}{K}\left(\frac{Y^*}{Y}\right)^{\alpha}\left(\frac{i^*}{i}\right)^{-\beta}\left(\frac{M_s^*}{M_s}\right)^{-1}$$

对此式两边取对数后得：

$$\ln e = (\ln K^* - \ln K) + \alpha(\ln Y^* - \ln Y) + \beta(\ln i - \ln i^*) + (\ln M_s - \ln M_s^*)$$

以上即为弹性价格分析法的基本模型。在前面的分析中，我们假定一国 K 是常量，一般不发生变化，所以，本国与外国的国民收入水平、利率水平和货币供给水平通过影响各自的物价水平，最终决定了两国之间的汇率水平。

货币主义者认为，市场价格是灵活变动的，利率与实际国民收入都是与货币供给无关的稳定变量，货币市场的供求状况是决定汇率水平的主要因素。例如，在其他因素不发生变动时，本国货币供给水平的一次性增加，会造成现有价格水平上的超额货币供给，公众将会增加支出以减少他们持有的货币余额。由于产出不变，额外的支出会使价格水平上升；由于购买力平价的成立，本国价格水平的提高将会带来本国货币的相应贬值。因此，我们可以得出如下结论：在货币模型中，当其他因素保持不变时，本国货币供给的一次性增加将会带来本国价格水平的同比例上升及本国货币的同比例贬值，本国产出与利率则不发生变动。这个过程可用图 4-18 表示。

① 陈雨露主编：《现代金融理论》，中国金融出版社 2000 年版，第 123 页。

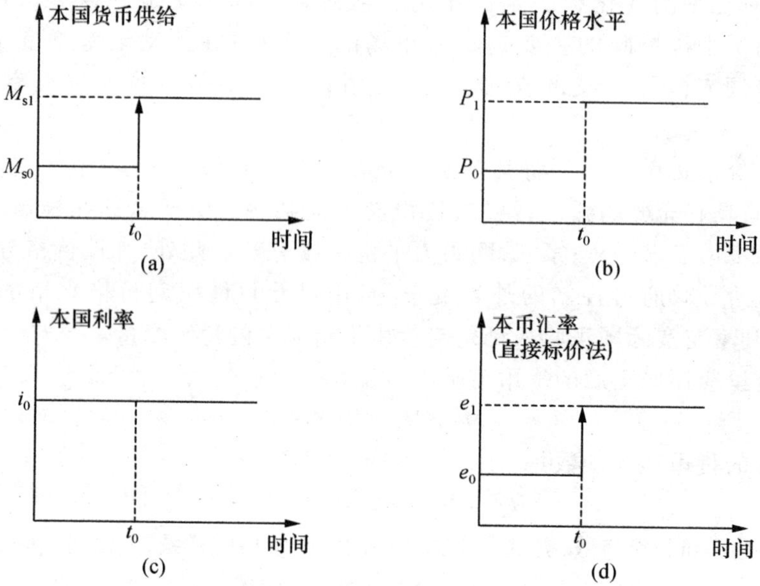

图 4-18　货币模型本币供给一次性增加的影响

弹性价格货币分析法是建立在购买力平价这一前提之上的，但它并不是购买力平价理论的简单翻版，而是具有诸多创新的独立的汇率决定理论，在现代汇率理论中占有重要地位。首先，它将汇率决定理论引入到资产市场，将汇率视为一种资产价格，从而抓住了汇率这一变量的特殊性质，在一定程度上符合资金高度流动这一客观事实，对现实生活中汇率频繁变动提供了一种解释，所以具有较强的生命力。其次，它将汇率同货币供给、利率和收入等宏观经济因素联系起来，赋予了汇率更广泛的经济政策含义。最后，货币模型是一般均衡分析。在这个简单的模型里，实际包含了商品市场的平衡（价格弹性使产出始终不变）、货币市场的平衡（货币供给等于货币需求）、外汇市场的平衡（购买力平价与非抵补利率平价的成立），这使得它与前面的局部平衡模型相区别。但是，弹性价格货币分析法的不足之处也是非常明显的：它建立在购买力平价理论之上，这在现实中值得怀疑；而且其价格具有充分弹性和货币需求稳定的假设，均受到了众多研究者的批评。①

2. 粘性价格货币分析法

粘性价格货币分析法是美国经济学家多恩布什（Dornbush）最早于 1976 年提出的一个汇率模型，又称“超调模型”（Overshooting Model）。其核心思想是：

① 姜波克著：《国际金融新编》，复旦大学出版社 2001 年版，第 112 页。

由于资产市场的价格调整速度非常迅速,而产品市场的价格调整却具有粘性,故其调整速度大大低于资产市场的价格调整速度,所以,当资产市场的供求发生变动时,对各种以货币表示的资产价格往往快速变化,而产品市场的价格调整速度跟不上资产市场的变化,这使得汇率的变动幅度往往大于长期中汇率变化的幅度。

与弹性价格分析法相同,超调模型也认为货币需求是稳定的,非抵补利率平价是成立的。但是它认为商品市场价格存在粘性,因此这导致在基本假定上与弹性价格分析法有两大不同。一方面,它认为购买力平价在短期内不成立。作为一种资产价格,汇率的调整是迅速的,而价格水平的调整是滞后的,这样在短期内不能满足购买力平价的要求,实际汇率会在短期内发生变化;在长期中,价格水平可以充分调整,购买力平价则可以较好地成立。另一方面,由于价格粘性的存在,总供给曲线在不同的时期内有着不同的形状:长期内价格灵活调整,产出不变,总供给曲线是一条垂直直线(如图4-19中的曲线AS_1);短期内价格刚性,总供给曲线是水平的(如图4-19中的曲线AS_2);而在适当的时期内,价格开始缓慢调整,总供给曲线是一条向上倾斜的曲线(如图4-19中的曲线AS_3)。

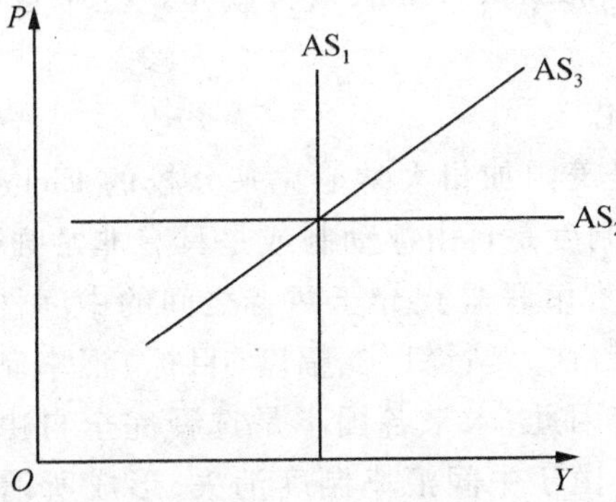

图4-19　不同时期总供给曲线的形状

超调模型在现代汇率理论中具有极为重要的地位。首先,超调模型是对货币主义与凯恩斯主义的一种综合,成为开放经济下汇率分析的一般模型。它避免了不合实际的弹性价格假设,对开放条件下的宏观经济作了较为全面、系统的描述,从而被研究者广泛接受。其次,超调模型首次涉及了汇率的动态调整问题,从而创立了汇率理论的一个重要分支——汇率动态学(Exchange Rate Dynamics)。最后,超调模型具有鲜明的政策含义。既然超调是在资金自由流动条件下汇率自由调整的必然现象,而在这一过程中汇率的过度波动会给金融市场与实际经济带来很大的冲击甚至破坏,那么完全放任资金自由流动、完全自由浮动的汇率制度并不是最合理的,政府有必要对资金流动、汇率乃至整个经济进行干预与管理。但是,超调模型是建立在货币模型分析基础之上的,因此也具有相同的缺陷。同时,作为存量理论的超调模型忽略了对国际收支流量的分析,不能不说是一个很大的遗憾。

第五节 汇率理论的新发展[①]

到20世纪90年代末,随着时间的推移,汇率理论得到不断的完善和发展。在这个时期,西方汇率理论集各家之所成,经济学家们提出了著名的四大汇率理论。

1. 三元冲突(Trilemma)论

20世纪90年代,根据M-F模型,克鲁格曼(Krugman,1999)对开放经济条件下汇率稳定与货币政策独立性之间的关系进行了新的分析,提出了著名的"三元冲突"论,即国际资本的完全自由流动、货币政策的完全独立和汇率的完全稳定三个基本目标之间的"三元冲突",又称为"不可能的三位一体"原理(The Principle of the Impossible Trinity),也就是这三个目标只能同时实现其中的两个。

2. 中间制度消失论

该理论的首倡者是美国加州大学伯克莱分校的Eichengreen(1994)。他认为,唯一可持久的汇率制度是自由浮动制或是具有非常强硬承诺机制的固定汇率制(如货币局制度或货币联盟),介于两者之间的中间性汇率制度,包括软钉住汇率制,如可调节的钉住、爬行钉住、幅度(目标)汇率制以及管理浮动制,都正在消失或应当消失。因此,未来各国不是选择完全自由的浮动汇率制,就是选择硬的钉住汇率制。由于中间汇率制度消失,形成所谓"空缺的中部"(Hollow Middle)现象,因而这一理论又被称为"两极汇率制度论"或"中空汇率制度理论"。

3. 害怕浮动论

该理论是由马里兰大学的Guiller Calve(1999)和Carmen Reinhart(2000)提出的。他们指出:一些被归类为实行浮动汇率制的国家(主要是新兴市场经济体),实际上却在外汇市场上积极地干预汇率,将其汇率维持在对某一货币(通常为美元)的一个狭小幅度内,没有真正让汇率浮动,这反映出这类国家对较大

---

① 资料来源:杨艳秋,"西方汇率理论的发展与评述",《市场论坛》,2006年12月。

的汇率波动存在长期的害怕，这种很低的汇率可变动性是由政策行动有意识地造成的。他们认为，害怕浮动是合理的，是发展中国家本身结构性原因的体现，包括出口结构、产品结构等，最好的办法也是采取美元化。所以，由于害怕浮动，许多国家虽声称放弃可调节的钉住汇率制度转而实行浮动汇率制度，但实际上并非如此，它们其实采用的是软钉住。

4. 原罪论

原罪论由 Barry Eichengreen(1994)和 Hausmann Ricardo(1999)提出。他们认为，如果新兴市场国家的金融市场有较大的脆弱性，会出现两种情况：一国的货币不能用于国际借贷，甚至在本国市场上也不能用本币进行长期借贷，这种情况在发展中国家相当普遍；由于金融市场的不完全性，当进行国内投资时，企业面临一种“魔鬼的选择”(The Devil's Choice)：如果从国外借贷，存在货币错配(Currency Mismatch)，如果从国内借贷，用短期贷款来做长期用途而出现期限错配(Maturity Mismatch)。在发达国家，由于其企业可以在国际市场上获得本币贷款，不存在这种原罪现象。

随着世界各国经济的发展，各国贸易联系的日益密切，在经济全球化的趋势之下，各国只有合理安排汇率制度，制定恰当的汇率政策，才能实现本国经济的内部均衡与外部均衡。而各国要做到这一点，需要汇率理论的指导。

尽管汇率理论发展至今，仍没有一个让人完全信服的结论，但它是随着时间、自身分析工具的不断更新和改进而不断发展和完善的。一国进行汇率制度选择的目标是多重的，它包括国内宏观经济稳定、促进对外贸易和投资、资本开放后的危机预防以及国际货币合作等。中国正处于转型时期，研究汇率理论的发展史，对于我国制定合理的汇率制度，更有重要的意义。

本章重要术语

外汇	汇率	直接标价法
间接标价法	基本汇率	套算汇率
官方汇率	市场汇率	即期汇率
远期汇率	直接报价	掉期率
贴水	升水	平价
名义汇率	实际汇率	均衡汇率
直接干预	间接干预	货币替代
国际借贷说	国际收支说	购买力平价
一价定律	绝对购买力平价	相对购买力平价
利率平价说	抵补利率平价	非抵补利率平价
费雪方程	货币分析法	货币数量方程

弹性价格货币分析法　　粘性价格货币分析法　　超调模型

本章小结

- 汇率是以一种外币单位表示的另外一种外币的价格。汇率的表达方式有直接标价法和间接标价法两种。根据不同的划分标准,汇率可以分为基本汇率和套算汇率、买入汇率和卖出汇率、电汇汇率、信汇汇率和票汇汇率、官方汇率和市场汇率、即期汇率和远期汇率、名义汇率和实际汇率等。

- 均衡汇率水平即为外汇市场外汇供求平衡时的汇率水平。综合来说,影响外汇供求的因素有国际收支、相对通货膨胀率、相对利率、相对收入水平、心理预期、政府管制等。应该注意的是,这些因素对汇率的影响绝不是孤立和绝对的,它们交织在一起,错综复杂。因此,在分析汇率变动的时候,应该综合考虑多方面因素的影响。

- 国际借贷说认为,两种货币之间的汇率是由供给与需求决定的,而各种货币的供求主要由各国的国际借贷状况所决定。国际借贷说没有论证汇率决定的基础,很难进一步对汇率变动做出解释。

- 国际收支说从对国际收支的分析入手,着重研究对国际收支能够施加影响的各种因素。但是,国际收支说只是指出了汇率与其他变量之间存在着联系,尚不能视为完整的汇率决定理论。

- 购买力平价说历史非常悠久,它的理论基础是一价定律。绝对购买力平价认为汇率取决于以不同货币衡量的可贸易商品的价格水平之比,即不同货币对可贸易商品的购买力之比。相对购买力平价说明的是价格水平变动与汇率水平变动之间的关系,即价格和汇率会在保持各国货币的国内和国外购买力不变的情况下发生变化。

- 利息平价理论认为,某种货币远期汇率是由两个国家金融市场上的利率水平决定的。利率平价说可分为抵补利率平价和非抵补利率平价两种。抵补利率平价认为汇率的远期升、贴水率等于两国货币的利率之差。非抵补利率平价引入预期因素,认为预期的汇率远期变动率等于两国货币利率之差。

- 弹性价格货币分析法是固定汇率下国际收支决定货币论在浮动汇率条件下的运用,即在浮动汇率制度下,货币对汇率的变化起决定性作用。粘性价格货币分析法又称“超调模型”。该理论认为产品市场的价格调整速度要慢于资产市场的价格调整速度,由此导致了短期汇率的变动幅度往往大于长期中汇率变化的幅度。

- 货币主义者认为汇率是由两国相对货币供求所决定的,汇率的资产组合分析法则试图把这一概念引申到所有金融资产,试图揭示资产组合和财富的积累过程对汇率的影响。它将存量分析与流量分析、短期分析与长期分析、凯恩斯主义侧重商品市场的考察与货币主义偏重货币市场的考察结合起来,因此将汇率模型对各种因素的综合程度提高到了前所未有的程度,使原有的各种理论都能被较好地融入这一模型中。

- 随着汇率理论的不断完善和发展,到 20 世纪 90 年代末,西方经济学家提出了著名的四大汇率理论,即三元冲突论、中间制度消失论、害怕浮动论和原罪论。在经济全球化的趋势下,各国只有合理安排汇率制度,制定恰当的汇率政策,才能实现本国经济的内外均衡。

相关网络地址

- http://www. safe. gov. cn:国家外汇管理局官方网站,可以查询到中国历年国际收支和国际储备每年、每月的历史性数据和最新数据;
- http://www. globefinance. net:“世界汇金网”,可以查询国内外金融市场、金融机构动态、金融市场监管、专业研究报告、证券外汇交易、产业经济领域的相关资料;
- http://www. finance. sina. com. cn:新浪网中的“财经网站”,可以查询到每天外汇汇率、利率、股票市场、债券市场、各国金融政策等方面的最新发展动态和相关数据;
- http://www. finance. sohu. com. cn:搜狐网中的“财经网站”,可以查询到每天最新的外汇市场动态和相关数字;
- http://www. bocjs. jsinfo. net:“中国银行资讯”,可以查询到外汇汇率即时牌价显示,且资料每分钟进行刷新;
- http://www. chinaccm. com:“中华商务网”,可以查询中国银行每天公布的外汇牌价。

简答题

1. 什么是外汇? 构成外汇必须具备哪些要素?

2. 什么是外汇汇率? 外汇汇率有哪几种标价方法?

3. 什么是即期汇率和远期汇率? 二者有什么联系?

4. 简述汇率贬值是如何影响一国物价水平的。

5. 简述影响汇率变动的因素有哪些。

6. 在 20 世纪 90 年代前期,俄罗斯力图进口更多的商品,但却几乎没有什么商品可用来出口,另外,俄罗斯通货膨胀率也很高,请解释这些因素会如何影响俄罗斯货币。

7. 什么是“货币替代”? 什么是“资金外逃”? 自 2002 年,中国国际收支平衡表中净误差和遗漏项目首次出现在了贷方,其原因是什么? 此种现象和人民币汇率变动有联系吗?

8. 计算分析题:

(1) 某日汇率为 USD1 = RMB8. 3000/8. 3010, USD1 = DEM2. 6070/2. 6080,请问人民币对德国马克的汇率是多少?

(2) 某日中国香港市场的汇价是 1 美元 = 7. 6220/7. 6254 港元,3 个月远期 27/31,试分析说明 3 个月远期港元汇率的变动及美元汇率的变动。

(3) Smart Banking 公司可能借入年利率为 6% 的 500 万美元。它可以把该笔资金投入购买加拿大元且年利率为 9%,借期为 6 天。1 加拿大元值 0. 95 美元,并预计 6 天后值 0. 94 美元。根据已知条件,Smart Banking 公司应该借入美元投资购买加拿大元吗? 美元损益会是多少?

9. 20 世纪 60 年代后期,英国采取了英镑贬值的方式以期改善日益恶化的贸易收支,但是在措施采取的前一段时间内,贸易收支不但没有改善,反而逆差更加严重。请结合所学知识解释这种现象。

10. 什么是一价定律? 它成立的条件是什么?

11. 评述购买力平价的基本内容。

12. 假设美元利率和英镑利率均为每年5%。当前的美元/英镑汇率与预期美元/英镑汇率之间有什么联系?假设预期美元/英镑汇率为每英镑1.52美元并保持不变,英国的年利率升至10%,如果美国的利率仍然保持不变,那么,新的均衡汇率是多少?

13. 某国货币的汇率值(外币的本币值)已在数年中保持稳定。该国现在大幅度地减少货币供给。该国的产品价格水平并未立即受到影响,但会在今后几年中逐渐降低(相对于不减少货币供给的情况)。

(1) 当宣布和实施减少货币供给时,汇率为何会发生大幅度的变化?

(2) 在今后几年中,汇率走势将是如何?为什么?

14. 作为一名外汇交易者,对于出现在电脑屏幕上的如下新闻,你将采取何种行动?

(1) 墨西哥的石油储备被证明比原来该国所宣称的要小得多。

(2) 加拿大社会信用党在大选中获胜,该党承诺要大规模扩大货币和信用供给。

15. 简述资产组合法的经济意义。

思考题

1. 试分析汇率变动会给一国经济带来哪些影响。

2. 试分析在以下三种情况下,美国对马克的需求、可供出售的马克的供给和德国马克的均衡汇率将会受到怎样的影响。

(1) 美国的通货膨胀率相对于德国的通货膨胀率更高;

(2) 美国的收入水平比德国的收入水平上升幅度大得多;

(3) 美国的利率相对于德国的利率升高。

3. 试利用本章介绍的汇率决定理论对近年来人民币汇率变动情况进行分析。

第五章 汇率制度

5

- 汇率制度的分类
- 汇率制度的演进与发展
- 汇率制度的选择
- 中国汇率制度改革

[知识要求]

通过本章的学习,掌握

- 汇率制度的分类及其特点;
- 汇率制度的演进过程及其特点;
- 固定汇率制与浮动汇率制的优劣比较;
- 最优货币区理论的主要内容和欧盟经济一体化的实践。

[技能要求]

通过本章的学习,能够

- 对汇率制度选择做出判断;
- 分析人民币汇率变化对中国经济的影响。

第一节　汇率制度的分类

汇率制度(Exchange Rate System)又称汇率安排,是指一国货币当局对本国汇率变动的基本方式所作的一系列安排或规定,表明各国货币比价确定的原则和方式,包括货币比价变动的界限、调整手段以及维持货币比价所采取的措施等,是国际货币制度的主要内容之一。汇率制度根据不同的标准有以下几种分类:

一、固定汇率制度

固定汇率制度(Fixed Exchange Rate System),即两国货币比价基本固定,并把两国货币比价的波动幅度控制在一定的范围内,是金本位制度时代流传下来的汇率制度。自19世纪中后期金本位制在西方各国确定以来,直到1973年,世界各国的汇率制度基本上属于固定汇率制度。固定汇率制包括金本位制下的固定汇率和纸币流通制下的固定汇率。

(一)金本位制下的固定汇率

在金本位制度下,金币的含金量是决定汇率的基础。黄金输送点是汇率波动的界限,汇率变化的幅度很小,基本上是固定的。在这种汇率制度下,汇率在少数西方国家保持相对稳定,至于大多数殖民地和附属国,汇率还是不稳定的。

(二)纸币流通制下的固定汇率

金本位制崩溃后,各国都实行了纸币流通制度。纸币流通制下的固定汇率制，在二战后的布雷顿森林体系中表现得最为典型。如果在外汇市场上两国汇率的波动超过规定的幅度，有关国家的货币当局有义务出来干涉维持。布雷顿森林体系下以美元为中心的固定汇率制度与金本位制下的固定汇率制度的本质区别主要在于，在布雷顿森林体系下的固定汇率制是通过国际间的协议（《布雷顿森林协定》）人为建立起来的，各国当局通过规定虚设的黄金平价来制定中心汇率，而且现实汇率也是通过外汇干预、外汇管制或国内经济政策等措施被维持在人为规定的狭小范围内波动。纸币流通条件下固定汇率制度的特点在于法定汇率一经确立，不得随意变更，市场汇率波动又可得到各国政府的控制，使各国汇率可以保持相当程度的稳定。

二、浮动汇率制度

浮动汇率制度（Floating Exchange Rate System）是在固定汇率制度破产以后，主要西方国家从 1973 年开始普遍实行的一种汇率制度。在浮动汇率制度下，政府对汇率不予固定，也不规定波动的界限，听任外汇市场根据外汇的供求情况，自行决定本国货币对外国货币的汇率。外国货币供过于求时，外国货币的价格就下跌，外币汇率就下浮；外国货币供不应求时，外国货币价格就上涨，外币汇率就上浮。

1. 按照政府是否干预，浮动汇率制可分为自由浮动（Free Floating）和管理浮动（Management Floating）两种。其中，自由浮动，又称“清洁浮动”（Clean Floating），是指政府对外汇市场不加任何干预，完全听任外汇市场供求的力量，自发地决定本国货币的汇率。管理浮动，又称“肮脏浮动”（Dirty Floating），是指政府对外汇市场进行或明或暗的干预，以使市场汇率朝有利于自己的方向浮动。

2. 按照汇率浮动方式，浮动汇率制包括单独浮动、联合浮动、钉住汇率制和联系汇率制四种类型。

（1）单独浮动（Independently Floating），是指一国货币不与其他国家货币发生固定联系，其汇率根据外汇市场的供求变化而自动调整。如英镑、美元、日元等货币均属单独浮动。

（2）联合浮动（Joint Floating），又称共同浮动，即国家集团在成员国之间实行固定汇率，同时对非成员国货币实行共升共降的浮动汇率。在欧元推出之前，欧洲货币体系成员国是实行联合浮动的典型。

（3）钉住汇率制（Pegged Exchange Rate System），即一国货币同某种外币保持固定比价关系，随该外币的浮动而浮动。钉住汇率制可分为钉住单一货币浮动和钉住合成货币浮动；还可细分为水平带内钉住汇率制度和爬行钉住汇率制度。其中,在水平带内钉住汇率制度下,政府首先确定一个中心汇率,并允许实际汇率在一个水平状范围内波动(见图 5-1),从而既具有了浮动汇率制的灵活性,又具有了固定汇率制的稳定性。在爬行钉住汇率制度下,政府每隔一段时间,就对本国货币进行一次较小幅度的贬值或升值。如图 5-2 所示,这是一种有代表性的爬行带状浮动汇率制,实际汇率在一定的波幅之间沿着不断调整的中心汇率进行波动,可以向前爬行,即以过去的经济指标(如通货膨胀差异)等来确定爬行幅度;也可以是向后爬行,即根据预期变化或想要达到的汇率目标来确定爬行幅度。

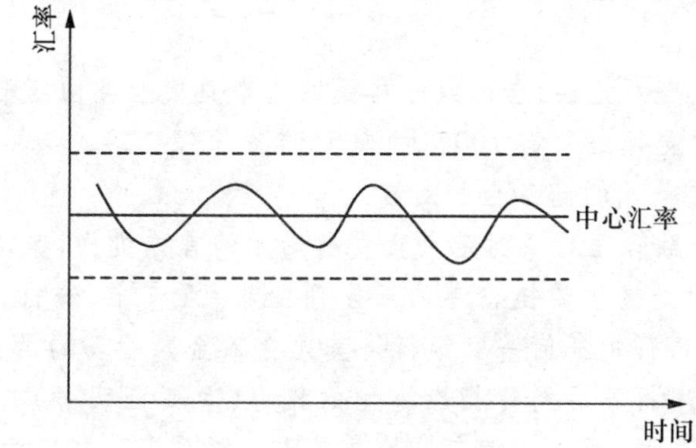

图 5-1 水平带内钉住汇率制度

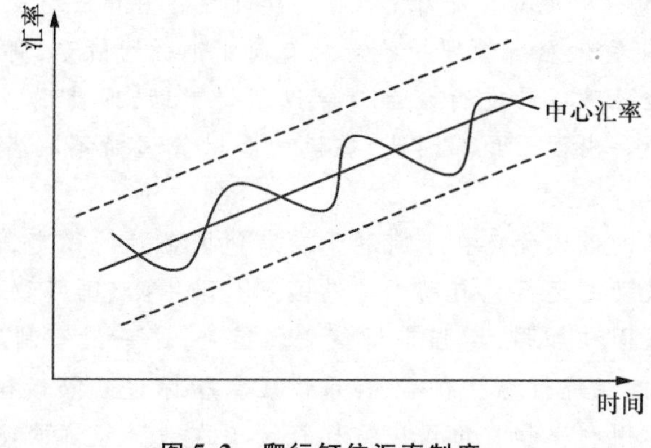

图 5-2 爬行钉住汇率制度

(4) 联系汇率制(The Tie Exchange Rate System)。联系汇率制是一种特殊的钉住汇率制,但又不同于一般的钉住汇率制,最具有典型意义的是港元联系汇率制(见专栏 5-1)。

专栏 5-1

中国香港的联系汇率制度

1983 年 10 月 15 日，中国香港实行联系汇率制，其主要内容如下：

1. 选定美元做锚货币(Anchor Currency)，港元对美元的官方汇率锁定为 1 美元 =7.8 港元。

2. 港元完全可兑换，居民或非居民的货币兑换业务由商业银行负责经营。

3. 港元的发行必须有 100% 的美元储备作保证。这意味着若要发行 7.8 港元，必须有 1 美元的储备金相对应。

4. 香港金融管理局虽然是负责发行港元的官方机构，但法律规定其本身并不发行港元，而是授权委托香港的三家商业银行(汇丰、渣打、中银)发行港元。即这三家商业银行中任何一家银行将美元存入金融管理局的外汇基金，即可以获得按官方汇率折算后发行相应港元的权力(负债证明书)。这一特点不同于通常的货币局制度，而这一特点恰恰又是香港联系汇率制度的最成功之处。

5. 香港金融管理局是负责港元发行的官方机构，但对港元的发行量、名义汇率、名义利率都没有决定权。发行量只能与美元储备量和法定官方汇率挂钩。

6. 法律规定香港金融管理局不得持有商业银行的债券，商业银行运营发生困难时不能向金融管理局发行金融债券以获得帮助，即使商业银行面临破产，金融管理局也不得出面干预。因此，香港的金融管理局不具备中央银行的“最后贷款者”职能。

联系汇率制的最大优点在于有利于香港地区金融的稳定，而市场汇率围绕联系汇率窄幅波动的运行也有助于香港国际金融中心、国际贸易中心和国际航运中心地位的巩固和加强，增强市场信心。但是，这一汇率制度也存在一些缺点，如它使香港的经济行为及利率、货币供应量指标过分依赖和受制于美国，从而严重削弱了运用利率和货币供应量杠杆调节本地区经济的能力；它使通过汇率调节国际收支的功能无从发挥；它被认为促成了香港地区高通货膨胀与实际负利率并存的局面。因此目前对于联系汇率制是留是弃，是一个颇有争议且又十分敏感的问题。

资料来源：于润编著，《国际金融管理》，南京大学出版社 2002 年版，第 104—106 页。

目前各国实行的汇率制度,可参见IMF进行的汇率制度分类(见表5-1)。

表5-1 1999年IMF对汇率制度的分类

汇率制度	国家数目				
	1999年1月1日	1999年9月30日	1999年12月31日	2000年12月31日	2005年12月31日
1. 无独立法定货币的汇率安排	37	37	37	38	41
2. 货币局制度	8	8	8	8	7
3. 固定钉住制度	39	44	45	44	42
4. 水平带内钉住制度	12	7	6	7	5
5. 爬行钉住制度	6	5	5	5	5
6. 爬行带状浮动制度	10	7	7	6	1
7. 肮脏浮动制度	26	26	26	32	52
8. 自由浮动制度	47	51	51	46	34

注:从第1类到第8类,汇率的变化按顺序从完全固定到完全浮动。

资料来源:IMF,《国际金融统计》,1999年4月,2001年5月,2006年5月。

第二节 汇率制度的演进与发展

作为货币制度的核心部分,汇率制度这种制度性安排必然受到货币制度的影响和制约。可以说,有什么样的货币体系就要求有什么样的汇率制度与之相适应,一定是一国货币与他国货币之间的汇率能够按照相应的规则来确定与维持,才能达到促进国际贸易和国际金融活动的目的。

一、国际金本位制下的固定汇率制

19世纪70年代以前,国际货币体系处于金银复本位制度下,货币供求具有自动调节机制,因而货币之间的汇率具有内生的稳定性。

到19世纪70年代末,世界上主要的经济大国都相继实行了金本位制,国际货币制度才正式过渡到了国际金本位制(见表5-2)。根据表5-2,我们可以把1880年作为国际货币体系的分水岭,1880年以前为国际金银复本位制时期,1880—1914年为国际金本位制时期。

表5-2 主要国家实行金本位制的时间

国家	英国	加拿大	德国	瑞典	挪威	芬兰	法国	瑞士	比利时	意大利	美国	日本	俄国
时间	1821	1867	1873	1874	1874	1874	1878	1878	1878	1878	1879	1897	1897

资料来源:Panic, M., *European Monetary Union*, 1992, pp.34—35。

国际性的金本位制在世界史上是相对短暂的，但是在这一段历史时期内，金本位制对稳定本国和国际经济起到了重要作用，如国内物价稳定机制、汇率稳定、国际收支稳定调节机制等。但是，金本位制的下列不足可能抵消它所带来的好处：金本位制大大限制了使用货币政策对付失业的能力；只有当黄金与其他产品或服务的相对价格稳定时，将货币与黄金挂钩的做法才能确保总体价格水平的稳定，而实际上，黄金相对价格的变化所引致的价格水平的波动是非常大的。基于这些问题，当各国经济增长时，除非能源源不断地发现新的黄金，否则中央银行无法增加其持有的国际储备。金本位制给主要的黄金产出国，如南非和俄国，以通过出售黄金来影响世界宏观经济状况的巨大能力。①

二、布雷顿森林体系——以美元为中心的固定汇率体系

第二次世界大战使资本主义国家之间的实力对比发生了巨大的变化，美国已成为资本主义世界最大的债权国和经济实力最雄厚的国家，这为建立美元的霸权地位创造了必要的条件。1944 年 7 月，在美国新罕布什尔州的布雷顿森林城召开了 44 国参加的“联合和联盟国家国际货币金融会议”，通过了《国际货币基金协定》(International Monetary Fund Agreement)和《国际复兴开发银行协定》(International Bank of Reconstruction and Development Agreement)，总称《布雷顿森林协定》。该协定确定了二战后以美元为中心的固定汇率体系的原则和运行机制，因此把二战后以固定汇率制为基本特征的国际金融体系称作布雷顿森林体系。

(一) 布雷顿森林体系的主要内容

1. 实行“双挂钩”制。一是美元与黄金直接挂钩。根据《国际货币基金协定》第四条第一款规定，“各会员国货币的平价应以黄金作为共同单位，或以1944 年 7 月 1 日所含黄金重量与成色的美元”表示之。这里美元指的是举行联合国货币金融会议时的美元，也就是说，1934 年 1 月美元实行币制改革时所规定的 1 美元含金量为 0.888671 克，1 盎司黄金 =35 美元这个黄金官价的美元。各国政府或中央银行可以随时用美元按黄金官价向美国兑换黄金。二是其他货币与美元挂钩，即各国货币与美元保持稳定的汇率。各国货币与美元的汇率可按各自货币的含金量确定，或者不规定含金量而只规定与美元的汇率。

2. 维持固定汇率制度的措施。《国际货币基金协定》规定：会员国除因改正国际收支不平衡的需要外，不得提议变更其货币平价；会员国的货币平价必

① 〔美〕保罗·克鲁格曼著：《国际经济学》，海闻译，中国人民大学出版社 1998 年版，第 487—488 页。

须经该国提议,并与基金组织协商后才能变更;会员国货币对美元的汇率,一般只能在法定汇率上下1%的范围内波动;各国政府有义务干预金融市场的外汇汇率,以便保持外汇市场的稳定。汇兑平价介于金本位制的永久性固定汇率和完全自由的浮动汇率之间,因此这种货币体系又被称为"可调整的钉住体系"。①

以上内容中,美元可以兑换黄金和各国实行固定汇率制是布雷顿森林体系的两大支柱。基于这一体系是以黄金为基础,以美元作为最主要的国际储备货币,人们又把它称为黄金—美元本位制。实际上,这也是一种世界金汇兑本位制。由此可见,布雷顿森林体系的特点在于建立了世界性的国际货币金融组织,如IMF、国际复兴开发银行等;签订了具有一定约束力的《国际货币基金协定》;建立了现代国际货币金融管理所必需的各项制度,如国际汇率制度、国际储备制度、国际清算制度、国际收支调节制度等。因此,战后的国际货币体系同历史上的国际货币体系相比,有了明显的改进。

(二) 布雷顿森林体系的积极作用

总的来说,布雷顿森林体系的建立是符合当时世界经济形势的,支撑了整个20世纪60年代资本主义世界高速增长的"黄金时代",对全球经济贸易发展起了积极作用。②

1. 促进了战后国际贸易的迅速发展和生产国际化。各国严格遵守国际通行的固定汇率制,保持汇率的稳定,消除了国际贸易及对外投资的汇率风险,极大地推动了国际贸易和资本流动。据统计,1948—1971年,资本主义世界的出口贸易平均每年增长8%,大大高于一战期间的0.8%。

2. 缓解了各国国际收支困难,保障了各国稳定、高速发展。IMF不仅为各国提供部分应急措施,还指导并协助各国进行国内经济政策调整,减少了国际收支不平衡对经济发展的制约。

3. 树立了开展广泛国际货币合作的典范。布雷顿森林体系建立常设IMF来协调国际货币问题,该组织吸收了一百四十多个国家参加,每年召开一次全体成员会议,就国际金融问题交换意见,在共同讨论基础上做出决策。在稳定汇率方面,IMF与"十国集团"之间的互相协调已受到世界范围的首肯,通过IMF这样庞大的国际金融组织来协调解决国际金融问题,开辟了国际金融政策协调的新时代。

(三) 布雷顿森林体系的内在矛盾和危机

布雷顿森林体系实际上也是一种世界金汇兑本位制度,它继承了战前的金

---

① 王曼怡主编:《国际金融学》,中国经济出版社2001年版,第121页。
② 同上书,第122页。

汇兑本位制度的致命弱点,即基准货币国家与依附国家相互牵连。

1. 僵化的汇兑体系不适应经济格局的变动。布雷顿森林体系把维持固定汇率制放在首位,成员国在国际收支根本不平衡时可以申请改变汇率。事实上,各国改变汇率的次数极少,1948—1967 年的 20 年间,只有一国货币升值,12 个国家汇率没有任何变动,27 个国家的货币有一次贬值,24 个国家的货币贬值过两次或三次(见表 5-3)。然而,这 21 年中,西方主要国家的经济实力和地位已经发生了很大变化,反映在国际收支上,美国是持续逆差,英法两国逆差年份多于顺差年份,日本和联邦德国积累了大量的巨额顺差。如果排除各国央行的强力干预,美元、英镑、法国法郎贬值,日元、联邦德国马克升值是必然之举。但是,布雷顿森林体系的准则不能轻易突破,美国宁愿美元高估,背上出口缓慢的包袱,而继续享受美元作为国际货币而带来的"铸币税"收益,也不愿使美元贬值,而失去无偿或廉价占用他国实际资源的好处。另一方面,美元逐渐失去出口竞争力和海外市场,日本和联邦德国却因被迫收购美元维护平价而输入通货膨胀。这种僵化的状态违背了建立"可调整的钉住汇率体系"的初衷,矛盾的积累最终冲破了布雷顿森林体系的约束机制。

表 5-3 货币贬值百分比(1948—1967) 单位:%

贬值百分比	国家总数	工业国家	发展中国家和地区				
			亚洲	非洲	欧洲	拉丁美洲	中东地区
无贬值或有升值	13	3	0	2	0	7	1
低于 30%	12	6	0	0	1	3	2
30%—39%	22	5	4	9	0	1	3
40%—75%	39	6	6	18	2	5	2
75% 以上	23	2	4	6	2	7	2
总计	109	22	14	35	5	23	10

资料来源:转引自王曼怡主编,《国际金融学》,中国经济出版社 2001 年版,第 123 页。

2. IMF 协调解决国际收支不平衡的能力有限。布雷顿森林体系的一个显著特征是利用 IMF 调节各国国际收支不平衡。但是一方面,由于汇率机制的内在矛盾,各国国际收支问题日益严重,向 IMF 的贷款要求大大超过 IMF 的财力。另一方面,按照 IMF 贷款金额与份额相联系的要求,贸易条件不断恶化、国际收支困难尤其严重的发展中国家得到的贷款很少。

3. 无法解决的"特里芬难题"。美国经济学家 R. 特里芬对布雷顿森林体系进行分析研究后指出:如果没有别的储备货币来取代美元,以美元为中心的汇兑平价体系必将崩溃。这是因为,美元作为黄金的代表,即为了满足世界各国对美元储备增加的需要,美国只能通过对外负债的形式提供美元,而美国国际收支长期逆差,则会造成美元大量过剩,从而引起美元危机或降低美元信用。反之,如果为了保持美元的稳定,美国就应保持国际收支顺差,那么各国将因缺乏必要的国际清偿手段而降低生产和贸易发展速度。美元在布雷顿森林体系下的这种两难处境,被称为"特里芬难题"(Triffen Dilemma)。

随着时间的推移和上述矛盾的不断发展,布雷顿森林体系很快就陷入了全面的美元危机之中(见专栏 5-2),并最终导致了该体系的全面崩溃。

专栏 5-2

频发的"美元危机"

1960—1973 年,先后爆发过 11 次美元危机,大致可分为以下几个阶段:

1. 1960 年 10 月,美国对外短期债务总额达到 210 亿美元,超过国内黄金储备总额 187 亿美元,美国无力承担向外国政府按照黄金官价美元兑换黄金的义务,这就进一步掀起了国际金融市场上大量抛售美元,抢购黄金及其他硬通货的浪潮。其结果是战后第一次美元危机全面爆发。为了维持黄金官价水平以及美元对外价值,美国与其他主要发达国家签订了《维持黄金价格协定》和《巴塞尔协定》,建立黄金总库(Gold Pool),签订了《借款总安排》(General Arrangement to Borrow)和《互换货币协定》(Reciprocal Currency Agreement or SWAP Agreement),其目的是平抑金价,稳定住美元的跌势。

2. 1968 年 3 月,美元危机再度爆发。危机中,巴黎金价猛涨到 44.36 美元/盎司,仅半个月时间美国黄金储备流失达 14 亿美元。美国经不住巨额黄金流失,被迫采取"黄金双轨制"(Gold Dual Price System)。"黄金双轨制"的实行,表明美国经济地位的进一步衰退和美元霸权地位的动摇。

3. 20 世纪 70 年代以后,美元危机频繁爆发。特别是 1971 年,美国出现了自 1893 年以来第一次外贸逆差,使国际收支进一步恶化。同年 5 月和 7 月,连续爆发了两次美元危机。危机中,西欧各国纷纷抛出美元,抢购黄金和硬通货,使美国黄金储备急剧缩减到 102 亿美元,而其对外短期债务却猛增到 520 亿美元,黄金储备仅及对外短期负债的 1/5。鉴于这种情况,当时的尼克松政府只得于同年 8 月 15 日实行"新经济政策",主要内容是停止履行对外国政府或中央银行以美元兑换黄金的义务,并对进口商品征收 10% 的进口附加税,施加压力迫使联邦德国和日本等国实行货币升值,以改善美国国际收支状况。同时,为了进一步抑制事态的发展，西方“十国集团”于1971年12月达成了《史密森协议》(Smithsonian Institute Agreement)。其主要内容是美元对黄金贬值7.89%，黄金官价从每盎司35美元提高到38美元；各国货币对美元汇率的波动可容许幅度由原来的±1%扩大到±2.25%。《史密森协议》的签订并没有解决各国货币关系中的根本性问题，只是对付美元危机的暂时性措施。

4. 1972—1973年年初，又连续爆发了两次美元危机。美国政府不得不再次将美元贬值10%，每盎司黄金官价提高到42.22美元。面对美元危机的频繁爆发，各主要资本主义国家纷纷放弃本国货币同美元的固定汇率，普遍实行单独浮动或共同浮动的汇率制度。战后初期建立的以美元为中心的布雷顿森林体系陷入了全面的危机之中。

资料来源：王曼怡主编，《国际金融学》，中国经济出版社2001年版，第125—126页。

三、牙买加体系下的多元汇率制度

布雷顿森林体系崩溃以后，各国普遍实行了浮动汇率。汇率的变动由外汇市场的供求情况自行决定涨落，进而加剧了国际金融市场的动荡与混乱。1976年1月，IMF在牙买加首都金斯敦举行会议，就许多有关国际货币制度的问题达成协议，并建议修改《国际货币基金协定》的条款。1976年4月，IMF理事会通过了货币基金协定修改草案，并送交各成员国家完成立法批准手续。1978年4月1日，修改后的《国际货币基金协定》正式生效。由于这个协定是牙买加会议的产物，所以称为“牙买加协定”，国际上把牙买加协定后的国际货币体系称为“牙买加体系”。

牙买加体系的主要内容概括起来有：

1. 承认了浮动汇率合法化。1973年美元危机以后，西方国家普遍实行了浮动汇率制度，几年后已成事实。因此，IMF只好使之合法化，成员国可以自行选择汇率制度，事实上承认固定汇率制度与移动汇率制度并存。

2. 增加成员国的基金份额。IMF成员国的基金份额，从原来的292亿特别提款权增加到390亿特别提款权，即增加33.6%。各成员国基金份额的比重有升降：石油输出国的比重由5%提高到10%，德国和日本也有所增加，其他西方工业国家都有所下降。

3. 降低了黄金在国际货币体系中的作用。新条款废除了原协定中所有的黄金条款，割断了黄金与货币的联系，黄金不再作为各国货币定值的标准。废除黄金官价，成员国之间可以在自由市场上买卖黄金。

四、对汇率制度的评价

当前的国际货币制度是多元国际储备条件下的管理浮动汇率制，其特点是多元化和分散化，以及各国有相对灵活的国内宏观政策选择。这样的制度不是政治家和经济学家的主观选择，而是布雷顿森林体系垮台后经济规律的发展使然。纵观国际货币体系的演变过程，一百多年来的大部分时间实行的是固定汇率制度，然后是第一次世界大战后短暂的浮动汇率时期，以后又是国际金汇兑本位的固定汇率制度，崩溃后继之以20世纪30年代的管理浮动时期，然后又是布雷顿森林体系下可调整的固定汇率制度，最后是当前的有管理的浮动汇率制度（见表5-4）。

表5-4　国际货币制度和国际汇率制度的演进

类别	国际金银复本位和金本位时期		两次世界大战之间动荡时期			布雷顿森林体系时期	牙买加体系时期
	1880年以前	1880—1914年	1918—1925年	1925—1931年	1931—1939年	1944—1973年	1976年以后
国际货币制度	国际金银复本位制	国际金本位制	动荡不定	国际金汇兑本位制	货币集团并存	布雷顿森林体系下黄金—美元本位制	牙买加体系下信用货币本位制
国际汇率制度	内生的固定汇率制度		自由浮动汇率制度	固定汇率制度	货币集团间浮动汇率制	可调整的或外生的固定汇率制度	混合汇率制度

然而，国际货币体系的发展不是简单的固定和浮动汇率的交错轮回。国际金本位时期的固定汇率制度和布雷顿森林体系的固定汇率制度有很大的不同：前者是严格不变的，建立在政府不干预经济的自由竞争基础之上；而后者在理论上是可调整的，是主要国家国际货币合作的产物。在采用浮动汇率的各个时期，20世纪20年代和30年代以及当前的浮动汇率制度也都有很大的不同。20年代的浮动汇率时期，是第一次世界大战后各主要国家努力恢复金本位固定汇率制度的过程，汇率虽然是真正的不加干预自由浮动，但汇率却没有成为国际收支调节的工具。30年代的浮动汇率是金汇兑本位制崩溃的产物，各国之间矛盾激化，外汇管制，货币区域隔绝，各国货币竞相贬值转嫁危机，没有国际合作的可能。目前的国际货币制度虽不是国际货币合作的产物，但事实上各主要国家之间一直在寻求合作的方式，试图降低汇率波动的幅度，避免国际金融危机的爆发。

在一百多年的国际货币制度演变历程中，总的变化趋势是制度的弹性越来越大。在早期的国际货币制度中，参加国的数量相对少，主要是一些目前的发达国家，当时的经济发展水平差别也相对不大。随着国际货币制度的发展，越来越多的发展中国家加入，由于体系中参加国的经济发展越来越不平衡，差别越来越大，并且各国政府干预经济的能力也越来越强，因而客观上需要货币制度的弹性也不断提高。在当前的制度中，市场机制的调节作用在国际储备的创造和国际收支的调节过程中起到了重要的稳定性作用，因而这个制度与布雷顿森林体系相比，有较大的灵活性，能够适应20世纪70年代以来的世界经济动荡和危机。

但是也必须看到，当前的国际货币制度从长期看，也有很多缺陷。首先，实际汇率的波动会对各国经济产生重大的影响，而且用一般的宏观经济政策有时难以有效控制。20世纪80年代以来，已发生多次局部性的金融危机，对世界经济的破坏作用极大。其次，在当前的制度中，各国尤其是主要储备货币国家倾向于为了国内的政策目标而操纵汇率，将其维持在国内政策目标所需要的水平，而不管对其他国家经济的影响。最后，目前的制度中，美国等储备货币国家的国际收支状态仍然对国际货币的供给和需求产生极为重要的影响，而由美国的国际货币政策变化而形成的国际清偿力的收缩和扩张不一定符合其余国家或国际整体范围的利益。

总之，当前的国际汇率安排在各方面基本上与动荡和发展不平衡的外部经济环境相适应，并且没有明显的内在机制的不稳定性，因而在短期内不会发生重大变革。但是长期看来，由于其各方面的局限性，也不可能永远维持，加强货币合作是未来国际货币制度的发展趋势。

第三节　汇率制度的选择

一、固定汇率制与浮动汇率制的优劣比较

两极汇率制的优劣之争，一直是学术界长期争论不休的焦点问题。究其原因，一方面是学术讨论的抽象性，另一方面是其他中间汇率制度的优劣可以从固定汇率制与浮动汇率制的优劣争论中延伸出来。一大批著名学者卷入了这场争论。比如，赞成浮动汇率制度的经济学家有弗里德曼（M. Friedman）、约翰逊（H. Johnson）、哈伯勒（G. Haberler）等，赞成固定汇率制的经济学家有纳克斯（Nurkse）、蒙代尔（R. Mundell）和金德尔伯格（C. Kindleberger）等。争论的问题主要集中在以下几个方面：[①]

① 详细内容可参见潘英丽编著：《国际金融学》，中国金融出版社2002年版，第393页。

1. 哪种汇率制给部分决策者更大的“纪律性”。支持固定汇率制的观点认为,固定汇率制能给予经济政策所必要的“纪律性”,以避免经济出现持续的通货膨胀。相反,浮动汇率制实际上会加剧一国的通货膨胀趋势。所以,支持固定汇率者认为,在浮动汇率制度下一国的通货膨胀会使其自身永久存在下去。有时我们把这种观点称为恶性循环假说(Vicious Circle Hypothesis)。对此,支持浮动汇率制的学者的两个主要答辩为:一是关于恶性循环假说,他们认为由通货膨胀所带来的以及被断言会进一步触发通货膨胀的贬值,实际上对货币当局来说,是一个表明需要进行货币紧缩的清楚信号,因此能快速触动政府实施反通货膨胀的政策。从这个意义上看,在浮动汇率制下通货膨胀的危险性并不会大于固定汇率制。二是对固定汇率制所具有的“纪律性”,他们认为,人们并不总是欢迎这种“纪律性”的约束力。因为各国除了要维持固定汇率和稳定价格外,还有其他一些国内的经济目标,如创造高就业水平和实现合理快速的经济增长。

2. 哪种汇率制有助于国际贸易和投资更快地增长。固定汇率制的支持者们长期坚持的论点是,浮动汇率不如固定汇率那样更有助于扩大世界贸易和促进外国直接投资。浮动汇率制的拥护者认为,浮动汇率实际上可能增加外国直接投资的数量。在固定汇率制下,政府经常不愿意采取必要的内部宏观经济调整来处理国际收支赤字,反而通过采取扩张政策来冲销国际收支赤字对本国货币供给的影响。然而,随着储备的下降,这样的国家只能采取限制进口和控制资本流动的方式来削减国际收支赤字。而在浮动汇率制下就没有必要为了国际收支的目的而限制贸易和资本流动。

3. 哪种汇率制能更有效率地配置资源。支持固定汇率制的人认为,固定汇率制能够避免浮动汇率制下资源的浪费性流动。这是因为,在浮动汇率之下,贸易品部门会不断地受到激励去调整生产。由于要素转移是暂时的,劳动力还可能要再培训等,这种资源的分配不当和缺乏效率的状态就会带来经济上的浪费。然而,浮动汇率制者却认为,在固定汇率下,本国的货币价格不能对外币自由浮动就会导致大范围的价格扭曲,并产生误导信号,从而抑制资源的有效配置。与此同时,各国有必要把资源以国际储备的方式冻结起来,这就意味着经济要承受一定数量的产出减少。

4. 哪种汇率制度下宏观经济政策能更有效地影响国民收入。支持固定汇率制的人认为,财政政策在固定汇率制下比在浮动汇率制下能更有效地影响国民收入。而浮动汇率制者认为,在固定汇率制下,政府当局可能不得不牺牲一些内部经济目标(如充分就业的目标)才能实现国际收支均衡的外部目标;另一方面,在浮动汇率制下,汇率本身就可处理任何情况的国际收支的问题:赤字

(盈余)立即就会使本币贬值(升值),而本币贬值(升值)就会消除赤字(盈余),这样,货币政策或财政政策将被直接用于解决内部经济问题,而不需要处理国际收支的不平衡问题。

5. 哪种汇率制度导致不稳定的投机会更多一些。固定汇率制者对浮动汇率制的一个主要担心是,浮动汇率制导致不稳定的投机(Destabilizing Speculation)的特征。而浮动汇率制者认为,导致不稳定的投机不可能无限期地存在下去,因为这种投机意味着投机者要在本币价格很低的时候出售本币,而在其价格很高时购买本币,显然不是一个赚钱的办法。另一方面,导致稳定的投机(Stabilizing Speculation),才是赚钱的买卖,它在低价时买进本币、在高价时出售本币。这样,由于在现实世界中投机无时无刻不在,它就必须是能赚到钱的,因此也是使经济稳定的。

6. 哪种汇率制下各国能更好地抵御来自外部经济的冲击。反对固定汇率制的一个重要观点是,在固定汇率制下,经济周期会从一个国家传送到另一个国家,也就是没有一个国家能使其孤立于外部经济的波动之外。因此,浮动汇率制者认为,固定汇率制对这一经济周期的传递过程起到了推波助澜的作用,而浮动汇率制却能把一国经济从外国经济波动中隔离出来。

二、最优货币区的理论与实践

(一) 最优货币区理论

所谓最优货币区,是指若干国家把它们之间的货币汇率固定下来而形成的货币区,该区域所有国家的货币对世界其他国家的货币实行联合浮动。最优货币区理论最初产生于20世纪60年代初西方经济学家关于固定汇率和浮动汇率孰优孰劣的争论,是由当时国际货币基金特别研究处的经济学家罗伯特·蒙代尔提出的,罗纳德·麦金农等人在此之后又从不同角度进行了修正和补充。[①]

蒙代尔(1961)认为,需求转移是引起国际收支不平衡的主要原因,而浮动汇率只能解决不同货币区之间的需求转移问题,而不能解决同一货币区内不同地区之间的需求转移问题。解决这种困境的办法,就是必须放弃各国的国家货币,采用区域货币。蒙代尔的最优货币区理论提出以后,在西方经济学家中引起了广泛讨论。美国经济学家罗纳德·麦金农(1963)提出了以经济开放程度作为组成最优货币区的标准。他认为,一国产品可以分为贸易品和非贸易品两大类。如果贸易品生产所占比例较大,则该国的开放程度也就越高。当一个开

① 孙杰编著:《汇率与国际收支——现代西方国际金融》,经济科学出版社1999年版,第61—64页。

放经济运用浮动汇率制度进行货币贬值来纠正国际收支的失衡时，会引起贸易品和国内物价水平上升，抵消贬值对国际收支的调节作用。据此，浮动汇率对于开放经济来说，其效能是低下的。所以，对于一些相互间贸易往来关系比较密切的开放经济国家而言，组成一个相对封闭的共同货币区对稳定它们之间的贸易和国际收支平衡来说就比较有力。哈伯勒(1970)和弗莱明(1971)则认为，国际收支不平衡的原因在于各国的通货膨胀率不同。这样，他们又把建立最优货币区的标准从微观需求变动转移到宏观经济方面。他们认为，具有相同通货膨胀率的国家，可以组成最优货币区。由此推论，具有相同经济政策的国家，即所谓“政策一体化”的国家，也可以作为建立最优货币区的标准。

总之，最优货币区实际上应该由一些彼此间的商品、劳动力、资本等生产要素流动比较自由，经济发展水平和通货膨胀率比较接近，经济政策比较协调的国家所组成的独立货币区。在这样的货币区内，即使依然存在国别货币，各成员国之间的货币采用固定汇率并保证区内货币的充分可兑换性也可以达到同样的效果。

（二）最优货币区和欧洲经验

欧洲货币一体化的演进被公认为是自布雷顿森林体系崩溃以来和国际货币安排方面最有意义的发展，是国际政策协调方面最为重要的典范，也是迄今为止最适度通货区最为成功的实践结果。

1. 欧洲货币一体化的改革进程

根据欧洲货币一体化由低层次向高层次演进的过程，可将其分为四个发展阶段：①

（1）第一阶段(1960—1971)：跛行货币区。欧洲货币一体化的起源可以追溯到20世纪60年代以前，如1950年建立的欧洲支付同盟及1958年欧洲经济共同体各国签署的欧洲货币协定。这些协定的出发点在于促进成员国贸易和经济在战后的发展，恢复各国货币的自由兑换。人们一般将20世纪60年代的跛行货币区——英镑区、黄金集团和法郎区作为欧洲货币一体化进程的开端。

（2）第二阶段(1972—1979)：联合浮动。1971年布雷顿森林体系瓦解之际，欧洲经济共同体有关国家于1972年开始实行货币汇率的联合浮动。所谓联合浮动，是指参与国货币相互之间保持可调整的钉住汇率，即相互之间保持稳定的汇率，而对外则实行集体浮动汇率。按当时的规定，参与联合浮动的西欧六国，其货币汇率的波动不超过当时公布的美元平价的 $\pm 1.125\%$，这样一

① 参见姜波克著：《国际金融新编》，复旦大学出版社2001年版，第370—375页。

来,六国货币汇率便在基金组织当时规定的上下各2.25%幅度内形成一个小幅度,实行集体浮动,犹如"隧道中的蛇",故又被称为蛇形浮动。

(3) 第三阶段(1979—1998):欧洲货币体系。欧共体各国在1978年12月5日的布鲁塞尔首脑会议上决定于1979年1月1日建立欧洲货币体系(European Monetary System,EMS)。欧洲货币体系主要包括三方面的内容,即欧洲货币单位、稳定汇率机制和欧洲货币合作基金。其中,以稳定汇率机制最为重要。

(4) 第四阶段(1999年—现在):欧洲单一货币。自20世纪80年代下半期起,欧洲经济一体化步伐开始加快。1985年12月,欧洲理事会卢森堡会议拟就《单一欧洲法案》(A Single European Act),规定于1992年实现的欧共体内部统一大市场是一个没有内部边界的地区,区域内实行商品、人员、劳务和资本的自由流通。卢森堡会议就此将欧洲货币体系确定为深化货币合作的出发点。1988年6月,欧共体汉诺威首脑会议决定,成立"经济和货币联盟委员会"。1986年该委员会向欧洲理事会马德里会议提交《欧洲共同体经济和货币联盟的报告》(又称"德洛尔报告"),并获批准。"德洛尔报告"认为货币联盟应是一个货币区,区域内各国的政策要受到统一管理,以实现共同的宏观经济目标。1991年12月,欧共体成员国的首脑们在荷兰的马斯特里赫特城召开会议,签署了《欧洲联盟条约》(又称《马斯特里赫特条约》,简称"马约"),标志着欧洲货币一体化进程进入了一个崭新的阶段。

2. 欧洲货币体系的主要内容

(1) 欧洲货币单位。欧洲货币单位由欧共体成员国中的10种货币组成,每种货币按该国在欧共体内部贸易中所占的比重和国民生产总值确定一个权数,然后计算出欧洲货币单位的价值。以这种方式计算出来的欧洲货币单位具有价值比较稳定这一特点。由于德国在欧共体中的实力最强,因此,马克在欧洲货币单位中所占的比重最大。欧洲货币单位的主要作用有三种:确定成员国货币汇率的依据,据此套算出同其他成员国货币的比价;进行汇率干预的手段;用于官方之间的清算和信贷手段。

(2) 稳定的汇率体系。欧洲货币体系实行稳定的汇率体系,参与国都使自己的货币同欧洲货币单位保持某一水平的(可调整的)固定比价,称为中心汇率,并据此套算出各参与国相互之间的货币比价(见表5-5)。比价允许波动的幅度是中心汇率的上下各2.25%,意大利里拉为上下各6%;英镑于1990年9月才正式加入欧洲货币体系的汇率体系,其允许波动的幅度也是中心汇率上下各6%。在汇率体系中,欧洲货币单位是中心,当成员国货币与欧洲货币单位的偏离达到一定程度时,就要进行干预。

（3）欧洲货币共同基金。为了保证欧洲货币体系的运转，欧洲货币体系还设立了欧洲货币共同基金，各参与国缴纳各自黄金外汇储备的20%作为共同基金的资金来源，并以此作为发行欧洲货币单位的准备。由于各国储备的变动以及美元和黄金价格的变动，欧洲货币共同基金每隔一段时间便要重新确定其金额。欧洲货币共同基金的主要作用是干预汇率和向成员国提供相应的贷款，以稳定外汇市场，渡过暂时性的国际收支困难。①

表 5-5　欧洲货币体系的中心汇率网

单位：ECU 折合各国的货币数

货币名称	对欧洲货币单位的中心汇率	
	1979 年 3 月 19 日	1990 年 1 月 30 日
比利时法郎	39.46	42.67
卢森堡法郎	39.46	42.67
丹麦克朗	7.09	7.89
德国马克	2.51	2.04
荷兰盾	2.72	2.30
法国法郎	5.80	6.93
希腊德拉克马	—	190.90
爱尔兰镑	0.66	0.77
意大利里拉	1 148.15	1 515.00
葡萄牙埃斯库多	—	179.10
西班牙比赛塔	—	131.80
英镑	—	0.72

说明：英镑汇率是指英镑正式加入欧洲货币体系汇率机制前的参考汇率。

资料来源：1979 年数据来自英国《金融时报》，1979 年 3 月 19 日；1990 年数据来自普林斯顿大学，“转向欧洲货币联盟”，《国际金融系列论文》，1990 年第 178 号，第 17 页。

3．欧元启动与欧洲货币联盟的未来

1999 年 1 月 1 日，欧元作为崭新的全球性货币和颇具竞争力的国际储备货币正式启动。欧元的诞生是欧洲区域经济一体化的必然结果，是欧盟从经济一极走向政治一极的具体表现，是欧盟总结多次金融危机经验教训的产物，是国际货币体系中诸多因素发展不平衡的结果。2002 年 1 月 1 日，欧元纸币和硬币正式进入流通，各成员国货币与之混合流通半年后，即退出历史舞台。2002 年 7 月 1 日，欧元作为欧元区唯一法定货币在市场流通。与此同时，欧洲中央银行

① 参见姜波克著：《国际金融新编》，复旦大学出版社 2001 年版，第 375—376 页。

开始运行，履行制定统一货币政策的职责，维护欧元稳定、统一管理主导利率、货币储备及货币发行等，建立和完善货币政策机制。

欧洲的单一货币试验是有史以来通过的在庞大的主权国家集团内使用单一货币来获得效率收益的最勇敢的一次尝试。但是，我们也应清楚地看到，在未来几年内，欧洲货币联盟会遇到以下两个主要问题：一方面，欧洲不是一个最优货币区。[①] 因此，欧元区内不同国家不对称的经济发展将很难通过货币政策加以控制。另一方面，单一货币计划把欧洲经济联盟带到了政治联盟领域内无法承担的水平。欧洲的经济一体化有一个核心力量（欧洲中央银行），有一种可触摸的表现形式——欧元，但是政治一体化在这些方面却薄弱得多，这会削弱欧洲中央银行在欧洲公众眼中的地位。

人物介绍——罗伯特·蒙代尔

20世纪50年代，麻省理工学院云集了保罗·萨缪尔森、罗伯特·索洛等一批全球顶尖的经济学大师，是学习经济学的最理想的地方，在这里，罗伯特·蒙代尔刻苦努力，完成了学业。1961年，蒙代尔就职于国际货币基金组织，就在同一年，美国发生严重的经济危机。对于一度下滑的经济形势，肯尼迪政府一筹莫展，而年仅24岁的蒙代尔成为了扭转这场危机的关键人物。在蒙代尔的建议之下，肯尼迪政府采取了与凯恩斯经济学派完全相反的经济政策，不是继续扩大税收，而是降低税率、刺激生产。最终肯尼迪政府逐渐摆脱了困境，美国经济开始好转。

① 根据最优货币区理论，最优货币区实际上应该由一些彼此间的商品、劳动力、资本等生产要素流动比较自由，经济发展水平和通货膨胀率比较接近，经济政策比较协调的国家所组成的独立货币区。然而，欧盟在上述几个方面与要求还有一定的距离，因此，欧洲并不是严格意义上的最优货币区。此内容详细分析可以参见〔美〕保罗·克鲁格曼著：《国际经济学》，海闻译，北京：中国人民大学出版社2002年版，第595—598页。

在这一时期，蒙代尔发表了一系列著作，批评美国的经济政策，这些主张后来在一些经济学家的发展之下，成为供给经济学派。20 世纪 80 年代之后，供给经济学思想入主白宫，为美国近二十年的经济发展立下了汗马功劳。而身为“供给经济学之父”的蒙代尔，被誉为 20 世纪最伟大的经济学家之一。

欧元的诞生来源于罗伯特·蒙代尔在 20 世纪 60 年代的一个设想，他指出，如果在一个地区，甚至全球已经形成统一的市场，就应该使用统一的货币，而不是一个国家使用一种货币，再以不同的汇率进行兑换。在蒙代尔提出货币统一设想的同时，欧洲正在寻求一种共同联合的方式。二战后，饱受战乱之苦的欧洲各国，不愿再重蹈覆辙，他们希望通过政治经济上的联盟防止再度爆发战争。1957 年，欧洲六国在罗马成立欧洲经济共同体，1969 年 12 月，欧共体在海牙召开首脑会议，制订了“建立货币联盟”的计划，共同货币的概念第一次提出，也正是在同一年，蒙代尔起草了第一份关于欧元的计划书，立即引起了欧洲委员会的注意。20 世纪 80 年代，欧共体启用一种共同计量单位——埃居，这是欧元的前身。1992 年，欧共体成员首脑签署《马斯特里赫特条约》，确定了建立欧洲经济联盟的具体步骤，欧共体变成了欧盟，欧元取代了埃居。1999 年 1 月 1 日，欧元启动并首先进入非现金流通领域。在欧元诞生的同一年，1999 年 10 月 13 日，瑞典皇家学院将当年的诺贝尔经济学奖授予了蒙代尔，以表彰他在货币金融学领域所做出的伟大贡献，此后“欧元之父”的称号闻名遐迩。

第四节　中国汇率制度改革

人民币是中国的法定货币，人民币汇率是指人民币对外币的比价。人民币汇率采用直接标价法，多数情况下以 100 单位外币为标准折合人民币。现行的人民币汇率是以人民币对美元的汇率为基准牌汇率。人民币与其他货币之间的汇率通过各自与美元的汇率套算而来。人民币汇率每天通过中国银行挂牌公布，具体分买入价、卖出价和中间价，买卖价差约为 0.5%。除此之外，还公布人民币对外币现钞价，而且也分买入价和卖出价，主要用于外币现钞的兑换。目前人民币汇率挂牌的货币都是可以自由兑换的货币，表 5-6 即为中国银行公布的 2010 年 11 月 7 日的人民币外汇牌价。

表 5-6 中国银行公布的人民币外汇牌价(日期:2010 年 11 月 7 日)

单位:每 100 外币兑换的人民币数额

货币名称	现汇买入价	现钞买入价	卖出价	基准价
英镑	1 074.06	1 040.9	1 082.69	1 083.44
港币	85.69	85	86.02	85.94
美元	664.17	658.85	666.83	666.1
瑞士法郎	690.56	669.24	696.11	
新加坡元	515.93	500	520.07	
瑞典克朗	100.7	97.59	101.51	
丹麦克朗	125.05	121.19	126.05	
挪威克朗	115.32	111.76	116.25	
日元	8.149	7.8974	8.2144	8.226
加拿大元	662.67	642.21	668	
澳大利亚元	672.12	651.37	677.52	
欧元	932.02	903.24	939.5	946.16
澳门元	83.07	82.37	83.39	
菲律宾比索	15.55	15.07	15.68	
泰国铢	22.36	21.67	22.53	
新西兰元	527.16		531.39	
韩国元		0.5792	0.6282	
卢布	21.59		21.76	

一、人民币汇率的历史演变

1948 年 12 月 1 日,中国人民银行成立,并发行了统一的货币——人民币。1950 年 7 月 8 日开始,实行全国统一的人民币汇率,由中国人民银行公布。1979 年 3 月 13 日,国务院批准设立国家外汇管理局,管理国家外汇,公布人民币汇率。1994 年,外汇管理体制改革以后,人民币汇率实行单一的、有管理的市场汇率制度,新的汇率制定是以市场供求关系为基础的浮动汇率。大体来说,人民币汇率经历了以下四个时期的演变过程:

(一) 国民经济恢复时期(1949—1952)

这是中国汇率制度的创建时期。1949 年初至同年 10 月,中国人民银行相继在华北、华东、华南等地区制定并公布人民币对外币的比价。当时的汇率是由各地区的人民银行分别制定的,地区之间的汇率存在着一定的差异,一般以天津口岸的汇率为基础，根据本地区物价水平，确定本地区人民币的对外汇率。1949—1950年7月，为了发展经济，促进出口，保护侨眷的利益，确定了人民币汇率遵循的基本原则，即“奖出限入，照顾侨汇”。人民币汇率在此时期的调整方向是下调，共调整了52次。1950年7月8日，国家取消了在天津、上海、广州三地分别挂牌公布人民币汇率的做法，在全国实行统一的人民币汇率。在此之后，随着经济的恢复和发展，国内物价日趋稳定，人民币不断贬值的状况得到遏制。

（二）计划经济时期（1953—1978）

在此时期，由于对外贸易由外贸部所属的国营进出口公司统一进行，其他机构和个人不得插手，且1973年以前资本主义各国实行布雷顿森林协议，因此人民币在此时期对外贸的调节作用已变得微乎其微，国家不再利用汇率的变动对进出口贸易进行调节。

1973年布雷顿森林体系崩溃后，西方各国普遍实行浮动汇率制，各国之间的汇率变动频繁。因此，人民币汇率的定值方法从1973年起作了相应改革，采用了钉住“一篮子货币”浮动的形式，所选定的一篮子货币都是中国对外经济贸易中经常大量使用的货币，如美元、英镑等，每种货币按照其重要程度确定不同的权重。

（三）改革开放时期（1978—1993）

1978年，中国开始实行对外贸易经营权下放的外贸体制改革，出现了一批独立核算、自负盈亏的经营进出口贸易的企业。为了鼓励其出口、抑制其进口，同时考虑贸易和非贸易汇率存在的上述矛盾，1979年8月，国务院颁发了《关于大力发展对外贸易增加外汇收入若干问题的规定》，决定从1981年1月1日起实施双重汇率制，即公布的牌价用于非贸易项目结算，而贸易外汇内部结算价用于进出口贸易的结算。当时公开牌价为1美元兑换1.54元人民币，而贸易外汇内部结算价为1∶2.80。双重汇率制在一定程度上鼓励了出口，也抑制了一些进口，因而对中国进出口贸易发挥了积极的调节作用。

20世纪80年代上半期，人民币高估的现象日趋严重，对中国对外经济贸易活动产生了阻碍作用。在此种条件下，中国于1985年1月1日起正式取消贸易外汇内部结算价，变双重汇率为单一汇率，进出口贸易和非贸易活动的外汇收支采用相同的汇率。与此同时，基于国内通货膨胀不断加剧和促进出口的需要，人民币汇率继续下调（见图5-3）。

（四）1994年以来新的汇率制度

为了适应中国改革开放不断深化的要求，同社会主义市场经济体制相吻合，以及符合IMF和关贸总协定对成员国汇率安排的规定，1994年1月1日，中

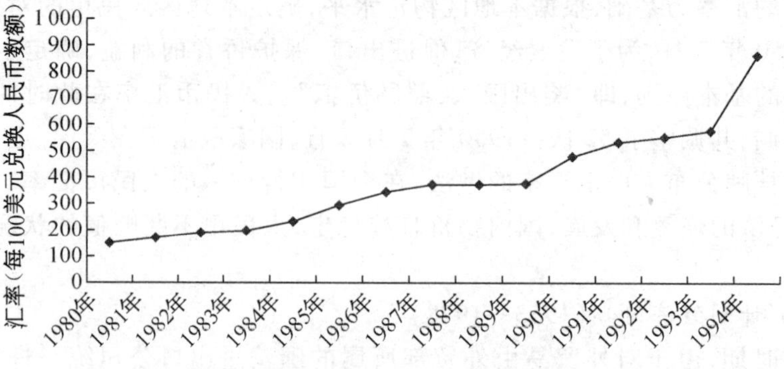

图 5-3 1980—1994 年人民币汇率走势

国政府对外汇体制进行了重大改革。该项改革的主要内容是:第一,实行以市场供求为基础的、单一的、有管理的浮动汇率制,取消以前存在的官方汇率与调剂价并存的状况。第二,实行银行结售汇制,人民币在经常账户下实现有条件的可兑换。第三,建立银行间外汇市场。第四,人民币汇率确定方法采用供求定价法,即在考虑以往汇率水平、各种其他汇率决定方式的基础上,主要由外汇的供求决定汇率水平的一种汇率确定方法。1997—2000 年后,人民币对美元汇率基本保持在 1:8.27 的位置(见图 5-4)。

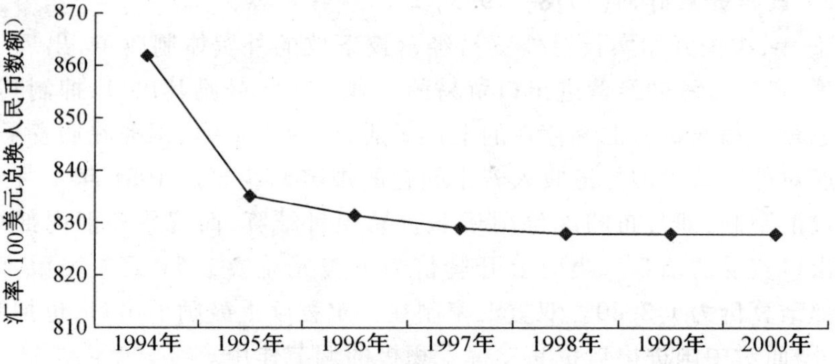

图 5-4 1994—2000 年人民币汇率走势

二、步入 21 世纪的人民币汇率问题

(一) 人民币升值问题的由来

自 2002 年以来,国际社会,特别是美、日、欧盟等国,出于政治的、经济的各种目的,极力敦促人民币升值,有的国家还派官员到中国游说人民币升值,有的国家还试图利用议会通过议案的形式向中国施压,在这种态势下,人民币继亚洲金融危机之后遇到了又一次更大的压力(详见表 5-7 和专栏 5-3),人民币汇

率走向再次成为世界关注的焦点。从中国国情出发,中国是社会主义市场经济制度刚刚建立的发展中国家,这决定了中国的汇率体制改革必须是循序渐进的,而十余年来的实践证明,坚持以市场供求为基础的、单一的、有管理的浮动汇率制度,坚持市场化的改革方向是我们的明智选择。实际上,人民币汇率始终处在变动的过程中,中国人民银行的 2003 年第二季度货币政策执行报告表明,自 1997 年以来,人民币对世界主要货币稳健升值的总体态势依旧(见表 5-7)。

专栏 5-3

大事记——21 世纪初炒作人民币汇率的三次高潮

2002 年 10 月以来,国际社会要求人民币升值的呼声日益高涨,并在 2003 年 6—10 月间达到高潮,并具有一浪高过一浪、先日本后美欧、先学界后政界商界等特点,且似乎具有不达目的誓不罢休之势。事件起因于摩根斯坦利首席经济学家斯蒂芬·罗奇在 2002 年 10 月发表的《全球:中国因素》这样一篇颇具争议的文章,文中作者指出,中国以出口为导向的强劲经济增长已成为引起全球通货紧缩的一个重要因素。此言一出,举世哗然。

2003 年 2 月,日本财相盐川在八国集团(G8)财长会议上提交了一项迫使人民币升值的议案。虽然这一议案最终流产,但却由此引起了国际上的广泛关注,使人民币汇率问题开始从民间上升到官方,从经济走向政治,从学术之争变为利益之争。更加严重的是,从 2003 年 6 月开始,随着美国等国的介入,人民币汇率越炒越热,并先后在国际市场上掀起了三个高潮。

2003 年 6 月 16 日,美国新财长约翰·斯诺发表谈话,希望中国赋予人民币更大的弹性。6 月 19 日,由 80 多个商界团体组成的"健全美元联盟"集会,商讨针对中国的"货币操纵"政策,提请美国政府动用 301 条款来迫使人民币升值。这使国际外汇市场上掀起了炒卖预期人民币升值之风的第一个高潮,导致 1 年期美元兑人民币不可交割的远期合约贴水升至 1950 点,相当于一年后美元兑人民币的汇率将下跌到 8.09 元人民币的水平。

非但如此,从 2003 年 9 月以来,在人民币汇率定值的问题上,美国官方的表态已经不再停留在"建议"层面。与此同时,欧盟、日本等国也纷纷进行"助攻”。受此影响,国际外汇市场掀起了炒作人民币汇率的第二个高潮,1 年期美元兑人民币不可交割的远期合约贴水一度升至 3250 点,升幅 3.9%。

2003 年 10 月 18 日,在曼谷举行的 APEC 首脑非正式会议上,美国总统布什正式要求中国国家主席胡锦涛实行灵活的浮动汇率制度。10 月 30 日,美国众议院以 411 票对 1 票通过决议,促请美国政府施压,实现人民币自由兑换。在“布胡”会效应下,市场很快掀起了炒作人民币汇率的第三个高潮,1 年期美元兑人民币不可交割的远期合约贴水进一步升至 5150 点,比中国官方汇率升值 6.2%,表明目前市场对人民币升值的预期越来越高。

资料来源:刘振林、刘爱文,“人民币汇率真的被低估了吗——‘人民币汇率低估论’的由来及其观点反驳”,《中国改革》,2003 年第 11 期。

表 5-7 人民币对主要外币年平均汇价

年份	100 美元	100 日元	100 港元
1981	170.51	0.7735	30.41
1985	293.67	1.2457	37.57
1990	478.38	3.3233	61.39
1995	835.07	8.9225	107.96
2000	827.84	7.6864	106.18
2001	827.70	6.8075	106.08
2002	827.70	6.6237	106.07
2003	827.70	7.1466	106.24
2004	827.68	7.6552	106.23
2005	819.17	7.4484	105.30
2006	797.18	6.9332	102.62
2007	760.40	6.4600	97.46
2008	683.46	7.5650	88.19

资料来源:《2003 年中国对外经济贸易统计年鉴》,2003;2004—2008 年的数据来自国家外汇管理局网站。

(二) 人民币汇率改革简述

推进人民币汇率形成机制改革,是缓解对外贸易不平衡、扩大内需以及提升企业国际竞争力、提高对外开放水平的需要。近年来我国对外贸易顺差迅速扩大,贸易摩擦进一步加剧。适当调整人民币汇率水平,改革汇率形成机制,有利于优化资源配置,增强货币政策的独立性;有利于保持进出口基本平衡,改善贸易条件;有利于保持物价稳定,降低企业成本。为此,2005 年 7 月 21 日,中国人民银行发布公告,宣布对人民币汇率形成机制进行改革,公告主要内容如下:

1. 自2005年7月21日起，我国开始实行以市场供求为基础、参考一篮子货币进行调节、有管理的浮动汇率制度。人民币汇率不再钉住单一美元，形成更富弹性的人民币汇率机制。

2. 中国人民银行于每个工作日闭市后公布当日银行间外汇市场美元等交易货币对人民币汇率的收盘价，作为下一个工作日该货币对人民币交易的中间价格。

3. 2005年7月21日19时，美元对人民币交易价格调整为1美元兑8.11元人民币，作为次日银行间外汇市场上外汇指定银行之间交易的中间价，外汇指定银行可自此时起调整对客户的挂牌汇价。

4. 现阶段，每日银行间外汇市场美元对人民币的交易价仍在人民银行公布的美元交易中间价上下3‰的幅度内浮动，非美元货币对人民币的交易价在人民银行公布的该货币交易中间价上下一定幅度内浮动。

此次汇率形成机制的改革一改传统的钉住美元的汇率制度，而采取参考一篮子货币、有管理的浮动汇率制度。可以注意到此次汇率改革有以下两个特点：(1) 人民币汇率开始浮动：目前浮动达到±3‰，美元对人民币价格一次升值2%。同时，央行也将根据市场发育状况和经济金融形势，适时调整人民币汇率浮动区间。但是，目前人民币汇率只实现了单边浮动，人民币应做到真正浮动——双边浮动。(2) 不再钉住单一美元，而是与一篮子货币挂钩。一篮子货币将由十多个币种组成，美元、欧元、日元和韩元等为主要的篮子货币，2005年欧盟、美国、日本与中国的贸易总额排在前三位，韩国与中国的贸易额排在第六位（参见表3-9）；同时，与中国的年双边贸易规模超过100亿美元的国家的货币都有可能被纳入这个篮子，比如新加坡、英国、马来西亚、俄罗斯、澳大利亚和泰国、加拿大等国。中国采用与一篮子货币挂钩的政策方向，早已是市场共识，但是此次汇改并未公布篮子货币的具体组成和权重，因此只是"参考"，并不等于"钉住"一篮子货币，央行可以根据宏观经济金融形势适时调整货币篮子的组成，这有助于提高中国货币政策的独立性。

（三）人民币升值对中国经济有利有弊

人民币汇率形成机制改革后，人民币汇率波动对于我国不同行业具有不同的影响。每个行业都要针对自身情况，有针对性地采取措施积极应对人民币汇率波动，避免在汇率波动中受损。

人民币升值将通过两种途径对不同行业产生影响。一是因人民币升值所导致的资本成本和收入的提高将在长期内改变我国的经济结构，重新赋予各行业不同的成长速度。二是人民币升值在短期内改变行业内企业的资产、负债、收入、成本等账面价值，通过外汇折算差异影响其经营业绩。概括来说，人民币升值将对出口企业带来较为不利的影响，而对进口企业则较为有利，但是具体到各个行业仍然需要更进一步的分析。

1. 人民币升值对我国出口行业的影响

人民币升值时，出口导向型行业将会遭受出口收入转化成人民币时的汇兑损失，以及由于出口量减少造成的损失。我国的出口型行业主要有纺织、服装、化工、电子机械制造业等。由于出口价格弹性的不同，人民币升值给不同行业出口带来的不利影响有差异。概括来说，纺织品在国际上还拥有较强竞争力，但是服装类产品受到冲击较大；化工产品出口弹性较低，能够凭借低成本获得稳定市场份额；对电子通讯制造业的影响也很显著。总的来看，由于我国的出口大部分是加工贸易，出口产品中进口原材料所占的比例较高，所以虽然人民币升值使得最终产品的价格竞争力减弱，但是能购买到更多的原材料和中间产品，这样人民币升值对出口竞争力的影响是有限的。

2. 人民币升值对我国进口行业的影响

一方面，进口商品的价格会因人民币升值而下降。另一方面，进口量也因汇率变化而进行调整。当进口价格发生变化时，由于进口商品的需求弹性不同，进口量增加的幅度也是不一样的。总的来看，由于我国企业的生产技术水平不断提高，越来越多的进口商品在国内都出现了可替代的产品，同时，很多国外厂商开始把生产基地转移到国内，这也增加了国内产品与进口商品之间的竞争。这些都有利于降低进口商品在我国市场上的需求价格弹性。所以，汇率升值后不会引起进口量的大幅增加，对进口影响不大。对于生产要素进口行业，升值将会使这些行业进口成本下降，进而改善其盈利状况，如石油及天然气开采业等。对于进口替代性行业，人民币升值将会降低进口产品的价格，从而对国内的同类产品带来冲击，如交通运输设备制造业、电子及通讯设备制造业等。

3. 人民币升值对我国农业的影响

我国大宗农产品的价格大都高于发达国家，国际竞争力较弱，因此，汇率的国际贸易杠杆作用就格外突出。人民币升值，更加削弱了国内农产品的国际竞争力，由此相应地使得农产品的出口量骤降、进口量猛增。人民币升值的间接影响在宏观层面上表现为改变农产品的国内供需关系，进而影响国内农产品的价格和生产规模。简而言之，人民币升值会对我国农业经济和农民的福利带来一定的负面影响。

4. 人民币升值对我国房地产行业的影响

人民币汇率形成机制改革对我国房地产市场的影响主要有以下两个方面：一是资金流入效应。大量的短期资本外资通过各种渠道进入国内市场，股票和房地产等市场由于流通性较强将成为这些资金集中的场所，最终导致股市上涨、房地产价格上扬。二是财富效应。由于资金充裕、股市上涨以及整体经济的景气，居民的收入水平将得到较大的提高，从而提升对房地产的有效需求。就本次人民币汇率形成机制改革而言，人民币升值2%不会造成房价大幅波动。原因在于：人民币升值后，热钱流入将有所放缓，但这个幅度的升值也很难造成大量热钱流出，因为交易成本很高。

5. 人民币升值对金融业的影响

人民币汇率上升，会吸引大量资金流入国内银行体系，对银行业务的发展产生积极影响。同时，升值预期将促使人民币贷款趋于减少、存款增加，外币贷款趋于增加、存款减少，从而使银行资产负债的币种结构发生调整。不过，由于外币资产和负债占比较小，因此升值对银行业的实际影响有限。银行的汇兑收益、外汇理财的手续费等趋于增加，但不规范的外汇理财风险也将上升。对于证券业来说，升值预期下，注入证券市场的资金增加，有利于集聚股市人气和增强投资者信心。但从长期来看，则存在股市泡沫及其与其他资产市场形成的连带效应对整个金融体系形成冲击的风险。

（四）建立并完善人民币汇率形成的市场机制

自从2005年7月汇改后，我国开始实行新的人民币汇率形成机制。新的人民币汇率形成机制主要由三大要素组成，即以市场供求为基础、参考一篮子货币调节和有管理的浮动。在汇改以来将近四年的时间里，人民币对美元实现了大幅升值，累计升值幅度达到17.4%，其中2005年下半年人民币实现对美元升值2.42%，2006年升值3.24%，2007年升值6.46%，而在2008年，仅上半年就达到了6.01%①，到2008年下半年，才逐渐趋于稳定。汇改以来，一系列措施与政策的出台与实施，使人民币汇率形成机制向着合理化与完善化的方向迈进。但是学者们意识到现行汇率形成机制仍然存在一些问题，主要有人民币汇率不能反映真正的外汇市场供求关系、汇率制度发展方向的不确定性、央行的干预力度过大，相关配套制度的改革滞后等问题。

国际国内的复杂的经济金融环境、全球经济衰退的影响、人民币升值的压力、资本项目逐步开放的要求等这一切都对人民币汇率的形成机制提出了更高的要求。要完善人民币汇率形成机制，以保证人民币汇率维护在合理、均衡水平，需要充分发挥市场机制在汇率形成中的基础性作用。完善人民币汇率形成的市场机制可以从以下方面着手②：

1. 在改革与完善的方向上继续坚持市场化的取向。继续把推进汇率形成

① 数据来源：根据外汇管理局网站相关数据整理得到。
② 刘玲、潘方德："人民币汇率形成机制及其改革与完善"，《法商论丛》，2009年第1卷。

机制的市场化作为汇率形成机制改革的重点，更多地发挥市场机制的作用，让外汇市场自发寻求人民币汇率的合理、均衡水平。

2. 在操作原则上，应继续坚持主动性、可控性和渐进性的原则。在改革与完善人民币汇率形成机制的过程中，应根据中国自身改革和发展的需要，决定汇率改革的方式、内容和时机。同时，人民币汇率的变化要在宏观管理上能够控制得住，既要推进改革，又不能失去控制，避免出现金融市场动荡和大的经济波动，可控性的内涵包括风险控制与加强管理。渐进性即循序渐进，要从整体上把握完善人民币汇率形成机制的短期、中期和长期目标，既不能停滞不前也不宜操之过急，把握好改革的步伐与力度。

3. 在改革的路径上应坚持完善人民币汇率制度优先。汇率制度的选择与安排是人民币汇率形成机制的本质与核心，因此在完善形成机制的过程中应牢牢把握这一主线，同时其他相关制度的改革也要配套跟进。

4. 在改革的次序安排上，应结合中国外汇市场的特征完善中国的外汇市场。完善外汇市场首先应该加快改革外汇市场组织结构。其次要完善外汇市场基础建设。既要不断增加市场交易品种；又要营造公平的市场交易环境，提高中小银行和“两非企业”的市场参与程度；还要注意加快发展货币市场，尽快形成货币市场基准利率。最后，外汇市场发展方向必须与推进人民币可兑换进程相适应。今后，应继续推动人民币资本项目自由兑换进程，同时逐步通过试点实行人民币用于国际结算来推动人民币的国际化进程，为外汇市场发展提供广阔空间。

专栏 5-4

人民币国际化机遇难得

随着“对广东和长江三角洲地区与港澳地区、广西和云南与东盟的货物贸易进行人民币结算”试点工作的高调起锚，近日，国务院常务会议提出，为了促进出口，中国将抓紧落实货物贸易人民币结算试点，保持人民币汇率在合理均衡水平上的基本稳定。

坊间普遍认为，“目前是推行人民币国际化、区域化的绝好时机，金融危机造成全球信用萎缩，人民币在本区域内的信用和认同感正在增强”。

所谓人民币国际化，是指人民币越过我国国界，在世界范围内的自由兑换、交易和流通。衡量一国货币国际化程度的标准有很多，大致可归纳为三方面，即一国货币贸易结算功能的国际化、金融交易职能的国际化、价值储备职能的国际化。通俗来讲，一国货币要实现国际化，就必须在国际范围内的商品、劳务和金融交易中被普遍运用，而且对他国民众来说具有贮藏和获利的价值。当然，正如有学者指出的：一国货币若要成为世界货币，必须首先成为本区域的结算货币、投资货币和储备货币，并在经济实力强大的基础上，最后成为全球的结算货币、投资货币和储备货币。

尽管中国已经成为全球经济体系中不可缺少的一环，但由于人民币尚未成为国际通用货币，中国的对外贸易实际上还受到一定程度的制约。在此次全球性金融危机肆虐的过程中，由于国际汇率剧烈波动，尤其是美元持续贬值，对国内出口企业造成了不少困扰。因此，在国际贸易中采用汇率较为稳定的人民币结算，为出口企业免除了后顾之忧，有利于企业掌握主动权，减少因国际货币过度波动而可能造成的损失。

中国作为全球第四大经济体和第三贸易大国，因为拥有最多美元储备而在国际货币秩序的动荡中受伤害最大。因此，中国有条件也有必要推进人民币的国际化，将人民币发展成为与美元、欧元并列的国际储备货币。人民币成为国际通用货币是大势所趋。此次国际金融危机之所以在全球范围内酿成这么严重的后果，与长期以来美元单一货币"一币独大"的现实情况相关联，这种"唯美元是从"的局面使得全球的抗风险机制失灵。而建立多元化国际货币体系已经成为世界各国的共识，因此，中国应该抓住这一机遇，在人民币国际化上力争有所突破。

虽说中国政府目前尚未在正式贸易中全面实施人民币计价结算，但早在数年前，中国内地与周边国家和地区的边境贸易中，人民币就已被广泛接受为结算和支付货币，如在越南、缅甸、柬埔寨等国全境通用，一些国家已正式承认人民币为自由兑换货币和储备货币，并逐日公布人民币与本地货币比价。由于人民币支付日益广泛，人民币流往境外的流量以及境外人民币存量都相当可观，如在中俄经贸中，人民币已隐然占据了一定优势；目前香港人民币资产存量甚至高达上千亿元。

面向港澳地区和东盟地区的人民币贸易结算，意味着今后人民币通过贸易方式大量流向港澳地区以及东盟，为中国内地在香港大量发行人民币债券提供了基础，这将逐步培育香港成为人民币离岸中心，并巩固香港的国际金融中心的地位。这一决策直接的目的，就是为了方便中国企业的出口贸易，促进外贸增长；而这一决策还有更为重要的意义，尽管目前的试点范围还局限在港澳、东盟这些亚洲地区，但这项试点的开展已表明，这些在亚洲经济构成中占有重要地位的地区和国家已经愿意将人民币作为他们的储备货币，因此，这是人民币迈向区域化、国际化的关键一步。

资料来源：《中国青年报》2009年6月8日。

本章重要术语

汇率制度	固定汇率制度	浮动汇率制度
自由浮动	管理浮动	单独浮动
联合浮动	钉住汇率	联系汇率制
水平带内钉住汇率制度	爬行钉住汇率制度	金本位制
金银复本位制	布雷顿森林体系	布雷顿森林协定
特里芬难题	美元危机	牙买加体系
最优货币区	欧洲货币体系	双重汇率制
欧元	人民币汇率	

本章小结

● 汇率制度是各国对于确定、维持、调整与管理汇率的原则、方法、方式和机构等做出的系统规定。根据不同的弹性，汇率制度可以分为固定汇率制度和浮动汇率制度。固定汇率制包括金本位制下的固定汇率和纸币流通条件下的固定汇率。浮动汇率制根据不同的标准又可以为自由浮动和管理浮动两种。

● 19世纪70年代以前，国际货币体系处于金银复本位制度下，到19世纪70年代末，国际货币制度才正式过渡到了国际金本位制。在金本位制下，黄金是一国的基础货币。该体系对于维持国际收支平衡具有自动调节的作用，但在维持内部平衡方面的表现则有好有坏。

● 第二次世界大战后建立的国际货币体系又称布雷顿森林体系，其基本内容可概括为以黄金为基础、以美元为中心、各国货币与美元保持固定汇率制的所谓"双挂钩"制度，该体系对当时的世界经济起到过积极的作用，但本身却存在着致命的缺陷，这一缺陷被称为"特里芬难题"。

● 牙买加体系承认了浮动汇率的合法化，同意固定汇率制与浮动汇率制暂时并存，世界货币体系进入了一个以浮动汇率为主的多种汇率体制的时期。进入20世纪80年代，选择更为灵活的汇率制度的国家比例则在不断上升。

● 固定汇率与浮动汇率的优劣长期以来一直是个争论不休的问题。总的来说，浮动汇率和固定汇率在"纪律性"、促进国际贸易和投资的增长、配置资源、影响宏观经济政策实施效率、导致不稳定的投机和抵御来自外部经济的冲击等几个方面各有利弊。

● 所谓最优货币区，是指若干国家把他们之间的货币汇率固定下来而形成的货币区，该区域所有国家的货币对世界其他国家的货币实行联合浮动。一个最优货币区理论主要包括要素自由流动、汇率统一和经济政策彼此协调三方面的内容。欧洲货币一体化的演进是迄今为止最适度通货区最为成功的实践结果。

相关网络地址

- http://www.imf.org.cn:IMF的官方网站,可以了解基金组织的汇率制度安排及其相关的政策措施;
- http://www.safe.gov.cn:国家外汇管理局官方网站,可以查询到中国国际收支和国际储备每年、每月的历史性数据和最新数据;
- http://www.globefinance.net:"世界汇金网",可以查询国内外金融市场、金融机构动态、金融市场监管、专业研究报告、证券外汇交易、产业经济领域的相关资料;
- http://www.drcnet.com.cn:"国研网",可以阅读有关外汇汇率理论、均衡汇率、汇率制度改革方面的深度报告。

简答题

1. 什么是汇率制度?根据不同的标准,汇率制度可以进行怎样的分类?
2. 简述中国香港地区联系汇率制度的主要内容和运作机制。
3. 简述布雷顿森林体系的主要内容和特点。
4. 什么是"特里芬难题"?
5. 简述牙买加体系的主要内容。
6. 试对固定汇率制与浮动汇率制进行比较。
7. 试述最优货币区理论,并对欧洲货币区的理论实践进行简单评价。
8. 关于汇率制度的选择主要有哪些理论?
9. 试分析人民币汇率升值对中国经济的影响。

思考题

假设欧洲货币体系成为一个使用统一货币的货币联盟,却没有设立一个欧洲中央银行来管理统一货币。相反,它允许各国中央银行自己发行并管理这种货币,各国愿意发行多少就可以发行多少,并且可以进行公开市场操作。你能预测这将会产生什么问题吗?

第六章 国际金融风险

6

- 国际金融风险
- 外汇风险
- 外汇风险计量

[知识要求]

通过本章的学习,掌握

- 国际金融风险与一般金融风险的区别;
- 外汇风险的概念与类型;
- 外汇风险管理的基本原则和程序;
- 外汇风险的相关性;
- 外汇风险的基本计量方法。

[技能要求]

通过本章的学习,能够

- 判断和识别外汇风险及其种类;
- 规避会计风险、交易风险和经济风险;
- 掌握外汇风险的计量。

第一节 国际金融风险

一、国际金融风险

金融风险(Financial Risk),是指经济主体在金融活动中遭受损失的不确定性或可能性。① 基于此,国际金融风险(International Financial Risk),是指在国际贸易和国际投融资过程中,由于各种不确定性因素所带来的影响,使得参与主体的实际收益与预期收益发生偏差,进而产生蒙受损失的可能性。按照不同的标准,国际金融风险的表现形式也不尽相同。② 其中,按照金融风险的对象划分,可以分为外汇风险、利率风险、国家风险和金融衍生产品风险等。其中,外汇风险是本书的主要研究对象。

国际金融风险的特征主要体现在以下几个方面:

---

① 到目前为止,国内外有关金融风险的文献可谓不少,但对金融风险的解释却不尽相同。一些人认为,金融风险具有双重性,既可能为从事金融活动的经济主体带来损失,也可能给他们带来收益;另一些人认为,金融风险是专门针对可能发生的损失而言的,风险是与收益相对应的一个概念。根据美国经济学家、芝加哥学派的创始人奈特(Knight)在其1921年出版的名著《风险、不确定性及利润》中的论述,我们更同意有关金融风险的后一种解释,即对某一项金融活动来说,只要存在着损失的可能性,就表明它存在金融风险,但这并不意味着该金融活动不存在盈利的可能性。

② 参见杨胜刚:《国际金融学》,中南大学出版社2003年版,第187页。

1. 国际金融风险的影响范围广、破坏性强

在当今全球一体化和金融自由化的环境下，国际金融风险一旦发生，它波及的范围就会覆盖一国甚至多国，从而影响整个地区甚至全球经济的持续增长，造成局部或全局性的剧烈震荡。例如，1997 年泰国货币泰铢急剧贬值，引发了泰国国内一系列金融风险，随即引发其他亚洲国家汇率贬值（见表 6-1），并最终形成金融危机，不仅使东南亚多数国家的经济发展遭到严重挫折，而且对整个亚洲经济造成了严重影响。

表 6-1 危机中的亚洲汇市（对美元）

国家/地区	1997 年 7 月 1 日	最低点情况			1998 年 12 月 31 日		1999 年 6 月 15 日
		时间	最低点	比 1997 年 7 月 1 日贬值（%）	汇率	比最低点上升（%）	汇率
泰国	25.4	1998 年 1 月 12 日	56.5	55.0	36.2	56.1	36.940
印度尼西亚	2 431	1998 年 1 月 22 日	15 400	84.2	7 800	97.4	7 200
马来西亚	2.524	1998 年 1 月 23 日	4.56	44.6	3.7999	20.0	3.7997
菲律宾	26.35	1998 年 1 月 7 日	46.3	43.0	38.75	19.5	37.750
新加坡	1.43	1998 年 1 月 12 日	1.81	20.9	1.6495	9.7	1.7088
中国台湾	27.78	1998 年 1 月 12 日	34.61	19.7	32.216	7.4	32.384
韩国	886	1997 年 12 月 24 日	1 988	55.6	1 200	66.5	1 164.0
中国香港	7.745	1997 年 12 月 19 日	7.75	0.06	7.7454	0.06	7.7575
日本	109.65				112.7	-100	120.35

资料来源：http://www.bank-of-china.com/info/99-7/4-1.shtml。

2. 国际金融风险的传染性、扩张性很强

国际金融风险在时间和空间上具有强大的扩张能力。从时间来看，国际金融风险一旦出现，短则几个月，长则数年才能平复；从空间来看，小则会使该国所在地区金融体系运行不畅乃至诱发信用危机，形成连续震荡；大则可能导致国与国之间甚至全球范围的持续动荡，形成“多米诺骨牌效应”，这在很大程度上也是与全球一体化和金融自由化具有一定的关系。2007 年以来，始于美国次贷危机的金融危机迅速升级并快速蔓延，以致席卷全球，对全球金融机构尤其是大型投资机构造成巨大冲击。这正如美国经济学家古勒莫·卡尔沃所提及的“蝴蝶效应”。

专栏 6-1

警惕国际游资的“蝴蝶效应”

国际资本的全球化流动,应该可以给世界经济带来很多好处。但事实上,由于目前国际资本流动日益脱离经济而独立运行,盲目逐利使得资本流动的全球化的效应没有充分体现出来,相反,蕴藏着的不稳定性却给当今世界格局带来了新的挑战。

这种挑战主要来自三方面。首先,信息不对称,使得无效率的现象时有发生。信息不对称会产生逆向选择、道德风险,从而使得一个自由的资本市场无法提供有效率的资源分配,外汇市场还将出现汇率超前的现象。其次,各个国家当局对汇率的管理显著降低。在资本大规模流动条件下,主要国家的货币汇率波动率持续上升,使得相对稳定的发展中国家,其国内外经济的失衡成为常态。实际上中国现在就面临这样的状况。再次,国际资本交叉感染现象日益严重,国际金融市场动荡的“蝴蝶效应”大大增强,一点风吹草动往往引发系列震动。国际金融市场波动时,发展中国家受到的冲击远比发达国家要大得多。

如何抵御资本自由化可能带来的冲击?有关专家建议:进一步改善投资环境,逐步扩大利用外资的领域和形式,进一步完善外资结构;积极扩大利用以基金投资为主的中、长期资本,尽量争取国际金融组织的中、长期贷款,对大量的国际游资时刻保持高度警惕;审视国际资本流动特点,构筑利用外资的多元化格局;鼓励企业到国外投资,实行走出去的战略。

资料来源:“警惕国际游资的蝴蝶效应”,http://finance.tom.com,2004 年 9 月 20 日。

3. 国际金融风险的不规则性与可控性并存

由于国际金融风险受到很多因素的影响,所以其从孕育到爆发、从波动到延展,常常表现得极为突然和意外,具有明显的不规则性。但是,这种不规则的风险有时是可以控制的。例如,武汉一家啤酒厂是通过举借德国马克贷款筹建的,借款时的汇率是 1 美元兑 3.47 德国马克,在借款期间德国马克大涨,还款时涨到 1 美元兑换 1.34 德国马克。虽然这家啤酒厂效益很好,但仍无能力偿还贷款,只好把啤酒厂卖给了德国百威。其实,这种汇率风险本来是可以控制的,这家啤酒厂可以在借外债的同时,再作一笔外汇掉期,即可控制德国马克的汇率风险。另外，还可以通过外币应收票据贴现、投保货币保险、短期外币信贷安排与货币透支等来避免或减少风险。

二、中国近年来面临的国际金融风险

近年来，我国经济持续平稳快速发展，金融改革、金融调控、金融监管和金融对外开放稳步推进，金融体系继续保持稳定。同时，经济金融运行中长期积累的一些突出矛盾和问题依然存在，全球金融危机背景下国际国内经济金融领域又出现了一些新情况、新问题，不确定因素增加，进一步做好新形势下的金融稳定工作面临新的挑战。主要表现在：

1. 国际金融市场动荡引发的传染性风险

相比较于其他产业，金融业更易发生系统性的不稳定现象，其中的一个重要原因在于金融机构之间存在密切而复杂的财务联系，金融风险具有很强的传染性，这使得单个的或局部的金融困难很快便演变成了全局性的金融动荡。在经济全球化和金融一体化的影响下，美国货币市场中的流动性风险、违约风险和偿付风险迅速向其他经济体扩散。由于欧洲货币市场信贷紧缩的状况与美国非常相似，因此遭受到了较为严重的损失。随着中国金融自由化程度的加深，中国更应注意防范国际金融风险的传染性。

2. 经济结构失衡引发的金融风险

中国大量资源平平的企业盲目扩张，生产和消费严重错位。银行的内部改革难以到位，大量分支机构实际运作信贷投放，触动相当一部分耗能高、效率低、粗放式企业迅速扩张，表象上推动了地方经济增长，却埋下不可回避的新一轮信贷资产风险。从深化改革层面讲，尽管银行业改革发展取得了令人瞩目的成绩，但其体系仍显脆弱，比如银行信贷资金主导各地房地产市场，违规进入股市，支撑产能过剩的项目。银行在现行体制保护下可以轻松盈利，这使银行业丧失向更宽阔的中间业务领域拓展创新的能力。一旦宏观经济过热退潮，银行业新一轮不良资产将大量暴露，进而可能引发整个体系的金融风险。

3. 资产价格大幅波动的风险

国际过剩投机资本大量流入我国，使中国的资产价格存在巨大波动的潜在危机。金融资产价格波动，是证券市场运行的重要特征。特别是中国这样的新兴市场，具有“新兴+转轨”的双重市场属性，市场效率与竞争均衡非完全相容，证券市场广度和深度均呈现不足特征，资产价格波动成因十分复杂。除了金融市场深化、信息非对称和投资者有限理性等一般性因素外，金融资产价格波动在很大程度上是由中国新兴证券市场的非均衡引起的。资产价格过度波动引发的金融泡沫与金融脆弱，不但扭曲了资产价格的信息揭示功能、降低了金融市场的配置效率,而且造成金融风险和潜在金融危机。

4. 金融创新风险

金融创新是一把“双刃剑”,一方面有助于提高金融机构的市场竞争力和营利能力,提高金融业的运行效率;另一方面也会加大金融风险,导致金融机构破产倒闭,甚至会引发严重的金融危机乃至经济衰退。美国次级抵押贷款创新诱发的席卷全球、愈演愈烈的金融危机就是典型例证。目前,中国金融市场工具逐步丰富,参与主体的数量日益增加,国内金融市场与国际金融市场通过机构和产品形成了更加直接的联系,资本市场和金融产品投资所带来的风险日益增加。

第二节　外汇风险

20 世纪 80 年代,随着布雷顿森林体系的崩溃,西方主要发达国家逐渐实行了浮动汇率制度,各国之间的汇率随着外汇市场供求关系的变化自由地上下浮动,这种浮动不仅频繁,而且经常出现难以预料的强弱势变化更迭。20 世纪 90 年代以来,许多国家,特别是发展中国家放松了外汇管制,开放国内金融市场,以适应世界经济一体化和本国经济发展的客观要求,这为各发展中国家带来机遇的同时,也将其暴露在外汇风险之下。因此,把握外汇风险的内涵,实施外汇风险管理,便成为各国政府、企业和个人的当务之急。

一、外汇风险界定

外汇风险有广义和狭义之分。广义的外汇风险包括汇率风险、利率风险、信用风险、流动性风险以及国家风险等;狭义的外汇风险仅指汇率风险。理论界和实际操作中所说的外汇风险,通常是指狭义上的外汇风险,即汇率风险。本书也将从狭义的角度来讨论有关外汇风险的一系列问题。

外汇风险(Foreign Exchange Risk),即汇率风险(Exchange Rate Risk)或汇兑风险(Exchange Risk),是指经济实体以外币定值或衡量的资产与负债、收入与支出,以及未来的经营活动可望产生现金流量的本币价值因货币汇率的波动而产生损失的可能性。汇率变动既可能产生外汇收益,也可能带来外汇损失。

构成外汇风险的两个主要因素在于两种不同的货币和时间。如果没有两种不同货币间的兑换或折算,也就不存在汇率波动所引起的外汇风险;同时,汇率变化总是与时间期限相对应,未清偿的外币债权债务金额越大,间隔时间越长,在此期间汇率波动的可能性就越大,外汇风险相对就越大。

例如，某年1月5日，法国某进口商从美国进口某种医疗器械，价值10万美元，双方约定按美元结算，90天信用期。交易达成当天的汇率为FF5.26/US＄1，90天后（即4月6日）汇率变成FF5.64/US＄1。按原来汇率计算，法国进口商只需要用526 000法郎在外汇市场上兑换成美元即可支付货款，但是90天以后同样是10万美元，却需要他花费564 000法郎。在该案例中，由于美方在这笔交易中收取的是美元，因而不需要在不同货币之间兑换，因此美方公司在这笔交易中不存在外汇风险，即所谓的“非风险事件”。但是对于另一方——法国公司来说，由于面临着美元和法郎之间的兑换，并且签约日与结算日不是在同一时间，于是便产生了外汇风险。

实例

外汇风险的实例

实例1：

1979年中国政府开始利用日本政府贷款，根据双方协议，日元贷款每年支付一定数额，非一次性支付，利率因年而异，一批贷款分若干年付清，还款是还日元。由于人民币钉住美元，日元对美元的不断升值，用日元偿还贷款极为不利。日本政府于1980年支付第一笔贷款，当时美元与日元的年均汇价是JPY226.69/US＄1，1990年升为年均JPY145.83/US＄1。1980年至1989年间，中方只偿还利息不偿还本金。各年项目还本前付息额为1 982.06亿日元，按支付时的汇率折算为10.75亿美元，但是按付息时的汇率折算则为11.66亿美元，单单利息上的损失就达3.91亿美元。从1990年起，第一批日元贷款进入还本付息阶段。截至1994年，已支付日元贷款本息合计2 821.51亿日元，按签约时的汇率计算折14.79亿美元，但是按照每年实际还本付息时的汇率计算折21.98亿美元。日元大幅度升值，使中方损失了7.19亿美元。

实例2：

“交行曝8.26亿汇率变动损失”。交通银行于2005年6月23日在香港上市，一个月后人民币汇率改革，人民币对美元升值2%。人民币升值对交行产生了直接汇率风险，据交通银行2005年11月21日披露，人民币升值给交行形成的税前亏损高达8.26亿元，其中一部分是IPO筹集的外币折损，还包括交行的国际配售、汇金当时用外汇储备入股的资产以及交行本身的国际业务。

实例3：

中信集团旗下的中信泰富在澳大利亚有一个名为SINO-IRON的铁矿项目，该项目是西澳最大的磁铁矿项目。2008年上半年中澳签订项目总投资约42亿美元的外汇杠杆交易，但是该集团财务董事没有遵守风险政策，有关外汇合同的签订并没有经过恰当的审批，其潜在风险也没有得到评估。由于合约中很多设备和投入都必须以澳元来支付，而从7月中旬到8月短短一个月间，澳元开始出现持续贬值，这给集团带来巨大损失，由于这笔合约的期限为两年，目前对于交易带来的损失还没有确切的数字统计。以目前的汇率市价估计，这次外汇杠杆交易可能带来高达147亿港元的损失。

二、外汇风险成因

外汇风险是汇率波动造成的不确定性，而汇率波动主要受宏观经济变量的影响，因此汇率制度、会计制度、战争等突发事件、他国危机的蔓延和宏观政策均是导致外汇风险的主要原因。

就汇率制度来看，固定汇率制下的汇率波动比较规范、波动幅度较小，并能事先预测并加以利用，基本上没有什么收益的不确定性，因此外汇风险很小。但是，在当今浮动汇率制度普遍主导世界市场的条件下，各国政府更多地放任汇率波动，让货币的对外价值随行就市，主要国际货币之间的波动幅度具有扩大的趋势，从而加大了外汇风险。

就会计制度来看，各主权国家在涉外企业编制财务报表、将外币折算成本币的问题上，有四种不同的解决方法：现行汇率法、区分流动与非流动项目法、区分货币与非货币项目法和时态法。同一个企业按这四种方法折算将得到四种不同的损益结果，尤其在汇率剧烈波动的情况下更是如此。

三、外汇风险管理

从国际上看，许多国家对外汇风险的规避管理十分重视，尤其是发达国家中的跨国公司，对外汇风险管理的重视程度甚至大大高于其他的商业经营风险。图6-1列举了不同地区（英国、美国和亚洲）的跨国公司对外汇风险管理的重视程度。可以看出，英国和美国的观点基本相同，反映了两国对海外经营的高度依赖性；而亚洲地区似乎比英国和美国更重视外汇风险管理，主要体现了经历了亚洲金融危机之后许多亚洲国家对外汇风险的重视程度，因为那场危机曾让亚洲多数货币的贬值达70%以上。

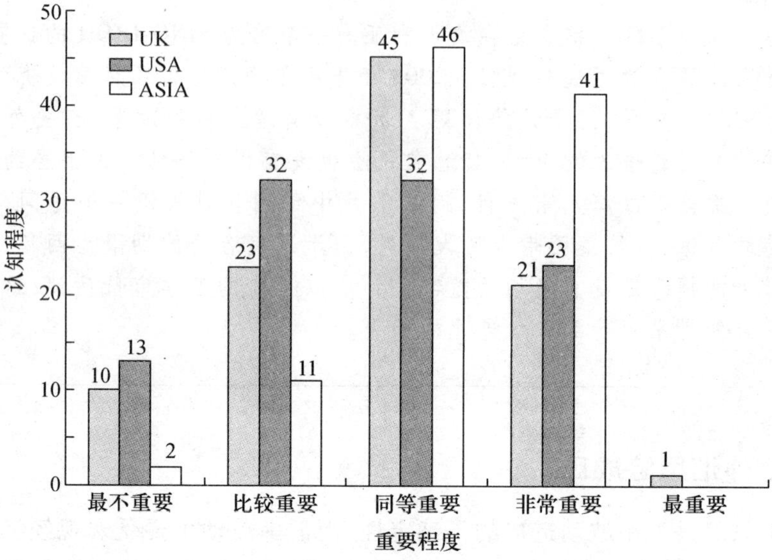

图 6-1　外汇风险管理与其他商业风险管理的重要性比较

资料来源:http://www.elsevier.com/locate/econbase。

（一）外汇风险管理的原则

无论政府、企业还是个人都可能在不同程度上蒙受外汇风险所带来的损失,所以必须高度重视外汇风险管理问题,依据一定的外汇管理原则合理控制、规避外汇风险。①

1. 全面重视原则,即要求对涉外经济交易中出现的外汇风险中的所有受险部分给予高度重视,对风险进行数量上的度量,及时把握风险额的动态变化情况,避免顾此失彼而造成人为的更大损失。

2. 管理多样化原则,即要求针对外汇风险的不同的形成原因、风险头寸和结构以及自身的风险管理能力,充分考虑国家的外汇管理政策、金融市场发达程度、避险工具的成熟程度等外部因素,选择不同的外汇管理方法,进行灵活多样的外汇风险管理。

3. 趋利避害、收益最大化原则,即要求对外汇风险管理的成本和收益进行准确的计算,以综合收益最大化为出发点,制定具体的风险管理战术。金融市场上应用得最广泛的风险管理工具,如远期外汇交易、互换、期货、期权等,都需要支付一定的成本和代价,如果规避外汇风险所减少的损失金额小于为此支付的成

① 杨胜刚:《国际金融学》,中南大学出版社 2003 年版,第 192 页。

本,那么外汇风险管理就是失败的。

(二) 外汇风险管理的程序

外汇风险管理就是对外汇风险的特性以及影响因素进行识别与测定,并设计和选择防止和减少损失发生的处理方案,以最小的成本达到风险管理的最佳效果。外汇风险管理大致可分为如下几步:第一,确定恰当的计划期,一般限定在一年以内,以便预测汇率的变化,使受险金额固定在一段时间范畴内。第二,预测汇率变化的情况,即变动方向、变动时间和变动幅度这三个相互联系的方面。第三,计算外汇风险的受险额,目的是为了从数量上确定企业面临多大的外汇风险。第四,确定是否采取避险措施。第五,选择适当的避险方法。采用有效的外汇管理方法,规避外汇风险可能造成的损失。总之,只有深入了解外汇风险的特征和作用机制,准确掌握风险识别、风险预测、风险计量和风险管理的相关技术方法,预防、规避外汇业务中的风险,才能减少或避免可能发生的经济损失,实现在风险一定条件下的收益最大化或在收益一定条件下的风险最小化。

四、外汇风险类型

目前普遍的方法是按照风险发生的时间阶段,将外汇风险分为三类:会计风险、交易风险和经济风险(如图 6-2 所示)。①

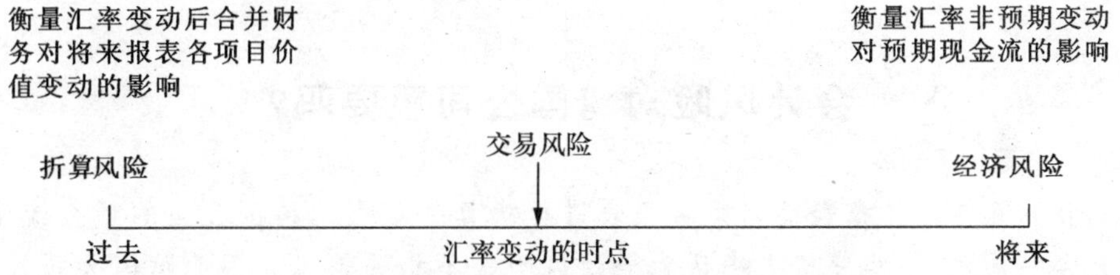

图 6-2　外汇风险的分类

(一) 会计风险

1. 会计风险的基本概念

会计风险(Accounting Risk),又称转换风险,是指由于汇率变化而引起海外资产和负债价值的变化,是经济主体在会计处理和外币债权、债务决算时,将必须转换成本币的各种外币计价项目加以折算时所产生的风险。虽然这种损益

① 陈雨露主编:《国际金融》,中国人民大学出版社 2001 年版,第 367 页。董小君:《金融风险预警机制研究》,经济管理出版社 2004 年版,第 519 页。

是会计性质的账面损益,不涉及实际的现金流量,但却会影响到企业、银行向股东和社会公开财务报告的结果。例如,美国某公司在英国的子公司的往来账户余额为200万英镑。年初时 GBP 1 = USD 1.6000,美国母公司在英国子公司账户余额是320万美元。年末时美元贬值,英镑升值,GBP 1 = USD 1.5500,则年末时,英国子公司账户余额折算成美元只有310万,英镑余额价值降低了10万美元。根据美国的会计制度规定,这笔损失可记在母公司收益的损失上,或通过一个备抵账户直接冲销股东收益。

会计风险主要存在于跨国公司的外币报表结算之中。跨国公司在编制合并会计报表时,需要将海外分公司的财务报表按照一定的会计准则转换为本国货币来分析子公司在汇率波动后账面的损益状况。① 同一般企业相比,跨国公司所面临的会计风险更为复杂。一方面,母公司将货币入账子公司、编制会计报表时,面临会计风险;另一方面,子公司向总公司上报会计报表时,也面临着货币的会计风险。可口可乐(Coca-Cola)、布莱克德克(Black & Decker)等跨国公司的子公司对汇率非常敏感,因为这些公司1/3以上的资产和销售收入在海外,如果外币对美元贬值,它们在海外的利润就会减少。

专栏 6-2

会计风险对跨国公司重要吗?

由于编制合并报表而对财务报表进行折算并不影响跨国公司的现金流量。由于这一原因,一些分析人士认为会计风险是不相关信息。因此跨国公司也认为子公司利润实际上没必要兑换为母公司的货币。因此,如果子公司所在国的货币目前疲软的话,那么可保留利润不必兑换后交给母公司。若有可能的良机,可将利润再投资于子公司所在国。子公司利润不必一定兑换为母公司的货币,疲软的子公司货币的折算可能扭曲子公司的真实业绩。如果财务分析人员认识到这一扭曲,他们就不会机械地给跨国公司较低的评价。这些跨国公司会因子公司货币疲软而减少合并利润。

然而,拥有国外子公司的跨国公司的合并利润的确受到会计风险的影响。

① 跨国公司通常都用本币来进行财务报表核算,但也有些跨国公司选用非本币的其他功能货币(Functional Currency)或称基准货币,比如美元,来编制合并会计报表。

由于利润影响股价,因此跨国公司都非常重视会计风险。为说明会计风险如何影响合并利润而间接影响公司股价,让我们来看一看 IBM 的例子。1996 年,IBM 的财务主管宣布,由于国外利润在折算成美元来合并 IBM 的总利润时受到影响,第二季度的每股收益减少 0.25 美元。若利润下降仅影响现金流量的话,那么投资者就不应对宣布做出反应。然而,投资者的确做出了反应,抛售了他们所持的 IBM 的股票。由于许多投资者以利润评价企业的股票,所以会计风险能间接地影响企业的价值。

资料来源:〔美〕杰费·马杜拉,《国际财务管理》,东北财经大学出版社 2000 年版,第 295 页。

2. 会计风险的影响因素

一般认为,跨国公司的外汇会计风险主要受以下三方面因素的影响:

(1) 国外子公司在国外经营的程度。当跨国公司海外子公司在当地的利润增长率高时,总公司倾向于扩大那个国家的投资份额而将利润的全部或大部分再次投入当地,这时母公司较少注意会计风险;反之,当子公司在当地没有增长机会时,会计风险则较为重要。

(2) 国外子公司所在地。每个子公司的财务报表项目通常会以所在地的本国货币计量,所以子公司的所在地会影响会计风险程度。2001 年 5 月,日本第三大汽车厂商日产汽车公司表示,如果英国不加入欧元区,将影响日产在英国的投资,理由是若日产在欧元区开展业务能免除汇率风险,就不必承担英镑的外汇风险。

(3) 选取的会计换算方法。合并财务报表数据时,折算所使用的会计程序会极大地影响经济主体的会计风险。例如,美国的外汇结算业务是以《财务会计准则公告 52 号》(FASB 52)为标准规范,其关键在于功能货币的确定(参见专栏 6-3),由此决定了选取何种折算方法。

专栏 6-3

功能货币选择指标

	当地货币指标	母公司报告货币指标
子公司的		
现金流量	主要是当地货币,不影响母公司的现金流量	直接影响母公司现金流量,经常汇回母公司
销售价格	短期内对汇率变动无反应,主要由当地的竞争支配	短期内对汇率变动有反应,由世界范围内的竞争决定
销售市场	整个产品在当地拥有活跃的市场	产品主要在母公司所在国销售,以母公司通货标价
费　　用	劳动力、原材料及其他成本主要以当地货币标价	以母国为生产要素的主要进口来源地
理　　财	主要表现为当地货币,当地经营活动足以偿付债务	母国货币标价,经营活动不足以偿付债务
公司间的交易	不经常发生,与母公司经营活动的联系很少	经常且大量地发生,与母公司经营活动联系密切

资料来源:胡奕明,《外汇风险管理》,东北财经大学出版社 1998 年版,第 127 页。

由于功能货币决定了折算方法的选择,基本的折算方法有四种:

① 现行汇率法,即会计风险由资产减去负债的净值来衡量。在折算时,对外币报表中所有资产和负债项目均采用单一的汇率,即期末的现时汇率。

② 区分流动与非流动项目法,即首先将国外子公司资产负债表中的项目区分为流动性和非流动性两类,流动资产和流动负债构成流动性项目,其余项目则划入非流动性项目中。流动项目折算时按报表日(年末)的现实汇率计算,非流动资产和非流动负债项目则按取得日的汇率及历史汇率计算。

③ 区分货币与非货币项目法,即对货币性项目,在折算时采用现时汇率;不属于货币性项目的,均归为非货币性项目一类,采用历史汇率进行计算。

④ 时态法,即会计风险的衡量大致与区分货币与非货币项目法相同,但存货、投资等资产若按非成本的基础计价,则这些项目按现行汇率折算也存在会计风险。

在不同的折算方法下,外币资产、负债项目的风险性各异,损益状况也不一样，从而使得财务报表合并和经营活动评价更加复杂化，表 6-2 清楚地列明了它们的差别。

表 6-2　资产负债表各项目所选用的折算汇率比较

项目	现行汇率法	流动与非流动项目法	货币与非货币项目法	时态法
现金	C	C	C	C
应收账款	C	C	C	C
存货				
按成本	C	C	H	H
按市价	C	C	H	C
投资				
按成本源	C	H	H	H
按市价	C	H	H	C
固定资产	C	H	H	H
无形资产	C	H	H	H
应付账款	C	C	C	C
长期负债	C	H	C	C
实收资本	H	H	H	H
留存收益	* *	*	*	*

注：C：现行汇率；

H：历史汇率；

* 轧算的平衡数额；

* * 收益和留存收益表折算结果，再通过平衡轧算出累计折算调整额。

资料来源：转引自常勋，《高级财务会计》，辽宁人民出版社 1995 年版，第 276 页。

3．会计风险的两大类别

在实际操作中，一般应根据财务报表的分类，将会计风险分为损益表风险和资产负债表风险。

（1）损益表风险。在现行汇率法下，所有的收入和费用项目全部按照折算时即期末的现行汇率进行折算（也可按当期平均汇率折算，而平均汇率通常采用期初与期末的简单平均数），因而损益表项目都存在会计风险；在流动与非流动项目法下，除固定资产折旧和长期待摊费用等按照相关资产入账时的历史汇率折算而没有会计风险外，其他各项收入和费用均按照当期的平均汇率进行折算，故而存在会计风险；在货币与非货币项目法下，会计风险与流动与非流动项目法下基本相同，不同的是销售成本项目需根据“期初存货＋本期购货－期末存货＝本期销货”这个等式来对左边项目分别折算后计算确定，尽管其中的期初存货和期末存货是按照不同时点的历史汇率折算而没有会计风险，但本期购货则要按当期平均汇率折算，因而总体上仍存在会计风险；在时态法下，会计风险和区分货币与非货币项目法下基本相同。可以看出，跨国企业在境外产生的损益几乎全部存在着会计风险。对于收入项目来说，如果现行汇率与历史汇率相比下跌，则折算出的以基准货币计值的金额将少于按历史汇率的预计数，从而出现收入减少的账面损失；对于费用项目来说，如果现行汇率与历史汇率相比上涨，则折算出的以基准货币计值的金额将多于按历史汇率的预计数，从而出现费用增加的账面损失。

（2）资产负债表风险。企业的股本项目由于一般是按历史汇率折算，因而没有会计风险；留存收益项目虽为折算平衡数，但由于含有本期损益留存的部分，因而实际上也无会计风险；其他外币资产负债项目则适用不同的汇率，但只要是按现行汇率进行折算就存在会计风险。对于风险性资产项目而言，如果现行汇率与历史汇率相比下跌，则折算出的以基准货币计值的金额将少于按历史汇率的预计数，从而出现资产减少的账面损失；对于风险性负债项目而言，如果现行汇率与历史汇率相比上涨，则折算出的以基准货币计值的金额将多于按历史汇率的预计数，从而出现负债增加的账面损失。

（二）交易风险

交易风险（Transaction Risk）是指未来现金交易价值受汇率波动的影响而使经济主体蒙受损失的可能性。只有从事外币业务的买卖、借贷，以及签订以外币定价的合同时，才会产生交易风险。交易风险又可以进一步分为外汇买卖风险和交易结算风险两类。

1. 外汇买卖风险，又称金融性风险，是本币与外币之间的反复兑换而带来损失的可能性。外汇买卖风险是以一度买进或卖出外汇，将来又必须反过来卖出或买进外汇作为前提而产生的。例如，一家日本银行买进 100 万美元的同时，卖掉了 80 万美元，还剩下 20 万美元多头，银行日元多头的原值为 4 240 万日元，汇率为 USD 1 = JPY 212。银行将来如果能以此日元汇率将 20 万美元卖掉，就会得到好处；反之，则会受到损失（见表 6-3）。[1]

---

① 〔日〕原信著：《外汇风险》（第 1 版），羊子林、王祝平译，中国金融出版社 1987 年版，第 81 页。

表 6-3 外汇持有额表

买进	卖出	轧抵
金额 1 000 000 美元 汇率 USD 1 = JPY 220 共用 220 000 000 日元	金额 800 000 美元 汇率 USD 1 = JPY 222 收回 177 600 000 日元	多头 200 000 美元 汇率 USD 1 = JPY 212 原值 42 400 000 日元

银行的外汇头寸可分为：现金头寸，即在外汇指定银行的库存及同行往来存款；现汇头寸，即现汇买卖余额；期汇头寸，即买卖期汇的净余额；综合头寸，即净外汇头寸，为以上各种头寸之和。仍参考上例，得出表 6-4。

表 6-4 综合持有额表 单位：万美元

	买进	卖出	头寸
即期	100	30	+70
远期	20	100	-80
综合	120	130	-10

注："+"为多头，"-"为空头。

这里需要注意两点：一是外汇头寸与外汇银行持有的日常周转余额应加以区别，后者是指外汇银行在国外同行往来账户上维持一定的贷方余额以备国际支付之用，这部分余额无须计入外汇头寸；二是外汇头寸与银行在境外的长期投资的资金头寸应加以区别，后者属于对外投资，一般不包括在外汇风险头寸之内。

除了银行以外，企业在以外币进行借贷以及伴随借贷而进行外汇交易时，也会面临这样的外汇买卖风险，其基本原则与上面大致相同。英国的比彻姆集团在 1971 年借入了一笔 1 亿瑞士法郎的资金，按当时汇率折合 1 031 万英镑。当五年后贷款到期时，英镑已经大幅度贬值，仅本金的偿还成本就是 2 273 万英镑，是借入本金的两倍多。伦敦一家报纸在 1976 年 8 月 22 日将这一交易损失戏称为"一串昂贵的糖葫芦"。

2. 交易结算风险，又称商业性风险，是指一般企业以外币计价进行交易活动时，由于计划中或进行中的交易在结算时所运用的汇率没有确定而产生的风险。这些交易包括已经登录在资产负债表上的外币计价资产和负债、已签订的外币计价合约，以及计划中尚未成立的外币计价合约等。

在国际贸易往来中，从达成贸易合同到最终结清债务，一般需要少则 3 个月多则 1 年的时间，在此期间结算货币的汇率发生变动，就会使交易方承担由此带来的结算风险。例如，中国某纺织品进出口公司向美国出口一批价值 2 万美元的棉布，计价结算货币为美元，签约时 6 个月内付款，假设在此期间人民币贬值,由 USD 1 = RMB 8.200 变为 USD 1 = RMB 8.300,则汇率波动让中方公司承担了2 000 元人民币的收入损失。交易结算风险并不单单指向交易的某一方,而是结算的双方都有因汇率波动而承担风险的可能性(见表 6-5)。

表 6-5　外汇汇率变动对进出口商的影响

汇率变动 / 贸易方	外汇汇率上升	外汇汇率下跌
进口商	获利	受损
出口商	受损	获利

(三) 经济风险

经济风险(Economic Risk)又称经营性风险(Operating Risk),是指由于意料之外的汇率波动引起公司或企业未来一定期间的收益或现金流量变化的一种潜在风险。从本质上讲,经济风险代表了企业未来竞争力的可能变化,不仅影响企业在国内的经济行为和效益,而且还直接影响企业在海外的经营效果和投资收益。所以,经济风险对企业的影响是长期性的。

需要强调的是,经济风险有两个区别于会计风险和交易风险的特征。一方面,经济风险的汇率波动是意料之外的,意料之中的汇率变动不包括在经济风险的界定中。所以,经济风险在很大程度上取决于企业的预测能力。另一方面,经济风险对企业的影响是错综复杂的,企业未来的纯收入将如何变化,并非用简单的本币贬值就能反映出来。

为了更好地了解经济风险,我们可以将其分为本币贬值时的经济风险、本币升值时的经济风险、间接经济风险、国内企业的经济风险和跨国公司的经济风险。①

(1) 本币贬值时的经济风险。一般来说,本国货币实际汇率的贬值会增强出口产品和进口替代产品的竞争力,减少外国竞争,使得本国企业的现金流入量和流出量都会增加(见表 6-6)。由于可能的部分抵消效应,由本国货币贬值来推断净现金流量是增加还是减少非常困难,最终结果要取决于流入变量是否比流出变量受到更大的影响,而企业是否会从本币贬值中获利也要取决于最终的差额情况。那些重点在本国销售、很少有外国竞争的企业可能受到本国货币贬值的伤害;而一些大的跨国公司重点在出口,且从本国取得物品和筹得资金,多数会从本国货币的贬值中受益。

① 〔美〕杰费·马杜拉:《国际财务管理》,杨淑娥、张俊瑞译,东北财经大学出版社 2000 年版,第 287 页。

表 6-6　汇率波动的经济风险

影响公司本国货币流入量的交易	本国货币升值对交易的影响	本国货币贬值对交易的影响
本国销售(相对于在本国市场上的外国竞争者而言)	减少	增加
以本国货币标价的出口	减少	增加
以外币标价的出口	减少	增加
对外投资的利息收益	减少	增加
影响公司本国货币流出量的交易		
公司以本国货币标价进口的物料	无变化	无变化
以外币标价进口的物料	减少	增加
所欠外债的利息	减少	增加

资料来源:〔美〕杰费·马杜拉:《国际财务管理》,杨淑娥、张俊瑞译,东北财经大学出版社 2000 年版,第 287 页。

(2) 本币升值时的经济风险。就现金流量而言,由于本国货币升值伤害了本国出口工业和进口替代工业,增强了外国竞争力,因而既会减少以本币计价的现金流入量,也可能减少以外币计价的现金流入量;同时,本国货币升值虽不会直接影响以本币标价的进口物资成本,但会使以外币标价的进口物资的成本减少,使企业的现金流出量减少。所以,本国货币的升值会使现金的流入量与流出量都减少,判断最终的净额比较困难。20 世纪 70 年代末,全世界对瑞士法郎资产的需求大增,导致瑞士法郎实际汇率上升。结果是瑞士的手表生产商苦不堪言,既不得不保持出口到美国的手表美元价格不变,以应对日本同行的竞争,又不能降低瑞士工人的工资,结果生产成本上升,从而使瑞士手表厂商的利润减少。

(3) 间接经济风险。以本国货币定价的进口商,当面对本币贬值时,该进口商不会受到直接的影响,因为其用本币付款,不需要兑换成外币。但是外国出口商在收到贬值的货币后,兑换成其他货币时价值减少,受到了损失。这种损失会使得外国出口商在未来与该公司的业务往来中提出较高的要价,这样一来本国进口商面临成本上升的经济风险,这种影响是间接的。

(4) 国内企业的经济风险。一个开放国家的国内企业,完全在本国购买原材料,加工生产、销售产品,不参与国际买卖,不会遭受由于本外币兑换产生的交易风险,也有可能面临经济风险。比如,一个与该公司经营相同项目的外国企业,其国内货币贬值,则它出口到国内企业所在国的商品的竞争力增强,也就是对顾客来说,商品更便宜了。这样一来,虽然国内企业表现得中规中矩,但是却在开放的国内市场竞争中遭受了经济风险。

(5) 跨国公司的经济风险。从事国际业务的跨国企业,其汇率波动经济风险的程度要比纯粹的国内企业大得多,而它们所面临的经济风险的也要复杂得多。[①] 这是因为,跨国公司的经济风险取决于有需求的价格弹性,弹性越大,对汇率波动的主动权越小,受到经济波动的影响相对较大。跨国公司的经济风险还要看不同货币的变化差异,而各国汇率的变化程度往往不一样。例如,1997—1998年,许多美国跨国公司都受到了亚洲货币汇率变动的不利影响:首先,疲软的亚洲货币抬高了美国跨国公司出口到亚洲的商品价格,由此会产生经济风险;其次,许多美国的出口商也遭受了其他国家进口商需求下降的影响,这些进口商将他们的需求转向了价格很低的亚洲出口商(比如泰国、韩国、印度尼西亚的货币价值在1997—1998年间贬值了50%),与其他货币贬值的亚洲国家价格相比,美国出口商便失去了优势。

案例分析

美国跨国公司的经济风险

从事国际业务的跨国公司,承受汇率波动带来的经济风险的程度远远高于纯粹的国内企业。

例如,凯特彼勒公司的销售收入严重依赖出口。美元走强将增加该公司的外国进口商支付的价款,因此凯特彼勒公司特别容易受到美元价值波动的影响。在20世纪80年代前叶,美元出现了持续的强势,对其他主要货币的升值幅度超过40%,因其主要竞争对手——日本的小松公司的出口品以日元标价,在日元对美元贬值时,许多外国进口商放弃了凯特彼勒而选择了小松。

再如,在20世纪80年代早期,墨西哥比索对美元贬值了40%,美元升值大幅降低*了墨西哥顾客的购买力,结果,美国通用公司向墨西哥出售软件的业务受到惨重打击,通用公司对墨西哥的销售额大幅下降。美国杜邦公司与通用公司一样,因国外进口需求下降,出现了巨额的经济风险,据其财务总管估计,1983年因汇率影响造成的损失为1亿美元。当然,美元并非一直坚挺,1985—1988年间和1990—1991年间的美元疲软,也使通用公司、杜邦公司及其他许多美国跨国公司受益匪浅,它们的出口量急剧增加。

---

① Jeff Madura, *International Financial Management*, 6th Edition, South-Western College Publishing, 2000, p.288.

* 原文为"抬高",疑误。

美元变动给美国跨国公司造成的经济风险并不一样,原因有三个:一是各家公司的经营特点不同;二是它们的外国竞争对手对美元变动的反应不同,在美元疲软期间,如果外国竞争对手自愿减少他们的边际利润,则美国跨国公司未必会受益于汇率变动;三是它们使用的货币不同,各货币对美元汇率变动的程度是有差异的。例如,1993年前半年,尽管日元对美元升值,但是一些欧洲货币却对美元贬值,这样,重点对欧洲出口的美国跨国公司受到了不利影响,而重点对日本出口的公司受到了有利影响。

资料来源:涂永红,《外汇风险管理》,中国人民大学出版社2004年版,第260—261页。

第三节　外汇风险计量

一、交易风险的计量

(一)银行外汇买卖风险的计量

众所周知,银行承担的外汇风险主要是外汇买卖风险,是银行在外汇市场上频繁进行本币与外币之间反复兑换的过程中产生的。计量外汇买卖风险时,同样要明确每种货币的净头寸,在此基础上计量外汇买卖风险的大小。一般会采用限额管理来控制外汇买卖风险,常用的限额管理包括:

1. 缺口限额法

缺口限额法是最简单的一种方法。为了明确外汇缺口头寸的大小,银行建立外汇交易记录表,按照每种货币合约到期日记录每笔交易的外汇流量,这些头寸按比重和期限列示。从表6-9中,我们可以清楚地分析银行外汇头寸的汇率风险。如果在每一个到期日,所有货币的外汇交易记录表上,买卖金额正好相等,不管汇率发生什么变化,银行没有任何资金损失,不存在汇率风险。如果某一种货币的交易记录表中,存在着金额或者期限的不匹配,银行就承担了外汇风险。由表6-7可知,该银行在每个时期英镑头寸都是不平衡的,当汇率波动时,这些头寸会承担汇率风险。例如,英国英镑/人民币的即期汇率从12.12下降到12.10,即期多头损失4 000元人民币。为了控制缺口头寸的汇率风险,银行要制定对应每种货币各个时期的缺口限额,当缺口超过限额时,交易员必须在外汇市场上将多余的头寸对冲掉。

表 6-7　银行英镑交易记录表　　单位:万元

期限	买入(+)	卖出(-)	合计
即期	20		+20
1 个月		100	-100
2 个月	80		+80
3 个月		150	-150
6 个月	200		+200
12 个月	250		+250
24 个月		200	-200
合计	550	450	+100

外汇交易记录是计量外汇风险的重要工具,但是它只是一个交易记录,没有告诉我们目前外汇头寸的盈亏情况,难以体现汇率风险的总体状况。为了控制汇率波动造成的头寸盈亏,银行应该用市场汇率重新估价外汇头寸,分析外汇头寸的盈亏情况。我们把前面所列的英镑交易记录表用人民币重新核算,见表 6-8。可以看出,由于外汇市场的汇率时刻在变化,按照市场汇率估计,如果现在结束头寸,该银行的英镑总头寸将亏损 10 832.88 美元。使用外汇交易记录表经常性重新估计外汇头寸,可以及时分析银行承担的外汇风险,以便采取措施加以控制和避免。

表 6-8　用市场汇率重新核算后的英镑头寸

期限	英镑金额(万)	原来汇价	原来相当于(人民币)	现在汇价	现在相当于(美元)	利润/亏损(美元)
即期	+10	1.48	67 567.57	1.47	68 027.21	459.64
1 个月	-200	1.49	-1 342 281.88	1.47	-1 360 544.22	-18 262.34
2 个月	+100	1.46	684 931.51	1.45	689 655.17	4 723.67
3 个月	-100	1.46	-684 931.51	1.45	-689 655.17	-4 723.67
6 个月	+150	1.45	1 034 482.76	1.44	1 041 666.67	7 183.91
12 个月	+100	1.43	699 300.70	1.42	704 225.35	4 924.65
24 个月	-100	1.40	-714 285.71	1.39	-719 424.46	-5 138.75
合计	-40		-255 216.57		-266 049.45	-10 832.88

2. VaR 法

VaR(Value at Risk)是指在正常的市场条件、给定的置信水平和给定的时间间隔内,某项资产或某一资产组合预期可能发生的最大损失。VaR 法是数量化市场风险的重要量度工具,该方法估计经过已知时间间隔,资产组合价值可能减少的幅度(即发生的可能性),被广泛用于评估不利的市场因素变化对资产组合价值所造成的影响。

假设 2009 年 4 月 27 日,某银行持有 100 万美元头寸,现以日元为计价货币对其进行盯市(Mark to Market)计算。按照当日汇率计算,该头寸为 9 668 万日元(即 100×96.68)。我们按照 VaR 方法计算在某一概率水平下,第 2 天该头寸可能发生的最大损失。为了简化问题,假定该外汇头寸的价值变化只受汇率的影响,即只考虑汇率一种市场因素。假设根据对日元/美元汇率变动的概率分布估计,计算出在 99% 置信水平下,该汇率在第二天的最大波动幅度为 4%。把美元头寸金额乘以该数值,即为在该概率水平下,以日元表示的该美元头寸在一天的时间里可能发生的最大损失值。

$$VaR = 9\,668 \times 4\% = 386.72(万日元)$$

VaR 方法的关键在于对市场因素(汇率)变动的概率分布的估计,最常用的方法是风险度量制(Risk Metrics)法,这是 1994 年 J. P. 摩根公司推出的以 VaR 为基础的风险度量模型。该方法假定金融资产收益率服从正态分布,只需要价格波动率的估计就可以把受市场因素不同程度影响,以及受不同市场因素影响的金融资产的受险程度以同样的货币单位来衡量,从而加总衡量综合风险。近年来,VaR 法逐渐为西方国家金融机构和非金融公司所采用,作为防范金融风险的第一底线。

(二) 企业的交易结算风险的计量

计量交易风险的步骤是首先确定每种外币与其现金流量净额,然后确定这些外币的总体风险。①

1. 外币预计的流量净额

外汇交易风险的产生源于两个方面:浮动汇率制下名义汇率的变动和外汇交易敞口头寸不为零。因此,计算外汇交易风险首先要按计量企业各种外汇流入量与流出量差额,明确每种货币的流量净额,这里的“净”是指对某一特定时间内货币所有预期流入量和流出量的加总:

$$净现金流量 = 现金流入量 - 现金流出量$$

对于跨国公司而言,确定每种货币的净现金流量更为重要。跨国公司的交易风险敞口头寸等于以某种外币定值结算的合同现金流入与合同现金流出的差额。每个子公司的管理层在报告预期流入量和流出量的过程中起着决定性作用,然后,由母公司合并子公司的财务报告,以便确认整个跨国公司在未来几个期间内外币的预计净头寸。例如,若子公司 A 的净流入量为 400 000 英镑,子公司 B 的净流出量为 420 000 英镑,则母公司合并流入量净额为 -20 000 英镑。如果在单个现金流量发生前英镑贬值,A、B 两个子公司的风险状况不同:公司 A 要承受由于英镑贬值将英镑兑换成相应货币时价值的降低;公司 B 会得到由于英镑贬值而无须支付那么多以英镑标价的款项的收益。而对子公司进行了

① 参考朱叶主编:《国际金融管理学》,复旦大学出版社 2003 年版,第 115 页。

净现金流量的合并后，母公司如果没有事先采取避险措施的话，英镑贬值对其总头寸 -20 000 英镑带来的影响是很小的，几乎可以抵消。

然而，现实中并不总能出现可以大体抵消受险头寸的情况，如果净流量很大的话，影响也是十分巨大的。因此。为了计算外汇交易风险，先要计量企业各种外汇的净头寸，进而预测各种汇率变化的可能范围，用预测出的汇率变化可能范围乘以该外币的净头寸，就能够得到以本币表示的现金流入量或流出量的可能范围。

2. 确定总体风险

由于企业常常发生多种外币交易，准确测定各种汇率之间的相互关系和关联程度对计量企业的交易风险是十分重要的。一种外币汇率发生变动时可能引发其他外币同向或反向变动，因此整体外汇交易风险并不是各货币外汇头寸的简单加总，而是需要了解总体风险的货币易变性和相关性。货币的易变性是指一种货币币值的可变性不一定在各期都保持一致。标准差可以作为计量某一外币波动程度的方法，货币的标准差越小，意味着在某一时期内货币围绕其均值上下波动的幅度越小；货币的标准差越大，意味着其波动性越大。因此，跨国公司要对有关外币的汇率的历史数据进行分析，运用方差或者标准差来估算每种外币的潜在波动幅度，进而结合期末汇率预测值，来确定汇率的可能范围。

二、会计风险的计量

如前所述，基本的会计风险计量方法有四种，即现行汇率法、流动与非流动项目法、货币与非货币项目法和时态法。外币汇集报表折算时，由于各项目采用不同汇率进行折算，从而产生了折算差额。折算差额的大小取决于所选用的折算方法、汇率变动的方向和过程、外币资产与外币负债的比例等因素。对于该折算差额有两种会计处理方法：一是递延处理，二是计入当期损益。将折算差额计入当期损益，可以真实反映企业所承受的汇率风险，但也有不足，将折算差额反映在损益中，也就是将未实现的损益计入当期损益，有可能引起对会计报表的误解。因此，将折算差额在所有者权益项目下单列出来并逐年累积是较通用的做法。

三、经济风险的计量

由于经济风险对企业的影响是长期的，而且是复杂、多层面的，这就要求我们采用整体、系统的方法来评估经济风险。经济风险计量的最常用的方法是收益和成本的敏感性分析和回归分析。

（一）收益和成本的敏感性分析

收益和成本的敏感性分析是把现金流量按照收益表的不同项目分类，并根据汇率预测情况对收益表的各项做出主观的预测,考虑各种可能的汇率,修正利润表项目的预测值,通过观察利润表盈利预测值如何随备选的汇率值变化,企业就能确定货币币值变动对收益和成本下的现金流量的影响。企业的现金流量取决于原材料和产品的价格、销售量以及各项费用,这些因素的综合代表了企业的竞争力,汇率的变动正是通过改变各种价格对企业的竞争力和市场环境产生影响的。

例如,一家中国跨国公司 C,在本国和加拿大同时开展业务。该公司在中国的销售收入以人民币计价,而在加拿大的销售收入则以加拿大元计价。该公司的财务部对下一年度的利润进行了预测,预测的损益表如表 6-9 所示,损益表中各项目的数值是在 1 加元 =5.7 元人民币的预测汇率基础上得到的。表 6-9 还反映了中国和加拿大两部分业务的损益情况。

表 6-9　跨国公司 C 的预测收入与费用　　单位:百万

	中国业务(¥)	加拿大业务(C$)
销售收入	3 040	4
销售成本	500	200
毛利	2 540	-196
营业费用	—	—
固定费用	300	—
变动费用	307.2	—
合计	607.2	
息税前利润	1 932.8	-196
利息费用	30	10
税前利润	1 902.8	-206

种种迹象表明,人民币汇率的波动幅度将扩大,因此,跨国公司 C 希望得知,在 1 加元 =5.2 元人民币以及 1 加元 =6.2 元人民币时,其利润会发生什么变化?损益表中各项目的数值会做出何种反应?

首先,该公司需要判断其在中国的销售收入和成本是否要受人民币汇率变动的影响。一个简单的做法是,假定这部分也不受影响,那么不管人民币对加元升值还是贬值,其国内业务的收入和成本都不变,损益表上各项目的数值仍然与表 6-10 相一致。然而,由于存在来自国外的竞争,根据前面我们的理论分析,在人民币汇率波动时,该公司在国内的销售收入也会受到间接的影响(见表 6-10)。当加拿大元走弱时,公司在中国的销售收入预计增加 30(3 070 -3 040)万元人民币。由于该公司国内业务的销售收入受汇率的影响程度取决于相关外币的竞争力，一般可以通过历史数据分析来确定以往国内销售收入受汇率影响的程度，进而预测未来其国内人民币销售收入受汇率影响的数值，表 6-10 反映了人民币汇率变化情况下对国内销售收入的预测。

表 6-10　汇率波动对跨国公司 C 国内销售收入的影响　　单位：百万

加拿大元的可能汇率（¥）	预计在中国的销售收入（¥）
5.2	3 000
5.7	3 040
6.2	3 070

其次，跨国公司 C 要估计损益表中加拿大业务的变化，这部分业务由于使用加元，损益表中的每一个项目都受到人民币汇率变动的直接影响。表 6-11 反映了跨国公司 C 预期的利润对汇率变化的敏感度。

表 6-11　汇率变动对跨国公司 C 利润的可能影响　　单位：百万

	汇率情况		
	C$ = ¥5.2	C$ = ¥5.7	C$ = ¥6.2
销售收入			
中国	¥3 000	¥3 040	¥3 070
加拿大	C$ 4 = ¥20.8	C$ 4 = ¥22.8	C$ 4 = ¥24.8
合计	¥3 020.8	¥3 062.8	¥3 094.8
销售成本			
中国	¥500	¥500	¥500
加拿大	C$ 200 = ¥1 040	C$ 200 = ¥1 140	C$ 200 = ¥1 240
合计	¥1 540	¥1 640	¥1 740
毛利（销售收入 - 销售成本）	¥1 480.8	¥1 422.8	¥1 354.8
营业费用			
中国：固定费用	¥300	¥300	¥300
中国：变动费用（销售总额的 10%）	¥302.08	¥306.28	¥309.48
合计	¥602.08	¥606.28	¥609.48
息税前利润（EBIT）	¥878.72	¥816.62	¥725.32
利息费用			
中国	¥30	¥30	¥30
加拿大	C$ 10 = ¥52	C$ 10 = ¥57	C$ 10 = ¥62
合计	¥82	¥87	¥92
税前利润（EBT）（息税前利润 - 利息费用）	¥796.72	¥729.52	¥653.32

对表6-11进行分析，我们可以看到汇率变动对跨国公司C损益表中各项目的影响。尽管加拿大元走强时，公司的人民币销售收入增加了3 000万元，加拿大元销售收入增加了200万元[24.8 - 22.8 = 2(百万)]，但是，由于公司的加拿大元销售成本(C$ 2亿)大大高于销售收入(C$ 400万)，加拿大元走强对公司的人民币毛利具有负面影响，表现为毛利金额减少6 800万元[1 354.8 - 1 422.8 = -68(百万)]。此外，当加拿大元走强时，用于付息的人民币支出也增加了500万元[62 - 57 = 5(百万)]。总之，跨国公司C因较强的加拿大元受到不利的影响，税前利润下降了7620万元[653.32 - 729.52 = -76.2(百万)]。加拿大元走弱时，公司的人民币销售收入下降4 000万元，加拿大元销售收入也下降200万元[20.8 - 22.8 = -2(百万)]，但是，公司的销售成本下降更多，减少了人民币支出10 000万元[1 040 - 1 140 = -100(百万)]，支付的人民币利息下降了500万元，因此，公司在加拿大元走弱时受到有利的影响，税前利润可以增加6 720万元人民币[796.72 - 729.52 = 67.2(百万)]。

通过这个例子，我们得出一个总的结论：外国费用比外国收入多(少)的企业会受到较强(弱)外币的不利影响。然而，只有通过对企业损益表各项目的汇率敏感性分析，才能确切地估算出企业的经济风险。还需要注意的是，我们在分析跨国公司C的经济风险时，只考虑了一个期间该企业发生的利润变化，企业可以采用完全相同的方法来估算未来几个期间的销售、费用，计算它们在不同时期受汇率影响的经济风险。

(二) 回归分析

企业较常用的另一种敏感性分析方法是回归分析法。这种方法利用已有的公司绩效变量(通常为现金流量和股票价格)和汇率的历史数据进行回归分析，测定企业的经济风险。这种方法的特点是具有客观性，只用历史数据来计量企业现金流量对汇率变动的敏感性。相对来说，收益和成本敏感性更多地要求企业管理人员做出许多主观的估计，这种估计有可能过度依赖于管理人员的个人观点。回归分析则可以比较客观地通过对历史数据进行数学处理，得出未来可能的经济风险大小。

在回归分析中，我们把绩效变量作为因变量，以一种或多种汇率作为自变量，所有的历史数据都要经过通货膨胀的调整。例如：

$$\mathrm{PCF}_t = a_0 + a_1\mathrm{PER}_t + m_t$$

在该式中，PCF_t 表示企业 t 期的现金流量变化率；PER_t 表示汇率 t 期的变化率；a_0 是常数项；a_1 是回归系数；m_t 是随机误差项。回归系数 a_1 表示 PCF_t 对 PER_t 的敏感性。此回归模型可修正，如果企业受多种货币汇率变动的影响，则可以将这些货币汇率变动都加入自变量，每种货币的影响便可通过各自回归系数的估计来测定。如果以股票价格代表企业的绩效变量,通常股价指数也要包括在自变量中,如果企业预期不对经营结构进行调整,那么根据回归所作的敏感性分析与未来的实际结果还是会比较相似的。

当然,回归分析自身也有缺陷,因为它所使用的历史数据未必可以反映未来。这种测定的有效性也是有限的,但是毕竟为企业提供了分析问题的一个角度。

本章重要术语

国际金融风险	金融危机	金融市场波动性
炒作风险	金融周期	外汇风险
流动与非流动项目法	汇率波动	基准货币
会计风险	资产负债风险	货币与非货币项目法
交易风险	交易结算风险	轧平头寸
经济风险	缺口限额	头寸盈亏
风险度量制法	外汇头寸报告	VaR 法
期末汇率法	收益和成本敏感性分析	流动与非流动项目法
回归分析法	时间度量法	历史成本

本章小结

- 国际金融风险是在国际贸易和国际投融资过程中,由各种不确定性因素带来的影响,使得参与主体的实际收益与预期收益发生偏差,进而产生蒙受损失的可能性。
- 外汇风险有广义和狭义之分。广义的外汇风险包括汇率风险、利率风险、信用风险、流动性风险以及国家风险等;狭义的外汇风险仅指汇率风险,是指经济主体在持有或运用外汇的经济活动中,因汇率波动而蒙受损失的一种可能性。构成外汇风险的两个主要因素是不同的货币和时间。
- 外汇风险管理要遵循全面重视原则、管理多样化、趋利避害、收益最大化这三个原则,按照风险识别、风险预测、风险计量和风险管理规避这样的程序进行外汇风险管理。
- 会计风险是将外币债权、债务折算成本币时,由于使用的汇率与当初入账时的汇率不同而产生的事后账面损失的可能性。
- 交易风险是未来现金交易价值受汇率波动的影响而使经济主体蒙受损失的可能性,可进一步分为外汇买卖风险和交易结算风险两类。
- 经济风险是指由于意料之外的汇率波动引起公司或企业未来一定期间的收益或现金流量变化的一种潜在风险。经济风险代表了企业未来竞争力的可能变化,其影响是长期性的。
- 交易风险的计量可分为外汇买卖风险的计量和企业交易结算风险的计量。银行外汇买卖风险的计量可以采用缺口限额法和 VaR 法;企业交易风险的计量步骤是首先确定每种外币与其现金流量净额,然后确定这些外币的总体风险。
- 会计风险的计量有四种基本的方法:现行汇率法、流动与非流动项目法、货币性与非货币性项目法、时态法。

• 经济风险对企业的影响是长期的，而且是复杂、多层面的，所以需要采用整体、系统的方法来评估经济风险。经济风险计量的最常用的方法是收益和成本的敏感性分析和回归分析。

相关网络地址

• http://www.elsevier.com/locate/econbase：爱思唯尔网站，是全球五大出版社之一的爱思唯尔集团发布各种著名期刊文章的网站，可以提供各学科相关专业论文的全文浏览；

• http://www.ny.frb.org/pihome/mktrates：能够提供当前和历史汇率数据；

• http://pacific.commerce.ubc.ca/xr/data.html：太平洋商业网站，可提供60个国家外汇的当前与历史数据，可以应用于数据的计算；

• http://www.cme.com：能够提供进行市场预测的远期汇率数据；

• http://www.ibm.com：作为一个有关跨国公司的网站，可以提供不同跨国公司的财政状况、年度报告、政策变化，并为规避利率风险和汇率风险提供建议；

• http://www.bank-of-china.com：中国人民银行网站，及时提供国家财政、货币政策，提供企业与个人的投资、理财等咨询，提供《国际金融研究》杂志的部分年份的文章阅读。

简答题

1. 国际金融风险是什么？它与一般的金融风险有何差别？
2. 国际金融风险的特征有哪些？
3. 请分析汇率不稳定性的原因。
4. 外汇风险的构成要素有哪些？它们是如何形成会计风险、交易风险和经济风险的？
5. 国家和企业为什么要进行外汇风险管理？
6. 跨国公司的会计风险受哪几种因素的影响？
7. 如何识别会计风险？
8. 什么是经济风险？它与会计风险和交易风险有何异同？
9. 跨国公司的经济风险受到几方面因素的影响？
10. 中国一家公司A持有70000英镑，在获得这些英镑时，¥1 = £ 0.080，到期时外汇比价¥1 = £ 0.071，那么汇率变动的损失为多少？
11. 银行需要对每日的外汇头寸进行轧平吗？实际中如何控制？
12. 在确定总体风险时，已经考虑了货币的可变性，为何还要关注它们的相关性？
13. 收益和成本敏感性分析是什么？举例说明。
14. 简述计量会计风险的几种方法。
15. 假设某日某银行持有200万美元现汇，现以英镑为计价货币对其进行盯市计算。当日汇率为$ 1 = £ 0.89，如果第二天会发生较大的汇率波动，且假定外汇头寸只受汇率的影响，则在99%的概率水平下，该汇率在第二天的最大汇率波动幅度为3%，用VaR法计算在这样的条件下可能发生的最大损失。
16. 雀巢公司预测加拿大元在下个月的流入量是C$ 43000000，流出量是C$ 20000000，若假定加拿大元/欧元的汇率为 1 欧元 = 0.70 加拿大元，则加拿大元的预期净流量为多少欧元？

17. 一家美国企业考虑每月一次从加拿大（以 C$ 标价）或法国（以 FF 标价）进口物品。两国提供物品的质量相同。一旦企业与供应商签约，则必须连续至少三年从该供应商进货。按当前汇率，所支付的美元（包括运费）金额一样。该企业没有其他汇率波动风险，考虑到企业更愿意有较低的汇率风险，请说明应该从哪个国家进口。

思考题

1. 加入 WTO 后，中国应如何应对金融市场上的国际化风险？

2. 跨国公司应该如何选择自己的功能货币？

3. 中国企业应如何利用货币自身的可变性和相关性来规避化解外汇风险？

4. 假设你的美国企业目前按月向德国出口，出口商品以马克计价，一旦收到材料，即很快用于美国生产产品，然后出口。当前没有其他汇率风险。你可以从加拿大、法国或从美国国内购买材料。三者的质量和预期成本相同。如果让你选择适度的汇率风险，你会选择三者之中的哪一个？

5. 丰田汽车公司计量出口对日元汇率（对美元）的敏感度。请说明如何使用回归分析完成这一工作。如果丰田主要向美国出口的话，请确认所期望的回归系数是正还是负。如果丰田在美国设有分公司，汇率变量的回归系数会怎样变化？

第七章 外汇风险预测

- 外汇风险预测的重要性
- 外汇风险预测方法
- 外汇风险预测的效果与误差

[知识要求]

通过本章的学习,掌握

- 外汇风险预测的重要性;
- 外汇风险预测的分类;
- 基本预测方法的影响因素;
- 各种预测方法的优劣。

[技能要求]

通过本章的学习,能够

- 熟悉风险预测的几种图表技术分析法;
- 在三种预测方法的基础上,建立合理的混合预测法;
- 判断预测方法的绩效。

要成功管理外汇风险,首先需要预测未来汇率走势和风险敞口头寸的大小,然后据此计量外汇风险对经济主体价值的影响程度,最后选择有效、合理的外汇管理方法规避风险,实现利润最大化目标。

第一节　外汇风险预测的重要性

对于如何规避或降低外汇风险可能为经济主体带来的损失,人们通常持三种不同的态度。① 第一种人认为,外汇风险无须管理,因为管理者可以像股东分散投资一样使外汇风险自主消失或降低;第二种人认为,可以采取积极的外汇风险管理进攻性政策,减少汇率不确定性的来源,赚取投机性利润;第三种人认为,可以预测未来外汇市场的走向,从而在汇率走向不利时进行保值,在汇率走向有利时承担风险。可以说,解决外汇风险的这三种方式都有道理,但也都有自身的缺陷:第一种态度忽视了个体投资与整体投资的区别,整体投资不仅仅面临着系统性风险,实体管理者所面临的总体风险是很难分散的,这种方式通常不为大家认可;第二种态度虽然受到普遍接受,人人都希望投资性管理政策对自身有利,但是外汇市场波动的不确定性是超出企业内部控制范围的,适时调整往往不是企业的竞争优势所在;第三种态度比第二种态度保守,目的并不

① 朱叶:《国际金融管理学》,复旦大学出版社 2003 年版,第 104 页。

在于在外汇市场上创造有利头寸、增加未来现金流，而是以如何规避外汇风险、如何减少经济主体遭受的风险损失为首要目标。所以说，汇率预测的必要性并不仅仅在于它会对投机性的管理政策有利，更重要的是，它对于风险偏好的不同企业来说，都是外汇风险管理中的关键步骤。

一、个人与外汇风险预测

外汇风险对个人的影响如下：其一，汇率会影响个人消费国外商品与劳务。例如，王先生通过互联网订购一套日本出版社的图书，并注意到公告中有下列注意事项："标价均是当前的人民币价格，由于进口图书时汇率波动等原因，可能会变更人民币价格，特此预先通知。"向国外订购书刊需要一段时间，此间日元币值急剧上升，当王先生得到这套书时，所需支付的书款竟然比当初的预定金额高出50%。其二，汇率波动会影响个人的国外旅游。例如，李先生年初制订了耗资3 000欧元的全家9月份旅游计划，为此按照年初1欧元 = 10.3元人民币的汇率，他准备了30 900元人民币。然而，到了9月份，欧元汇率发生变化，1欧元 = 11.3元人民币，如果要继续欧洲之行，李先生需要追加3 000元人民币，李先生受到现金不足的限制，很可能要取消预定的旅行计划。

上面的例子表明，汇率风险对个人的财务安排和生活都会产生影响，因此需要预测汇率的变动趋势。

二、银行与外汇风险预测

商业银行是国际金融市场的主体，它们为从事国际业务的企业提供国际结算业务以及资金营运、风险管理等外汇业务。银行在开展外汇业务的同时，实际上也承担了外汇风险集散与转移的角色，稍有不慎，就会蒙受巨额的风险损失。银行在与其他顾客之间买卖外汇或者同业拆借时，本币资金收付与相应的外币资金收付不一定同时发生，二者之间常常有一定的时滞，频繁地形成比重多样、金额巨大的敞口头寸，一旦发生汇率波动，这些外汇敞口就很容易造成损失。可以说，银行的外汇交易与外汇风险密不可分，因此，进行准确的外汇预测，把握外汇交易风险的金额和变化趋势，对于银行来说，有着重要的意义。[①]

三、跨国公司与外汇风险预测

由于跨国公司较之一般企业对汇率波动更为敏感，所以准确的外汇风险预测也就显得尤为重要。美国经济学家杰费·马杜拉（Jeff Madura）在其著作《国

① 涂永红：《外汇风险管理》，中国人民大学出版社2004年版，第188—189页。

际财务管理》中,从微观角度分析了外汇风险预测对跨国公司的职能决策的重要影响:(1) 套期保值决策。企业经常遇到是否要对未来货币应收、应付项目进行套期保值的问题,这主要取决于企业对外汇价值的预测。(2) 短期融资决策。大公司举债选择外币时,理想的举债货币应该是利率低且在融资期内贬值的货币。因此这一融资决策会受到任何融资货币的汇率预测值的影响。(3) 短期投资决策。企业有时在短期内会有大量的闲置资金,这时便可以以不同的币种进行储蓄。理想的储蓄币种应该是利率高、在投资期间走强的货币。因此决定在何地进行短期投资时,应考虑储蓄货币的汇率预测值。(4) 资本预算决策。跨国公司通常要根据资本预算来决定是否在一国建立子公司。在资本预算进程中,未来现金流量的预测值依赖于未来货币币值,这种依赖性是源于以外币标价的未来现金量(流入量或流出量)需要兑换为本币来计量,并且未来汇率对企业产品需求有重要的影响。(5) 长期融资决策。为获得长期资金而发行债券的企业可考虑发行外币债券,在估算发行外币债券的成本的过程中,就需要预测汇率,企业更愿意看到借入的货币会对销售时收到的货币贬值。(6) 收益评价。在报道跨国公司的收益时,子公司的收益要折算为母公司所在国的货币。因此,汇率预测在跨国公司合并收益预测中起着重要的作用。①

专栏 7-1

外汇风险预测实例

中信泰富2008年10月20日发布公告警示称,该公司与银行签订的以澳元累计目标可赎回远期合约,因澳元大幅贬值而跌破锁定汇价,目前公司已录得147亿港元亏损,其中逾8亿元亏损确认于今年入账,其余部分则为未实现亏损。中信泰富在公告中称,为应对冲澳元升值风险,锁定公司位于澳洲铁矿项目的开支成本,中信泰富与香港银行签订了四份杠杆式外汇买卖合约,其中三份为澳元兑美元汇率挂钩,另一份则为人民币兑美元的汇率挂钩。后者因波动不大,在此次事故中未产生不利影响。公告显示,三份标明澳元兑美元汇率挂钩的合约以澳元累计目标可赎回远期合约为主。按合约内容,公司须分月接

① 参见〔美〕杰费·马杜拉:《国际财务管理》,杨淑娥、张俊瑞译,东北财经大学出版社2000年版,第246页。

货，总接收额为90.5亿澳元，合约至2010年10月期满。根据合约，事前订下的接货汇率为澳元兑美元0.87，若汇率低于此数值，公司须以两倍接货。此外，合约明确指出“止赚不止蚀”。而不幸的是，澳元兑美元近期在0.7附近徘徊，低见0.65。中信泰富主席荣智健表承认，若澳元仍然持续下跌，“公司损失可能超过147亿元”。

资料来源：王端，“中信泰富94亿澳元豪赌”，《财经》，2008年总第223期。

第二节　外汇风险预测方法

汇率预测的关键是把握导致汇率波动的最基本的因素，洞察汇率的变化趋势。外汇预测的方法多种多样，选用哪种方法预测汇率也见仁见智，但总体上可分为四种：(1) 市场预测法；(2) 技术预测法；(3) 基本预测法；(4) 混合预测法。

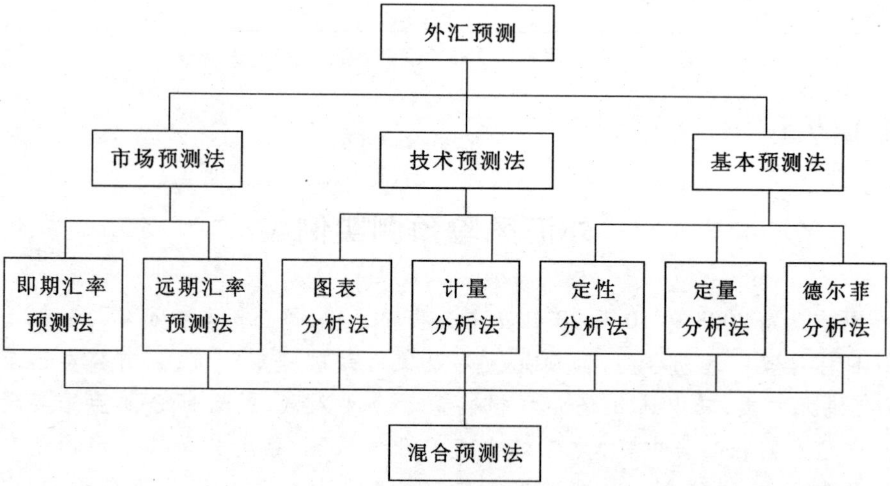

图7-1　外汇预测的几种方法

值得一提的是，不同预测方法所处的市场假设前提——市场有效程度是不同的。20世纪60年代，美国芝加哥大学财务学家尤金·法默提出了著名的“有效市场假设理论”，成为经济理论界中最基本的假设前提之一。有效市场假设包括运作效率、资源配置和信息传递效率三个基本条件，在一个有效的市场条件下，市场无摩擦、不存在交易成本、信息充分有效、当前的市场价格包括了所有可获得的信息，如果新信息发生，市场参与者可以无偏地获得这些信息，并据此交易，使价格发生新的变化。根据信息传递效率的强弱，有效市场又可进一步分为强式有效市场、半强式有效市场和弱式有效市场三类[①]，而信息传递效率的强弱恰恰是影响外汇预测的重要因素，所以我们便可得到在不同的有效市场前提下的汇率预测方法。

一、市场预测法

市场预测法(Market-based Forecasting)，是一种建立在即期、远期汇率和利率间存在一系列平价关系的假设基础上的汇率预测方法。市场预测法认同市场有效性假说，即在一个强式有效的市场上，所有公开和非公开的信息都可以反映在当天的汇率当中。

市场预测法包括两种：即期汇率预测法和远期汇率预测法。

(一) 即期汇率预测法

如果某种货币的汇率波动比较小，外汇市场比较平稳，在预测该货币的短期汇率时，可以认为当期的即期汇率就是下一期的即期汇率，即：

$$ES_{t+1} = S_t$$

其中，ES_{t+1}表示预期的第 $t+1$ 期的即期汇率，S_t 表示第 t 期的即期汇率。

例如，2009 年 4 月 27 日人民币兑美元汇率是 1 美元 = 6.8209 元人民币，鉴于人民币实际上是钉住美元的，可以预测 2009 年 4 月 28 日人民币兑美元的汇率也是 6.8209。

但是，该方法只适用于市场较为稳定的情况，也就是说，各国经济波动相对平稳，而且也没有出现重大的政策改变，同时，国际游资的炒作力量也不活跃。但是，事实并非如此。在多数情况下，即便各个因素相对稳定，汇率仍会出现小幅波动，因此，不能在毫无根据的情况下，随意地相信即期汇率预测的可靠性。

(二) 远期汇率预测法

主要的国际货币通常都有发达的远期外汇市场或者期货市场，远期汇率反映了当前市场对货币的未来即期汇率的一致看法，在国际金融市场套利机制的作用下，远期汇率就是未来即期汇率的无偏估计，即：

$$ES_{t+1} = F_t$$

---

① 强式有效市场，是最高程度的市场效率概念，在这种形式的假设下，所有相关信息(包括内部信息和公开信息)都在证券价格中反映出来。半强式有效市场，是假定所有公开的可用信息都被反映在证券价格中，不仅包括证券价格序列信息，还包括公司财务报告信息、经济状况的通告资料和其他公开可用的有关公司价值的信息、公布的宏观经济形势和政策方面的信息。弱式有效市场是指证券价格被假设完全反映包括它本身在内的过去历史的证券价格资料的有效市场。

其中，ES_{t+1}表示预期的第 $t+1$ 期的即期汇率，F_t 表示第 t 期市场标志的第 $t+1$ 期的远期汇率。

例如，假设欧元 30 天远期汇率为 1.22 美元，投资者普遍预期 30 天后欧元的未来即期汇率为 1.25 美元，所以投资者可以以 1.22 美元的价格购买 30 天后的欧元，然后以 30 天后的即期汇率抛出。如果预测是正确的，则他们将每欧元赚取 0.03(1.25 - 1.22)美元。如果许多投资者都这样操作，大量买入远期欧元会引起远期汇率上升，直到投资需求中止为止，比如达到了 1.25 美元时，这样的汇率对投资者已经无利可言。所以，要预测未来即期汇率值，可以监测公开报出的远期汇率值。

但是，当前远期汇率决定未来即期汇率这一结论是否准确，取决于市场效率能否保证商品套购和资本套利行为完全无摩擦地进行，市场价格(包括名义利率和汇率)能否及时有效地反映各国通货膨胀的差异。由于市场预测是建立在有效市场假说的基础之上的，所以这样的预测方法看似合理，但在实际中，市场并不是强式有效的。因此，即使远期汇率可以准确地反映名义利率差异，从而反映了通货膨胀差异，但是购买力平价并没有涵盖影响汇率变动的全部因素，未来的即期汇率水平往往和远期汇率有较大的偏差，远期汇率只能显示汇率的长期走势。①

由此可见，市场预测法的优点在于，任何人只要借助金融刊物或互联网，就可以对汇率走势做出自己的判断，方便易行。但是，单纯依靠远期汇率和利率平价判断汇率走势显然是不全面的，远期汇率制只能显示汇率的长期走势。

二、技术预测法

技术预测法(Technical Forecasting)，是用历史的汇率数据来预测未来的汇率。例如，2007 年 2 月 27 日全球股市遭遇“黑色星期二”，中国沪深股市分别暴跌 268.81 点和 800 点，随后全球股价下跌，这使股市投资者联想起引发危机的 1929 年纽约股市的崩溃。正因为历史不断再现自身，人们才能将过去获得的正确认识用于指导未来，并获得同样正确的结论。技术预测首先是需要收集研究对象的历史资料，其次要分析这些历史资料，最后要判断哪些形态会稳定地重复发生。

技术预测法的基本假设是：第一，所有影响价格走势的因素都会反映在当期的和历史的市场价格中。外汇市场不是弱式有效市场，在一个弱式有效市场上，历史和当期的汇率信息对于预测汇率走势是无用的，而半强式有效和强式

① 参见宋清华、李志辉主编：《金融风险管理》，中国金融出版社 2003 年版。

有效市场上的相关信息都会反映在当天的汇率中。交易者的买卖中价格机制将所有影响市场行情集体因素反映出来,使得价格成为直接的分析对象,而不考虑间接而复杂的基本面因素。第二,历史会重演。技术预测法根据历史的价格形态预测未来的价格变动,这种方法是与有效市场假设相对立的。有效市场本身具有前瞻性,汇率在市场参与者对最新信息不断评估和反应的作用下会随机波动而无法预测;如果历史价格走势中存在可供运用的资料,那么每个市场参与者都可以获得这种资料,市场也已经运用了这些资料,预测是不可能的。所以,技术预测法建立在这样的信念上,即历史价格形态中确实蕴含有效而未被运用的资料,这些资料只有少数人才能够了解和运用。过去和未来的这种相关性正是技术分析存在的理由。使用技术分析来预测汇率的方法有很多,但主要以价格分析为主,大体上可将其归为图表技术分析法和计量经济分析法两类。

(一) 图表技术分析法

汇率的图表技术分析是根据汇率过去的表现,有条理地做出图表记录,通过过去到现在汇率的波动情况,借助图表和曲线来预测将来汇率的可能性趋势。这种“可能性趋势”虽然未必可靠,但确实有不少价格行为态势带着很大的相似性,不断地重现,这就使得我们相信这种重现的概率会使汇率预测成为可能。

1. 曲线图分析法

曲线图就是把每个价位按次序连接起来,成为一条连续的曲线。大多数的曲线图是以时间和价位为坐标的。如图 7-2 所示,横坐标是时间,纵坐标是价格,表示美元兑日元的汇价。曲线图的优势是直观,个人实盘外汇买卖客户可从中得到一些市场感觉。

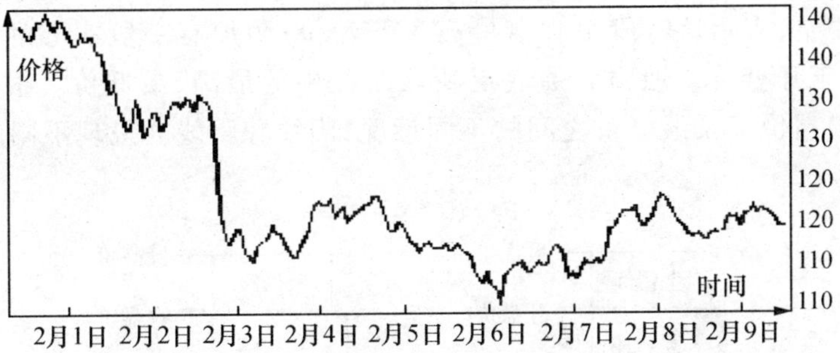

图 7-2 曲线图

2. 点形图分析法

点形图反映的是一段时间内汇率波动发生趋势转变的次数及幅度,而不关心何时发生这种转变,预测者借此可以清楚地看到汇率波动的频率及幅度。一般来说,点形图用“x”和“o”表示 1 单位汇率的升降,该汇率波动单位由预测者自行决定，如0.01、0.015、0.020，原则上该单位不可定制太大，也不可定制太小，应该适中。实践中，汇率波动超过3单位，才会在点形图上标注出来。假如确定每波动单位为0.020，则只有当汇率波动超过0.060时才会在点形图上得到反映（见图7-3）。①

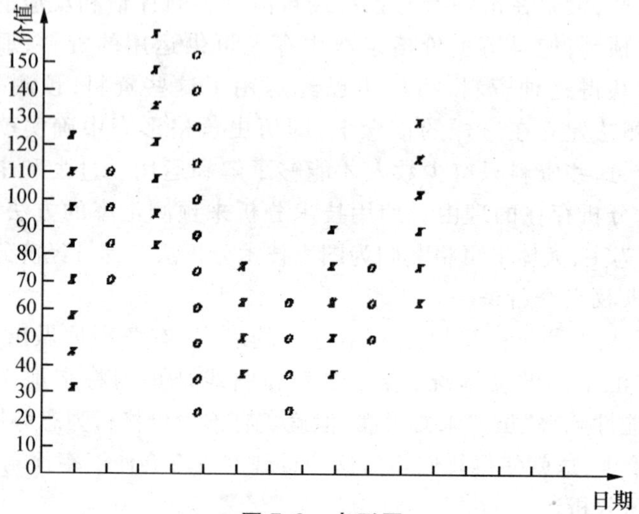

图 7-3　点形图

3. K线图分析法

K线图，又称阴阳图或蜡烛图，迄今已有二百多年的历史，应用范围很广。它既可以用于研究市场的短期价位，也可以用于认清趋势和周期；它既可以用来分析股票市场，也可以用于分析期货、外汇等市场的行情走向。如图7-4所示，阳烛中空，表示该时段中收盘价高于开盘价；阴烛有一段实心的阴影，表示收盘价低于开盘价。烛顶和烛底反映该时段中的最高、最低价。根据开盘价、收盘价、最高价以及最低价之间的不同情况，阴线和阳线会呈现不同的形态。

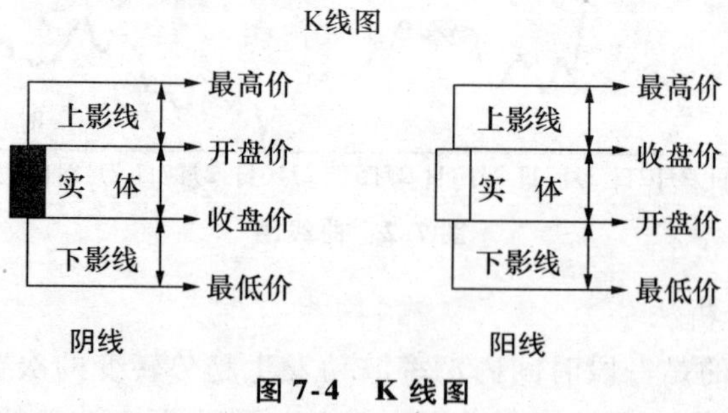

图 7-4　K 线图

① 陶湘：《外汇风险管理实务》，中国金融出版社1995年版，第91页。

国外专家已经证明,K 线图中的某种图形组合可能代表着某种市场行情,预测新的价格走向。[①] 在外汇市场,人们从 K 线图可以比较明显地看出买卖双方力量的消长,市场主力的动向以及外汇涨、跌、盘等三种基本行情变化(见图 7-5)。在实践中,K 线图能够较透彻地观察到市场的真正变化,显现汇率每日、每周市况的波动情况,所以应用相当广泛。但是缺点就是绘制较复杂,对初学者来说,掌握其分析方法有一定的困难;还有一点需要指出的是,由于 K 线图只有每日(周)的开盘价、收盘价、最高价和最低价,不能反映当日(周)的汇市变动情况,不利于分析者作更深的判断。所以,在作汇率走势判断的时候,分析者最好能够结合其他分析指标进行综合判断,才能做出一个比较正确的市场走势判断。

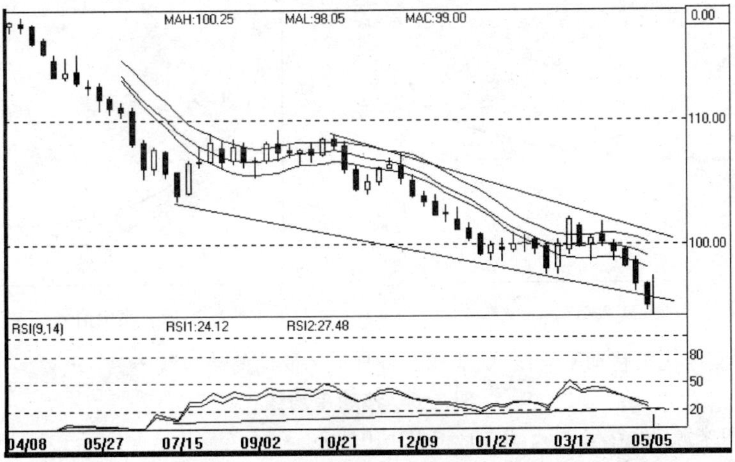

图 7-5 K 线图分析外汇汇率走势

资料来源:http://xin.ieforex.com/tujie.htm。

4. 移动平均线分析法

移动平均线,是由一段时期内每日收盘价的平均数构成[②],是汇率图形分析中最普遍的应用指数之一。移动平均线分析法,是把每天汇率的移动线和移动平均线之间的相对位置加以比较,再结合移动平均线的位置和方向加以分析,用以预测今后汇市行情。其最基本的思想是消除偶然因素对市场价格的影响。由于移动平均线具有追踪价格变动趋势、滞后性、稳定性和助涨助跌性等特点,

① K 线图的预测作用往往是通过 K 线图的某种图形组合显现出来的,“穿头破足”、“乌云盖顶”、“双飞乌鸦”、“十字星”、“射击之星”等形象生动的名称,都是用来命名不同的 K 线图组合的。

② 这里的一段时间并不是静止不动的时间段,随着时间的推移,不断有最新一天的外汇价格加入这种平均数,同时最早一天的外汇价格退出,从而保证天数的固定。在得出移动平均数之后,在图表坐标上标出与该平均数相应的点,连接这些点后即成为移动平均线。

因此它在汇率技术分析中起着不可替代的作用。

当移动平均线持续下降后转为平稳上升，而汇率从移动平均线下方突破向上延伸时，是买进信号，见图 7-6(a)，这是因为移动平均线已经转平并上升，表示汇率将转为上升趋势，而此时若汇率再从移动平均线下突破向上延伸，就表示当天汇率脱离了卖方压力，而买方处于相对优势地位；当移动平均线从上升逐渐转为下跌，而市价向下跌破平均线，就是卖出信号，见图 7-6(b)。多条移动平均线也组合起来分析买入或卖出，跨越期短的移动平均线升破跨越期长的移动平均线时，即为买入信号；跨越期短的移动平均线跌破跨越期长的平均线时，即为卖出信号。

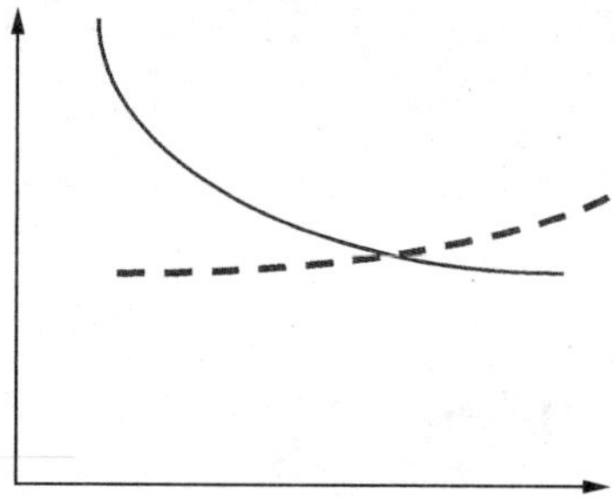

(a) 买入信号

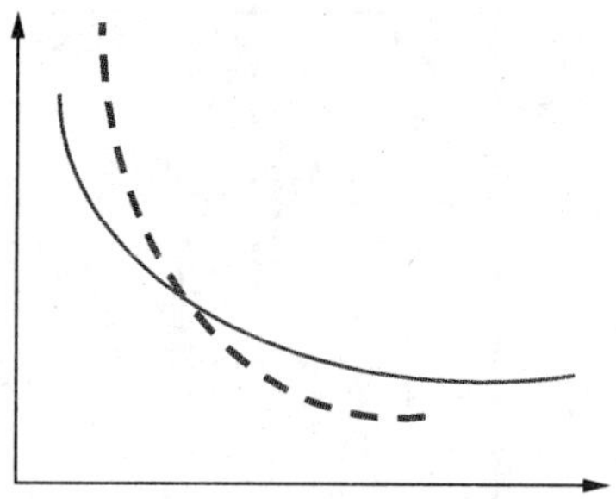

(b) 卖出信号

注：实线代表移动平均线，虚线代表每日汇率变动的趋势线。

图 7-6 移动平均线

资料来源：http://www.gti.cn/gti/03b10.htm。

移动平均线预测往往是长期的，作用在于排除了汇率受短期因素及人为因素的干扰，反映汇率在一段时间内的总体移动趋势，但是只能反映大致的趋势，并不显示走势的可能幅度。

5. 相对强弱指数分析法

相对强弱指数(Relative Strength Index, RSI)，是市场超买或超卖的技术指标，用来衡量一种汇率走势的可能性大小，是一个介于 0—100 之间的数值。在外汇市场上，供需平衡，汇率才能稳定。一般情况下，供需受许多因素的影响而不断地波动。因此，在测定一个市场的平衡点时，可以假定这个市场有 100 个人，那么最佳的平衡点就是其中 50 个人供应等量的外汇，而另外 50 个人接收这等量的外汇。如果供应者大于 50 个人，就会造成“卖压”，将迫使汇率下跌；如果供应者少于 50 个人，则会形成“买压”，迫使汇率上涨。

相对强弱指数就是基于这个供需平衡的原理而产生的，用来测量某种外汇市场买卖量的强弱程度。相对强弱指数理论认为，任何市价的大跌或大升，RSI

值均在 0—100 之间变动。如果 RSI 值为 50,说明某一跨越期内市价上涨数之和的平均值与下跌数之和的平均值具有相同的相对强度,是盘局形式;如果 RSI 值低于 50,意味着下跌之和大于上涨之和,下跌的力量强大,为弱势市场;如果 RSI 值高于 50,则意味着涨势强于跌势,市场具有上升的力量。这种分析方法主要适用于汇率波动比较平缓的市场,在典型的熊市或牛市,相对强弱指数一般只具有半数信号的参考价值,如果投资者在某种场合下仅仅根据 RSI 值很难对市价做出判断,则应结合其他方法一起判断。

(二) 计量经济分析法

技术分析的最新发展是在传统的图表分析基础上增加了许多数量化方法。运用计量经济学法预测汇率。

计量经济分析法可以发现隐藏在价格走势之下的根本趋势,而并不是简单地寻找未来可能重复发生的价格形态,是比较准确全面的预测方法。但是其专业性很高,操作难度较大,通常只适合专业的咨询公司使用。咨询公司通常面向大型的企业、集团,根据客户的需要提供任何货币任何时期的预测值,甚至提供国际现金管理意见,以此来赚取咨询服务费。所以,为了自身利益的考虑,咨询人员一般不会透露他们特有的计量分析方法。

尽管技术预测法在不同时期的外汇市场上为投资者创造了收益或为管理者规避了风险,但是它并非完美的预测工具,有时在某个时期起作用的模型不见得会在另一个期间同样有效。首先,如果每个市场参与者都是用某个技术模型或图表,那么技术预测便失去意义,因为参与者的行为已经将价格推向了新的位置;其次,频繁地使用技术预测法会给投资者带来巨大的交易成本,而且可能会使投资者面临预测失效时巨大的资本损失;再次,技术分析法的着眼点是近期,从而不利于经济主体对长期计划的制定;最后,正如 Goodman 指出的一样,技术预测法很少提供点估计数字或一套未来币值变动的可能范围。[①]

三、基本预测法

(一) 基本预测法的概念

基本预测法(Fundamental Forecasting),是根据经济变量同汇率间的基本关系进行预测。这些经济变量可能包括利率、经济增长率、国际收支、货币供应量、通货膨胀率、资本利用率、市场预期、中央银行干预、工业产量以及投机因素等,它们都是影响汇率长期和短期变动的因素。基本分析派相信,外汇市场不

① Stephen H. Goodman, "Foreign Exchange Rate Forecasting Techniques: Implications for Business and Policy," *Journal of Finance*, May 1979, pp. 415—427.

是半强式有效市场,因为在一个半强式有效市场上,价格能够及时地反映所有公开的信息,包括过去的价格、成交量、国际收支数据及其他。基本预测法的根据在于,汇率变动取决于各国之间基本经济状况的表现差异,一系列的总体经济变量可以代表这种差别,并且在时间上领先汇率的变动。在不同时期,各种因素对汇率变动的影响程度不同,它们的影响有时相互抵消,有时相互促进,所以只有对各项因素进行综合全面的考察、对具体情况作具体分析,才能对汇率变动做出较为准确的结论。

(二) 基本预测法的具体类型

基本预测的方式包括定性分析、经济计量模型分析和德尔菲分析法三种常见的类型。

1. 定性分析

定性分析不考虑各种因素与汇率之间的数量关系,人们只是根据特定的理论或经验对汇率的大致走势做出主观判断。例如,在其他条件不变的情况下,一国的利率下跌会导致该国货币汇率下跌。由于定性分析并不试图确定各种变量间的数量关系,所以它可以将一些很难量化的因素纳入分析,同时,这种方法容易掌握,其基本理论不涉及高深的数学、经济模型,对预测准确度要求也不高,从而在信息搜集和加工等过程中付出的成本也较少。然而,技术发展日新月异,市场竞争日趋激烈,商业活动的不确定性增强,需求拉动与技术推动共同决定企业的市场竞争力,传统的预测方法难以适应瞬息万变的市场环境,导致定性分析的基本预测活动逐步减少,而使用计量模型的定量分析逐渐增多。

2. 经济计量模型分析

从统计学的角度来看,基本预测分析需要建立在这些因素对汇率影响的定量化信息上。经济计量模型分析就是利用数学模型来预测汇率走势。不同的经济计量模型的区别主要在于经济理论基础的不同,将这些经济理论与线性、非线性数学模型结合,就形成了预测未来汇率的各种计量分析方法。

3. 德尔菲分析法

德尔菲分析法(Delphi),是美国兰德公司首先开发使用的最负盛名的预测方法,它以希腊阿波罗神殿所在地德尔菲命名,意在表示这是一种集众人之智慧进行准确预测的方法。它利用多轮匿名函询调查来得到有关未来事件的判断信息。具体做法是:(1) 在专家访谈方法的基础上形成关于未来信息的一般性调查表;(2) 让专家对调查表中的各个项目作重要性程度的判断和预测;(3) 组织者对收回的调查表作统计分析,并把包含上一轮统计分析结果和说明的调查表再返回给专家,征求预测意见。继续调查下去,直到专家意见趋于一致,得出前后较一致的预测的结论。

20 世纪 90 年代以来,技术预测已经成为一股世界潮流,无论日本、德国、英国等发达国家还是发展中国家都积极酝酿、开展基于德尔菲调查的国家技术预测活动。日本于 1970 年就开展了第一次基于大型德尔菲调查的技术预测活动,以后每五年组织一次,目前正在准备进行第九次技术预测活动。荷兰率先在欧洲实施国家技术预测行动计划,其后德国于 1993 年效法日本组织了第一次技术预测,英国、西班牙、法国、瑞典、爱尔兰等国相继而动。此外,澳大利亚、新西兰、韩国、印度、新加坡、泰国、土耳其及南非等大洋洲、亚洲和非洲国家也纷纷开展了预测活动。虽然美国没有开展基于大规模德尔菲调查的技术预测,但白宫科技政策办公室自 1991 年以来,每隔两年发布一份《国家关键技术报告》,对未来需要重点发展的技术领域进行预测和选择。①

值得一提的是,基本预测中简单、复杂的所有模型其实都不能达到准确无误的效果。首先,某些因素对币值影响的确切时间难以确定;其次,我们首先必须正确地选择那些影响汇率变化的基本变量,然后还要对这些基本变量进行预测,这是相当艰巨的任务;最后,币值的波动对每个因素的敏感度不断变化。例如,若欧盟取消现有的贸易壁垒,则通货膨胀率对贸易冲击的系数值就会发生变化。

专栏 7-2

技术预测与基本预测

汇率的变动可以分成正常变动和反常变动。正常变动是指汇率在一定时期以内较为平缓的波动,这种波动可以用历史数据来分析和预测。反常变动是指汇率灾变事件(Currency Crash),是汇率在一定时间以内的反常波动,也可以说成是货币危机。汇率灾变事件的特点是其发生的频度很低,但变动的幅度很大。汇率灾变事件一般定义为:在 1 个月的时间以内,一国货币对主要国际储备货币的汇率变化超过 10%。灾变事件的例子有:1984—1986 年澳大利亚货币危机、1992 年英镑危机、1994 年底墨西哥比索贬值和 1997 年东南亚金融危机。

对汇率正常变动的预测和对汇率灾变事件的预测都是为企业风险管理服

① Steven W. Popper, Caroline S. Wagner, and Eric V. Larson, *New Forces at Work: Industry Views Critical Technologies*, Washington, D.C.: Rand's Critical Technologies Institute, 1998.

务的，但二者的预测方法和用户有所不同。对汇率正常变动的预测主要以技术分析为基础，通常是为企业日常的流动性管理服务，这对从事外币产品交易和外币资产组合管理的用户来说是重要的。

对汇率灾变事件的预测主要以基本经济因素分析为基础，通常是为企业的偿付能力管理服务。由于汇率灾变事件可能对企业带来突然的偿付困难，可能造成企业的破产，因此对汇率灾变事件的预测几乎对所有企业都十分重要。

一般来说，正常的汇率变动并不与一国经济的基本面完全对应。即使一国经济的基本面没有发生变化，外汇牌价也会由于每日交易方面的因素而发生正常的波动。这些微小的波动常常为外汇交易人员所关注，以便捕捉机会、在大笔额度的交易中获益。而汇率灾变事件往往与宏观经济基本面的状况直接有关，或者说更多地依赖于经济基本面的状况。因此，对宏观经济基本面的状态和趋势的预警是我们进行金融危机预测的起点。概括地说，货币危机之所以能够触发，往往是经济基本面存在这样或那样的不协调因素，因而外汇市场存在着向某一个方面倾斜的“势能”。

资料来源：http://fiance. sina. com. cn，2003 年 4 月。

四、混合预测法

混合预测法（Mixed Forecasting）是综合使用以上各种汇率预测法的方法。由于以上每种预测法都存在不足之处，为了加强向客户提供咨询的价值，汇率预测者们发现有必要将上述方法结合起来，即预测时，首先运用不同预测方法得出某一外币的不同预测，然后给不同方法分配权重，总权重为 100%，对于更可靠的方法，给予较高的权重，这样一来，跨国公司的实际预测值便成了各种预测值的加权平均值。

假设一个美国公司由于希望在墨西哥扩展自己的业务而需要预测比索的价值。各种技术的预测结果可以用一个图表显示（见表 7-1）。在这个例子中，比索价值的预测方向取决于所选取的技术方法。当利用基本预测法时，比索的预期价值会上升，但是利用技术预测或市场预测方法时，比索的预测价值会下降。实际上，基本预测法和市场预测法都来源于相同的因素（利率），但是结果却有很大的差别。最终对比索的预测选用何种方法取决于个人心中对不同方法的偏好。一个公司可能在一个时期将某种预测方法的权重算得很低，而又会在另一个时期将这种方法的权重算得很高。例如，一个跨国公司可能认为市场预测法是预测英镑最有效的方法，而基本分析法是预测新西兰美元最好的手段，墨西哥比索的变动趋势最适合用技术分析获得。

表 7-1　各种预测法对墨西哥比索的预期

	考虑的因素	情　况	预　期
市场预测法	即期汇率和远期汇率	比索远期的大幅降低是由于墨西哥近期较高的通货膨胀率	以远期汇率为基础，预测比索价值将下降
技术预测法	比索近期运动情况	比索价值在最近几周大大低于最初的价格水平	比索的价值会在初期的水平上持续下降
基本预测法	经济增长、通货膨胀、利率	墨西哥利率很高，通货膨胀率保持很低	因为存在高利率，吸引美国投资者投资墨西哥证券，因而推动比索的价值上升

虽然每种预测方法都有自己的优点，但是预测汇率的变动并不是一件容易的事。例如，在亚洲金融危机中，印度尼西亚的卢比在 9 个月内对美元贬值 80%。在卢比下降之前，技术预测并没有显示出任何弱式趋势，基本因素也没有体现潜在的风险，远期汇率同样没有说明有任何向下的走势。卢比贬值的主要原因在于机构投资者对他们在印尼投资信心的降低，他们担心印尼市场的支撑力，于是撤出自己的投资，并将卢比兑换成其他货币，这给卢比带来巨大的压力。这种类型的影响更可能由一国的客观资产状况分析出来，而并非会体现在数量化的分析方法上。因此，跨国公司只有将上文提到的各种方法与自己的情况在具体国家结合才能达到规避风险的目的。①

目前，配合跨国公司外汇风险管理的需要，出现了许多提供汇率预测的公司和服务机构。例如，国际商务（Business International）、沃顿经济计量预测协会（Wharton Econometric Forecasting Associates）、花旗银行（Citibank）、大通曼哈顿银行（Chase Manhattan Bank）等等。

专栏 7-3

谁是全球预测汇率最准的机构？

国际著名的财经通讯社——彭博社日前对全球 54 家知名的汇率预测机构

① Jeff Madura, *International Financial Management*, 6th Edition, South-Western College Publishing, p. 253.

进行了一项调查,从2004年一季度的数据看,美林以1.77%的平均预测错误率取代德意志银行拔得头筹,成为对汇率预期最准确的金融企业。美国第五大银行瓦乔维亚(Wachovia Corp.)以1.95%的平均预期错误率在这次调查中位列第二,德意志银行则仅以1.98%的错误率位居第三。

美林集团是世界第二大国际金融集团公司、全球最大的综合投资银行,迄今已有100多年的历史。它在全球45个国家拥有约900个分公司及代表处,共有雇员7万多名,几乎涵盖了投资银行业务的所有领域。美林也是首家在中国设立代表处的美国投资银行。

尽管从数据上看,排名前三位的国际大机构对于汇率的预测都极为准确,但有经验的投资者都知道,别人的分析判断永远只能作为自己决策的辅助,真正的主意还要自己拿。"即使是最权威的机构,也不是市场的主宰者。"对于现在普遍存在的迷信权威的现象,一位职业投资者的看法可谓一针见血。而一位业内专家也表示,每个投资者都有自己不同的资金实力、风险偏好、时间分配,我们对汇市进行的分析预测也是普遍性的。我们希望这些分析预测能对投资者的交易起到辅助作用,但绝不要干扰投资者自己的决策。在交易中,最怕的不是亏损,而是迷失自我。

资料来源:http://finance.tom.com,2004年4月。

第三节 外汇风险预测的效果与误差

一、外汇预测效果评价

毫无疑问,没有一种方法能够提供十全十美、准确无误的汇率预测值。经济主体需要监测其预测效果的好坏,从而判断预测程序是否令人满意,以规避外汇风险。我们应该认识到,不管在怎样的市场假设前提下,结合多少经济理论知识,也不管使用多么复杂的计量经济模型,都很难避免外汇风险的预测值与实际值之间的误差。

评价不同预测方法的效果如何,也就是看哪种预测方法下的误差最小。我们可以列表来直观地检查预测效果。例如,外币Q对美元的汇率预测值如表

7-2所示。①

表 7-2　预测效果的评价

期间	期末货币 Q 的预测值（$）	期末货币 Q 的实际值（$）
1	0.20	0.16
2	0.18	0.14
3	0.24	0.16
4	0.26	0.22
5	0.30	0.28
6	0.22	0.26
7	0.16	0.14
8	0.14	0.10

以上的预测值和实际汇率值可列表进行比较，比较结果可用图 7-8 表示。如第 1 期外币 Q 的预测值为 0.20 美元，实际值为 0.16 美元。该点在表 7-2 中被记为“1”。图 7-7 中，45°线被称为完美预测线，就是假定这时实际值与几个期间预测值正好相等。8 个期间的各点距离完美预测线越近，预测效果越好。

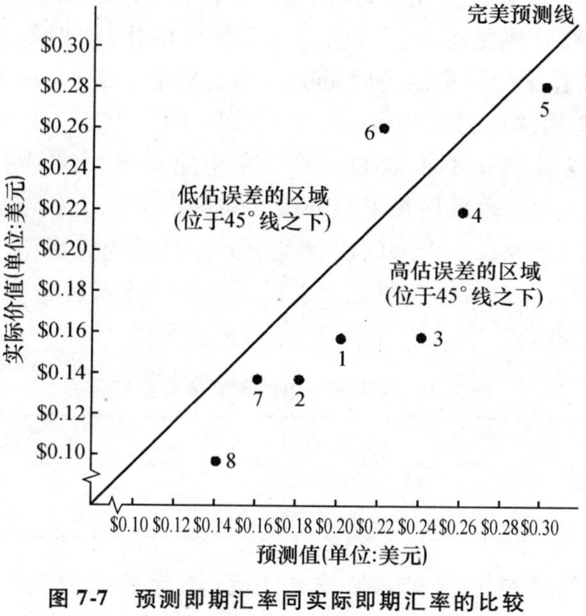

图 7-7　预测即期汇率同实际即期汇率的比较

① 参见〔美〕杰费·马杜拉著：《国际财务管理》，杨淑娥、张俊瑞译，东北财经大学出版社 2000 年版，第 260—261 页。

某点预测汇率同实际汇率之间的差额表示名义预测误差。如图 7-7 所示，位于 45°线之上的点表示预测值低，即预测汇率小于实际汇率，上图中只有一个点属于这一范围；位于 45°线之下的点表示预测值高，也就是预测汇率大于实际汇率，图中的另外 7 个点属于这个范围。没有一个点位于 45°线上，意味着对货币 Q 的预测中，8 期中没有一期是完全准确的。如果预测点平均分散在 45°线的两边，那么可以认为预测是无误差的，原因是它们没有一贯高于或低于实际值。如果预测点总是处于 45°线以上或以下，则意味着存在系统预测误差，需要校正预测方法以提高准确性。

表 7-2 和图 7-7 给出了一种预测法在 8 期中的预测效果情况。要比较两种预测方法哪一个更有效，可以用不同的标记或颜色将两种方法下的预测值同时描绘在图 7-7 之中，对两种方法效果的评价可通过比较它们各自距 45°线的距离来进行。但是在某些情况下，通过图表进行比较时，两种预测方法可能没有哪一种看起来更优。如果是这样，就应进行更详细的比较，把各个方法所有期间的预测误差计算出来比较。计量预测误差的方法很多，这里我们只给出一种比较简单的计量公式：

$$误差百分比 = |预测值 - 实际值| \div 实际值$$

这里，误差百分比是绝对预测误差占实际值的比例，误差计算采用绝对值的形式避免了计算平均预测误差时可能抵消的影响。例如，第 1 期的预测误差是 0.045，而第 2 期的预测误差是 -0.045，如果不采用绝对值，那么两期的平均误差预测为零，这显然是不正确的。所以使用绝对值便可避免这一扭曲的发生。另外，采用绝对值也可以在不同外币之间进行预测效果的比较。

例如，我国某企业在一个期间内对英镑的预测值为人民币 1.46 元，实际值为人民币 1.36 元；对美元的预测值为人民币 0.84 元，实际值为人民币 0.92 元（见表 7-3）。

表 7-3　对两种货币的预测值与实际值

	预测值	实际值
英国英镑	¥1.46	¥1.36
美国美元	¥0.84	¥0.92

于是，英镑的预测值与实际值差 0.1 元，美元的预测值与实际值差 0.08 元。单从预测值与实际值的差额来看，美元的预测差额 0.08 小于英镑的预测差额 0.1，似乎对美元的预测更准确一些。但是判断哪种货币的预测值更准确，除了看预测差额，还要看它与实际值的比例大小。根据公式，英镑的预测误差为：

$$|1.46-1.36|/1.36 \approx 0.074$$

与此项对比,美元的预测误差为:

$$|0.84-0.92|/0.92 \approx 0.087$$

由此我们可以看出,预测值更精确的是英镑而不是美元。

以上为了简便地介绍如何计算预测误差值,我们只给出了一个期间下的预测误差情况。实际上,观察期间越多,判断的结果才能越可靠。如果一个经济主体由众多的期间评价,它便可以统计检验预测误差的显著性差别。

二、预测误差的统计检验

根据国际平价条件,远期汇率应该是未来即期汇率的无偏估计值,这被称为远期平价。但是如果存在着对于远期平价的系统性和持续性的偏离,那么这种偏离可以被用来改进作为预测工具的远期汇率。某一段时间即期汇率的变化百分比可以表示为:[①]

$$S_t^{d/f} = (S_t^{d/f}/S_{t-1}^{d/f}) - 1$$

远期平价要求为:

$$E[S_t^{d/f}] = \mathrm{FP}_t^{d/f}$$

对于远期平价的回归检验表示为:

$$S_t^{d/f} = \partial + \beta \mathrm{FP}_t^{d/f} + e_t$$

如果平价成立,则 $\partial = 0, \beta = 1$。有人对从1986—1995年的日元对美元三个月的远期汇率作了实证检验,得出 $\partial = -0.008, \beta = -0.002$,回归线的斜率事实上是负的。Froot 和 Thaler 用上述回归公式进行了75次实证研究,总结出 β 的均值为 -0.88。更加完整的实证分析也表明相对远期平价的系统性、持续性偏离的确存在。[②]

如果远期汇率无误差,则它全面反映所有可得到的关于未来即期汇率的信息。任何预测误差都是因为预测时存在现有信息中不能预料的事件。传统的检验预测误差的方法是将下列回归模型应用于历史数据:

$$s_t + a_0 + a_1 F_{t-1} + \mu_t$$

其中,s_t 为第 t 期的即期汇率,F_{t-1} 为第 $t-1$ 期的远期汇率,μ_t 为误差项,a_0 为截距,a_1 为回归系数。

若远期汇率无误差,截距应等于零,回归系数 a_1 应等于1.0,a_1 的 t 检验是:

---

① 参见朱叶主编:《国际金融管理学》,复旦大学出版社2003年版,第110页。

② 关于偏离远期平价行为的实证分析,参见 Bradford Cornell:"Spot Rates, Forward Rates, and Market Dynamics", *Journal of Political Economy* 5, No. 1, 1977, pp. 55—65, and "Spot Rates, Forward Rates, and Exchange Market Efficiency", *Journal of Financial Economics*, December 1976, pp. 1161—1176。

$$t=\frac{a_1-1}{a_1\text{的标准差}}$$

如果 $a_0=0$,a_1 大大低于1.0,这意味着远期汇率系统地比即期汇率高估。例如,若 $a_0=0$,$a_1=0.9$,那么未来即期汇率大概是用远期汇率预测结果的90%。相反,若 $a_0=0$,a_1 远远大于1.0,这说明远期汇率系统地比即期汇率低估。例如,如果 $a_0=0$,$a_1=1.1$,未来即期汇率大概是用远期汇率所预测结果的1.1倍。在查出误差并预期误差在未来总是存在时,以后的预测就应考虑查出的误差。以 $a_1=1.1$ 为例,预测未来即期汇率可结合这一消息,用1.1乘以远期汇率即可得出未来即期汇率的预测值。①

本章重要术语

外汇风险预测	有效市场假设	强式有效市场
半强式有效市场	弱式有效市场	市场预测法
购买力平价	费雪效应	利率平价
一价定律	名义利率	曲线图分析法
K线图分析法	移动平均线分析法	相对强弱指数分析法
基本预测法	综合领先指标	国际货币主义汇率模型
汇率的资产组合平衡模型	德尔菲分析方法	混合预测法
汇率易变性	名义预测误差	

本章小结

• 外汇预测对于外汇管理是十分重要的,尤其对于跨国公司而言,汇率预测可以影响应付项目、应收项目套期保值决策,长短期融资和投资决策、资本预算决策等。外汇预测的具体方法包括市场预测法、技术预测法、基本预测法和混合预测法。

• 市场预测法是建立在有效市场假说的前提之上的。在购买力平价、费雪效应、国际费雪效应和利率平价四大理论的基础上,市场预测法认为,在一个无摩擦、信息充分的市场环境中,远期汇率与未来即期汇率的决定因素是一样的,前者就是后者的无偏估计。市场预测法就是一种建立在即期汇率、远期汇率和利率间存在一系列平价关系的假设基础上的汇率预测方法。

• 技术预测法是用历史的汇率数据来预测未来的汇率的方法。使用技术分析来预测汇率的方法有很多,但主要以价格分析为主,大体上可将其归为两类:图表技术分析法和计量经济分析法。尽管技术预测法在不同时期的外汇市场上为投资者创造了收益或为管理者规避了风险,但是它并非完美的预测工具。

---

① 参见〔美〕杰费·马杜拉著:《国际财务管理》,杨淑娥、张俊瑞译,东北财经大学出版社2000年版,第258页。

- 基本预测法是根据经济变量同汇率间的基本关系进行预测。这些经济变量可能包括利率、经济增长率、国际收支、货币供应量、通货膨胀率、资本利用率、市场预期、中央银行干预、工业产量以及投机因素等影响汇率长期和短期变动的因素。基本预测的方式包括定性分析、计量经济模型分析和德尔菲分析三种常见的类型。
- 由于汇率变动的高度易变性,尤其20世纪70年代早期浮动汇率的产生,使得以上方法近年来预测效果并不佳。所以经济主体更倾向于根据自身特点,综合使用三种预测方法,混合预测法由此应运而生。
- 不管在怎样的市场假设前提下,结合多少经济理论知识,也不管使用多么复杂的计量经济模型,都很难避免外汇风险的预测值与实际值之间的误差。因此,评价不同预测方法的效果如何,也就是看哪种预测方法下的误差最小。

相关网络地址

- http://www.stock99.com:国际财经网,提供股票、证券、期货、基金和财经等新闻和评论;
- http://stock.163.com:网易网财经频道,提供各类经济新闻及相关评论;
- http://finance.tom.com:TOM 网财经频道,提供各种财经新闻;
- http://xin.ieforex.com:易汇咨询网,专业外汇网站,提供实时外汇新闻、牌价和图形,提供各国经济数据分析和图形分析,提供国内外外汇信息网站的链接;
- http://finance.sina.com.cn:新浪网财经频道,提供各种最新的财经新闻;
- http://www.cme.com:芝加哥商业汇率网站,全球著名的金融服务网站,提供各种外汇买卖组合、咨询,以及与外汇交易相关的各种服务类型;
- http://www.gti.cn:巨灵金融资讯网站,提供证券交易等金融服务。

简答题

1. 外汇风险预测对跨国公司的重要性体现在哪些方面?
2. 汇率预测的市场汇率法的依据是什么?
3. 如何利用购买力平价、费雪效应、国际费雪效应和利率平价来进行市场预测?
4. 技术预测法的基本假设是什么?
5. 任选一种基本因素并分析它如何影响汇率预测。
6. 三种预测方法的局限性各是什么?
7. 如何评价汇率预测的效果?
8. 假设未来5年美国的年收益率为6%,而墨西哥的年利率为18%。要求计算墨西哥比索4年远期汇率升水或贴水,其可用于预测未来4年比索的变化百分比。
9. 假设墨西哥利率比美国利率高得多,又假设利率平价存在,那么你在运用墨西哥比索的远期汇率预测比索的未来即期汇率时,是期望比索升值还是贬值?

思考题

1. 如果跨国公司认为外汇市场是强式有效的,为什么自己却对未来汇率进行预测而不仅仅是用今天的挂牌汇率作为未来汇率的预测值？毕竟今天的挂牌汇率应该反映所有相关的信息。

2. 一名预测家曾预言，在中国人民银行宣布将提高利率的两周里，人民币似乎将会升值。若这种说法是真实的话，那么中国的外汇市场是弱式有效还是半强式有效的市场？

3. 某家公司汇率预测负责人曾说过："预测汇率最关键的任务不是得出未来汇率的点估计值，而是评价估计误差的程度。"此话的含义是什么？

第八章 外汇风险管理

8

- 交易风险管理
- 会计风险管理
- 经济风险管理

[知识要求]

通过本章的学习，掌握

- 银行外汇买卖风险的管理技术；
- 利用套期保值管理外汇风险；
- 短期套期保值四种方法及其异同；
- 长期套期保值中的货币互换；
- 会计风险和经济风险的管理策略。

[技能要求]

通过本章的学习，能够

- 利用不同的套期保值方法规避交易结算风险；
- 用简单的外币资产负债配比法规避会计风险；
- 规避经济风险。

第一节 交易风险管理

一、外汇交易风险管理的总体目标和基本原则

外汇交易风险可以通过一定途径进行管理，使风险造成的损失降到较低。由于交易风险造成的损失非常复杂，作为经济主体的一项重要管理任务，外汇风险管理要当做一个整体来进行通盘考虑，不仅要分别研究各种风险管理工具，而且更要研究如何对这些工具实行优化组合，以较少的费用支出实现外汇风险管理的总体目标。

同时，在使用这些工具之前，更应考虑是否可以利用其他方法防范风险（如净额计算、推迟或提前收付等）。这是因为，使用这些工具是有成本的，而且本身也有风险。因此，在管理风险之前，经济主体必须根据自身的实际情况确定风险管理目标，然后再采取具体防范措施。外汇交易风险防范的目标主要有：(1) 短期收益最大化；(2) 外汇损失最小化。其着眼点在于尽量减少外汇损失。一般来说，这类经济主体的风险承受能力较小，宁愿维持较低的收益率，也不愿冒可能产生损失的风险。

外汇交易风险管理的基本原则是：在管理成本一定的情况下，使汇率变动对本币造成的经济损失最小化。只有从减少外汇风险损失中得到的收益大

于为减少风险所采取措施的成本费用时,防范风险的措施才是有意义的、可行的。

二、银行外汇买卖的风险管理

银行在外汇市场上的参与程度不同,有些银行可能从不涉足外汇市场,而另一些银行则是外汇市场的积极参与者。在后者中,有些只是限制自己为公司或客户作外汇交易的代理,充当外汇买卖中介,而另一些则是自己也积极地进行交易。具体的风险管理可分为如下几种:

(一) 限额管理

限额管理是外汇交易风险控制的主要方法,即为所交易币种的现货和远期设置限制。银行在制定外汇敞口头寸的限额时,必须分析影响限额规模的各种因素。第一,外汇交易的损益期望。在外汇交易中,风险与收益成正比,银行高层领导对外汇业务的收益期望越大,对外汇风险的容忍程度也应该越强,于是银行的限额就越大;反之,银行的限额就会越小。第二,对亏损的承受能力。银行对亏损的承受能力越强,其限额就订得越大;反之,其限额就订得越小。第三,交易的币种。交易的币种越多,交易量越大,限额也就越大。第四,交易人员的水平。交易人员的业务水平越高,限额可能越高;反之,则限额可能越小。

针对外汇交易中存在的汇率风险,银行通常采取各种限额控制,主要包括:(1) 即期外汇头寸限额,即根据交易货币的稳定性、交易的难易程度和相关业务的交易量而定。(2) 掉期外汇买卖限额,即在制定限额时,考虑该种货币利率的稳定性。远期期限越长,风险越大。(3) 敞口头寸限额,即对于没有及时抵补形成的某种货币多头或者空头的敞口头寸,一般需要规定相应的限额时间和金额。(4) 止损点限额,即银行对交易人员建立外汇头寸后,面对汇率风险引起外汇损失的限制,是银行对最高损失的容忍程度。

无论采取哪种方法对汇率头寸设置限制,一般都需要对汇率变化可能带来的损失进行模拟。在模拟时,既可以设想一个汇率的变化范围,也可以利用历史数据中最大的汇率变化来模拟最坏的情况,或者利用历史数据估计扰动的分布。在后种情况下,需要考虑标准差。近年来,在为单个货币或多种相关货币集合的风险敞口头寸设置限制时,许多银行也将各币种间的"协变化"考虑在内。

(二) VaR 管理技术

如第 6 章所示,VaR 技术是指在正常市场条件下和一定的置信水平上,测算出给定时间段内预期发生的最坏情况的损失。

三、一般企业交易结算风险的管理技术

企业外汇交易风险管理的侧重点在于如何规避外汇净头寸或外币净资产的产生,以及在外汇净头寸或外币净资产存在的情况下,如何避免或减少由于汇率波动而可能承受的损失。一般情况下,风险管理中,转移风险主要有三种方法:保险、分散投资和套期保值。而在企业的外汇交易风险管理中,人们通常将套期保值(又称为对冲)作为核心的避险保值方法。

所谓套期保值,就是对一个特定的货币敞口头寸进行对冲,意味着建立一个反向的头寸,使得由于原头寸而产生的损失能够被反向头寸的收益所抵消。因此,无论汇率如何变化,套期保值都可以保护公司免受预期的汇率波动的不利影响。青岛啤酒就曾经通过外汇远期交易节约进口设备支出近一千万元人民币,鲁泰A在其招股说明书中也曾披露,该公司成功运用外汇套期保值等金融衍生工具规避了亚洲金融危机中日元贬值的风险。

但是,在完美的金融市场环境中,套期保值工具是没有意义的,因为它的净现值在这样的市场条件下为零,这就使得企业的财务活动被投资者个人完全复制了,企业的任何财务政策都没有意义。所以,这里我们进行外汇交易风险的管理前提是金融市场的不完善性①,这个重要的原则是我们得以进行一系列外汇交易风险管理的前提和基础。下面我们将具体地介绍如何使用套期保值管理外汇交易风险,并简要介绍外汇交易风险管理的其他方法。

---

① 金融市场的不完善性可以通过三个方面显现出来:第一,税收政策的凸性,即均值的应纳税额小于各种概率下应纳税额的均值。它源于累进的所得税率和税收抵免政策。对冲可锁定未来净现金力量为零,同时消除了纳税和抵税的可能,使应纳税额等于零。第二,财务危机成本,包括直接成本(预期破产清算费用)和间接成本(失去的销售合同、信用以及危机中公司各主体之间因利益背离而导致的博弈均衡对公司整体利益的非最优化)。通过对冲降低直接和间接成本,可以增加公司预期现金流量,甚至可能降低债权人要求的回报率,从而提高公司的价值。第三,代理人成本。现代公司理论假设经纪人和股东目标一致,然而现实并非如此。股东为了让经理人的行为符合他的利益,就要付出代理人成本。在没有最优方案的现状下,对冲既符合经理人的利益,对股东而言也是代理人成本较小的一种选择。参见朱叶主编:《国际金融管理学》,复旦大学出版社2003年版。

专栏

套期保值评价

跨国公司在花时间考虑各种套期保值方法以前,可能会问套期保值是否值得。假设有一家公司正在决定是否对以外币标价的定期未来应付账款套期保值。对这种外币头寸签订远期合约是一种常见的套期保值方法。若未来即期汇率超过当期的远期汇率,那么跨国公司通过对净应付账款套期保值而省钱(对不套期保值而言);如果未来即期汇率低于当前远期汇率,那么跨国公司会因对净应付账款套期保值而浪费钱。作为预测未来即期汇率无偏差预测值的远期汇率,会以同样的频率高估或低估未来即期汇率。在此情况下,用远期汇率进行定期套期保值在一些期间代价较高,而在另一些期间代价较低。总体而言,它不降低跨国公司的成本。因此,有人会说套期保值是不值得的。

许多跨国公司,例如 Black&Decker、柯达、默克、Zenith Electronics 等公司,仅在它们预测货币币值变动时的套期保值有利的情况下才选择套期保值。如果它们预计应付账款的标价货币升值,它们可能对未来应付账款套期保值。另外,如果预期应收账款的标价货币贬值,它们可能对未来应收账款套期保值。如 Zenith 仅在预期日元升值时才会对下年度报告的内容中刊出:

“本公司对外币套期保值的目的在于降低风险,即减少在美国以外销售产生的最终美元净现金流量受到汇率不利影响的风险。”(可口可乐公司)

“是否进行套期保值的决策依具体情况而定,要考虑风险的大小及持续时间、市场变化和经济趋势。”(杜邦公司)

“我们有选择地对同经营有关的外币波动的潜在影响套期保值……”(通用面粉公司)

一些跨国公司,如西格拉姆(Seagram Company),倾向于对大部分或全部的外币净头寸套期保值。西屋公司(Westinghouse)倾向于对大部分外币交易套期保值,包括任何超过 250 000 美元的外币交易。该公司的政策意识在保证汇率变化不会对业绩有重大影响。

对大部分风险套期保值的跨国公司未必期望套期保值总会有利。事实上,这样的跨国公司甚至认为套期保值产生的现金流入量或现金流出量同不套期保值一样。可是,它们更想知道未来每期用母公司货币表示的现金流入量或流出量,因其有助于公司规划。套期保值可使企业提前掌握来自己订合同的外币交易的现金流量。

总之，关于是否套期保值、规避多少风险，及如何套期保值的决策因跨国公司管理层套期保值意识及对汇率的预测而异。比较保守的跨国公司倾向于更多的套期保值。

资料来源：〔美〕杰费·马杜拉：《国际财务管理》，杨淑娥、张俊瑞译，东北财经大学出版社2000年版，第316页。

（一）短期交易风险的套期保值

1. 远期合约套期保值

远期合约套期保值法就是持有外汇多头的公司卖出远期外汇合约，而持有现有现货空头的公司买入远期合约，目的在于通过保护自己免受非预期价格变动的影响来降低承担的风险，其机会成本取决于未来的即期汇率，因此在签订远期合同时是无法确知的。例如，海尔集团必须在30天后给英国某公司支付100万英镑，它可以要求银行签订远期合约来融通这一未来支付款。银行同意在30天后给海尔集团英镑以换取人民币，海尔集团通过锁定30天后支付的英镑汇率来为头寸套期保值，这样它便能在现在知道兑换英镑所需要的人民币数额。如果海尔集团在30天后收到应收英镑款，它会锁定卖出英镑兑换人民币的汇率，这时，远期出售英镑是正确的套期保值方法。

许多著名的跨国公司都十分重视远期合约套期保值，并在公司的外汇业务往来中普遍使用。尤其在与一些货币波动幅度较大的国家进行贸易往来时，更需要利用远期合约套期保值来规避汇率风险。例如，在亚洲金融危机时期，中国与东南亚地区的贸易往来就要坚持每笔应收账款的远期套期保值，以避免由于东南亚国家货币不断贬值而造成的外贸企业的损失。

（1）应付账款的套期保值

是否用远期合约规避头寸风险的决策可通过比较套期保值的结果和不套期保值的可能结果得出。就应付账款头寸而言，企业首先通过建立未来即期汇率的概率分布，然后依据建立套期保值应付账款实际成本（RCHr）的概率分布，进而决定是否对应收账款头寸套期保值。若RCHr为负，则企业将选择套期保值；若RCHr为正，则企业将会考虑不使用套期保值。

假设海尔集团在90天后需要10万英镑支付英国进口款，现时90天远期英镑汇率是12.10元人民币。为计算英镑未来价值，海尔可计算出概率分布，如表8-1所示，可以通过估计RCH_p来达到，这种实际成本等于用应付账款套期保值的名义成本（NCH_p）减去未对应付账款套期保值的名义成本（NC_p）。套期保值实际成本计量了那些不套期保值之外的费用。

$$\mathrm{RCH}_p = \mathrm{NCH}_p - \mathrm{NC}_p$$

表 8-1　套期保值的可行性分析　　　　单位：万元（人民币）

90 天英镑可能即期汇率	概率	套期保值 10 万英镑的名义成本	不套期保值时买入 10 万英镑所需人民币	套期保值 10 万英镑的实际成本
11.50	5%	120	11.50×10=115	5
11.52	10%	120	11.52×10=115.2	4.8
11.54	15%	120	11.54×10=115.4	4.6
11.55	20%	120	11.55×10=115.5	4.5
11.58	20%	120	11.58×10=115.8	4.2
12.00	15%	120	12.00×10=120	0
12.30	10%	120	12.30×10=123	−3
12.40	5%	120	12.40×10=124	−4

若套期保值实际成本为负，则意味着套期保值比不套期保值更有利。表中由于 NCH_p 是确定的，但是 NC_p 是不确定的，导致 RCH_p 也不确定，只能采用历史数据和概率进行估计。

尽管公司预先不知道 RCH_p，但至少可运用图表中的资料，决定套期保值是否可行。首先，可估计 RCH_p 的期望值，计算如下：

$$\begin{aligned}E(\mathrm{RCH}_p) &= \sum P_i \mathrm{RCH}_i \\ &= 5\% \times 5 + 10\% \times 4.8 + 15\% \times 4.6 + 20\% \times 4.5 \\ &\quad + 20\% \times 4.2 + 15\% \times 0 + 10\% \times (-3) + 5\% \times (-4) \\ &= 2.66（万元人民币）\end{aligned}$$

由于 $E(\mathrm{RCH}_p) = 2.66$ 万元人民币 >0，表明企业如果进行英镑的套期保值，将受到不利影响，最好的选择是不进行套期保值。

尽管期望值对计算 RCH_p 很有用，但它不能清晰地说明套期保值代价更高的概率。如此信息的确定需重新审核表 8-1。表中的数据表明，RCH_p 为负的概率为 15%（套期保值的名义成本低于不套期保值）。一些公司较愿意套期保值，因为这样它们便知道用于未来购买所需美元的确切数字。另一些公司可能不愿意套期保值，因为它们预计不套期保值的成本很可能低于套期保值的名义成本。在我们所列举的例子中，不套期保值发生较低成本的概率为 85%。套期保值与否决策的根据是公司的风险厌恶程度。规避风险意愿强的公司比意愿弱的公司较多地对外汇头寸套期保值。

如果远期汇率准确地说明了未来即期汇率，那么 RCH_p 为零。因为远期汇率常常低估或高估未来的即期汇率，所以 RCH_p 不为零。然而，如果未来即期汇率的无偏差预测值的平均数为零，则远期汇率同未来即期汇率间的差异相互抵消。如果公司认为远期汇率为未来即期汇率的无偏差预测值，那么它应该考虑套期保值应付账款，因为预测值 RCH_p 不为零，所以交易风险能被消除。

（2）应收账款的套期保值

那些有应收账款的公司，可以用和以上相同的方法考察是否需要使用套期保值。在这里，套期保值应收账款的实际成本（RCH_r）可估算为：

$$RCH_r = NR_r - NRH_r$$

这里，NR_r 为无套期保值收到的本国货币名义收入，NRH_r 为套期保值收到的本国货币名义收入。当套期保值比不套期保值产生较低的收入时，这一等式的结构使得套期保值应收账款的实际成本为正。这里 RCH_p 和 RCH_r 保持一致，因为负值（或正值）对二者意味着套期保值已经比不套期保值有了较有利（较不利）的结果。一般来说，只有在应付账款或应收账款期间完结之后，才能确定 RCH 值。在套期保值时，如果 RCH 值最终很低，企业应该很高兴，如果 RCH 值为负数，那么企业就会更加高兴。当然，有一些保守的公司即使在 RCH 值很高的时候，也会使用套期保值方法。

2. 期货合同套期保值

期货合同套期保值，实际上就是金额、期限和日期都标准化的远期外汇合同。期货对冲的方法和远期对冲非常相似，即持有现货市场头寸相反的期货市场头寸。尽管外汇期货能够降低交易风险，有时也会发生意外。公司对应付账款套期保值时，锁定的外汇期货价格结果可能高于外汇的未来即期汇率（如果外汇贬值）。如果公司已料到截至付款时外币会贬值，那么它就不会买入外汇期货合同；同买入货币期货一样，对于未来的应收账款套期保值，锁定的外汇期货价可能低于该外汇的即期汇率（如果该外汇升值），而公司将以锁定价售出外汇。

例如，美国某公司在法国的一家分公司（简称美国子公司）急需 100 万法国法郎，预计 5 个月后母公司能收回全部资金。美国母公司在现货市场上买进 100 万法国法郎拨给子公司，为防止 3 个月后母公司收回 100 万法国法郎时出现法国法郎贬值，该公司在期货市场上卖出 5 个月后到期的法国法郎期货合约。5 个月后，美国子公司归还贷款时，法国法郎果然贬值，由于作了套期保值交易，母公司在现货市场上的损失可由期货市场上的盈利来抵消。交易过程及盈亏状况如表 8-2 所示：

表 8-2　现货市场和期货市场的盈亏结果

	现货市场		期货市场	
	交易	汇率	交易	汇率
1 月 20 日	买进 100 万法国法郎，付出 153 846 美元	\$1 = FF6.5	卖出 5 个月到期的 100 万法国法郎期货合约，收回价值 156 250 美元	\$1 = FF6.4
6 月 20 日	卖出 100 万法国法郎，收回价值 147 059 美元	\$1 = FF6.8	买回 5 个月到期的 100 万法国法郎期货合约，付出 150 376 美元	\$1 = FF6.65
盈亏	亏损 6 787 美元		盈利 5 874 美元	
总盈亏	总亏损 913 美元			

从上例可以看出，该跨国公司如果未参与期货市场进行保值，那么由于法国法郎贬值要使公司遭受 6 787 美元的损失，而如果该公司能在拥有现货法国法郎的同时，在期货市场同时作方向相反、数量相等的交易，即卖出法国法郎期货合约，那么，由于现货市场与期货市场二者走势一致，而该公司所拥有的交易方向相反，这使该公司在现货市场上所遭受的损失，会在期货市场上得到弥补。当法国法郎贬值时，期货市场法国法郎也同时贬值。这样，在现货市场，当公司收回 100 万法国法郎时，所能换回的美元要比 1 月份拨出去法国法郎时所花费的美元少 6 787 美元。而在期货市场，通过对法国法郎期货合约的平仓，使公司在较高价位卖出了法国法郎，而在较低价位又购回了法郎，在期货市场净盈利 5 874 美元，用期货市场盈利来弥补现货市场的亏损，使公司在不计算保值费用的前提下，少亏损 5 874 美元。可见，套期保值的重要目的不在于带来额外好处，而是分散风险。

3. 货币市场套期保值

货币市场套期保值，是指用货币市场头寸抵补未来应付账款或应收账款头寸，涉及借款、换汇和投资。货币市场套期保值的主要成本是由两国的利率差异决定的。

(1) 应付账款在货币市场套期保值

如果美国的 A 公司 30 天后需要 1 000 000 法国法郎，并能在此期间投资法国证券，赚得的年利率为 8%（30 天约为 0.7%），公司有闲置现金，可进行短期外汇储蓄以备将来之用。购买一个月的法国证券所需的金额计算如下：

对应付法国法郎套期保值的储蓄额 = 1 000 000/(1 + 0.007) ≈ 993 049（法国法郎）

假定法国法郎的即期汇率为 0.70 美元，则需要 695 134（9 930 49 × 0.70）美元买入法国证券。30 天后,证券到期,该美国公司提供 1 000 000 法国法郎偿还应付账款。不论该期间法国法郎如何变化,该美国公司的法国投资都将能抵补应付账款头寸。

但是,在许多情况下,公司更愿意不使用现金余额对应付账款套期保值,货币市场套期保值同样可以在这种情况下使用,但前提必须有两种货币市场头寸,即借入的本国货币资金和短期投资于外汇。在上例中,假设美国公司没有闲置资金,为了获得 993 049 法国法郎,需要投资 695 134 美元购买法国证券,30 天后可以累积到所需的 1 000 000 法国法郎。如果没有了闲置资金,可以从美国银行借入 695 134 美元,再兑换成法国法郎来购买证券。由于法国投资会抵补未来应付账款头寸,所以该美国公司仅关心 30 天后应归还的美元贷款。该公司利用货币市场对应付账款保值的过程可按以下步骤进行:首先从银行贷款 695 134 美元,30 天期利率 0.8%;然后以 0.70 美元的汇率将 695 134 美元兑换成 993 049 法国法郎;随后,用法国法郎买入月利率为 0.5% 的法国证券;最后,30 天后偿还美元贷款本息 700 695 美元。

可以看出,选择更好的货币套期保值方法,需要比较远期合约所决定的付款额与利用货币市场套期保值时偿还贷款的金额。一般来说,虽然企业直到相关期限到期才能确定哪种套期保值方法更优,但在实际操作中,在实施套期保值之前,企业便能够判断出哪种方法更有利。

(2) 应收账款在货币市场套期保值

假设上例中的美国公司预期在 90 天后收到 300 000 德国马克。该公司只需要借入美元 90 天,则可实施简化的货币市场套期保值。如果该公司不借入美元,而是借入马克并兑换成美元来使用的话,设年利率为 6%,即 90 天的利率为 2.5%,则借入为未来应收账款套期保值的德国马克金额为:

$$300\,000/(1+0.025)\approx 292\,683(\text{德国马克})$$

如果该企业借入 292 683 马克且兑换成美元,那么,应收账款可在 90 天后用于偿付马克贷款。同时,对实际收到的贷款,企业可以任意支配。

在某种情况下,企业可能无须借款 90 天。这时,货币市场套期保值仍旧适用于对应收账款的套期保值,其前提条件是企业在货币市场中有两个头寸——借入代表未来应收账款的外汇和投资于本国货币。在上例中,即使该美国企业不用所借的 292 683 德国马克,也可能将其投资于 90 天的美国债券。假设马克价值 0.6 美元,则所借的马克可兑换成 175 610(292 683 ×0.6)美元,又假设美国 90 天债券年利率为 7.2%(90 天利率为 1.8%),那么 90 天后对美国投资值为 178 771(175 610 ×1.018)美元。由于应收账款能抵补贷款,该公司会因实施货币市场套期保值而拥有 178 771 美元。将本例中货币市场套期保值的结果同远期套期保值相比,企业便可以确定哪一个方法更好,从而选择实施较可行的套期保值方法。

4. 货币期权套期保值

在很多情况下,公司不能确定未来某种外币现金流入量或流出量是否能够实现。通过买入看涨期权,该公司可以锁定这笔交易的人民币最高价格,同时把交易失败时的损失限定在期权费内。

(1) 以货币买入期权对应付账款套期保值

货币买入期权提供一定时间内按执行价格(Exercise Price)购买一定数量的某种货币的权利。然而,不像期货或远期合同,外汇买入期权持有不以执行价购买外币的权利。假设波士顿公司有90天应付账款100 000英镑,执行价为1.50美元的买入期权可用,该期权费用为每单位0.02美元。对于100 000单位的期权而言,总期权费为2 000(100 000 ×0.02)美元。波士顿公司如果能以较低的即期汇率取得英镑就不必履行买入期权。进一步假设波士顿公司预计应付账款到期时,英镑即期汇率为1.46美元、1.54美元或1.58美元。这些汇率值对波士顿公司的影响,将在下面的表8-3中显示出来。

表 8-3 应用货币买入期权对英镑应付账款套期保值

(执行价格为1.50美元,期权费用为0.02美元) 单位:美元

(1)	(2)	(3)	(4)	(5) = (4) + (3)	(6)
情形	应付账款到期日即期汇率	每份买入期权所付期权费	拥有买入期权时每单位所付金额	持有买入期权时每单位所付总金额(包括权利金)	持有期权时取得100 000英镑支付美元数
1	1.46	0.02	1.46	1.48	148 000
2	1.54	0.02	1.50	1.52	152 000
3	1.58	0.02	1.50	1.52	152 000

该表开头两栏简单地列出了待分析的汇率情形。第三栏是为该期权所付的每单位的期权费。无论应付账款到期时的即期汇率是多少,期权费用总是一样的。第四栏为每一情形下的每英镑应付账款支付的金额。假设波士顿公司持有买入期权,若第一种情形出现,波士顿公司会让期权失效,以1.46美元的汇率在即期市场购买英镑。如果第二、三种情况出现,波士顿公司将会履行期权,以每份1.50美元的价格购买英镑。第五栏是第三栏与第四栏之和,据此决定每份所付的金额,包括支付的期权费。第六栏依据套期保值的100 000英镑,将第五栏兑换成美元成本总额。据此可以看出,通过买入看跌期权,应付账款的风险额就被控制在152 000美元的范围内,见图8-1。

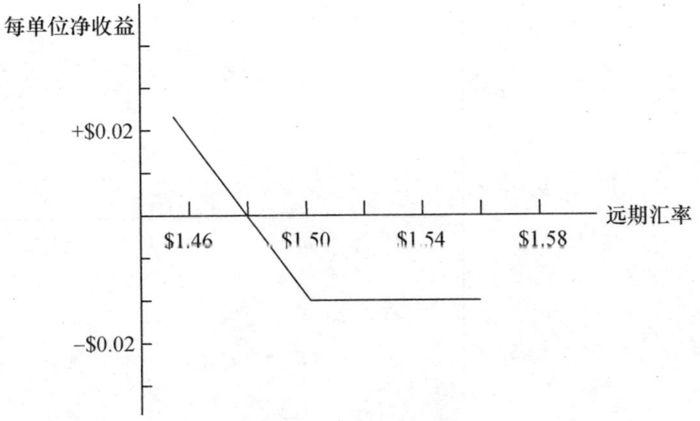

图 8-1 货币买入期权分析

(2) 以货币卖出期权对应收账款套期保值

卖出期权指在一定期间内,按约定的价格卖出一定数量的某种货币的权利。仍然以波士顿公司为例,假设波士顿公司在约 90 天以后收到 100 000 英镑。如果波士顿公司担心英镑对美元贬值,便可以购买卖出期权以对应收账款套期保值。假定这里所讲的英镑卖出期权的执行价为 1.52 美元,每单位期权费为 0.02 美元;又假定波士顿公司预计 90 天后,英镑的即期汇率为 1.46 美元、1.48 美元或 1.52 美元。因持有货币卖出期权所收到的金额见表 8-4。

表 8-4 用货币卖出期权对英镑应收账款套期保值

(执行价格为 1.52 美元;期权费用为 0.02 美元) 单位:美元

(1)	(2)	(3)	(4)	(5) = (4) - (3)	(6)
情形	收到应收款时的即期汇率	每货币单位卖出期权的期权费	持有卖出期权时每单位收到金额	每货币单位收到的净额(核算已付期权费后)	以卖出期权套期保值 100 000 英镑应收款而收到的美元
1	1.46	0.02	1.52	1.50	150 000
2	1.48	0.02	1.52	1.50	150 000
3	1.56	0.02	1.56	1.54	154 000

可以说,货币期权在许多方面都是很有价值的保值工具。在现实中,当外币贬值时,许多公司为了保持市场份额,都不愿意立即调高外币价格,而宁愿承担一些损失。由于未来的市场需求是不确定的,公司无法确定未来一段时间的销售额,因此无法通过远期外汇市场套期保值。但是看跌期权可以帮助公司面对汇率的不利变动,而且能够确保一定的利润率水平和市场份额不变。

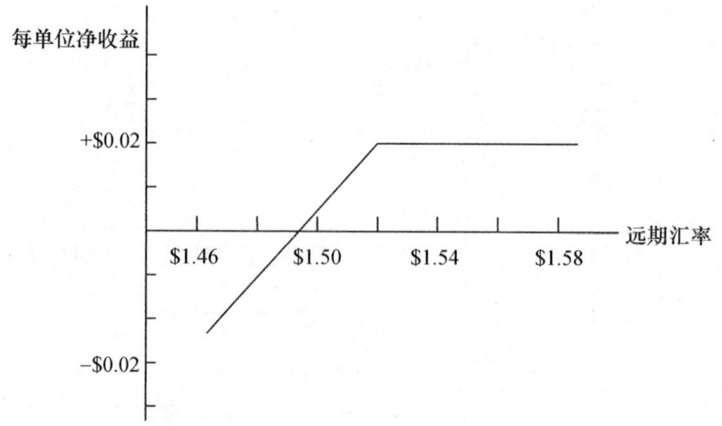

图 8-2　货币卖出期权分析

5. 短期套期保值方法比较

每种套期保值的方法都有一定的差异，使用不同套期方法的标准也不一样，但这些方法都有共同的假设前提，即财务经理的目标是降低风险而不是在汇率走势上投机，而且无论远期还是期权市场的定价都是合理的。在货币远期和期权之间进行套期选择的通用法则可以总结如下：[①]第一，如果一种外币的现金流出额已知，则买入外汇远期；如果该现金流出额不确定，则买入看涨期权。第二，如果一种外币的现金流入量已知，则卖出外汇远期；如果该现金流入额不确定，则买入看跌期权。第三，如果一种外币的现金流量部分已知而部分不确定，则用远期合约对已知的那部分进行套期保值，而用期权对不确定的部分套期保值，具体买入的期权数额应相当于这部分现金流量的最大值。[②]

每种套期保值的方法都可以用一个图表简明地表示出来，见表 8-5。使用期货、远期或货币市场套期保值时，企业可估计用于未来应付账款的资金，或在兑换外币应收账款后将会收到的资金。这样一来，企业便可以比较成本或收入，确认哪种套期保值方法更合适。然而，与货币期权套期保值相关的现金流量难以确定，因为购买应付账款的成本和应收账款的收入不能预先知道。

① 〔美〕杰费 · 马杜拉著：《国际财务管理》，杨淑娥、张俊瑞译，东北财经大学出版社 2000 年版，第 328 页。

② Ian H. Giddy, "The Foreign Exchange Option as a Hedging Tool," *Midland Corporate Finance Journal*, Fall 1983, pp. 32—42.

表 8-5 各种套期保值方法的比较

对冲方法	对冲应收外汇账款	对冲应付外汇账款
货币期货合同	购买一个或几个与应付外汇账款金额、币种相同的期货合同	卖出一个或几个与应付外汇账款金额、币种相同的期货合同
远期合同	买入与应付外汇账款金额、币种相同的一个远期合同	卖出与应付外汇账款金额、币种相同的一个远期合同
货币市场合同	借入本币并兑换为与应付账款币种、金额相同的货币，进行投资，到期支付应付外汇账款	借入与应付账款币种、金额相同的货币，兑换为本币，并进行投资，以所收到的外汇应收账款归还借款
货币期权合同	买入一个或几个与应付账款币种、金额相同的看涨期权合同	买入一个或几个与应付账款币种、金额相同的看跌期权合同

6. 短期套期保值的局限性

虽然短期套期保值的方法对于一般的交易风险很有用，但它们的长期效果是非常有限的。举一个例子来说明这种情况。一家中国进口商每年从一个日本家电公司进口一次，进口量很大，然后出售给全国的零售商店。假设当前日元汇率为 1 日元对 0.08 元人民币，家电的价值为 100000 日元，即 8000 元人民币，又假设日元远期汇率通常升水 3%，随着即期汇率的变化，远期汇率常以同样的数量变化。这样，即期汇率一年上升了 12%，远期汇率也会上升大约相同的百分比，进口商需为每年进口家电多付 10%（假如日本出口商不改变日元标价的话）。在日元坚挺的时候，虽然该公司可以运用一年远期合约来获得比不套期保值要好的效果，但仍然会导致价款日后上升，该进口商每年都需付出成本。

如果套期保值方法能应用于更长的时间，它们将能有效地使企业长期免受汇率风险。例如，家电进口商可在零时点上为以后几年每年末运抵的家电套期保值。这里，每个套期保值的远期汇率依据现时即期汇率。在日元坚挺的时候，这种策略会节省一大笔钱。然而，此策略的不足之处是未来要套期保值的日元数由于货物运送量的不确定性而变得更不确定了。如果出现经济萧条，进口商可能会减少订购家电的数量，到时进口商收到的日元金额仍然受远期合约的限制。

（二）长期交易风险的套期保值

1. 货币互换

货币互换，是对长期外币融通最常用的避险方法，是指两个公司交换以不同货币表示的债务，双方互相支付固定数额的利息，在到期日，将本金以商定的汇率换回。这样一来，两个公司同时锁定了未来一系列本币与外币兑换的汇率。以宝钢股份为例，该公司在 2001 年自上海宝钢集团公司转入欧元借款货币互换协议，用以规避三期资产收购时外币借款的汇率风险，根据货币互换协议，该公司可以在相关欧元借款还款日，按照协议规定的货币汇率支付美元来获取欧元以归还借款，此种做法无疑规避了欧元汇率上升的风险。

现通过一个具体例子来介绍货币互换的具体过程。假设国内A公司想从美国筹借两亿美元的贷款，浮动利率LIBOR+0.5%，同时美国的B跨国企业也准备为其在中国的子公司筹措一笔16.6亿人民币的贷款，年利率7%，两笔资金的期限同为20年，假设当时汇价为USD 1 = RMB 8.3，A、B两公司可以通过货币掉期来防范汇率风险。国内企业利用境内企业筹资的优势筹集16.6亿元人民币按7%贷给美国跨国公司，美国公司则筹借两亿美元贷给中国公司，以当时现汇价计算，本金相等。贷款期满时的货币本金互换汇率仍按签约时的汇价计，因此，本金的汇率风险已经被防范，而每期的利息按付息时的汇价支付。对于双方来说，承担的仅是利息上的汇率风险，见图8-3。①

2. 长期远期合约

长期远期合约原来是很少使用的，但是随着跨国公司近年来对长期汇率风险的重视，这种方法也逐渐普遍起来。大多数跨国银行通常会标出5年的英镑、加拿大元和瑞士法郎的远期汇率。长期远期合约对一些公司很有吸引力，特别是当它们已签订长期的固定价格出口或进口合同，并且想保护现金流量不受汇率波动的影响时。同短期远期合约一样，长期远期合约可以修订，以满足企业需要。一些主要货币，如美元、英镑、加拿大元等的期限可为10年或10年以上，但是为了确保企业能履行远期合约所规定的长期义务，银行往往只考虑信用等级较高的公司。

（三）其他套期保值方法

在某些情况下，公司不能利用三大市场（货币、期货和期权市场）套期保值来管理企业的外汇交易风险。这是因为：公司不能总是准确地预测以外币标价的产品销售收入或物品采购的付款，因而无法确定每种货币上套期保值的确切数额；套期保值的交易成本高到无法补偿的地步；国外投资存在壁垒或本国借贷某种货币也存在壁垒；交易的货币不是广泛的交易货币，相应的互换由于没有活跃的对应市场也无法进行，等等。在套期保值不能实现或是不能达到企业的避险目的的情况下，企业可以根据自身的情况和业务特点，采取其他避险方法，效果可能更为理想。

1. 提前与延后支付

提前与延后支付政策是按未来货币变动的预期调整收进应收账款的时间

① 王雪青、邵虹、刘俊颖：“国际融资外汇风险防范”，《中国软科学》，2003年第3期。

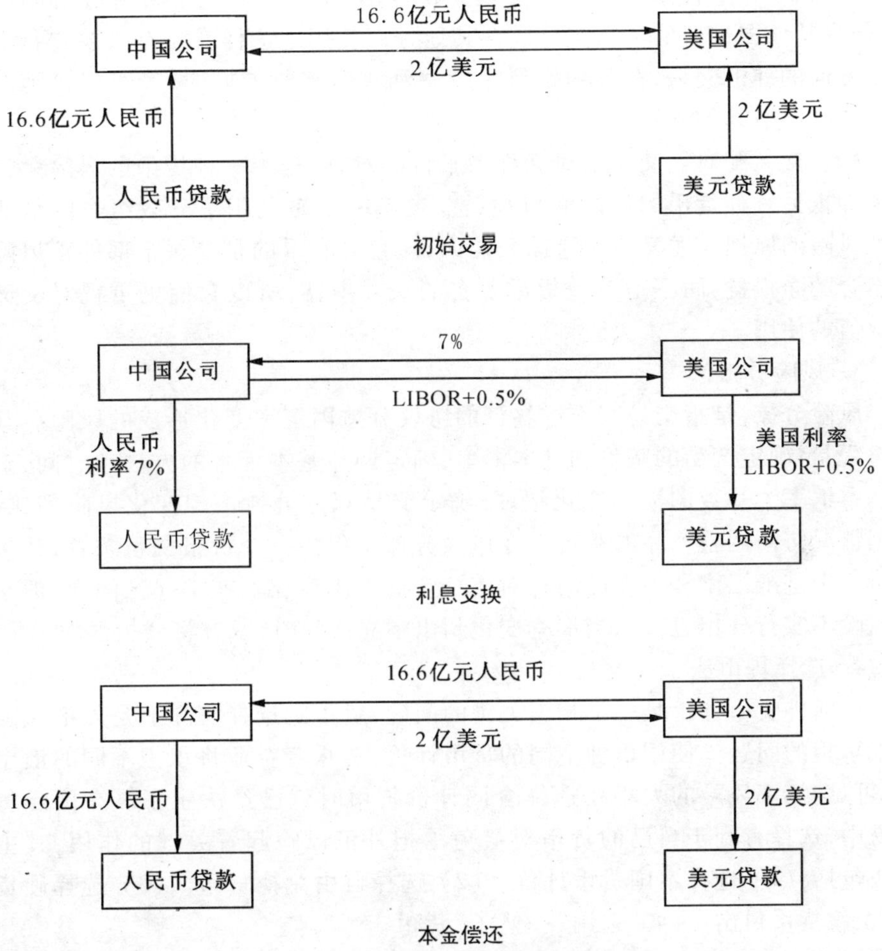

图8-3 货币互换流程图示

和支付应付账款的时间,以减少外汇风险的技术。其一般原则是:在预测外汇汇率将要上升时,拥有外汇债权的主体延期收汇,拥有外汇债务的主体提前付汇;相反,在预测外汇汇率将要下跌时,拥有外汇债务的主体要延期付汇。总之,运用这一方法来扩大软币的借方余额,增加货币的贷方余额,所以处于软货币国家的跨国公司更愿意从当地借款,防止软货币贬值的损失。

2. 配对管理①

(1) 自然配对。自然配对是指将某种特定的外币收入用于该种货币的支

① 吴丽华:《外汇业务操作与风险管理》,厦门大学出版社2002年版,第300页。

出。例如,不将某种币种的出口货款兑换成本币,而是将它全部存在外币账户上,作为从该国进口的货款支付或在其他方面使用。这样就没有必要进行买卖两个方面的外汇交易,在节约银行手续费和买卖差价的同时,又可以抵消因为汇率变动所引起的外汇损益。

(2) 交叉配对。交叉配对又称为平行配对,就是用一种货币的风险敞口损益来冲抵另一种货币的风险敞口损益。这实际上是利用了分散组合降低非系统性风险的原理。尤其对于跨国公司而言,它们看重的是公司全部外汇风险敞口组合的净损益,而不是单种货币各自的头寸损益,所以它们更重视对交叉套期保值的使用。

3. 风险分摊法

风险分摊,是指交易双方按签订的协议分摊因汇率变化造成的风险。其主要过程是:确定产品的基价和基本汇率,确定调整基本汇率的方法和时间,确定以基本汇率为基数的汇率变化幅度,确定交易双方分摊汇率变化风险的比率,根据情况协商调整产品的基价。在风险分摊中包括一个价格调整条款,其中设定了一个基准汇率和中立区间以对应一定的汇率变化。在中立区间内,汇率波动风险不实行分担;反之,当汇率变化超出中立区间时,双方将分担汇率风险。

4. 选择货币法

以何种货币计价是一个相当关键的问题,货币的选择实际上是外汇风险由谁来承担的问题。使用币种不同的货币计价,意味着企业将承担不同的汇率风险,可见,汇率风险的大小在选择合同计价货币时就已经决定了。在国际贸易交易中,选择有利于自己的货币对避免承担外汇风险起着关键的作用,其主要方法包括:(1) 选择本国货币计价。(2) 选择自由兑换货币。(3) 选择硬货币收入、软货币付出。(4) 选用"一篮子"货币。

5. 价格调整法

价格调整法包括加价保值和压价保值两种。在进出口贸易中,出口收硬货币、进口付软货币是一种最佳的选择。但是,在实际业务中,这往往只是一相情愿的。有时候,出口不得不以软货币成交,而进口不得不以硬货币作为付款货币。由此产生的外汇风险就要考虑实行调整价格的避险法,即出口加价和进口压价,把外汇风险分担到价格中去,来达到降低外汇风险的目的。

6. 加列货币保值条款

货币保值是指选择某种与合同货币不一致的、价值稳定的货币,将合同金额转换为由所选货币来表示,在结算或清偿时,按所选货币表示的金额以合同货币来完成收付。在国际收支中,常用的保值条款有黄金保值条款、硬币保值法和"一篮子"货币保值法。

7. 国际信贷法

国际信贷法是指在中长期国际支付中,企业利用“福费廷”、出口信贷以及保付代理等形式,在获得资金融通的同时冲销或转嫁外汇风险的方法。

8. 投保货币风险法

投保货币风险法是指一国进出口企业只要交纳一定的保险费给专门的外汇保险机构,当该企业因为汇率变动而蒙受损失时,就会得到保险机构补偿的一种业务。通常的做法是:投保企业向保险机构提供有关单据证明,并交纳一定比例的保险费,保险机构对投保企业货币汇率的波动幅度加以规定。若汇率波动在规定的幅度内,保险机构对投保企业遭受的损失负责赔偿,对超过规定幅度的损失则不负赔偿责任;若因为汇率变动超过规定的幅度而产生收益,则该收益归保险机构所有。

9. BSI 法和 LSI 法

这两种方法是外汇风险管理的综合方法。BSI 法是 Borrowing-Spot-Investing 的缩写,即借款—即期合同—投资法。LSI 法是 Lead-Spot-Investing 的缩写,即提早收付—即期合同—投资法。

LSI 法和 BSI 法的做法基本相似。不同的是,BSI 的第一环节是从银行借款,而 LSI 是请付款人提前支付货款,以给其一定的折扣为成本。LSI 在进口贸易应付账款中的具体做法是:进口商先从银行借入本币,按即期汇率兑换成外币,接着将所借的应付账款的外币用于货币市场投资,投资的期限等于应收账款的期限,到期时用投资收回的外汇支付进口应付款,风险全部消除。

第二节　会计风险管理

对于会计风险来说,由于折算损益是一种会计账面上的损失,一般并不涉及企业真实价值的变动,在相当程度上具有“未实现”的性质,除非有关的会计准则规定必须将所有外汇损益在当期收益中给予确认。尽管如此,仍然有公司关注和管理会计风险,可供选择的方法通常有两种:套期保值和外币资产负债配比的方法。

一、套期保值法

(一) 远期合约对会计风险套期保值

跨国公司可以通过运用远期合约对会计风险套期保值。例如,一家美国公司仅在英国有一个子公司,该子公司的年初预期收益为 3 000 万英镑,并打算将其所有的利润全部再投资于英国,不上交给美国的母公司。尽管还没有预测到未来利润的交易风险,而会计风险的确已经存在。在该年,英国子公司的利润将按加权平均的英镑价值折算。如果英镑当前价值为1.60美元,并且该价值在一年间保持不变,那么预测的英国收益折算为4 800 (3 000 ×1.60)万美元。当英镑加权价值在本年下降时,跨国公司可能会担心公司子公司收益的会计风险会降低。为了对这一会计风险套期保值,它可对预期收益使用远期套期保值,即卖出一年远期3 000万英镑。假设当时远期汇率为1.60美元,同即期汇率一样。年末,跨国公司可以按照即期汇率买入3 000万英镑,履行卖出3 000万英镑的远期合约义务。如果本年英镑贬值,那么该跨国公司将能在年末买入英镑,而且买入汇率比卖出英镑履行远期合约的汇率便宜。这样,它将产生抵消折算损失的收益。远期合约带来的确切收益水平取决于年末英镑的即期汇率。在英镑贬值的情况下,折算损失将在一定程度上被远期合约头寸带来的收益抵消。

除了使用远期合约对会计风险进行套期保值外,对于同时拥有不止一种外币会计风险的跨国公司,还可以使用交叉套期保值法,其具体原理和操作与交易风险的交叉套期保值相同。

（二）会计风险套期保值的局限性

会计风险套期保值有一定的局限性。具体可以表现为四个方面:(1) 收益预测不准确。子公司对年末收益的预测值并没有保障。在上述的例子里,预计子公司收益为3 000万英镑。但如果实际收益要高得多的话,折算损失可能会超过远期合约策略产生的收益。(2) 会计信息的扭曲。远期汇率获利或者损失反映了远期汇率和将来即期汇率的差异,而折算利得或损失体现这一期间的平均汇率。另外,折算损失不能抵税,而用于对会计风险套期保值的远期合约的收益需要纳税。(3) 某些货币无法使用远期合约。并不是所有的货币都有远期合约,这样,在小国家有的子公司不可能得到它们所需要的这些国家的货币的远期合约。(4) 交易风险的增加。这是对会计风险套期保值的最大局限性。例如,子公司货币在会计年度升值的话,就会产生折算收益,如果跨国公司在年初实施套期保值策略,产生的交易损失将在一定程度上也被折算收益抵消。一些跨国公司可能对这样的抵消效果并不安心。这种折算收益只不过是纸上的收益,也就是由于子公司货币升值,所报告的美元收益值较高。然而,如果子公司将收益再投资,升值并没有给母公司带来更多的收益。跨国公司母公司的净现金流量并没有受到影响。相反,套期保值策略产生的损失是真实的损失,也就是说,母公司的净现金量会因此而减少。

二、外币资产与负债配比法

外币资产与负债配比法要求企业调整资产和负债,使得以各种功能货币表示的资产和负债的数额相等,只计算会计风险头寸(即会计报表折算差额等于受险资产与受险负债之差)。这样,无论汇率将如何变动,也不会带来会计折算上的损失。其具体做法是:首先计量资产负债表各账户、科目中各种货币的规模,确定净会计风险头寸的大小;其次确定调整的方向,例如,如果以某种外币表示的受险资产大于受险负债,则需要减少受险资产或增加受险负债,或同时进行;最后通过分析和权衡,进一步明确调整的具体的账户科目,使调整的综合成本最小。

对外币资产与负债进行配比以规避会计风险是有代价的。首先,减少外币的现金资产、紧缩信用政策、减少库存以及提前收回投资都可能对公司的业务经营产生不利影响;另外,如果市场预期到了某种外币将要贬值,那么无论是用借款还是远期对该币种的会计风险头寸保值都需要付出较高的成本。其次是会计信息的扭曲。远期套期保值的损益反映的是远期汇率与合约到期日即期汇率的差异,而会计净暴露头寸的折算损益反映的是入账时的历史汇率与合并报表时的折算汇率的差异,而且,折算损失不能抵税,而远期合约的收益却需要纳税。最后,也是最重要的,用远期或增加借款来套期保值,可能会增加子公司的交易风险。特别是当子公司所在国的当地货币升值时,会计折算所得收益会被套期保值交易的损失所抵消,然而折算收益不过是账面上的,套期保值的损失却是实实在在的。因此,跨国公司在具体管理时,需要在外汇会计风险和外汇交易风险之间做出选择。①

三、会计风险管理的其他方法

鉴于前两种方法都有自身的缺陷,企业也可以从另外的角度来处理会计风险。首先,在某些国家会计制度和税法允许的情况下,例如中国现行的相关法规,以及美国的 FASB52 与修正后的 CICA1650 等,企业可以将折算损益作为递

---

① 关于外汇风险集中化管理和分散化管理的争论由来已久。赞成集中化管理的理由很多。首先,分支机构或子公司的财务经理只会努力使他们自己的外汇风险头寸最优,而不管也没有能力去管整个跨国公司的风险头寸是否最优。在这种情况下,各地的财务经理们对各自的风险头寸进行保值,而忽视了从公司整体来考虑他们的风险头寸相互抵消的可能性。于是,不必要的保值造成成本的浪费,甚至对整个公司来说,未来可以抵消的头寸由于保值反而变得不为零。其次,跨国公司往往在不同的地方有不同币种的外汇风险头寸,集中化管理能够比较方便地进行各币种间的交叉套期保值,从而用较少的对冲成本达到既定的安全标准。最后,由于各国的税收水平、金融市场一体化程度不同,集中化管理有利于发挥跨国公司的全球优势,从而找到最便宜的套期保值工具。赞成分散化管理的观点认为,相对来说,分散化管理更能激励当地的财务经理们利用只有他们才了解的本地特殊情况进行外汇风险管理。

延项目逐年累积，不计入企业当期损益，也不影响应纳所得税。因此，递延处理已经在很大程度上降低了会计风险的不利影响。其次，企业还可以直接对股东、债权人等会计报表的重要使用者解释会计折算损益的性质，让使用者了解财务报表的真正意义，无须担心折算损益导致的账面盈余波动。最后，大型跨国公司的经营活动通常涵盖了多种货币，自动产生风险分散的效果，降低汇率变动对股东权益的净影响。

第三节　经济风险管理

与前两种风险的偏重短期不同，经济风险是一个长期、动态、不确定的概念。虽然在理论上，经济风险也是企业面临的重要风险类型，但是对于在实践中是否管理经济风险却有很大的争议。图 8-4 列出了美国、英国和亚洲地区的企业拒绝管理经济风险的几个理由，主要集中在缺乏有效的工具、管理成本与收益不能相抵这两个方面。①

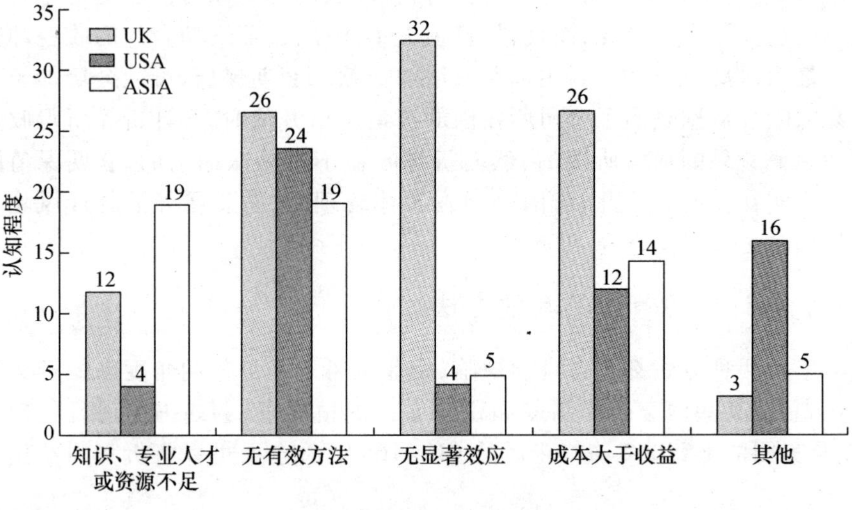

图 8-4　不管理经济风险的理由

资料来源：http://www. elsevier. com/locate/econbase。

但是，大多数企业，尤其是跨国公司还是十分重视对经济风险的防范的，并

① Andrew P. Marshall, "Foreign exchange risk management in UK, USA and Asia Pacific multinational companies", *Journal of Multinational Financial Management*, 10 (2000), p. 206.

将其作为企业运营中主要的风险来应对。相反,忽视经济风险的管理有时甚至带来极其严重的后果。例如,英国 Laker Airways 公司的大部分收入为英镑,但同时把大部分开支以美元支付。由于美元在 1981 年走强,Laker 公司需要更多的英镑来支付以美元标价的开支。同年 1 月,Laker 公司从美国及欧洲银行借入 1.3 亿美元。因为其债务以美元标价,所以也需要用美元偿还,使得它的经济风险进一步加强。随着美元的持续走强,公司的收入不足以弥补美元的费用,结果公司破产。该案例不仅指出了经济风险对跨国公司的重要影响,也说明要想合理管理经济风险,首先需要准确地预测汇率的变动。如果汇率变动是暂时的,就没有必要采取进一步的措施,制定经营规模调整策略,因为对这种短暂汇率波动的调整成本是远远大于公司由此可能带来的收益的;如果这种变动是持久的,对企业的影响也将是持续的,例如,针对 1981 年美元持续走强对 Laker 公司的影响,就有必要制定出适合企业的管理政策。

如果通过汇率风险的预测评估确定了汇率的持久性、影响性的变化,经济风险管理的第二步就是要制定合适的管理政策。这种政策取决于现金流量与其变动的性质,以及管理人员对风险的态度。对于风险喜好型的管理人员来说,出现有利的现金流向对于他们来说是进一步创建头寸的时候,采取进攻性的政策意在对汇率的波动进行投机;而对于风险规避型的管理人员来说,对投机外汇市场的兴趣不大,只是希望尽量降低汇率变动对现金流量的影响。但是,对于一般的非金融性企业而言,它们的竞争优势在于实际产品与服务的生产和销售上,外汇市场投机、建立积极头寸并非它们的优势,所以经济风险的管理原则应当是尽可能地降低汇率变动对现金流量的影响,这也是我们探讨的外汇风险管理的主要原则。

在这样的原则的指导下,企业可以根据自身的生产经营特点,选择相应措施减少经济风险。这些可供选择的措施包括营销、生产和财务三大经营管理策略(见表 8-6)。[①]

表 8-6　规避经济风险的经营管理策略

营销策略	生产策略	财务策略
市场选择	要素组合策略	资产债务匹配
定价战略	海外建厂策略	业务分散化
促销战略	提高生产效率	融资分散化
产品战略	增强应变能力	营运资本管理

① 宋清华、李志辉:《金融风险管理》,中国金融出版社 2003 年版,第 368—370 页。

一、经济风险的营销管理

（一）市场选择

市场选择的一个重要因素是涉外企业首先要决定销售自己产品的市场以及进行市场营销的成本。如果本币对外贬值，一方面本国产品在国外的竞争力增强，另一方面外国产品在本国市场上竞争地位下降，国内企业不仅在国外市场上占有优势，在国内市场上也拥有优势，应同时大力拓展货币升值国市场和本国市场。市场选择的另一个重要因素是要考虑市场的细分情况。例如，一些公司以高收入阶层为目标客户，当它们面对本币升值时，所受到的冲击比那些以一般大众为目标客户的公司要小，而当它面对本币贬值时，可能会发现自己的产品可以进一步向大众市场渗透。

（二）定价策略

企业在面对汇率风险进行产品定价时要考虑两个关键性的问题：一是保持市场份额或是保持利润率的两难选择，二是价格调整以怎样的频率合适。

在本币升值时，本国出口企业以及与外国进口商竞争激烈的国内企业面临着这样的选择：是保持本币价格不变来维持原单位利润率，从而损失销售量、缩小市场份额，还是降低本币价格以保住市场份额，从而降低原有利润率。选择的结果要受到实现利润最大化这一基本原则的影响。如果企业以短期利润最大化为目的，企业根据边际收益等于边际成本原则定价，可能保持价格不变或小幅度下调；如果企业认为从长期看，保持市场份额的重要性大于短期的利润最大化，则会做出降价的选择。当然，在具体决策中，不仅仅要考虑货币的升值与贬值，还要考虑升贬值持续的时间、规模经济、扩大生产的成本结构、需求的价格弹性以及竞争的激烈程度等。

另一个需要考虑的因素是价格以何种频率调整。频繁的价格调整不仅增加企业自身的交易成本，更会使上游的供应商和下游的经销商感到无所适从，所以企业宁可承担一定的损失，也要保持价格的相对固定性，来维护企业的声誉。但是当汇率长期波动时，企业面临较大的风险，适时调整价格是保证利益、规避风险的有效方法。价格调整的尺度，需要企业在实施前权衡利弊，谨慎决策。例如，在1985年当美元贬值后，德国汽车制造商甚至提高了销往美国市场的豪华汽车的售价，而不损害其市场竞争能力，这就是合理地把握了价格调整的尺度。

（三）促销策略

企业的促销需要考虑广告、零售和批发的成本预算，企业在作预算的时候应该对未来汇率走势有一个预期，据此将预算在各个国家和地区进行合理的分配。基本原则是在货币升值国家加大促销力度，扩大促销预算，因为出口企业可以在本币贬值时（即提高出口商利润的时候）提高他们在广告促销所花费成本的回报率，而减少在货币贬值国家的促销，因为本币升值不利于企业利润的增加。

（四）产品策略

在产品策略方面应对汇率波动的方法：一是选择新产品推出的时机。例如，当本币升值时，跨国公司可以抓住扩展海外经营、提高产出的有利时机；反过来，当本币贬值时，公司需要重新定位其市场目标，变更生产线，设计出新产品来满足那些需要高质量产品的客户群，抓住向升值国推出新产品的有利时机。二是要更新生产线。如果本币贬值，公司应尽量扩大生产线，以适应市场需求的增加；如果本币升值，企业必须对其产品先进行重新定位，将产品瞄准质量敏感度高而价格敏感度低的市场。例如，德国大众汽车公司曾以低价、低保养费使其产品具有很高的国际竞争力，而到了 20 世纪 70 年代早期，德国马克的升值使得这种低价优势消失，市场份额受到挤压。三是要进行产品创新。只有更加迎合市场需求的新产品才能不断保持竞争的优势，降低需求价格弹性，增加研发的费用。

二、经济风险的生产管理

以上策略都是从收入的角度来讨论如何管理外汇经济风险。但是，当外汇汇率波动较为剧烈，以至于上述管理调整无济于事时，企业应该把精力转向生产策略调整方面，着手于降低生产成本，对经济风险进行有效控制，主要有以下几种方法：

（一）要素组合策略

从世界不同的地方，以不同的货币购买原料投入，可以减轻汇率冲击对成本的影响。当以某种外币定价的原料成本上升时，在贬值地区重新寻找新的原料供应来源，就可以避免损失。例如，日本厂商从韩国、中国台湾等新兴工业国家和地区购买零部件，这些国家或地区的进口成本下降，可在一定程度上减少本币升值对出口造成的损失。①

（二）海外建厂策略

从长远看，如果预计公司的销售有大幅度增长，可以考虑在海外直接建立工厂。跨国公司承担的汇率风险往往比国内的出口商要小，因为跨国公司可以

① 宋岚：“国际企业外汇经济风险受险额的测量及管理”，《华东经济管理》，2002 年第 6 期，第 18 页。

根据汇率走势在全球调整生产以及销售活动，也就是说，将更多的生产转移到货币贬值的国家。这种做法并不仅限于在直接贸易关系的国家，还包括在第三国建厂，而这取决于生产的劳动密集化程度和该国未来的实际汇率走势。

当然，海外建厂策略会受到许多因素的影响。首先，海外建厂可能造成生产能力的过剩和成本上升；其次，如果跨国公司的生产存在规模经济，例如只建立一两个生产基地以供应全球市场是最经济的，分散化建厂的成本代价就比较大；最后，这种海外建厂的策略究竟能带来多大的收益，还取决于当地的情况，如当地的社会稳定性、工会力量情况、汇率贬值效应由于持续的通货膨胀而被完全抵消甚至实际汇率反而升值等因素，对跨国公司都是不利的。

本田公司就利用海外建厂策略降低了公司面临的实际风险。本田公司在美国建厂生产销售，不仅回避了可能的贸易限制，而且降低了汇率的经济风险。假如该公司向美国出口汽车，那么日元升值时，因为用美元购车的成本上升，美国对本田车的需求便会下降，从而本田公司的现金流量会受到不利的影响。而在美国生产，以美元销售，本田公司可以确保美国对本田车的需求不对日元那么敏感。然而，由于两个原因，本田公司不可能完全避免汇率风险。第一，位于美国的本田分厂从日本购买各种部件，这在日元升值时会使这些部件的美元成本增加；第二，在日元升值时，美国分厂上缴给母公司的利润兑换的日元减少。但无论如何，生产地址转移到产品出售地降低了经济风险。

（三）提高生产效率

提高生产效率是降低成本、提高企业的持续盈利能力和市场竞争力的根本途径。跨国公司要想提高自身竞争力，需要提高自动化生产程度、严格管理产品质量、对员工采取有效的激励机制、关闭效率低下的工厂等等，这些都对提供公司的整体生产效率有重要的作用。

（四）增强应变能力

规避经济风险不仅仅是在汇率波动已经发生或形势已经十分明朗的时候才采取行动。当今市场上已经没有什么稳定的"均衡汇率"，在这种多变的环境里，跨国公司只有未雨绸缪，不断缩短应变时间、减少应变成本，才能生存发展。所以战略计划就显得尤为重要。一个好的战略计划首先要设计若干种可能的汇率走势，然后分析每一种可能对公司经营能力的影响，最后决定对这些可能性的战略。因此，前面所说的诸如要素组合、海外建厂策略，不是等到汇率变化之后才去寻找合适的供应商和地点，而是应该早有准备。即使有些投入现在看来是不经济的，但在未来却会真正体现出其作用，所以符合公司财富最大化的原则。当然，在制定计划的过程中，收集和处理信息会花费很高的成本，因此，公司应该把精力集中于发生概率最大且对公司有重大影响的若干种情况。

图 8-5 是美国、英国和亚洲的跨国公司管理经济风险不同策略的选择对照。

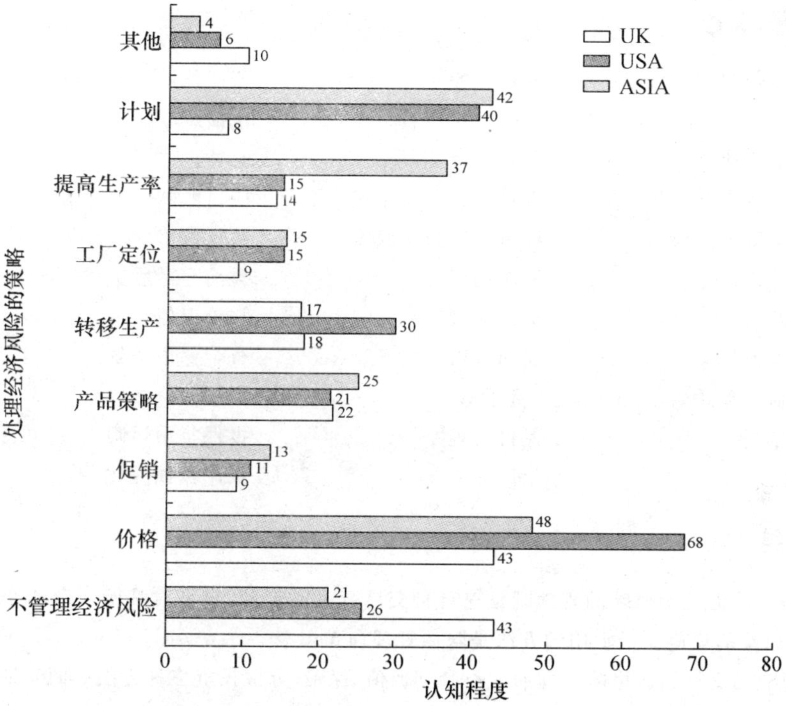

图 8-5　美国、英国和亚洲的跨国公司管理经济风险不同策略的选择

资料来源:http://www.elsevier.com/locate/econbase。

三、经济风险的财务管理

财务管理是对企业的债务结构进行重新调整,以便在汇率发生变动时,企业资产收益的下降会被相应的清偿债务的成本下降所抵消。第一,资产债务匹配,也就是企业将融资的来源与未来将要获得的收益进行搭配,来消除因为汇率变动可能造成的损失。例如,一个企业拥有以美元计价的大量出口业务,那么该企业就应该将其部分债务也以美元计价表示。第二,业务分散化。企业在全球范围内分散其生产基地和销售市场,是防范经济风险的有效策略。第三,融资分散化。各种债务计价货币汇率的变动可以通过分散化相互抵消,减少债务成本的不确定性。第四,营运资本管理。跨国公司可以通过转移定价在母公司和子公司之间、子公司与子公司之间转移资金与利润。当预期某个子公司所在国的货币将发生贬值时,应当通过转移定价及早将子公司以当地货币表示的利润转到母公司所在国或其他子公司;相反,当预期某子公司所在国的货币将发生升值时,应当通过转移定价及早将母公司或其他子公司的利润转到该子公司。

本章重要术语

外汇风险管理	限额管理	即期外汇头寸限额
掉期外汇买卖限额	敞口头寸限额	止损点限额
VaR 管理技术	套期保值	对冲
远期合约套期保值	应收账款套期保值	应付账款套期保值
期货合同套期保值	货币市场套期保值	执行价格
货币互换	长期远期合约	提前与延后支付
自然配对	交叉配对	加价保值
压价保值	加列货币条款	黄金保值条款
硬币保值条款	"货币篮"	国际信贷法
出口信贷法	保付代理	投保货币风险
BSI 法	LSI 法	资产负债配比

本章小结

- 银行外汇买卖风险的管理既是对自身交易行为的管理,也是对其所代理的企业或公司的外汇风险的规避。最常用的方法是限额管理和 VaR 法。
- 企业的交易结算风险管理通常有套期保值、保险、分散投资三种方法。而套期保值法往往作为企业核心的避险保值的方法。套期保值法有长短期之分。短期的套期保值通常有以下四种方法:远期合约套期保值、期货合同套期保值、货币市场套期保值、货币期权套期保值。
- 要对应付账款套期保值,可购入外币期货或远期合约,也可运用货币市场策略套期保值。对应收账款套期保值,则恰恰相反。
- 长期套期保值的方法包括长期远期合约和货币互换。长期远期合约在原来是很少使用的,但是随着跨国公司近年来对长期汇率风险的重视,这种方法也逐渐普遍起来;货币互换是对长期的外币融通最常用的避险方法,是指两个公司交换以不同货币表示的债务,双方互相支付固定数额的利息,在到期日,将本金以商定的汇率换回。
- 除了利用货币、期货和期权市场进行套期保值,管理企业的外汇交易风险外,企业还可以根据自身的情况和业务特点,采取其他避险方法:(1) 提前与延后支付;(2) 配对管理;(3) 风险分摊;(4) 选择货币法;(5) 价格调整法;(6) 加列货币保值条款;(7) 国际信贷法;(8) 投保货币风险法;(9) BSI 和 LSI 方法。
- 经济风险管理,可以从营销、生产和财务三个方面进行。营销管理又可分为市场选择、定价策略、促销策略和产品策略;生产管理包括要素组合策略、海外建厂策略、提高生产效率和增强应变能力;财务管理包括资产债务匹配、业务分散化、融资分散化和营运资本管理。

相关网络地址

- http://www.tjrtcs.com/news:瑞通财税信息网,提供各种财税新闻、咨询;
- http://www.finance.163.com:网易财经频道,提供各种经济新闻和最新评论;
- http://www.elsevier.com/locate/econbase:爱思唯尔网站,是全球五大出版社之一的爱思唯尔集团发布各种著名期刊文章的网站,可以提供各学科相关专业论文的全文阅读。

简答题

1. 套期保值的工具有哪些?各有什么优点和局限?

2. 经济风险的管理包括哪些方面?各有什么策略?

3. 一家美国公司可以按给定的利率投资或按高于利率一个百分点的利率借款,另外,该美国公司的资本成本为20%。(1) 计算出该美国公司有可能处理外汇风险的几种方法;(2) 提出你认为最佳的办法和理由。

4. 惠普公司三个月后会收到2 000 000瑞士法郎,它认为三个月的远期汇率即是未来汇率的准确预测。三个月瑞士法郎远期汇率为0.68美元。现有卖出期权的执行价格为0.69美元,期权费为0.03美元。请说明惠普公司选择卖出期权套期保值还是选择不套期保值?

5. 假设美国河边公司三个月后会收到500 000英镑,那么该公司使用远期汇率套期保值好,还是用货币市场套期保值好?用每类的套期保值的估计收入具体说明你的答案。

6. A公司在墨西哥生产的80%的产品出口到拉美国家。B公司将生产的产品全部在美国销售,但是在西班牙有一家子公司能创造该公司20%的收益。比较两家公司的会计风险。

7. 跨国公司重构经营时,可能降低了经济风险,但有时却失去了规模经济。请加以分析说明。

8. 中国某工程公司在国外拿到一个项目,使用中国进出口银行的卖方出口信贷,总额度约为4 000万美元,国内采购约用75%,国外采购和服务约用25%。按国内规定,国内采购要使用人民币贷款。卖方出口信贷的条件是:(1) 第一年不还钱,第二年开始至第六年,每半年还本息一次;(2) 利率为4%;(3) 美元结算。

案例问题:(1) 项目原估计汇率风险为5%,根据目前情况,如果人民币面临很大的升值,如何规避风险?(2) 如果人民币的确升值5%,该公司面临何种风险?其总成本是多少?风险额有多大?如果贬值4%,其总成本是多少?(3) 面临上述情况,你认为该公司应该采取何种策略?

9. 巴尔的摩公司是一家美国跨国公司,其10%的原材料来自欧洲制造商,60%的收入来自于对欧洲的出口,产品的出口以欧洲货币标价。请问该公司会面临哪种外汇风险?如何防范?

10. 现在有一家香港贸易公司,日常资金以美元形式持有,即以美元为本位币,由于经营需要,每年需要在欧洲国家选购贸易产品及其他用品,年支出约1亿美元左右,所购产品在中国内地及香港地区销售和贸易,在欧洲进货时是以欧元结算,而销售结算则以美元为本位币结算,因此每次的进货和销售都要经历一次以下两种货币之间转化的循环:以美元现金兑换欧元,在欧洲购货以欧元支付货款,在中国内地或香港地区进行商品交易最后仍结算成美元。如果美元对欧元货币汇率在上述循环过程中(存货周转次数假设为120天)波动较大,尤其是如果欧元升值,那么这家贸易公司将会在每一次的业务循环中都将面临巨大的汇兑损失风险。

试运用所学汇率风险回避和防范知识做以下探讨:(1) 该公司面临的是何种外汇风险?(2) 防范这类风险有哪些方法?(3) 在上述业务循环中,在哪部分环节上最有可能发生外汇风险?你有何具体的办法?(4) 综上所述,你对该公司的业务循环与公司资金组合有何建议?

11. 假设 Bentley 公司签订180天远期合约购买200 000英镑,180天远期汇率为1.50美元,将购买的英镑用于购买英国物料。远期合约履行日,英镑即期汇率为1.54美元,该公司对应付账款套期保值的实际成本是多少?

思考题

案例分析:松下公司的外汇风险管理

日本国内市场日趋饱和,海外市场有相当大的潜力。中国由于劳动力低廉、资源丰富,对日本来说是潜力很大的市场。同时,与日常生活有着密切关系的白色家电,必须结合当地气候或风土人情的特点进行设计和开发。在这一背景下,松下公司的国内工厂进行了调整和重构,并将一部分业务转移到海外,尤其是东南亚地区或中国,并且,在扩大生产业务的同时,还开始加强和提高当地的研究与开发能力。

现在日本松下公司的财务情况具有如下循环:日常资金以美元和日元形式持有,由于业务经营需要,每年需要在中国及世界各地进行业务往来(采购、贸易),使用和支出不同的货币;同时,其产品在世界各地进行生产,在本国、中国或者其他国家进行销售。这样,在本国生产时以日元进行计算,公司日常账户现金是以日元、美元、人民币为基本账户现金,而销售结果则以美元或者欧元、人民币为本位币结算,因此每次的进货或者销售都要经历一次或者多次以下两种货币之间的循环:

日元或美元→兑换人民币→在中国或者其他地方进行商品交易、采购与生产→人民币收入与支出→兑换欧元、日元或美元(利润汇出,在欧洲或其他国家购货、销售),以欧元、日元或美元支付货款→最后结算成日元、美元或欧元

如果日元对人民币汇率在上述循环过程中波动较大,尤其是人民币升值,那么这家公司将会在每一次的业务循环中面临着巨大的汇兑损失风险。同时,美元/日元、日元/欧元的汇率也变化频繁。作为整个公司的核心命脉体系,公司的财务部门还面临着各种其他金融风险,如利率风险等。汇率、利率的变动导致资金市场价格的变动,公司的财务部门表内、表外资产会面临损失的风险。随着利率和汇率管制的逐渐解除,这就要求财务部门能灵活掌握资金价格,及时了解市场价格需求,确定合理的定价原则,科学配比资产负债结构,准确运用利率风险规避工具。

企业可以运用金融风险防范准备金进行化解与控制。对于某项金融资产经营中一些不可预测与控制的金融风险,企业要采取迂回的策略,如修正经营策略、方案、目标与领域等。

在实施减轻策略时，最好将资产经营活动中的风险降低到与其收益相匹配且企业可接受的水平。对于不可预测与控制的风险的另外一种减轻方式，是将未来的风险"移"到现在，即通过实验模拟的方法促使风险及早发生，使问题及早暴露，及早解决。

请回答以下案例问题：

(1) 松下公司目前的资金循环(收入与支出)在中国与其他国家是怎样的？所面临的是何种外汇风险？

(2) 松下中国公司涉及国际贸易与投资的资金循环是怎样的？其采购与销售、利润汇出等是如何操作的？

(3) 防范这种风险有哪些具体操作方法？

(4) 在上述业务循环中，在哪些环节上最有可能发生外汇风险？

(5) 公司总收入中用于贸易及投资的比率、对不同国家的比率是多少？币种和比重如何分配？

(6) 公司的投资于贸易的资金/币种组合是怎样的？

(7) 贸易中用于进货销售的利率差价如何弥补？

(8) 公司业务经营中的人民币、美元、日元、欧元间的互换关系是什么？交易中对币种有哪些要求？

(9) 在不同国家进行业务往来时，币种汇率如何解决？

(10) 各国的会计制度对公司的业务方面的限制有哪些？

(11) 各国的利率问题如外汇管制对公司的影响有哪些？

(12) 各国分公司对于总公司在经营中的利率的影响有哪些？

第九章 国际财务管理概述

9

- 国际财务管理的产生与发展
- 国际财务管理的内容与目标
- 国际财务管理的模式选择

[知识要求]

通过本章的学习,掌握

- 国际财务管理产生的时代背景;
- 国际财务管理的主要内容;
- 国际财务管理的几种具体模式。

[技能要求]

通过本章的学习,能够

- 明确国际财务管理的各种目标之间的具体关系,并最终确定主要目标;
- 判断各种国际财务管理模式的优劣,并能根据具体情况选择适当的财务管理模式。

企业财务管理,又称公司理财,是企业经营的重要环节,其主要内容在于分析企业如何有效地筹集与运用资金。作为一门独立的学科,企业财务管理从经济学中分离出来是在 19 世纪末,至今已有一百多年的历史,而它的一个分支——国际财务管理从中分离出来则是最近四十年的事情。

第一节　国际财务管理的产生与发展

一、国际财务管理产生的条件

国际财务管理是研究在国际经济条件下,国际企业从事跨国性生产经营活动所面临的特殊领域的财务管理问题,即一切国际企业在组织财务活动、处理财务关系时所遇到的特殊问题,是现代财务管理在国际领域的延伸,是财务管理的一个新领域。

国际财务管理是伴随着国际贸易、国际直接投资与金融全球化的发展而产生的,其产生的过程就是企业经营向国际领域延伸的过程。

(一) 国际贸易的发展

国际贸易是商品经济国际化最早出现的形式。第二次世界大战后,国际贸易的发展速度更是进入了以往任何历史时期所无法比拟的时代。而各国企业进出口贸易的方兴未艾,必然引起外汇资金的收支结算。经过长期实践特别是近一百多年的积累,形成了一整套外贸业务财务管理的理论与方法。

（二）跨国公司的出现与发展

二战以后，跨国公司得到了蓬勃发展。由表 9-1 可以看到，《财富》全球 500 强排名中前 20 位遍布零售、汽车、能源、金融、贸易等多个行业，营业额也令人叹为观止。跨国公司的大发展，突破了以往资源跨国流动和配置一般只能通过国际贸易间接进行的方式，而是通过直接投资的迅猛发展，通过新的经济贸易规则的创造，以投资机制替代贸易机制，促成了资源在各国之间直接的流动和配置。这一变化促进了各国资本流入流出、利润汇回等国际财务管理方面的协调，从而对国际财务管理在国际直接投资理论与方法方面的形成和发展起到了极大的促进作用。

表 9-1　2008 年《财富》全球 500 强排名（前 10 位）

排名	公司名称	总部所在地	主要业务	营业收入（百万美元）
1	沃尔玛	美国	一般商品零售	378 799
2	埃克森美孚	美国	炼油	372 824
3	皇家壳牌石油	荷兰	炼油	355 782
4	英国石油	英国	炼油	291 438
5	丰田汽车	日本	汽车	230 201
6	雪佛龙	美国	炼油	210 783
7	荷兰国际集团	荷兰	银行	201 516
8	道达尔	法国	炼油	187 280
9	通用汽车	美国	汽车	182 347
10	康菲	美国	炼油	178 558

资料来源：中华人民共和国商务部网站（http://www.mofcom.gov.cn/xglj/500fg2008/500fg200801.shtml）。

（三）金融市场国际化

金融市场国际化大大加快了企业财务管理的国际化。这是因为，国际金融市场的形成和发展，为企业进行筹资和投资开辟了新的途径和领域，也为企业带来了新的风险——外汇风险。特别是实行浮动汇率制度后，汇率变动频繁，有时变动幅度很大，大大增加了企业跨国经营环境的不稳定性，对企业的财务收支和财务成果产生巨大影响，从而使财务管理变得更为复杂，最终促进了国际筹资、国际投资及外汇风险管理等财务内容的形成与发展。

二、企业财务管理的国际化进程

由于企业国际贸易量的增长、对外直接投资的增加以及世界金融市场国际化趋势的增强等因素的综合影响，企业的财务管理逐步走向了国际化。不妨以生产加工企业为例，通过说明其生产经营的国际化来说明企业财务管理的国际化进程。生产加工企业的生产经营国际化的进程大致要经历以下几个阶段：进口原材料、零部件和机器设备→从国外引进技术，生产出国际市场需要的质高价廉的产品→产品由外贸公司收购出口→产品由外贸公司代理出口→产品由企业自营出口→在国外设立分销机构，逐步建立销售网→购买国外发行的股票和外国政府、银行、大型公司发行的股票→向国外输出技术→向国外投资举办合资、合作企业→向国外银行取得借款→在国外独资设立生产经营企业→在国外发行债券、股票筹集资金→建立跨国公司，成立跨国的生产经营管理组织。尽管各企业进入国际市场的步骤和进程因其国情与自身具体经营情况而异，但是企业在从简单的进出口业务开始，逐步迈向跨国公司行列的过程中，每前进一步，经营中国际业务的比重则随之增大一分，其财务管理的国际化程度也就逐步深化。

例如，可口可乐公司实际上是在全球各地销售其饮料产品，其销售总额的三分之二和营业利润的四分之三来自美国以外的地区；截止到2008年底，日本的丰田汽车公司在27个国家和地区建立了50个国外生产网点，在全球范围内开展汽车业务，仅在中国内地就有天津、长春、四川、广州4个生产基地，10个制造工厂。此外，丰田还通过160多个进口代理商和批发商，在全球140多个国家进行销售；①作为中国唯一入选“世界最具影响力的100个品牌”的中国海尔电器早已走出国门，在美国、中东、欧洲、亚太、日本投资，建立起中国为数不多的大型跨国公司，进入国际财务管理时代。

由此可见，由于现代企业的生产经营和金融市场国际化趋势的加重，使企业跨国的财务活动不只包含进出口贸易，而且还有国际投资、国际筹资及外汇风险管理等内容，而这些内容相互联系，便构成了国际财务管理的主要内容。

第二节　国际财务管理的内容与目标

一、国际财务管理的内容

国内外的财务著作对国际财务管理内容的阐述有所不同。有的把属于国际会计的一些内容，如合并财务报表、物价水平调整会计、比较会计等，列作国际财务管理的内容；有的则把属于国际金融的一些内容，如国际货币体系、国际

① 资料来源：http://www.toyota.com.cn/corp/Abouttoyota/qqyw.htm（丰田公司中国网页）。

金融市场、国际银行业务等，列作国际财务管理的内容。

基于财务管理的基本职能是合理筹集资金和有效地运用资金，以及国际理财既应体现其边缘性学科和国际企业经济活动全球性的特点，而又不能超出资金运筹学的范畴这两点考虑，本书将国际企业财务管理的主要内容归纳为以下几点，即国际企业融资管理、国际企业投资管理、国际企业营运资金管理、国际企业外汇风险管理与国际企业纳税管理。①

（一）国际企业融资管理

融资是财务管理首要的职能。企业要进行生产经营活动，就必须通过一系列的融资手段取得它所需要的资金。以低成本、低风险筹集大量资金是国际企业具有竞争力的主要表现。如国际企业可以利用日益完善的国际金融市场，筹集生产经营所需资金；可以充分利用东道国的国内金融市场，凭借国际公司本身雄厚的实力而取得优惠利率的贷款；可以绕过某些国家法律法规限制，将资金从一个子公司转移到另一个子公司。为了充分利用所具备的优势，实现其融资目标，国际企业通常采用以下融资渠道：国际股票市场、国际债券市场、国际银行贷款、国际贸易融资，以及国际企业内部资金转移系统等。在融资渠道众多的同时，国际融资的影响因素比起国内企业来说也更为复杂，这就使得国际融资管理对国际企业而言尤为重要。

国际企业的融资原则是指为了实现融资管理目标而需要在融资过程中把握的准则。主要有：

1. 实现整体资本结构的优化。只有在负债减税利益和负债产生的财务危机成本及代理成本之间保持平衡时，才能够确定公司的最佳资本结构，从而实现公司总体价值最大化。

2. 降低融资成本。市场的不完全性和各国政府的干预使各国资本市场产生了很大的差异，这就为国际企业实现其融资成本最小化创造了条件。国际企业降低融资成本的重要方法有三种：避免或减少纳税；利用出口信贷；争取当地优惠贷款。

3. 进行融资风险管理。国际企业融资风险主要包括两种：一种是外汇风险。对此，国际企业常运用多元化经营和远期外汇保值、外汇期货保值、货币互换、提前和推迟外汇收付等方式来进行规避和转嫁。另一种是政治风险。对此，可进行政治风险保险、与东道国政府签订特许协议等几种方法进行管理。

① 参见董本信："关于国际企业财务管理基本内容的探索与思考"，《财务与会计》，1997年第5期。

专栏

中国企业的国际融资
——国际融资服务公司和国际融资洽谈会

中国国际融资服务公司是由天津市财政投资管理中心、中国长城资产管理公司等机构出资组建的中国第一家以专业从事国际间股权投融资服务为主的大型集团性企业。中国企业国际融资洽谈会是经中国国务院批准、由中国国际融资服务公司承办的国际性投融资会议,已成功举办三届,累计有来自全球五大洲20个国家及地区的4 000家企业、机构参会,融资成功额近300亿元人民币。

中国企业国际融资洽谈会自创办之始即成为中国投融资领域规模最大、国际化程度最高、融资效果最突出的年度盛会。作为中国规模最大的国际融资会议,融资洽谈会仅在2008年就已经充分展现出了国际股权融资平台的魅力。在2008年的第二届融资洽谈会上,参会企业、机构共计2 520家,参会总人数约6 300人,涉及20个国家及我国香港、台湾地区,内地31个省、市、自治区。参会机构包括基金类投资机构549家,融资工商企业1 639家,中介机构341家。会议期间举办各种论坛、推介会及联谊活动52场,通过"资本对接"进行深度接触8 600次,"快速约会"达成融资意向2 612次。据不完全统计,目前已有100多家中小企业通过参加融资洽谈会,成功获得了近200亿元人民币的融资,基金和投资机构寻找到理想的合作伙伴,进一步拓展了各方的合作领域。

资料来源:"第三届中国企业国际融资洽谈会",《天津日报》,2009年5月6日。

(二) 国际企业投资管理

国际企业投资管理的目标在于,通过比较不同国家(地区)投资环境的差异,研究投资机会及不同投资项目的效益水平,选择优质的投资项目,从而最终实现优化投资结构、降低投资风险、提高投资收益的目的。

企业进行国际投资,较之国内投资风险更大。因此,必须按科学的程序进行投资管理。

1. 明确国际投资的目的。企业必须根据自身经营的特点和国际市场状况,在提出进行国际投资的设想前,首先清楚本企业进行国际投资的目的。只有真正地明白自己所关注的是什么，才能较好地达到自己的目标。

2. 选择合适的国际投资方式。目前，国际投资方式一般有国际直接投资与国际间接投资之分，而国际直接投资又有合资经营、合作经营与独资经营三种方式。每种投资方式都有自己的优点与不足，这就需要跨国企业进行认真的分析和研究，选择最适合本企业的投资方式。

3. 对国际投资环境进行评价。各国政治、经济、社会、法律、文化条件不同，跨国企业需要采用恰当的投资环境评估方法，充分认识到国际投资环境动态性和异质性的特点，努力使投资达到安全性与合理性的要求，减少投资风险，提高投资效益。

4. 对投资项目的经济效益进行评价。对国际性投资项目进行评价，可采用净现值、内部报酬率、现值指数等指标，但由于国际投资面临更加复杂多变的投资环境，所以在此基础上还需要对投资项目进行全面细致的风险评估和可行性研究分析，包括技术可行性和经济合理性的预测。

（三）国际企业营运资金管理

营运资金管理，也称为企业内部资金管理，是针对企业流动资产或净流动资产（流动资产减流动负债）而言的。营运资金管理是国际财务管理的一个重要内容，合理调度企业的营运资金，是避免外汇风险、实现财务管理目标的重要手段。营运资金管理主要包括现金、应收账款及存货管理，即现金资产和近似现金资产的全球性管理。

国际企业营运资金管理目标，是指通过流动资金科学合理的调度、安排，使其内部资金转移成本低、速度快，使分布于各国的子公司的各项收支往来业务，能够在财务政策允许的情况下，实现资金流向和时机的优化组合，以最大限度地利用营运资金，获取最佳经济收益。

国际企业营运资金管理主要包括以下几点内容：

1. 科学地安置企业流动资金的存放地点。一般比较理想的管理办法是采取全系统的管理模式，使分散在各子公司的资金集中由公司总部或地区总部控制，通盘协调财务和业务上的各种收支往来，使整个公司内部资金转移成本降至最低，加速公司各单位间的国际资金转移的速度。

2. 合理选择持有货币，即应同时选择持有那些预期升值的坚挺的货币。

3. 统筹调配企业的剩余资金。通常的做法是由公司总部规定各子公司所持当地货币现金的限额，一般以足够应付日常业务开支为限，超过此限额的部分汇往公司的中央金库，以统一安排持币种类，并由中央金库在各子公司间调剂余缺。

4. 充分运用资金成本最小化的管理方法。主要方法有三种：加速资金转移,将多余的资金汇集到中央金库;采用净额支付制度;统一协调各子公司对交易、预防和投资活动的资金需要。

(四)国际企业外汇风险管理

企业进行跨国生产经营最基本的特点是在不同的国家之间进行。在浮动汇率制下,由于受多种因素影响,汇率变化不定,因而产生了外汇风险。外汇风险可以使一个企业遭受到意想不到的巨大损失,也会使企业获得额外收益,因此外汇风险管理是国际财务管理最基本的内容之一,也是国际财务管理与传统财务管理最根本的区别所在。外汇风险一般表现为交易风险、会计风险和经济风险三个方面。如果企业能有效地进行外汇风险管理,将会避免或减少汇率变动而给企业造成的损失,甚至汇率的波动也可能使企业受益。

(五)国际企业纳税管理

纳税是企业的一项重要的财务支出,必须加强管理。对国际企业而言,在纳税方面面临的问题更多。无论是税收种类还是税务制度,世界各国都存在较大的差异。一方面,对于一个成熟的国际企业理财人员来说,除了应熟练地掌握相关国家的税收制度以外,还应特别注意国际企业所面临的纳税管理的特殊性。另一方面,跨国公司组织机构的特点是跨国公司具有转移资金的内部渠道,如法律上存在的产权关系及子公司之间进行的商品、劳务和技术交易等。利用这些资金转移渠道,跨国公司可以在全球范围内调配资源,把资金用到最有利可图的地方,可以利用转移定价调节收入和费用,以减少税收。此外还要注意,跨国企业还可以采取其他有效的方法进行税务管理。例如:采取恰当的方法避免国际双重征税;利用有关国家为吸引外资而采取的优惠政策,实现最多的纳税减免;利用各种"避税港"以减少企业所得税负担;利用内部转移价格将利润转移至低税国家和地区,以便减少其纳税总额等。以在华经营的跨国企业为例,20 世纪 90 年代后期,跨国企业在华逃税一年高达 300 亿元人民币,相当于中国财政收入的 1/30,如果加上国内其他类型企业的逃税量,企业逃税数字十分惊人。[①] 截至 2006 年年底,我国累计批准设立外商投资企业超过 59 万家[②],相当数量的外企通过各种避税手段转移利润,造成账面上大面积亏损,亏损面达 60% 以上,年亏损金额逾 1 200 亿元。

国际财务管理的内容除以上谈到的几个基本内容外,还可包括国际结算、国际财务分析、国际企业兼并、通货膨胀条件下的财务问题、国际企业的破产清算等问题。

---

① http://business.sohu.com/41/77/article201967741.shtml.

② 资料来源:中华人民共和国商务部网站(http://www.mofcom.gov.cn)。

案例分析

日本企业财务管理体系

日本企业的财务活动具体表现为资本的筹集和运用,资本筹集与运用的计划和控制就是财务管理。记录和核算作为财务对象的资本变动情况时,所使用的方法和手续是财务会计,而在进行财务管理时则主要是使用管理会计。

一、资本的筹集和运用

日本企业资本筹集的来源有外部融资和内部融资之分。其形式如下:外部融资主要有商业信用、信贷金融、证券金融等。内部融资主要有发行股票(增资)、保留利润、计提折旧费及财产处理等。

日本企业资本运用的具体表现形式主要有:货币储备;赊销投资;库存投资;有形资产投资;无形资产投资;公司对外投资;创业投资;科研开发投资和资本筹资投资。

二、财务部门的职能

1. 筹集和运用资金,即企业进行生产经营需要一定量的资金,而这些资金的筹集和运用是以财务部门为中心实现的。

2. 担当财务会计工作,即通过记录、收集、处理资本变动情况,提出企业经营活动的有关情报,客观而真实地反映企业财务状况及经营成果,保护企业财产。

3. 担当管理会计工作,即根据日本商法有关规定,财务会计具有强制性,而管理会计没有法定强制性,其是否设置则由企业自行决定。

三、财务管理的范围

财务管理是企业管理的重要组成部分,其范围主要包括以下三个方面:财务政策是企业组织和进行资本筹集和运用业务工作的指南;财务计划是企业财务政策的具体化,把企业在计划期内财务活动的内容、程序和目标、数据具体表现出来;财务控制是在财务计划实施过程中对财务活动所进行的指导、限制和调整。

四、企业财务管理组织机构

日本企业财务管理机构的组织形式决定于企业内部管理的模式及其规模的大小和经营内容的复杂程度。日本大部分企业实行统一核算、统一管理的高度集中型模式。这一模式的管理组织形式是,实行统一指挥,垂直领导,权力高度集中于最高层领导者。企业内部各个职能部门之间实行高度专业化的分工,分别承担生产、销售和财务等专门职能，并自成独立系统，层层传达，执行企业最高管理者的命令，最高层管理者通过这些职能部门实现其对企业的管理。

请讨论以下问题：

(1) 怎样看待日本企业财务管理体制？

(2) 日本企业财务管理在美国能不能用？为什么？

(3) 作为一个庞大的企业，在财务上应该有一整套体制。假如你是松下集团总裁，你怎样设计财务管理制度？

(4) 你认为日本的这一套财务管理体制合理吗？

二、国际财务管理的目标

国际财务管理的目标是企业进行理财活动所要达到的目的，也是评价国际企业财务活动是否合理的基本标准，所以明确国际财务管理活动的目标是提高国际财务管理水平的前提。

(一) 国际财务管理目标的理论

对财务管理的目标应如何设定这个问题，理论界一直存在很大的分歧，西方先后出现了四种关于国际财务管理目标的理论。

1. 利润极大化

利润极大化目标是指企业通过对其财务活动的有效管理，使企业利润达到最大。

利润极大化目标在要求企业尽可能多地创造利润的同时，必然要求企业提高管理水平，改进生产技术，降低生产成本，从而也就为企业创造了更多的财富，因而有其合理的一面。但是，以利润极大化作为财务管理目标也存在缺点：未能充分考虑风险与收益之间的关系问题，片面追求利润有可能导致企业承担巨大的风险；未能考虑利润发生的时间，将各期利润均等对待，从而没能充分考虑资金的时间价值；往往导致企业忽视所有者自有资产的机会成本，从而使企业不能准确地评价投资项目的经营成本；使企业财务管理人员在作决策时带有短期行为的倾向，只顾实现目前的最大利润，而不顾企业的长远发展。由此可见，利润极大化目标是对经济效益浅层次的认识，存在一定的片面性，所以这种观点正慢慢被实践所否定。

2. 净现值极大化

净现值是指企业未来预期现金流入与现金流出在用恰当的资本成本贴现后的现值之差。在二战时期，财务管理逐渐重视如何有效分配并利用资金以提高投资效率的问题。此时净现值极大化成为财务管理的目标,即企业必须估计各投资项目的预期现金流量与贴现率,预期现金流量的稳定性、期间及风险程度,尽量把资金分配到使净现值最大的投资计划中去。

3. 资金成本极小化

成本与收益是一个问题的两个方面,它们之间具有一定的对偶关系,收益最大化必然意味着相同情况下其成本已经达到了最小化,而在一定产量约束下,成本最小化的同时企业也就达到了利润最大化,成本与利润合起来便构成资本预算决策。自20世纪50年代起,这类财务决策已逐渐被列为企业重要的财务目标之一。

4. 财富极大化

财富最大化(在股份公司中又称股东财富最大化)是指企业通过采用最优的财务政策,尽可能地增加企业财富,使企业总体价值达到最大,一般用以下公式来进行计量:

$$V = \sum_{t=1}^{n} \frac{p_t}{(1+i)^t}$$

其中,V表示企业的总价值;i表示经过风险调整后的贴现率;t表示取得收益的具体时间;n表示取得收益的持续时间,对于永续经营的企业而言,n为无限大;p_t表示第t期企业所获得的净现金流量。

财富极大化目标考虑了风险与报酬之间的制衡关系,使用风险调整后的成本来确定收益;考虑了资金的时间价值,用贴现等方式综合分析当期与以后收益;将企业所有者的机会成本作为企业支出的一部分;在谋求当期利润的同时,认识到将来收益对企业总体价值的深远影响。但是,该目标也有不尽如人意的地方,即计量上存在一定难度。尽管如此,由于它在一定程度上克服了以利润作为企业财务管理目标的不足,体现了对经济效益的深层次认识,从而被大部分财务专家认作现代国际财务管理的最优目标。

(二)国际财务管理目标的理论与实践差异

从理论上说,财富极大化是企业理财的最主要的目标,但是在实践中,理论与实践却不可避免地会产生一定的冲突。委托代理问题和各国财务管理目标的差异是导致理论与实践产生差异的主要原因。

1. 委托代理问题

子公司与母公司考虑问题的出发角度不同,有时会对同一项目得出相反的结论,而产生这种现象的根源就在于由信息不对称而引起的委托代理问题。依照代理理论,来自组织的阻力会影响股东财富极大化。在所有权与经营权分离的情况下,管理者受股东委托经营公司。由于管理者与股东目标的差异,管理者有时也许会做出一些使股东财富得不到极大化的决策。不仅如此,对于国际企业来说,要使股东财富极大化,为之付出的代理成本一般还要大于国内企业。一般而言,代理成本的大小因国际企业的管理模式而异:集权管理可以减少代理成本,但母公司可能决策不当,因为它不可能像子公司的财务人员那样详细掌握子公司的财务信息;分权管理模式可能导致较高的代理成本,但这种模式能给予那些熟悉子公司经营状况和经营环境的管理者以更多的控制权。

2. 各国财务目标的差异

在实际工作中,由于不同国家所面临的财务管理环境存在明显的差异,因此,对财务管理目标的选择和具体表述也不完全相同。为了探讨不同国家企业财务人员对财务目标的态度,美国著名经济学家 Stone Hill 等人曾在美国等五个国家的 87 个企业(法国 8 个,美国 20 个,日本 20 个,挪威 26 个,荷兰 13 个)作过一项调查,反映企业财务目标的差异。日本的几家大公司(如索尼、三菱等)在理财时以股东财富最大化为目标,而一些中小企业的财务主管则选择税后收益最大化作为财务管理目标。日本企业的财务人员对能保证企业发展和安全方面的目标也很重视,在日本企业的资本结构中,负债比率很高,所以,他们也很重视企业的偿债能力。挪威的财务主管将以下三个目标摆在同等重要位置上:股东财富最大化;保持资金的流动性;有足够的支付利息和固定费用的能力。荷兰的财务主管以税后收益的增长为其第一目标,第二位目标是股东财富最大化和保证资金的流动性。法国的财务主管首先选择的是税后收益,他们相信这个目标是保证管理成功的最好手段。在选择税后收益的同时,法国的财务主管也重视资金的流动性和偿债能力,为了保证企业资金的流动性,常常限制发放股息和红利。美国的财务主管主张选择每股收益的增长作为财务管理的目标。他们认为,股票的市场价格是企业本身无法控制的,而收益的增长是可以实现的目标。他们倾向于以非市场手段来评价工作成绩。① 由此可以看出,各国企业的财务管理目标存在着很大的差异,对国际企业而言,选择一个理性的财务目标实属不易。

3. 跨国公司目标制定过程中的诸多影响因素

跨国公司财务管理目标之所以存在巨大的差异,是因为当跨国公司的财务经理们试图制定其财务管理目标的时候,可能会受到来自环境保护、法规、文化传统或是自身道德等方面的各种因素的影响。② 环境保护因素使得国际企业的跨国经营成本大幅增加,从而使国际财务管理目标的实现变得更加困难;法规

① 王化成:“论国际财务管理目标的特点、差异与协调”,《外国经济与管理》,1996 年第 5 期。

② 具体内容参见〔美〕杰费·马杜拉:《国际财务管理》,东北财经大学出版社 2000 年版,第 7 页。

因素使财务管理人员在认识特定国家现行法规限制的同时，还要随时关注这些法规的变化趋势，以便对企业的发展做出更为合理的规划；文化传统不仅在经济发展中扮演着重要的角色，而且对企业财务管理目标的形成具有重大影响；而商业道德因素同样限制了跨国公司经营目标的实施与实现。

（三）国际财务管理目标的合理协调

为合理协调国际企业财务管理目标，必须建立经过合理组合的国际财务管理的目标群。在这一目标群中，起决定作用的主导目标仍是财富最大化，同时要结合国际企业的特点以及子公司的具体情况，设定若干辅助目标。这些辅助目标包括：收益最大化、保持资金流动性和偿债能力、结合子公司东道国的特点设置相应的具体目标，等等。

第三节　国际财务管理的模式选择

当一个企业走出国门进行对外投资时，它需要做出一系列的财务管理决策，这就必然涉及一个财务管理权利在母公司与国外子公司之间如何分配的问题，即国际企业的财务管理模式选择问题。因此，有必要对国际上普遍存在的两种财务管理模式——集权式管理模式与分权式管理模式加以说明。

一、集权式财务管理模式

集权式财务管理模式是指跨国公司把财务管理的决策权集中在公司总部，以便统一调度和使用资金，来实现公司整体财务目标，其权力分配大体如图 9-1 所示：

（一）集权式财务管理模式的优点

1. 有助于充分发挥总部财务管理专家的作用，降低公司财务风险和经营风险。在信息充分的情况下，把财务管理决策权集中于跨国公司高薪聘请的财务专家手中，无疑会在更大的范围和程度上提高跨国公司整体的财务管理水平。

2. 有利于国际企业有效地获取与利用生产所需的营运资金。由母公司根据海外子公司的需求统一筹措款项时，它可以以较低的利率借入大量的资金，降低资金使用成本；由公司总部集中行使财务管理决策权，可以在高层次调整公司内部各单位的资金余缺，实现各子公司之间以及子公司与母公司之间资金的有效调度，从而达到国际企业资金利用的整体最优。

3. 有利于提高对外汇风险的抵御能力。国际企业的集权式财务管理可以使母公司灵活调整公司的外币种类和结构，在国际金融市场上进行外汇的买卖

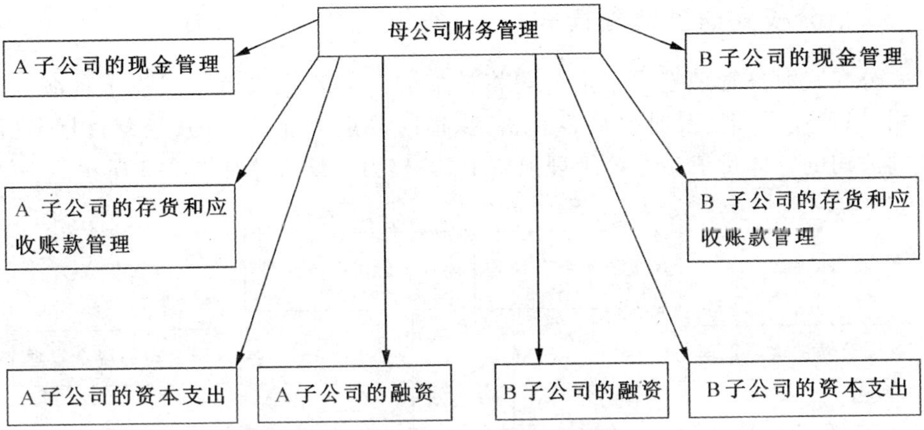

图 9-1　集权式跨国财务管理图示

和保值交易,减少或避免外汇风险给公司造成的经济损失。

4. 有利于母公司安排统一的财务政策,降低行政管理成本,从而更好地实现集团总体财务目标。

(二) 集权式财务管理模式的缺点

1. 易挫伤子公司经营者的积极性。财务管理权限高度集中于母公司,会在一定程度上削弱子公司经理的生产经营自主权,挫伤其对子公司管理的积极性,从而最终抑制子公司的灵活性和创造性。

2. 易造成投资国与东道国之间的摩擦。集权式财务管理使公司总部更加方便地采用转移价格等手段抽调利润,逃避某些子公司所在国的高额关税和所得税,绕过当地政府政策法规的限制,提高公司的总体利润。这一切都会引起东道国政府的不满,导致两国间的经济摩擦。

3. 易伤害子公司与当地利益主体的关系。在集权式国际财务管理模式下,跨国公司的母公司的财务管理决策是从该公司全球性生产经营角度出发,以实现公司整体财务目标为根本目的的。因此,在某些决策中可能忽视子公司的具体情况和直接利益,进而引起公司外部的利益主体的反对。

4. 易在个别情况下造成极大损失。高度集权虽能降低或规避子公司某些风险,但这要以母公司信息充分为前提,否则决策压力集中于母公司,一旦决策失误,将产生巨大损失。

5. 易给子公司管理人员业绩考核增加困难。总部很难确定一套公平合理的业绩评价体系,来提拔真正对公司贡献较大的子公司高层管理人员。

二、分权式财务管理模式

分权式财务管理模式是指公司将较多的财务管理决策权限授予各海外子公司,以便使它们能及时抓住各种机遇、适时规避风险、实现其经营目标,进而提高公司的整体价值。在该管理模式下,其权力分配大体如图9-2所示。

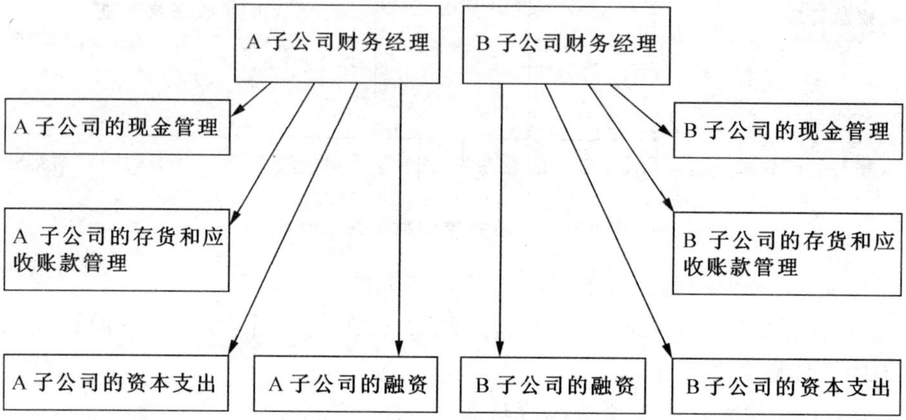

图9-2 分权式跨国财务管理图示

(一) 分权式财务管理模式的优点

1. 有利于调动子公司管理人员的积极性。分权式财务管理赋予子公司财务管理人员更大的自主权,使他们对分配的任务更有主动性、积极性与创造性。

2. 有利于把握机遇。分权式管理可以使子公司在一定程度上具有管理决策权,而在决策的制定和实施过程中反应迅速,易于子公司捕捉各种商业机会。

3. 有利于减少母公司直接干预的负面效应。子公司管理人员通过观察和实践得到有关产品销售市场、当地劳动力市场等方面的信息,分权式管理可将信息利用者与收集加工者统一起来,从而缓解母公司的决策压力,减少规模管理引起的复杂性。

4. 有利于子公司高层管理人员的培训与评价。在分权式财务管理模式下,子公司的高层主管可以通过对实际问题的研究把握独自制定决策,能够在长期实践中提高个人的管理水平,从而为公司的长远发展提供有力的后备高管人员补充保障。母公司也可通过考察下级主管所作决策的结果,制定公平的业绩评价体系。

(二) 分权式财务管理模式的缺点

1. 易导致公司总部组织协调功能失调。在分权财务管理模式下,各子公司的财务经理们可能更多地考虑子公司自身的利益关系,而忽略跨国公司总部制定的整体目标，从而使目标一致性受到挑战。

2. 考核体系需要调整。母公司对子公司的考核应只限于子公司所能控制的因素和范围。外界不可控因素对子公司的影响，应从控制考核中剔除掉，否则该子公司完成指标的积极性就会受到影响。

3. 母公司财务调控功能弱化。在分权式财务管理模式下，母公司对各国子公司缺乏有效的宏观调控，且不能及时发现子公司面临的风险和重大问题，会妨碍跨国公司的长远发展。

三、如何选择适合的国际财务管理模式①

分权式和集中式财务管理各有利弊，并且在很大程度上其利弊是互为反正的。同时，每个跨国公司在财务管理决策权集中与分散之间所作的选择是不相同和经常变化的。尽管如此，跨国公司财务管理决策权的配置也有一定的规律可循。

1. 跨国公司规模

一般认为，小型跨国公司因总部缺乏足够的资金来源和财务专家，往往较多地把财务决策权交给子公司经理，实行分散化的财务管理。中型跨国公司拥有较强的经济实力和较多的财务专家，大多实行集中的财务管理。大型跨国公司资金雄厚，有大批财务专家，它们试图实行集中财务管理，但因其涉及行业多、分布广和所处环境复杂，而较多地实行集中与分散相结合或偏向于分散的财务管理。

2. 跨国公司的股权结构和技术水平

股权的集中与分散会产生不同的利益要求：如果跨国公司的海外子公司大多是独资经营的，那么其财务管理就会相对集中；如果跨国公司的海外子公司大多是合资经营的，则其财务管理就会相对分散。另外，在技术要求高的跨国公司，公司总部大多把主要精力放在技术开发方面而不是财务管理方面，因此倾向于分散的财务管理；在技术要求低的跨国公司，公司总部大多重视财务管理，因此倾向于集中的财务管理。

权衡集权和分权管理两种模式，在实际操作中可以吸收两种模式的优点，毕竟最好的集权就是有效的分权，分权职责明确，并相互协调一致，本身就达到了集权的要求。例如，母公司允许子公司的管理者做出有关其未来经营的主要决策，但是这些决策必须接受母公司的管理者的监督，以保证跨国公司总体利益最大化的目标得以实现。随着国际竞争的加剧和生产经营国际化的发展，跨国公司在资金返回、转移价格制定、专利费、管理费和涉及公司整体利益的财务

① 参见“国际财务管理策略”，http://www.hc360.com/，2004 年 5 月 8 日。

决策方面趋于集中管理,而在其他财务管理方面则趋于分散化。

本章重要术语

国际财务管理	垂直集成	水平集成
利润极大化	净现值极大化	资金成本极小化
财富极大化	集权式财务管理模式	分权式财务管理模式

本章小结

- 国际财务管理是伴随着国际贸易、国际直接投资与金融全球化的发展而产生的,其产生的过程也就是财务管理向国际领域延伸的过程。
- 国际企业财务管理的主要内容大体可以归纳为国际融资管理、国际投资管理、国际营运资金管理、外汇风险管理与国际纳税管理等。
- 企业财务管理,就是要正确权衡报酬增加与风险增加的得与失,努力实现二者之间的最佳平衡,使企业价值达到最大。
- 为合理协调国际企业财务管理目标,必须建立经过合理组合的国际财务管理的目标群。在这一目标群中,起决定作用的主导目标仍是财富最大化,同时要结合国际企业的特点以及子公司的具体情况,设定若干辅助目标。
- 企业的国际财务管理大体有以下两种——集权式财务管理与分权式财务管理,它们各有利弊,在实际操作中可以将两种模式的优点有效结合起来。

相关网络地址

- http://www.fdi.gov.cn FDI:中国投资指南网,可以了解中国政府对投资制定的各项政策和措施等;
- http://www.eximbank.gov.cn:中国进出口银行网站,可以查询我国政策性银行对我国企业进出口的政策支持方面的信息;
- http://fec.mofcom.gov.cn:中国对外经济合作指南,可以了解我国对外经济合作方面的相关信息;
- http://www.sts.org.cn/:中国科技统计网,可以了解我国各行业科研投入及科技总体发展情况;
- http://www.mofcom.gov.cn:中华人民共和国商务部官方网站,可以浏览到我国与世界各国最新的官方商务资讯;
- http://www.financialnews.com.cn:金融时报网站,可以了解国内外最新的金融资讯和行情。

简答题

1. 什么是国际财务管理?它与国内财务管理有什么不同?
2. 国际财务管理产生的条件主要有哪些?

3. 如何理解“国际财务管理产生的过程也就是企业经营向国际领域延伸的过程”这句话？

4. 国际财务管理的内容大体有哪些？

5. 如何理解国际企业的融资管理原则？

6. 国际财务管理的目标理论主要有几种？为什么说股东财富最大化是国际财务管理的最优目标？

7. 试分析国际财务管理目标的制定要受到哪些因素的影响。

8. 国际财务管理模式主要有哪两种？它们都有哪些优缺点？国际企业在实际操作中是如何在两种模式中找到平衡的？

9. 财务管理对于国际公司具有重要性，这一点是显而易见的，但为什么国际财务管理对于非国际企业的生存与发展同样具有举足轻重的作用呢？

思考题

1. 试分析国际财务管理对于加快我国经济全球化进程的重要性。

2. 在多年形成的严厉的税法制度下，外国企业的诚信意识一般要大大强于正处于市场经济转轨过程中的中国企业，而我们在文中却看到大量外国企业在华逃税的数据，在本国知道依法纳税的外企为什么要违反中国的税法呢？

3. 如何应用所学知识对一个企业的国际财务管理活动做出评价？

第十章 长期融资与短期融资

10

- 国际企业融资
- 长期融资
- 短期融资

[**知识要求**]

通过本章的学习,掌握

- 企业外部融资与内部融资的比较;
- 长期融资的类型;
- 短期融资工具的选择。

[**技能要求**]

通过本章的学习,能够

- 根据具体情况做出内部融资还是外部融资的决策;
- 分析各种融资工具的成本构成及对企业资本结构的影响;
- 选择适合企业发展的长期国际融资决策。

第一节　国际企业融资

国际企业的发展时常面临资金约束,在这种情况下,企业一般都会做出一定的融资决策,以解决当前的资金短缺问题。而在做出此种决策之后,其所面临的第一个问题就是融资渠道的选择,即内部融资与外部融资之间的比较与取舍。

一、内部融资

对于国际企业而言,内部融资就是指企业内部在母公司与各国子公司之间以及各国子公司与子公司之间调剂资金余缺,以达到整个跨国公司内部资金的优化配置,进而为公司总体目标的实现奠定基础的资金融通。

具体说来,跨国公司选择内部融资的原因包括:首先,通过在公司内部进行统一的资金调拨融通,将某些子公司的闲置资金调剂到急需资金的子公司,可以节省贷款利率与存款利率之间的利差,达到降低融资成本、提高融资效率的目的;其次,由于海外子公司在当地市场建立时间较短,没有良好的市场信誉,融资成本较高,而如果跨国公司由母公司或信誉较好的子公司进行资金融通,然后再在公司内部进行资金调剂,可充分发挥公司内部各企业的比较优势;再次,内部融资有利于母公司从财务角度对海外子公司的投资过程进行监督,从而实现对子公司的有效控制;最后,很多国家为了有效吸引外资,限制跨国企业进入本国金融市场,因此跨国企业只能通过内部资金调剂为其子公司筹集生产经营所需资金。

公司在做出内部融资决策后,有两种融资方案可供其选择:其一是内部借贷,即母公司以借款的形式取得子公司的剩余资金,以供母公司本身使用或贷放给其他急需资金、缺乏有效融资渠道的子公司。但是,这种贷款有时要受到子公司所在东道国的限制,或者要被征收一定数额的税款,因此在许多国家是不可行的。其二是内部定价。在内部借贷受到管制的情况下,跨国公司可以利用制定内部价格的方式取得资金富余子公司的资金支持。在这种方法下,母公司提高其向子公司销售货物的价格,或者降低从子公司进口商品的价格,从而在降低子公司营业收入的同时,增加了母公司的利润。在母公司要向其他资金匮乏的子公司提供支持时,可进行相反的操作。在这种融资方式下,母公司不需要对该资金进行偿还,所以目前许多跨国公司的子公司都采用这种方法向母公司汇出利润,以减少其在东道国的纳税额及绕开东道国在利润汇出方面的外汇管制,但随着各国会计与审计制度的发展与健全,这种做法的难度已变得越来越大。

二、外部融资

对于国际企业而言,外部融资是指企业在公司外部得到资金融通,即通过银行贷款、发行债券及股票等形式取得公司生产经营所需资金。

当企业做出外部融资决策后,它同样有两种融资方案可供其选择:其一是国内外部融资。由于国际企业对国内市场比较熟悉,且比国际投资者能更好地分析与把握企业的经营收益与风险,所以许多跨国企业鉴于这种信息对称的考虑,在外部融资决策中最终选择了国内融资。其二是国际外部融资。许多跨国公司在外部融资决策中选择了从国际资金或资本市场融通资金,其原因在于:

1. 降低外汇风险

例如,一家中国出口企业 2007 年 2 月 22 日出口 100 万美元的货物到美国,得到 2008 年到期的远期汇票一张。在交易当天,人民币兑美元的汇率为 USD 1 = RMB 7.7240,因此出口额相当于人民币 772.4 万元,而在 2008 年应收账款到期时,人民币兑美元的汇率为 USD 1 = RMB 7.1267,因此该外贸企业收到美元后兑换为人民币只有 712.67 万美元,与 2007 年相比,减少了 59.8 万人民币。由此可见,汇率的波动会给企业带来意想不到的损失,因此企业必须找到一种合适的方法来避免汇率波动对于企业应收账款的影响,而外币融资正是这样一种方法。

2. 降低融资成本

当跨国公司的母公司或子公司并不想抵消应收账款的净额时,如果该种外币的利率非常有吸引力，那么该企业同样可以考虑借入外币。但公司必须对借入货币与本币之间的汇率做出合理预期，毕竟决定企业最终融资成本的因素除了融资的直接利率外，还有两国货币汇率在融资期间的波动，且汇率波动在很大程度上影响着企业的实际融资成本。

例如，假设一家美国公司在汇率为 GBP 1 = USD 1.80，且本国本币贷款利率为 10% 时，决定在欧洲货币市场上以 8% 的利率借入一年期的 50 万英镑贷款，然后再在收到贷款后，将其转换为 90 万美元，以支付其以美元表示的应付账款。一年后，此美国公司要归还 50 万英镑的贷款本金以及 4(50 × 8%) 万英镑的贷款利息，即总支付额为 54 万英镑。当归还贷款时的汇率不同时，实际融资利率会发生变化，见表 10-1。

表 10-1 国际外部融资实际成本分析表

汇率 / 支付货币	GBP 1 = USD 1.80	GBP 1 = USD 1.90	GBP 1 = USD 1.70
英镑	54 万	54 万	54 万
美元	97.2 万	102.6 万	91.8 万
实际融资成本	8%	14%	2%

由以上分析可知，实际融资成本的高低由所借货币的利率与两国汇率变动共同决定，因此，汇率预测对企业融资而言是至关重要的，汇率预测的准确与否将直接决定企业的融资成本，从而最终影响到企业的经营成败。关于汇率的预测方法，请参见本书第九章。

第二节 长期融资

长期融资一般是指期限在 1 年以上的资金融通。企业之所以会筹集长期资金，其目的主要在于为某个规模较大的项目提供资金支持。对于跨国企业而言，其长期融资渠道一般有国际银行贷款、发行国际债券、发行国际股票、平行贷款、政府贷款、兼并以及在其他国家建立分公司或子公司等。

一、国际银行贷款融资

国际银行贷款，是指由一国的某家银行，或由一国(多国)的多家银行组成的贷款银团，按市场价格水平向另一国借款人提供的、不限定用途的贷款。

（一）国际银行贷款的类型

根据从事国际银行贷款业务的主体所处市场的不同，国际商业银行贷款可分为两大类型：外国贷款（传统国际金融市场的国际银行贷款）和欧洲贷款（欧洲货币市场的国际银行贷款）。外国贷款是指由市场所在国的银行直接或通过其海外分行将本国货币（即贷款银行所在国货币）贷放给境外借款人的国际货币交易安排。欧洲贷款是指欧洲银行所从事的境外货币的存储与贷放业务。

（二）国际银行贷款的特点

1. 贷款用途比较自由。国际银行贷款的用途由借款人自己决定，贷款银行一般不加以限制。这是国际银行贷款区别于其他国际信贷形式，如国际金融机构贷款、政府贷款、出口信贷和项目贷款等的一个最为显著的特征。

2. 借款人较易进行大额融资。国际银行贷款资金供应，特别是欧洲货币市场银行信贷资金供应较为充足，所以对借款人筹集大额长期资金较为有利。如独家银行贷款中的中长期贷款每笔的额度可达数千万美元，银团贷款中每笔数额可达5—10亿美元。

3. 贷款条件较为苛刻。在具有以上两点优势的同时，国际银行贷款的贷款条件由市场决定，借款人的筹资负担较重。这是因为，贷款的利率水平、偿还方式、实际期限和汇率风险等是决定借款人筹资成本高低的较为重要的因素，而与其他国际信贷形式相比，国际银行贷款在这些方面均没有优势。

（三）国际银行贷款的信贷条件

国际银行贷款的信贷条件是指借款人在举借国际银行贷款过程中，与借款成本及其借款财务安排直接或间接相关的规定。

1. 利息

利息是以贷款的本金为基础、根据特定的利率水平和相应的期限而计算出的、由借款人支付给贷款人的一项最基本的费用。在国际银行贷款中，适用利率的选择成为确定利息多少的关键。

2. 各种负担费用

（1）管理费。管理费是银团贷款形式中所收取的一种费用，是借款人在附加利息之外对各贷款人融资成本的另一种补偿，其性质近似于手续费。

（2）代理费。代理费是由借款人支付给代理行的，用以弥补其在管理银团贷款及联系业务时所发生的各项开支，通常在整个贷款期内每年清偿一次，费率一般在0.125%—0.5%，由代理行与借款人协商而定。

（3）杂费。杂费是指贷款协议签订之前，双边贷款中的贷款行或银团贷款中的牵头行，为组织贷款而发生的各项费用之和，主要有律师费、通讯费、差旅费和印刷费等。

（4）承担期与承担费。承担期是指从协议生效日或生效日后的某一日期起到若干月后止的一段期间，由于承担期限内，贷款行必须准备好一定的头寸以备借款人提款，但只有在借款人提款后，贷款行才能向其收取利息，所以这部分备用头寸是不能向借款人收取利息的。因此，在规定的承担期内，贷款银行对借款人应该提用而未提用的贷款余额要收取费用作为其占用头寸的补偿，这就是承担费。

3．贷款本息的偿还方法

由于贷款利息是银行的经营性收入，因此，无论在何种贷款形式下，借款人都要在贷款合约的有效期内，按照约定的间隔定期向银行支付利息。在中长期贷款中，一般是每半年支付一次。偿还方法有两种：一是贷款到期一次还本的偿还方法；二是有宽限期的本金分次等额偿还方法，即在贷款的宽限期后的时间内，借款人每期等额偿还本金。在欧洲货币市场上，商业银行在提供金额较大贷款时，多采用这种本金偿还方法。

4．贷款期限的确定

贷款期限可分为名义期限和实际期限。贷款的名义期限是指贷款合同所规定的期限，而其实际期限是指借款人实际占用全部贷款数额的期限。由于贷款本金偿还方法的不同，二者的关系也不尽相同。在本金采取到期一次还本的偿还方法时，贷款的实际期限与贷款的名义期限是相等的。在本金采取有宽限期的分次等额偿还方法时，由于这种情况下，贷款本金的偿还是在贷款合约有效期内逐步完成的，伴随着借款人本金的偿还，借款人占用本金的数额越来越少，由此而导致了贷款实际期限与贷款名义期限间的差异，两者间的关系可用以下公式表示：

$$\text{贷款的实际期限} = \text{宽限期} + \frac{\text{贷款的名义期限} - \text{宽限期}}{2}$$

5．贷款的提前偿还

贷款的提前偿还是指借款人在约定的还款期限之前将未付清的贷款本金余额一次性地支付给贷款银行，并就此终止贷款合约，它是借款人关于贷款的财务安排的一个方面。首先，由于借款人的提前还款必然会妨碍贷款人贷款资金头寸管理的顺利进行，而且贷款人会损失本应收取的利息，因此，银行并不希望借款人提前偿还贷款，所以借款人只有在与贷款人签有允许其提前偿还条款的前提下，才有提前偿还的可能。其次，借款人应根据对所借货币利率与汇率走势的判断，决定是否提前偿还。一般来说，在固定利率贷款的情况下，如果所借货币汇率趋于上升或所借货币利率趋于下降，并且贷款项目已接近尾期，借款人可从市场上筹借利率较低的别种货币贷款来提前偿还该种贷款。最后，由于银行的资金多数来源于储户的存款，当国际金融市场发生信用危机，该银行遭受挤兑风险时，贷款人将不得不要求借款人提前偿还其贷款，以解决资金急需的燃眉之急。

6. 贷款的担保

贷款的担保是贷款人为保障其债权安全性而要求借款人向其提供的一种付款保证。根据担保行为载体的不同，担保可分为两种基本类型：物权担保和人的担保。在国际商业银行贷款中，由于物权担保的处置受双方当事人所在地域政治和法律等因素的影响，处置过程难度较大，因此，在实践中，债权银行往往很少采用物权担保，而更多地采用人的担保。

二、国际债券融资

国际债券融资是指通过发行国际债券来融通资金的一种融资行为。所谓国际债券，是一国政府及其金融机构、企事业单位或国际金融机构在国际证券市场上发行的以外国货币为面值的可自由转让的债权证券，具备如下基本特征：国际债券的发行人与投资人分属于不同的国家或地区，其发行、交易与债务清偿受到不同国家法律的支配；国际债券本质上是一种债权凭证，它体现了债券发行人与债券持有人之间的债权债务关系；国际债券是证券化的可自由流转的债权凭证，其发行与交易受到有关国家证券法规则的支配。

（一）国际债券的分类

1. 固定利率债券与浮动利率债券

固定利率债券也叫普通债券，是指具有固定利率、固定利息息票和固定到期日的债券。固定利率债券是国际债券的传统类型，也是目前国际债券融资中采用最多的典型形式。固定利率债券通常在市场利率相对稳定的条件下发行，当市场利率不断发生较大变化时，将会对债券发行人或债券投资人造成风险，影响债券的发行条件和发行效果。20 世纪 80 年代以后，欧洲债券市场上开始出现了一些固定利率债券的变型，其中最典型的为可撤销债券（Retractable Bond），此种债券将债券期限分为若干期，发行时仅固定第一期利率，其后每期均另确定利率，以此来克服固定利率债券自身的缺陷。

浮动利率债券是指利息率可按一定条件浮动变化的债券。其具体特点在于：其债券利息可以根据短期存款利率的变化定期（一般为半年或一季度，依债券发行条件规定）进行调整；其利息率通常是在伦敦银行同业拆放利率（LIBOR）基础上略提高一些，并且其利息率浮动通常定有最低下浮限制（即不论在什么情况下，这种债券的利率不得低于原来所规定的最低利率），并可附有利息率浮动上限；依其具体发行条件可附有不同的息票，通常每半年或一季度支付一次;通常为中长期债券,期限多为5—15年;多为可转让的无记名债券。

浮动利率债券产生于1970年。由于其具有期限长、利率风险低、流动性高等优点,浮动利率债券自20世纪80年代以后得到了长足的发展,成为国际资本市场上重要的金融创新,其品种和发行条件也日趋多样化和复杂化,该类债券的发行人多为从事贷款业务的金融机构。

在长期融资中,经常使用的工具是浮动利率与固定利率的互换(详见本书第二章),它是减少企业融资成本的有效工具。中国的上海地铁二期及辽宁中石化都曾成功地使用了这一形式。

2. 零息债券

零息债券(Zero-coupon Bond)是指以贴现方式发行,不附息票,而于到期日时按面值一次性支付本利的债券。其具体特点在于:该类债券以低于面值的贴现方式发行,由其发行贴现率决定债券的利息率;该类债券的兑付期限固定,到期后将按债券面值还款,形式上无利息支付问题;该类债券的收益能力具有先定性,对于不想承担投资风险的投资者具有一定的吸引力;该类债券在税收上也具有一定优势,按照许多国家的法律规定,此类债券可以免收利息所得税。零息债券在国际债券融资市场中也占有相当大的份额。中国在国内债券市场上曾成功地发行过零息债券,但其债券期限较短。

3. 可转换债券

可转换债券(Convertible Bond)是公司发行的一种与股权相连的债券,其持有人可在规定期限内将债券按既定的转换价格和转换比率转换成发行人(或担保人)公司的普通股股票。如果持有人放弃转换权利,公司必须到期还本付息。可转换债券作为国际债券的一种形式,近年来在国际资本市场上发展非常迅速。

在国际债券市场上,可转换债券常用的标价货币有两种,即瑞士法郎和美元。习惯上称前者为瑞士可转换债券,以瑞士法郎标价,由在瑞士注册的银行担任牵头经理人和组织承销团,出售给以瑞士为基地的国际投资者,并受瑞士法律监管;后者称为欧洲可转换债券,主要以美元标价,由国际性的大银行等金融机构担任牵头经理人并作全球配售。现在,国际可转换债券有一种新的形式,即Alpine,它是一种以美元标价、受瑞士法律监管、在瑞士发行并主要在瑞士配售的新型可转换债券。

国际可转换债券融资具有以下特点:(1) 可转换债券兼有债权性和股权性的双重特性。对投资者来说,既可以获得该债券提供的稳定的利息收入和还本保证,又可以在公司经营情况良好时将债券转换为股票,成为公司的股东,分享公司业绩增长和股票增值的利益。对发行人来说,债券转换前可以低成本筹集资金,债券转股则提供了以高于发行债券时的股价售出股票的可能性。因此,可转换债券是一种混合的金融工具,是企业向境外融资的行之有效的途径。(2)发行人有赎回权,即发行人在债券到期前有赎回债券的权利。(3)投资者期前回售权,即投资者在债券到期前,在某一指定日期(一般为发行后3年)以一定百分比将债券回售于发行公司。回售权的规定主要是对投资者长期持有公司债券的一种额外保护,并不是所有的可转换债券都附有回售权条款。(4)发行人范围较小。此类债券的发行人仅限于其资本业已股份化的股份有限公司或有限责任公司。(5)利率较低。此类债券是一种固定利率债券,其利息率通常较低,以平衡投资者拥有转换选择权的利益。

4. 资产背书债券

资产背书债券(Bonds with Equity Warrants)是本身附有认股权证的债券。认股权证是由上市公司发行、给予持有该权证的投资者在未来某个时间或某一段时间以事先确定的价格购买一定量该公司股票的权利。认股权证赋予投资者以一定价格购买发行债券企业的普通股票的权利。从内容上看,认股权证实质上就是一种买入期权,认股权证附带于债券发行,可以提高投资者认购股票或债券的积极性。同时,如果到时投资者据此认购新股,还可以增加发行公司的资金来源。

5. 复合货币债券

复合货币债券(Multicurrency Bonds)是一种将其面值货币与另一种货币挂钩的债券。发行这种债券时,根据当时的汇率,规定了债券面值货币与另一种货币的汇率。购买债券及还本付息使用面值货币,仍要以挂钩货币计算,这样做是为了避免投资者因面值货币贬值而遭受损失。这种债券在发行、付息时采用一种货币,但在还本时采用另外一种货币,两种货币的汇率在发行时即已明确。

6. 全球债券

全球债券(Global Bonds)是指在世界各地的金融市场上同步发行、具有高度流动性的国际债券,是20世纪80年代末产生的新型金融工具。世界银行在1989年首次发行了这种债券,并一直在该领域占主导地位。全球债券的发行面值有美元、日元及德国马克等。有些国家也发行过全球债券,如瑞典在1993年2月发行了20亿美元的全球债券,而意大利在1993年9月发行了55亿美元的全球债券。

(二)债券货币选择

对于不同的国家而言,其长期债券收益率并不趋于一致(见表10-2)。因此,有些公司到国外发行外币债券,以能够以比本国更为优惠的成本筹集到所需资金。如百事可乐公司曾发行过以日元标价的债券，以充分利用日本的低利率。但自实行浮动汇率以来，在国际债券筹资中，除需考虑发行国市场状况及以外币标价债券的收益率高低外，就不得不再考虑另一个影响债券货币选择的重要因素——汇率的变化。

表 10-2　各国各期限融资工具利润表（%）

2009 年 5 月 13 日

种类 / 国家	3 月期货币市场	2 年期政府债券	10 年期政府债券	公司债券
澳大利亚	3.11	3.49	4.93	7.32
英国	1.35	1.02	3.51	8.90
加拿大	0.19	1.12	3.25	na
丹麦	2.68	1.83	3.72	6.04
日本	0.49	0.38	1.45	1.65
瑞典	0.40	1.27	3.54	1.46
瑞士	0.40	0.41	2.29	2.72
美国	0.20	0.87	3.10	6.14
欧元区	1.28	1.30	3.34	4.88

资料来源：*The Economist*，5.13—5.19，2009。

（三）国际债券发行

1. 国际债券的发行条件

一项国际债券发行上市，其自身的发行条件将直接关系到发行者的筹资成本的大小和能否顺利推销债券，以及投资者获取收益的大小和到期能否收回本息等诸多问题。因此，对于一种新债券的上市而言，其发行条件是非常重要的。

（1）信用等级。债券的信用等级既是投资者衡量债券投资风险的重要指标，又是债券管理机构对债券进行管理的重要依据。虽然大多数国家的法律并不明文规定也不强迫债券发行人必须取得信用等级，但是在发达的证券市场上，没有经过评级的债券往往不被广大投资者所接受，以致难以销售。相应地，评级较高的债券发行价格都比较高，而且发行成本较低，市场销路较好。

专栏

标准普尔调高对我国的评级

2008 年 7 月 31 日标准普尔将中华人民共和国的长期主权信用评级由“A”上调至“A +”,短期信用评级由“A-1”上调至“A-1 +”,长期评级的展望为稳定。标准普尔将优先未担保债务的信用评级也由“A”上调至“A +”。

同时,标准普尔将中国 4 家政策性金融机构——中国农业发展银行、中国进出口银行、国家开发银行和中国出口信用保险公司的信用评级上调至与中国主权评级保持一致。

中国主权信用评级的支持因素包括强劲的外部资产状况、巨大的经济发展潜力以及政府财政状况的持续改善。中国信用质量的主要负面因素在于突然而持续的经济放缓可能对银行带来相当严重的压力,从而对中国政府的资产负债状况造成极大破坏的风险。而中国政府在宏观经济调控方面对行政工具的依赖将放大这种风险。如果在对经济状况做出不合时宜或不准确的分析基础上出台此类行政措施,则可能加剧经济波动性。中国主权评级的稳定展望反映了标准普尔认为中国政府未来 3 至 5 年的资产负债中或有负债的风险将保持在适中水平。

如果不断深化的结构性改革推动国内主要行业(特别是金融机构)的经营和财务表现持续良好,则我们可能再度上调评级。与之相反,改革进程停滞、经济低迷程度及银行业信用指标恶化程度较我们目前的预期更为糟糕,则可能对评级施加下调压力。

资料来源:http://www2.standardandpoors.com,标准普尔中国区官方网站信用评级—主权评级—新闻与分析。

(2) 债券利率水平。一般说来,债券的利率水平要高于同期银行存款的利率水平,以吸引投资者进行投资。债券发行者在确定债券利率时,可以自己的信用等级作为参考标准:如果信用等级较高,就可以把债券的利率水平定得相对低一些;而如果信用等级较低,为吸引投资者,就不得不把利率水平定得高一些。

(3) 债券发行价格。以其面额作为发行价格的债券发行的称为平价发行。

然而，目前世界各国债券按面额发行的不多，而是多采用溢价发行或折价发行。当债券名义利率高于现行市场利率时，债券发行者就可以以高于债券面值的价格出售债券，这称作溢价发行。相反，当债券的名义利率低于现行市场利率时，只能以低于债券面值的价格出售，这称为折价发行。

(4) 债券的偿还期限。债券偿还期限的确定既要考虑到发行者自身对资金的需求情况，又要考虑到投资者的意向、市场上的资金供求情况以及国际惯例等因素。此外，发行地不同，债券的偿还期限也不同。如在美国发行美元债券，偿还期限一般为5—20年；而在日本发行日元公募债券，偿还期限为5—12年，私募债券偿还期限为7—10年。

2. 国际债券的发行程序①

国际债券的发行必须按照各国政府有关法律和规则进行。从国际债券发行的实践经验来看，各国债券的发行程序大致相同。其发行结构如图10-1所示。

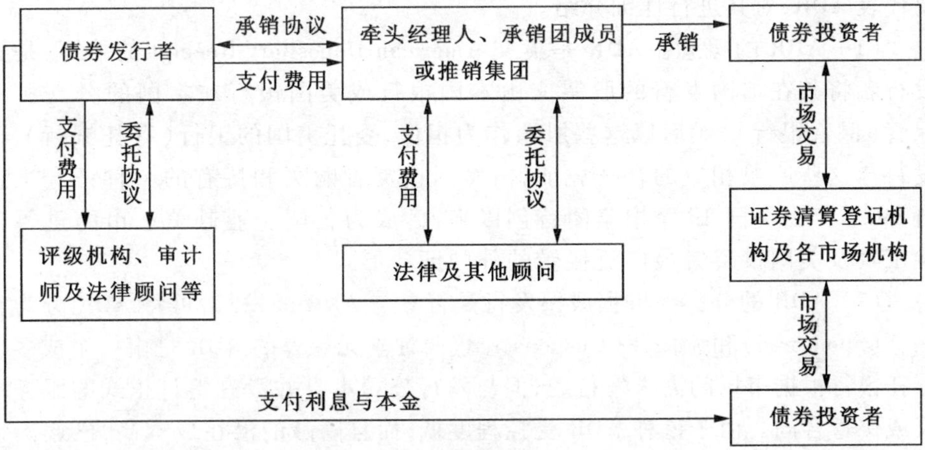

图10-1 国际债券的发行结构图

三、国际股票融资

股票是股份公司发给股东证明其所入股份的一种凭证，是持有者借以领取股息和红利的有价证券。如果股份公司的股票成为国际投资的对象，即当公司股票的发行和交易跨越国界时，这种股票就是国际股票。由此可见，国际股票的本质特征是其融资的跨国性。根据以上定义，我们可将国际股票分

① 详细内容可参见董安生：《国际货币金融法》，中国人民大学出版社1999年版。

为三类：

1．外国股票

外国股票是指在当地以当地货币发行并在当地上市交易的股票，如中国在香港上市发行的 H 股、在新加坡上市发行的 S 股等。在当前国际证券市场上，外国股票的主要形式是一种变通的在外国上市的国际股票——股票存托凭证（Depositary Receipts，DR）。股票存托凭证是指某国上市公司为使其股份在外国流通，将一定数额的股票委托某一中介机构（通常为银行，称为保管银行或受托银行）保管，再由保管机构通知国外的存托银行在当地发行代表该股的一种替代证券。因此，DR 是属于公司融资业务范畴的金融衍生工具，依其发行与流通所在国家的不同，可将其分为美国股票存托凭证（ADR）、新加坡股票存托凭证（SDR）及全球股票存托凭证（GDR）等。尽管不同种类的 DR 所面向的投资者所在地域不同，但在本质上，各种 DR 却区别不大，在股息支付、存托银行所提供的服务、有关协议的条款及保证上都是相同的。下面我们选择 DR 的一个重要代表 ADR，对其进行详细介绍。

（1）ADR 的概念。ADR 是英文 American Depositary Receipt 的缩写，是指发行者将其在本国发行的股票交由本国银行或美国银行在本国的分支机构保管（保管银行），然后以这些股票作为担保，委托美国的银行（存托银行）再发行与这些股票相应的存托凭证，由美国投资者购买和持有的一种证券。它自 1927 年由美国 JP 摩根集团首创以来，已成为各国企业赴美上市的重要金融工具及美国投资者最广泛接受的外国证券形式。

（2）ADR 的分类。根据股票发行是否参与 ADR 的发行，可将 ADR 分为有保荐（Sponsored）和无保荐（Unsponsored）两种。无保荐的 ADR 是由一个或多个存托银行根据市场的需求发行的，但与发行公司本身并没有签订正式的服务协议或保管合同。由于该种 ADR 受控程度低，而且隐蔽的潜在成本高，已逐渐在市场上消失。现在市场中大部分都是有保荐的 ADR，即存托银行与发行公司签订协议，而以这种形式发行的 ADR 明确了发行公司、存托银行和 ADR 持有人之间的权利义务关系，加强了公司与股东之间的交流和联系，成为目前被广泛采用的形式。

（3）ADR 的筹资优势。与企业境外上市相比，ADR 的法律、会计、审计等监管要求比较宽松，使发行时间和成本大大减少；与国际债券筹资相比，ADR 较少受企业规模、信誉、融资成本等的限制，且可获得永久性的发展资金；ADR 可以直接进入美国证券市场流通，以美元计价、报价及清算交割，并由存托银行负责在美国发行、过户、支付股息、信息咨询等，极大地方便了美国公众的投资，加强了证券的流通性；与境外投资基金相比，ADR 对投资者来说，既可持有非美国公司证券，扩大投资组合，拓展投资领域，达到分散投资风险的目的，又可享受某些税收上的优惠。

2. 欧洲股票

欧洲股票是20世纪80年代产生于欧洲的一种特殊的国际股票形式，是指在面值货币所在国以外的国家或地区金融市场上发行并上市交易的股票，这类股票的发行还可以在多个国家进行，这就是所谓真正意义上的国际股票。该股票出现的时间较晚，直到1983年英国首次于伦敦证券交易所正式发行欧洲美元股票，才正式宣告了第一种欧洲股票的诞生和欧洲股票市场的形成。

欧洲股票的产生与欧洲债券市场的发展密切相关。20世纪80年代初，欧洲债券市场出现了可转换债券与资产背书债券，这两种债券的存在直接促成了欧洲股票的产生。与此同时，20世纪80年代，以英国撒切尔政府为代表的西欧各国奉行自由化、私有化的经济政策，而大规模私有化进程需要大量的资金和分散的股权，从而积极推进了欧洲股票及其市场的产生与发展，并且英国成为欧洲股票的中心市场。据统计，仅在1986年这一年的时间里，就有102种欧洲股票新上市，使1986年上市的欧洲股票总数达到444种；到1987年又扩大到582种，当年的欧洲股票发行总额达155亿美元。[①] 之后，随着欧洲股票市场的主要所在地——西欧一体化进程的加快、欧元的面世与推广及欧洲经济的发展，欧洲股票的发展前景变得更为广阔。

与直接在海外上市的国际股票相比，欧洲股票的发行具有自己的特点。一般来说，前者往往是企业在国内股票市场上市的基础上，选择某一国外金融中心的证券交易所上市，从而实现其海外筹资的目的，而后者则一般在多个国家的市场上同时发行，由跨国投资银行组成的国际辛迪加进行跨境承销。

四、其他融资来源

（一）平行贷款

平行贷款（Parallel Loans），是指不同国家的两个跨国公司，各自拥有设在对方所在国的子公司，这两家公司分别给对方所在国的子公司以同等数量的贷款，而各子公司同时分别得到以所在国货币计算的同等数量的资金的一种贷款方法。

假设有一家美国跨国公司欲扩大在英国子公司的业务，而与此同时，有一家英国跨国公司希望扩大其在美国子公司的业务，这样两家母公司可以达成一项协议，由美国公司向英国公司在美国的子公司提供一定数额的美元贷款，由英国公司向美国公司在英国的子公司提供同等数额的英镑贷款（至于美元与英

① 数据来源于杨大楷：《国际投资学》，上海财经大学出版社1998年版，第220页。

镑之间的汇率,由协议签订时的即期汇率决定,或由双方商定)。这项交易的业务流程如图 10-2 所示。[①]

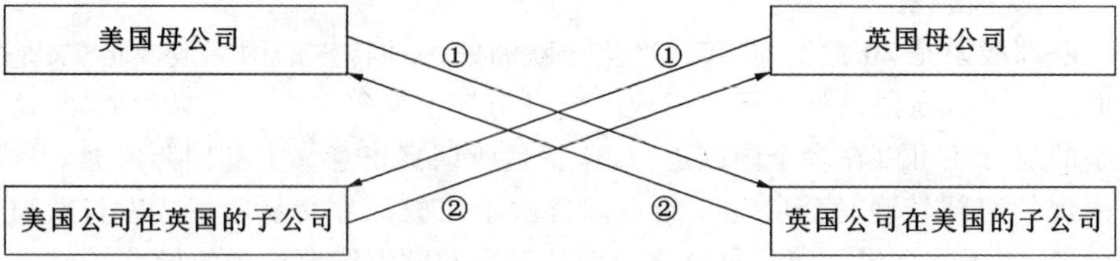

① 每一家跨国公司的母公司向另一家跨国公司的子公司同时提供同等数额的贷款。

② 在未来某一指定的时间,各子公司同时向对方母公司以与贷款相同的货币支付贷款利息及归还贷款本金。

图 10-2　平行贷款流程图

由其流程我们可以看到,通过这种安排,资金没有跨越国界,所以各自的子公司在没有受到东道国外债管制及外汇管制的情况下,顺利得到资金,实现不同国家营运资金的转移。两家子公司分别用经营收入向提供贷款的对方母公司支付贷款利息,因此该支出可作为纳税抵扣项。此外,实现的利润将通过合同规定,直接转移到两家跨国公司的母公司。平行贷款这种融资方法,既有利于双方融通资金,又避免了因汇率波动而为公司的跨国经营造成的外汇风险,同时还可降低筹资成本,因此越来越受到大型跨国公司的青睐。

(二) 信贷掉期

信贷掉期(Credit Swaps),是指两个借款人从两个不同的市场以相对有利的条件取得债务后相互交换,从而共同进入对方的市场并承担对方的偿付义务的一种融资方法。20 世纪 70 年代末期,信贷掉期应运而生,主要目的是为了保护企业利润不受利率波动的影响,而在此之后,随着越来越多的国际银行为资金需求者和供应者提供借款、投资、保值、套利等相互掉期的机会和选择,信贷掉期又成为一种保值工具并在国际金融市场上迅速发展起来。

(三) 政府贷款

政府贷款(Government Loans),是指一个国家的政府利用财政资金向另一个国家的政府提供的援助性、长期优惠性贷款,是政府与政府间的一种融资方式。政府贷款多为发达国家向发展中国家提供。

同其他形式的国际信贷相比,政府信贷有其独特之处:(1) 专门机构负责,如日本的海外协力基金、美国的国际开发署、法国的财政部国库司、英国的贸工

① 参见马杜拉:《国际财务管理》,东北财经大学出版社 2000 年版,第 599 页。

部、德国的联邦经济合作部等。(2) 程序较复杂。政府贷款是双边政府间的资金借贷活动,所以需要按一定的立法程序办理:先由受援国选定、提出贷款项目,援助国对项目进行考察、选定、评估,双方会谈并由援助国做出贷款的正式承诺,商谈贷款条件,然后签署贷款协议。由于办理手续较复杂,由此可能导致达成贷款协议的时间相应变长,容易造成资金闲置和浪费。(3) 资金来自财政预算。财政预算是政府贷款的资金来源。政府贷款一般占一国国民生产总值的1%以下,有时超过1%。因此,贷款有一定的数量限制,规模不可能太大。(4) 条件优惠,即利率较低、期限较长,这正是其优惠性的体现。(5) 限制性采购。多数国家的政府贷款的第三国采购比例为10%—15%,即贷款总额的85%—90%用于购买贷款国的设备和技术。(6) 长期性、连续性。政府贷款一般能较长期地提供,具有连续性、稳定性。(7) 政治性强。援助国与受援国一般外交关系良好,属于政治上友好的国家,这是政府贷款的一个约束因素。(8) 币种选择余地小,一般只能选择援助国的货币,由此可能产生汇率风险。

(四) 国际金融组织贷款

本部分内容详见本书第二章。

第三节 短期融资

短期融资是与长期融资相对应的一个概念,一般是指期限在1年以下的资金融通。与长期融资不同,企业借入短期资金一般是为了解决流动资金短缺问题,而不再是为某一个具体的项目筹集款项。国际企业的短期融资方式主要有三种:国际银行短期贷款、票据发行便利、欧洲商业票据。

一、国际银行短期贷款

国际银行短期贷款是指一国银行向另一国筹资者提供的贷款期限为1年及1年以下的贷款安排。根据筹资人是否为金融机构,又可将其分为两种情况:银行间的借贷(银行同业拆放)和银行与非银行类客户(公司企业或政府)间的借贷。

银行同业拆借市场是整个短期信贷市场的主体,一般具有以下特点:

1. 期限短。由于借款银行拆借短期资金的主要目的是弥补其头寸周转的需要,因此,最短的期限可为1天(即隔夜拆借),一般不超过6个月,因此往往不需提供担保或抵押品,只需通过电传瞬时完成交易,事后书面确认即可。

2. 批发性。银行间同业拆借的每笔交易数额都比较大,至少在10万美元以上,典型的银行间借贷以100万美元为一个交易单位。

3. 利率低。由于银行类借款人的信誉一般而言要高于其他类型借款人,并且其每笔交易的数量较大,因此,各个银行间各种期限的借贷所形成的利率水平往往就成为这种货币相应期限的基础利率。例如,欧元的同业拆放利率EURIBOR、香港银行同业拆放利率HIBOR、新加坡银行同业拆放利率SIBOR、巴林银行同业拆放利率BIBOR等。

4. 灵活方便。由于市场资金充沛,能满足大规模借贷的需求,在借款地点、借款期限、借款货币、利率高低等方面有较大选择余地。

短期贷款的另一种情况是银行对非银行类客户的贷款。能够成为国际银行短期信贷借款人的非银行类客户,主要指大的跨国公司和政府机构。银行在向非银行类客户提供贷款时一般也不限定用途,可由借款人自由安排。公司企业借入短期国际资金的主要目的是满足其跨国经营中对流动资金的需要,特别是在进口支付时的需要;公司企业中的一类特殊的公司——基金公司,常常以投机者的角色借入国际短期资金,通过进行套汇、套利及期货期权等投机活动获取利润;而各国政府机构借入国际短期资金的主要目的是弥补本国国际收支的短期逆差。

二、票据发行便利

(一) 票据发行便利的内容

票据发行便利(Note Issuance Facilities,NIF)是通过循环发行低资金成本的短期票据以取得中长期资金的一种融资方式。这种融资方式是欧洲银行为回应欧洲债券的挑战而创新的一种融资工具,因此是融资竞争的产物。作为银团贷款的低成本的代用品,票据发行便利这种融资方式允许借款人发行他们自己的短期票据(即由信誉良好的大企业签发的无担保的短期债务),这种票据由提供票据发行便利的金融机构安排并分配发行。

票据发行便利的票据属短期信用性质,多为3个月或6个月,长的可达一年,但提供这种便利的金融机构的包销承诺的期限通常为5—7年,因而,借款人实际获得了中期信用。在这种融资方式下,借款人如果是银行,它发行的票据通常为短期存款证;借款人如果是非银行机构,通常采取本票的形式。这种短期票据一般称为欧洲票据,以美元计值,其数额较大,一般在50万美元以上。票据的持有人一般都要将票据的活动情况反映在资产负债表上,但对于包销承诺方而言,此业务属于表外业务,因此通常不必将这种承诺反映在资产负债表上。

(二) 票据发行便利的成本

票据发行便利的成本由两部分构成:一部分是利息,另一部分是发行过程中所产生的费用。这种融资工具的利率一般以LIBOR为基础,再加减一个利差,而加减幅度由借款人的信用等级与当时的市场条件决定。

发行过程中所产生的费用主要有以下几种:(1)管理费,该种费用通常为一次性支付,视每个参与者承诺的多少来确定费率,一般为5—15个基点;(2)包销费,该费用只在合同中包含包销协议的票据发行过程中存在,其计算以票据发行便利总额为基础,由借款人每年支付一次,一般费率为5—15个基点;(3)承诺费,这种费用有时据票据发行总额计算,而有时以未使用部分计算,其费率一般为5—10个基点;(4)使用费,只有少数发行便利要收取使用费,其计算以包销承诺的使用程度为基础,最高可达20个基点。尽管企业利用该种融资方式要支付各种费用,但由于其利率较低,因此总体而言,这种融资方式仍对借款人具有很大的吸引力。

(三)票据发行便利的形式

由于票据发行便利能够分散风险负担,加上票据发行便利的成本大大低于辛迪加贷款的成本,而且极具灵活性,因此获得了迅速发展。票据发行便利在发展变化过程中,出现了许多形式,如循环包销便利、可转让循环包销便利、非包销票据发行便利等。

1. 循环包销便利。循环包销便利是票据发行便利中最常用的一种,在此形式下,包销人作为独家代理人,负责出售所有发行的票据,如果票据销售不顺,则包销人需要承购剩余票据或者向票据发行人提供备用信贷。如今,这种形式一般采用投标小组的方式,即由投标小组在预定的价格(LIBOR+保证金)范围内投标,而出价最低者中标。

2. 可转让循环包销便利。这种形式是指,包销人在协议有效期内,随时可以将其承诺的所有权利、义务转让给另一家机构,而这种转让有的需要借款人同意,有的则不需要其同意。在这种形式下,如果转让后的包销人的信誉不如以前的包销人,则会对借款者产生一定的不利影响。

3. 非包销票据发行便利。在这种形式下,提供票据发行便利的金融机构并不承诺包销没有出售的票据。这种情况一般适用于具有较高信誉的借款者,他们通常认为自己有能力通过非包销的方式来销售票据,同时,他们也可以通过这种方式来节约包销费,降低融资成本。

实际上,票据发行便利对于借款人而言是一种选择权,他们有权以已定的LIBOR为基准的价格,向银团出售他们的票据,因此,一旦在其他地方不能顺利处置票据的话,借款人将行使这个权利。因此,对提供票据发行便利的金融机构来说,首要的风险是可能在某天不得不履约购买票据,不过由于票据发行者通常信用等级较高,所以该风险一般较低。票据发行便利比浮动利率票据更方便,比银团贷款成本低,并且银行不用充实贷款组合即能获益,从而使票据发行便利成为欧洲市场上非常受欢迎的一种融资工具。

三、欧洲商业票据

欧洲商业票据(ECPs)是国际著名跨国公司为了筹集短期资金,而在货币发行国以外发行的以该国货币标值的商业票据。同票据发行便利一样,欧洲商业票据也是欧洲票据市场的重要组成部分,但不同的是,欧洲商业票据在发行时,一般没有银行的包销承诺。欧洲商业票据的出现不是偶然的。从投资者方面来说,20 世纪 70 年代末出现的国际债务危机,使得投资者对于债务工具发行者的信用质量提出了严格的要求。从金融机构方面来说,欧洲债券市场的发展,一方面挤占了银行贷款的市场份额,另一方面又降低了美国资本市场在国际金融市场上的地位。1982 年,美国证监会颁布"415"规则,其本意是放松对于债务工具发行方面的某些限制条件,与欧洲债券市场争夺市场份额。"415"规则直接启动了美国商业票据(CP)市场的发展,同时又为欧洲银行机构争取新的市场机会提供了样式,奠定了欧洲商业票据市场的发展基础。由此可见,欧洲商业票据是美国商业票据在欧洲条件下的翻版和发展。①

在欧洲商业票据与美国商业票据有着很深的渊源的同时,它们之间的差异也是非常明显的:美国商业票据的期限一般少于 270 天,最常见的是 30—50 天,而欧洲商业票据的时间则长一些;在美国,商业票据发行者必须拥有未使用过的银行信用额度,而在欧洲商业票据市场上则不需要这样的支持;美国商业票据的发行既可直接进行,也可通过交易商发行,而欧洲商业票据的发行一般是直接发行;在欧洲市场上票据的交易商多种多样,但在美国则只有少数几个,在市场上具有统治地位;由于欧洲商业票据具有较长的期限,它们通常能在二级市场上流通,而美国商业票据缺少流动性,投资者一般采取持有策略。

欧洲商业票据主要有以下特点:以美国证监会颁布的"415"规则为基础,采取了"Shelf Registration"的融资形式,即一次性地登记一个融资额度,分期发行融资工具,筹集资金;银行信用支持采取"Back Stop"的形式,即当整个市场的形势恶化时,银行向投资者保证对于所持有票据的支付,但当欧洲票据发行者的信用恶化时,银行并不保证对投资者所持有商业票据的支付;该票据发行以企业的信用为基础,而不向投资者作任何抵押,即所谓的"Uncommitted"。

本章重要术语

国际债券　　　　欧洲债券　　　　外国债券

① 参见潘渭河:"欧洲票据市场的发展和 EMTN",《国际商务研究》,2000 年第 2 期。

固定利率债券	浮动利率债券	可转换债券
资产背书债券	零息债券	复合货币债券
全球债券	股票存托凭证	美国股票存托凭证
国外多重挂牌上市	平行贷款	信贷掉期
利率调期	货币调期	赠与成分
票据发行便利	欧洲商业票据	美国商业票据

本章小结

- 国际企业可以通过内部融资,在企业内部(母公司与各国子公司之间以及各国子公司之间)调剂资金余缺,以达到整个跨国公司内部资金的优化配置。
- 国际企业通过外币融资,可以减少企业的汇率风险且能降低企业的筹资成本。
- 国际银行贷款是指由一国的某家银行,或由一国(多国)的多家银行组成的贷款银团,按市场的价格水平向另一国借款人提供的、不限定用途的贷款。国际银行贷款可分为外国贷款与欧洲贷款两大类。
- 国际债券融资是指通过发行国际债券来融通资金的一种融资行为。
- ADR 目前已成为各国企业赴美上市的重要金融工具及美国投资者最广泛接受的外国证券形式。
- 票据发行便利以及欧洲商业票据的发展为国际企业短期融资提供了极大的便利。

相关网络地址

- http://www.adb.org:亚洲开发银行网站,可以了解亚洲开发银行的相关信息;
- http://www.imf.org:国际货币基金组织网站,可以浏览国际货币基金组织相关信息;
- http://www.worldbank.org.cn:世界银行网站,可以了解到世界银行的主要职能及其他信息;
- http://www.mofcom.gov.cn:中华人民共和国商务部,可以浏览到我国与世界各国最新的官方商务资讯;
- http://www.chinacp.com.cn:中国票据网,可以了解到各种票据的交易信息及我国当前票据政策;
- http://www.chinamoney.com.cn:中国货币网,可以了解到主要外汇的汇率走势及我国货币政策信息;
- http://fec.mofcom.gov.cn:中国对外经济合作指南,可以了解到我国对外经济合作方面的相关信息。

简答题

1. 什么是国际长期融资?国际长期融资有哪些方式?
2. 国际银行贷款在总体上可以分为哪两类?
3. 简述欧洲债券与外国债券的区别与联系。

4. 国际股票交易主要有哪几种方式？

5. 近年来，ADR 的发展极为迅速，请简述 ADR 筹资的优势所在。

6. 为什么跨国公司的母公司会考虑从子公司融资？

7. 对于一个公司而言，为什么实际融资利率有为负数的可能？试举例说明。

8. 一家公司需要本国货币，现假设本国货币一年期贷款的利率为 15%，外币一年期贷款的利率为 7%。外币需要升值多少才能使外国贷款比本国贷款的利率更高？

9. 为什么一个国际公司有时需要用本币支付时，也会借入外币融资呢？

10. 某公司刚刚发行了固定利率为 10.0% 的债券，然而现在他想将该债务转换为浮动利率债务，对此，他选择了利率调期，用 LIBOR + 1.0% 的浮动利率来调换 10.0% 的固定利率。现在我们假设利息在今后 3 年内于每年年末支付，且该公司预计 LIBOR 利率在第一年年末将为 9.0%，第二年年末将为 8.5%，第三年年末将为 7.0%。请根据上述条件，计算在考虑汇率调期的影响后该公司债务的融资成本。

11. 假定有一家中国跨国公司计划发行浮动利率欧洲债券，那么它在决策时，应该考虑哪些因素？

思考题

1. 发行浮动利率欧洲债券的风险与发行固定利率欧洲债券的风险相比，哪一个更高？请解释。

2. 在用浮动利率欧洲债券融资时，投资公司与借款公司相比，对该债券的特征有哪些不同要求？

3. 如今有人提出建立 CDR（中国存托凭证）机制，对此，你认为中国当前是否具备这样的市场环境？如果不具备，我们应该如何加强这方面市场环境的建设？

第十一章 国际贸易融资

11

- 国际贸易融资方法
- 国际贸易融资机构
- 中国贸易融资简介

[知识要求]

通过本章的学习,掌握

- 国际贸易融资方法的具体应用;
- 新兴贸易融资方法在中国的发展前景;
- 主要国家贸易融资机构的设置及职能。

[技能要求]

通过本章的学习,能够

- 了解各种国际贸易融资方法对交易双方的影响;
- 选择对企业最有利的贸易融资方式;
- 对新兴贸易融资业务做出恰当评价。

第一节　国际贸易融资方法

国际贸易融资,是指跨国企业在进出口业务及其他相关国际业务中所发生的资金和信用融通活动。由于国际贸易融资能够有效地促进国际贸易及各国银行业务的发展,且能在一定程度上有效地解决宏观经济运行中的问题,所以国际贸易融资在近些年来得到了长足发展。

一、应收账款融资

应收账款融资,是指购货方为了提高资金流动性,而以自己的应收账款为抵押向银行寻求贷款的一种短期融资方法。在国际贸易中,出口商以应收账款为担保,银行向其提供贷款融资;贷款到期后,不论进口商有没有履行付款义务,出口商都要对银行的债务进行清偿。

应收账款融资的特点在于,仅是向出口商提供了资金支持,并没有转移进口商的商业风险。在进口商由于各种原因不能付款的情况下,出口商需要自己承担损失,即进口商付款与否并不影响出口商与银行之间的债权债务关系。由于除进口商个人的商业风险外,应收账款还包含着许多额外风险(如政府对国际贸易的限制及外汇管制等),这都在一定程度上妨碍了进口商的顺利付款,进而影响到出口商的经营,从而为出口商归还贷款增加了难度。因此这种贷款的时间一般较短,且贷款利率比国内应收账款融资的利率要高一些。为降低国外应收账款的各种风险,出口商与银行常常求助于出口信贷保险。

二、国际保理业务

（一）国际保理的内容

国际保理业务是国际贸易融资的一种主要方式，是指在赊销、托收等结算方式下，保理商对出口商收汇风险的一种担保。在这种业务中，保理商从出口商手中买进通常以汇票表示的对债务人（进口商）的应收账款，并负责向进口商提供进口商资信、财务管理、债款回收及资金融通等项目的综合性服务。

成立于1968年的国际保理商联合会（FCI）是最具影响力的国际保理组织，其会员多为设有国际保理专业部门的全球知名公司或银行。FCI的总部设在荷兰，现共有会员244名，遍及全球65个贸易最活跃的国家和地区。2008年其会员的国际间保理业务量达13 251.11亿欧元。在中国银行率先于1993年加入该组织。截至2009年6月3日，已有包括工、农、中、建四大银行及交通银行、中国光大银行、上海浦东发展银行等在内的16家中国银行成为国际保理商联合会会员。1998年我国的保理业务量只有1 100万欧元，而经过11年的发展，到2008年年末该业务量已达到550亿欧元。

（二）国际保理的优点

1. 出口商方面的利益

（1）增加营业额。通过国际保理业务，出口商可以向海外客户提供更有竞争力的付款条件，以拓展海外市场，增加营业额；由于保理机构熟知海外市场情况，因此还经常向中小出口商提出建议，替他们寻找买主与代理商，协助其打进国际市场；出口商通过即期付款的方式，改善了它同供货商之间的关系，从而可以在优惠的条件下采购货物用来出口。

（2）降低管理成本。一般情况下，在国际保理业务中，资信调查、账务管理和账款追收等都由保理商负责，出口商只需根据销售额支付一定的手续费，从而减少了出口商在这方面本需投入的高额的固定成本，减轻了其业务负担，节约了管理成本。

（3）规避收汇风险。国际保理业务不仅使出口商向进口商提供了优惠的付款条件，而且也保障了出口商的收汇安全。

（4）增强现金流动性。保理商收到代表应收账款的销售发票，应出口商的融资要求，可以立即以预付款方式提供不超过80%发票净额的无追索权融资给出口商，出口商可以得到超出其经营规模的资金融通，增强了企业的资金流动性。

（5）改善资本结构。对于出口商而言，保理业务中获得的无追索权的预付款则可作为正常的销售收入，降低了企业的资产负债比率，改善了企业的财务状况，有利于扩展企业有价证券上市等融资渠道。

（6）简化手续。国际保理业务可免除出口商逐笔等待进口商开证、改证及一般信用证项下严格的制单要求或申请出具承兑汇票等繁琐手续，因此使工作效率得到提高。

2．进口商方面的利益

（1）加速资金周转，降低进口成本。保理业务可使进口商省去开立信用证和处理繁杂文件的费用，而且利用赊销的优惠付款方式，避免了资金占压，降低了营运成本。

（2）不需抵押即可扩大购买能力。保理业务可使进口商单纯依靠公司的信誉和良好的财务表现获得100%的买方信贷，无须抵押。

（3）简化进口手续。保理业务使进口商无须办理开证、改证等繁杂手续，大大简化了进货流程、节省了进口时间，大大提高了企业的经营效率。

3．银行方面的利益

（1）拓展市场。银行从事国际保理业务，加入国际保理商联合会，将与各国的银行、保理公司进行业务往来，在丰富业务品种的同时，拓宽了市场范围。

（2）增加收益。作为进出口保理商的银行，均可以获得一定比例的佣金。

三、信用证融资

信用证（Letter of Credit, L/C），是银行代表进口商签发的、承诺当出口商发货所得到的货运单据与合同条款一致时，出口商即可得到银行付款的一种单据。

（一）信用证的内容

1．对信用证本身的说明。如其种类、性质、有效期等。

2．对货物的要求。根据合同要求对货物进行描述，如产品名称、价格、数量、包装及品质等。

3．对运输的要求。如有的货物只能单仓装运等。

4．对单据的要求，即货物单据、运输单据、保险单据、商检证明及其他有关单证。

5．特殊要求，即因合同的特殊规定而注明的要求。

6．开证行对受益人及汇票持有人保证付款的责任文句。

7．国外来证大多数均加注："除另有规定外，本证根据国际商会《跟单信用证统一惯例（1993年修订）》即国际商会500号出版物（《UCP500》）办理。"

8．银行间电汇索偿条款（T/T Reimbursement Clause）。

实例 11-1

一般信用证格式

"ZHUNGKRO"广州

广东中国银行

2000年4月5日广州

兹开立第987号不可撤销的信用证

受益人:华盛顿……公司

开证人:广州市中国……进出口公司

最高金额: $ 8 000 000(捌佰万美元,溢交或短交货物金额以5%为限)。

本信用证凭受益人开具以我行为付款人按发票金额100%计算无追索权的即期汇票用款,该汇票一式两份,并须附有下列写上数字的装运单据:

(1) 全套清洁无疵、"货已装船"、"运费预付"、空白抬头、空白背书的海洋提单,并须注明:"通知目的港中国对外贸易运输公司"。

(2) 发票(一式五份),注明合同号码。

(3) 重量单/装箱单,一式二份,载明每箱毛重和净重。

(4) 制造商出具的品质、数量/重量证明书……份。

(5) 受益人出具的证明书证明上述各单据的另外四份已经分发如下:

一套已与货物一起,随船带交目的港中国对外贸易运输公司;一套已航空邮交开证人;另外二套已航空邮寄交目的港中国对外贸易运输公司。此项单据,均已在载货船只启程后五天内付邮。

证明装运:800公吨(允许溢交或短交以5%为限),每公吨净重为1 000公斤的四甲基吡啶,纯度98%—99%,每公斤1美元,C&F广州港,包装费在内。

生产国别:华盛顿。

制造厂商: ___________有限公司。

包装:货物用适宜海运的新铁桶装。自英国口岸运往新港。不得分批装运。准许转船,但须交联运提单。装运日期不得晚于1993年3月30日并须由"和平"轮装运。本证在伦敦议付,有效期至1993年3月30日。所有根据本证开具的汇票须注明"根据北京中国银行总管理处营业部第846号信用证出具的"。本行兹向根据本证并按照本证内条款开出汇票的出票人、背书人和合法持有人保证,在单据提交本行办公室时,本行即应以电汇方式承兑该汇票。所有根据本证议付的汇票金额必须在本证背面批注。

单据处理办法：本证条件之一是，所有单据应分两次连续以航邮寄交本行。第一次邮寄包括所有各项单据，但如某项单据不只一份，则留下一份由第二次邮寄。本行一旦收到此证要求的各项单据，并审核无误后，即刻以即期电汇方式偿付。请将此证通知受益人。

特别指示：

(1) 本证在通知行见到受益人提交的有关出口许可证以后，才开始生效。

(2) 必须提交船舶代理人(海运代理人)出具的证明书，证明载运船只系由北京中国对外贸易运输公司或北京中国租船公司所租用或预定(需要此项单证时，租船提单可予接受)。

(3) 必须提交轮船公司出具的预定航程表，表明载运船只在到达本证指定目的港以前，不经过也不停靠台湾的任何口岸。

(二) 信用证的一般收付程序

图 11-1 是国际贸易中跟单信用证的具体流程图，即：

- 开证申请人根据合同填写开证申请书并交纳押金或提供其他保证，请开证行开证。
- 开证行根据申请书内容，向受益人开出信用证并寄交出口人所在地通知行。
- 通知行核对印鉴无误后，将信用证交受益人。
- 受益人审核信用证内容与合同规定相符后，按信用证规定装运货物、备妥单据并开出汇票，在信用证有效期内，送议付行议付。
- 议付行按信用证条款审核单据无误后，把贷款垫付给受益人。

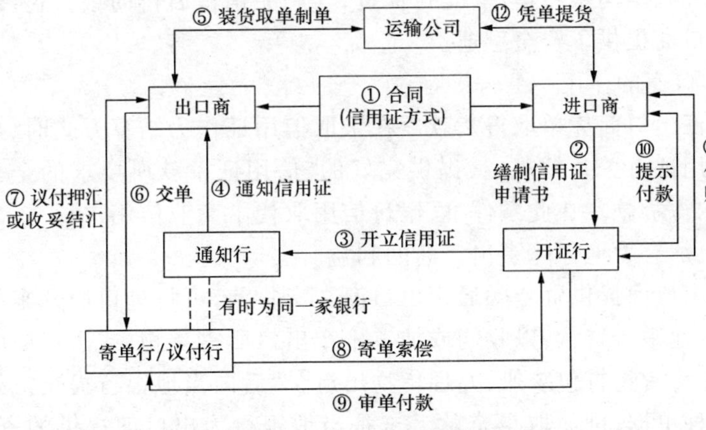

图 11-1　跟单信用证流程图

- 议付行将汇票和货运单据寄开证行或其特定的付款行索偿。
- 开证行核对单据无误后，付款给议付行。
- 开证行通知开证人付款赎单。

（三）信用证的作用

信用证的优点在于：这种支付方式把应由进口商履行的支付责任转嫁给了银行，从而保证了出口商在履行合同后能够安全快捷地收到货款，买方也能够按时收到货运单据，因此在一定程度上解决了国际贸易中进出口双方互不信任的矛盾，也为进出口双方提供了资金融通。具体说来：

1．对进口商的作用

（1）可保证进口商取得代表货物的单据。在信用证支付方式下，开证行、议付行、保兑行都会对出口商提供的单据进行审核，以做到“单证相符，单单相符”，从而保证了进口商能拿到与信用证条款相符的、代表货物的物权凭证。

（2）保证进口商按时、按质、按量地收到货物。通过信用证条款的设置，进口商可以规定出口商交货的时间，从而能够及时地收到货物；可以要求出口商提供有关公证机构出具的商检证明，从而保证所收到产品的质量过关且数量充足。

（3）为进口商提供资金融通。进口商在提出开证申请时，只需缴纳少量的押金，而无须足额交纳合同款项，并且在公司信誉较好的情况下，开证行可以要求进口商少交或免交押金。在受益人（出口商）据单兑款时，开证行先为进口商垫支，然后再向进口商追缴，这种付款方式减少了进口商的资金占压，从而有利于进口商的资金周转，以便于其进一步扩大业务。如采用远期信用证，进口商还可以凭信托收据向银行借单，先行提货，等产品销售后再向银行付款，这就更进一步为进口商提供了资金融通。

2．对出口商的作用

（1）保证出口商凭单取得货款。在采取信用证作为结算方式时，出口商只要严格按信用证有关条款规定，提供完好的、信用证条款所要求的全套货运单据，就能够取得货款。在此条件下，银行信用取代了商业信用，减少了出口商的收款风险，更加有力地保障了出口商的利益。

（2）为出口商提供资金融通。出口商在交货前，可将进口商开来的信用证作抵押，向本地银行贷款，以收购或加工生产出口所需货物；或出口商收到信用证后，按规定将货物打包装船，办理货物出运，然后向当地银行提交汇票和信用证规定的各种单据，进而取得贷款。这是当地银行为出口商提供的资金融通，这有利于出口商的资金周转和更进一步地扩大对外贸易。

3．对银行的作用

开证行接受开证申请人的委托后，便以自己的银行信用取代了进口商的商业信用，从而承担了进口商难以付款的商业风险，所以，开证行在此业务中要收取一定的费用。此外，在信用证业务中，各承办银行每提供一项服务就要收取一定的佣金或服务费，从而得到了一定的营业收入。

鉴于信用证支付方式为业务各方提供的保护和利益，这种支付方式在国际贸易结算与融资过程中正扮演着越来越重要的角色。

四、银行承兑汇票

银行承兑汇票是由出票人签发的、由银行承兑的、委托付款人在指定日期无条件支付确定的金额给收款人或者持票人的票据，参见实例 11-2。

实例 11-2

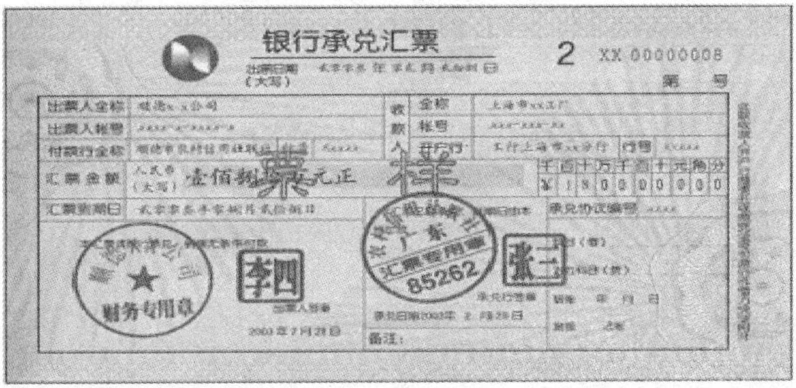
银行承兑汇票
2 XX 00000008
出票日期（大写）
第 号
出票人全称
出票人账号
付款行全称
汇票金额 人民币（大写）壹佰捌万元正
¥ 1 8 0 0 0 0 0 0 0
汇票到期日
收款人 全称 上海市××工厂
账号
开户行
承兑协议编号
样 票
财务专用章
李四
汇票专用章 85262
张三
出票人签章
备注：

（一）银行承兑汇票的流程（图 11-2）

1．进口商与出口商对于国际销售业务进行谈判，并最终签订贸易合同后，规定采用信用证结算方式，且在进出口商收到货物以后的一定期限或特定时间付款（即远期付款）。

2．进口商向本地银行提出开立信用证的申请。

3．开证行接受申请开出信用证，并将信用证寄往出口商所在地的通知

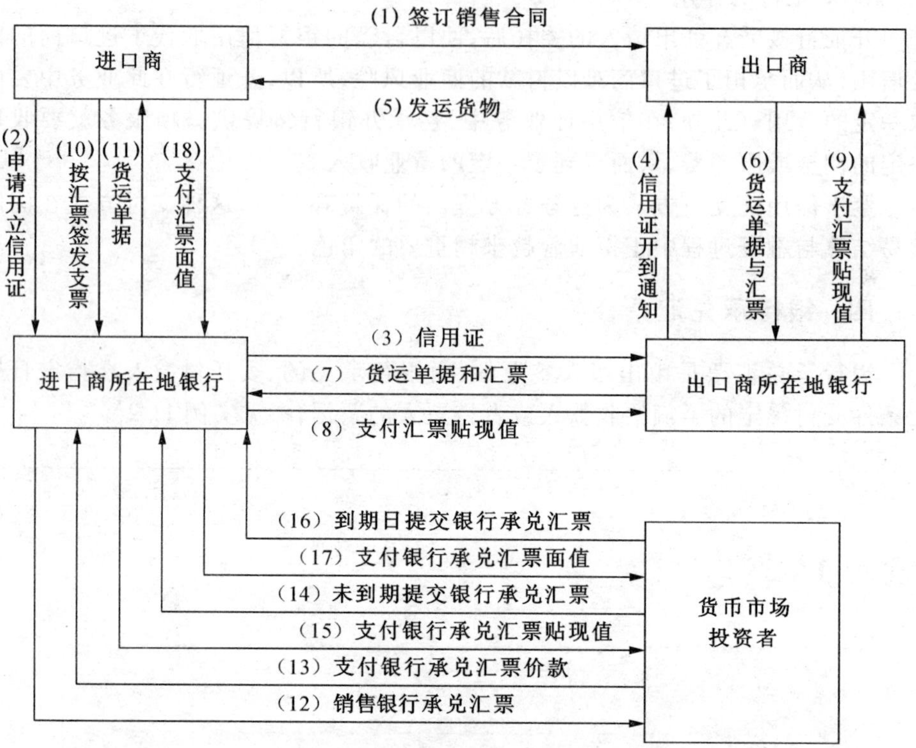

图 11-2　典型银行承兑汇票流程图

行。

4. 通知行接到开证行开来的信用证后，告知出口商已经收到进口商开出的信用证。

5. 接到通知行通知，出口商审核信用证，并按合同要求装船发货，获得全套货运单据。

6. 出口商开出以进口商为付款人的远期汇票，并将之与全套货运单据一起交给本地开证行的代理行。

7. 代理行收到单据与汇票后，立即将之寄与信用证开证行进行货运单据的确认与汇票的承兑。开证行接受汇票，此时银行承兑汇票产生。

8. 出口商想立即获得货款，在这种情况下，开证行向出口商所在地的代理行支付承兑汇票的贴现值（贴现值根据贴现率与汇票到期时间确定，这体现了货币的时间价值）。

9. 代理行将所收到货款支付给出口商。

10. 进口商预提取货物销售，此时他需要根据银行承兑汇票金额与到期日，向开证银行开出同等条件的、以自己为付款人的汇票。

11. 银行收到进口商开出的汇票，将代表货物所有权的货运单据交给进口商，从而进口商在没有支付货款的条件下，根据货运单据提取货物，并在市场上对货物进行处理。

12. 开证银行将银行承兑汇票在二级市场上销售，以收回占用的营运资金。

13. 二级市场投资者购买并持有银行承兑汇票，以获取投资收益。

14. 在银行承兑汇票到期前，投资者如不愿继续持有承兑汇票，可将汇票在市场上出售，或直接交与承兑行而得到承兑汇票的贴现值。

15. 银行收到未到期银行承兑汇票，支付汇票的贴现值给投资者。此时，它可以选择进一步在货币市场销售承兑汇票或持有承兑汇票直到汇票到期。

16. 在银行承兑汇票到期时，投资者将汇票交与开证行。

17. 开证行收回银行承兑汇票，并支付等于承兑汇票面值的货币量给投资者。

18. 汇票到期时，开证行向进口商进行付款提示。进口商接到银行提示后付款。

由以上流程可见，银行承兑汇票实际上是以一定的成本将国际贸易的风险转移给愿意承担风险的第三者（承兑行）的一种金融工具。

（二）银行承兑汇票的作用

银行承兑汇票之所以起源于国际贸易，并大量地应用于国际贸易，是因为它能够为进口商、出口商及签发银行带来很多利益。

1. 对进口商的益处

（1）有利于企业进入国际市场。有了银行承兑汇票后，银行介入进出口双方交易，双方认可的银行信用替代了双方并不熟知的商业信用，交易双方的利益都得到了有效的保证，这时进口商也就可以更加充分地享受国际贸易带来的好处。

（2）有利于企业的资金融通。银行承兑汇票允许企业先提货后付款，这种付款方式有利于企业资金周转，同时使企业有更充裕的时间筹集货款。如果没有银行承兑汇票，企业有可能被迫提前付款，这对缺乏营运资金的企业而言是相当困难的。

2. 对出口商的益处

（1）有利于企业产品销售。有了银行承兑汇票后，出口商再也不用担心进口商的信用风险，因为银行的付款保证使其免受政治风险或外汇管制风险的干扰，从而它可以更为便利地进入潜在市场。

（2）有利于企业资金周转。在银行承兑汇票到期前，如果企业急需资金，它可以折价出售汇票，提前收回货款。不仅如此，由于银行承兑汇票是活跃的二级市场交易工具，集收益性、安全性与流动性于一身，投资者通常会愿意将之作为其投资组合的一部分，所以银行承兑汇票的贴现率一般在短期国债利率和商业票据利率之间，且一般情况下，银行承兑汇票融资的综合费率低于银行贷款的基本利率。

3. 对签发银行的益处

当银行办理、接受和出售银行承兑汇票时，实际上它是在利用投资者的钱向客户提供资金融通，即它以一个价格形成一项资产的同时又以另一个价格将其卖出，而把差价（佣金）作为其收入。

五、出口信贷

出口信贷是指一个国家的银行为了鼓励本国商品的出口，加强本国出口产品的国际竞争力，对本国的出口企业、外国的进口企业或进口方银行提供的贷款。通常将1—5年期限的出口信贷列为中期，将5年以上者列为长期。中、长期出口信贷大多用于金额大、生产周期长的资本货物，主要包括机器、船舶、飞机、成套设备等。

出口信贷主要有以下两种方式：

（一）卖方信贷

卖方信贷（Seller's Credit），是指由出口方的官方金融机构或商业银行向本国出口商提供的贷款，这种贷款的合同由出口商与银行签订。

出口信贷的一般做法如图11-3所示，在签订出口合同后，进口方支付5%—10%的定金，在分批交货、验收和保证期满时，再分期付给10%—15%的货款，其余的75%—85%的货款，则由出口商在设备制造或交货期间向出口方银行取得中、长期贷款，以便周转。在进口商按合同规定的延期付款时间付讫余款和利息时，出口商再向出口方银行偿还所借款项和应付的利息。所以，卖方信贷实际上是出口商由出口方银行取得中、长期贷款后，再向进口方提供的一种商业信用。

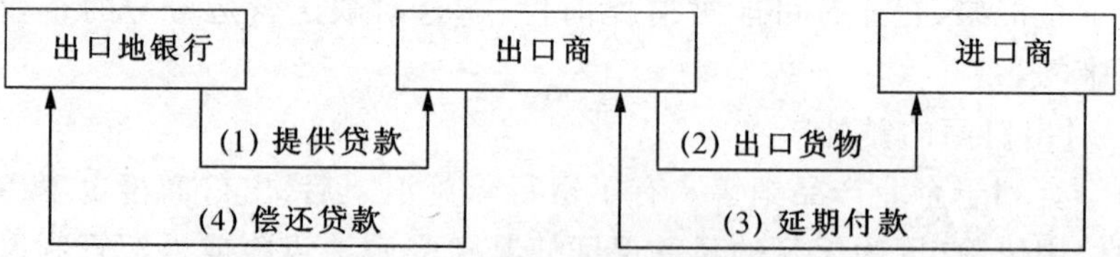

图11-3　出口卖方信贷流程图

对出口商而言,它在向买方提供了资金支持的同时,又从卖方信贷获得了急需的周转资金,有利于增强产品的国际竞争力及其业务的正常开展;对进口商而言,虽然这种做法比较简便,便利了进口贸易活动,但却使支付的产品价格明显提高。因为出口商报价时,除出口商品的成本与利润外,还要把从银行借款的利息与费用以及外汇风险的补偿加在报价内。

(二)买方信贷

买方信贷(Buyer's Credit),是出口方银行直接向进口商提供的贷款,而出口商与进口商所签订的成交合同中则规定为即期付款方式。

买方信贷在具体运用中有两种方式:其一,如图11-4(a)所示,是出口方银行根据合同规定,凭出口商提供的交货单据,将货款付给出口商,同时记入进口商偿款账户内,然后由进口方按照与银行订立的交款时间,陆续将所借款项偿还给出口方银行,并付给利息。所以,买方信贷实际上是一种银行信用。其二,如图11-4(b)所示,是由出口方银行向进口方银行提供信贷,以便进口方得以用现汇偿付进口的机械设备的货款。进口方银行可以按照进口商原计划延期付款的时间陆续向出口方银行归还贷款,也可以按照双方银行另行商定的还款办法办理。至于进口商对进口方银行的债务,则由它们在国内直接结算清偿。前者对贷方来说比较安全,但手续烦琐;后者手续虽简便,出口商无须与银行交

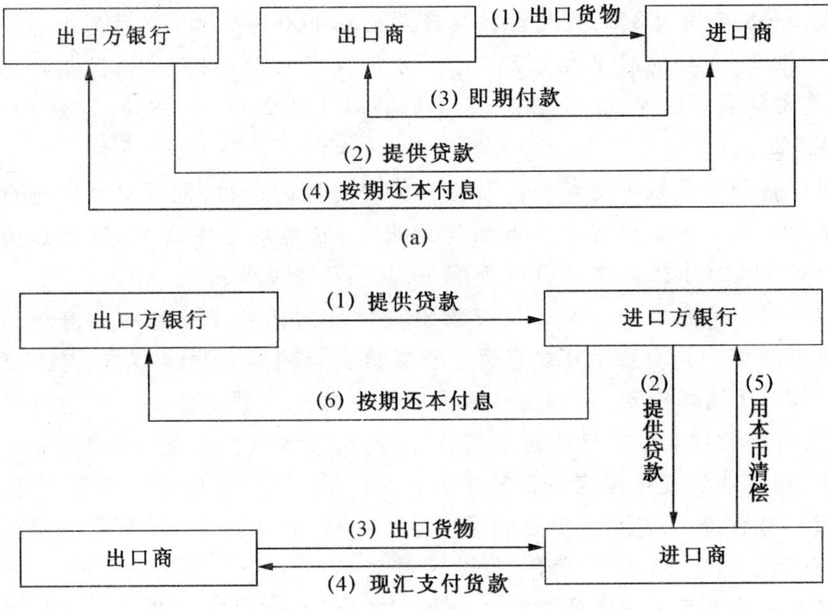

图11-4 出口买方信贷流程图

涉,进口商也只与本国银行发生借贷关系,但对贷方来说风险较大。无论是哪种方法,对出口商都比较有利,因为他既可以较快地得到货款,又避免了风险,便于其资金周转。

无论是卖方信贷还是买方信贷,其信用的实际代价通常并不仅仅限于合同中所规定的利息一项,还包括出口信贷保险费和办理信贷的各种手续费用、管理费用等。

专栏 11-1

出口信贷君子协定

1975 年,在美国、英国、法国、联邦德国、日本、意大利六国首脑会议上,就出口信贷问题达成一个“君子协定”,协调各国出口信贷的利率、额度和贷款期限。具体规定是把借款国家分为富裕国家、中等收入国家和贫穷国家三类。人均国民生产总值在 3 000 美元以上的富国,还款期 2—5 年的借款最低利率为 7.75%,5—8 年的为 8%;人均国民生产总值在 1 000—3 000 美元的中等收入国家,还款期 2—5 年的利率为 7.25%,5—8 年的为 7.75%;人均国民生产总值在 1 000 美元以下的国家,还款期 2—5 年的利率为 7.25%,5—8 年及 8—10 年的均为 7.5%。

出口信贷君子协定是参加国互相斗争和妥协的产物,也是参加国进行竞争时利用的工具。由于协定不具备法律约束力,自协定签字之日起,参加国就在利用协定中的技术性条文进行明争暗斗,其主要手法是:

(1) 使用混合信贷。混合信贷指出口信贷同低息或无息的政府援助贷款混合使用。由于君子协定只规定适用于官方支持的商业出口信贷,对于包括外援成分的并无明确规定。因此,有些国家就将部分正常的商业出口信贷转入外援项下,对外提供非常优惠的混合信贷。例如,日本就曾大量利用“海外经济协力基金”向某些发展中国家提供利率为 3.5%、期限 20 年的出口信贷。

(2) 对特殊产品提供优惠信贷。由于一些出口信贷,如飞机、船舶、核电站、地面卫星、农产品等不在君子协定的管辖范围之内,一些参加国出口这类产品时都竞相提供更为优惠的条件。例如,英、法、联邦德国的制造商以优惠的信贷条件分别向美国航空公司出售三星式客机(使用英国的罗尔斯—罗伊斯引擎)和“空中公共汽车”,其信贷期限都超过君子协定的规定,长达 12—15 年。

(3) 利用海外资源开发基金。许多西方国家为了资助在海外开发本国所需要的工业原料和燃料,一般都设有一笔"海外资源开发基金"。这种资金不属于商业信贷,其利率和期限不属君子协定的管辖范围。例如,日本就曾提供利率有时低到3.5%、期限长达25年的用来开采矿藏和其他自然资源的开发资金信贷。

(4) 利用各国货币市场利率的差距。由于各主要西方国家的经济、货币地位不同,货币兑换率和通货膨胀率悬殊,这就使得各种货币的市场利率不一致。同时,任何国际间的利率协定都会涉及对各种货币强弱和利率前景的预测,因此,市场利率与君子协定规定的统一最低利率之间必然存在差距。例如,1976年英国同联邦德国竞相向苏联出口木醇设备时,英国以提供低利率的美元贷款为工具,战胜了联邦德国,从而获得总金额达3.6亿美元的销售合同。

(5) 延长出口信贷的期限。美国一直以西欧各国向本国出口商提供低息出口信贷而违反《关税及贸易总协定》为理由,要求西欧各国,特别是法国提高官方出口信贷利率,遭到拒绝。于是美国采用延长美国出口信贷期限、单方面提高利率的方式,迫使西欧各国减少对出口信贷的利息补贴。

资料来源:大唐资料库(http://info. datang. net)。

六、福费廷业务

(一) 福费廷业务简介

"福费廷"(Forfaiting)又称"买断",起源于法语的"A FORFAIT",是指一个票据持有者将其未来应收债权转让给第三方(福费廷融资商)以换取现金,在转让完成后,若此票据期满不能兑现,福费廷融资商无权向出口商追索。它是一种中期的国际贸易融资方式,在延期付款的大型设备贸易中,出口商把经进口商承兑的、期限在半年以上到五六年的远期汇票,无追索权地售予出口商所在地的金融机构(商业银行或商业银行的附属机构),以提前取得现款,即提供给出口商一种只要履行合同就可以立即获得现金的途径,把因延期付款带来的所有风险全部转嫁给福费廷融资商,从而使出口商能够以此向进口商提供延期付款的优惠条件。

福费廷业务是第二次世界大战后产生并迅速发展起来的。在这段时期,西方和东欧国家间的贸易重新恢复,非洲和南美发展中国家在国际贸易中的重要性日益增强,但这些国家的外汇资金短缺,进口商普遍要求长于180天的信用期限,这给欧美出口商带来很多资金困难,就是有些银行也无法提供给出口商中长期的贸易融资。此时，瑞士银行率先推出福费廷业务，用于为东欧国家采购美国的谷物提供长期融资。1965 年苏黎世的 FINANZ AG 成立了世界上第一家专营福费廷业务的公司，标志着福费廷业务作为一种融资产品正式走上国际金融舞台。①

（二）福费廷业务的特点

福费廷业务发展 40 年来受到了出口企业的一致欢迎，其业务具有以下主要特点：

1. 无追索权。出口商在背书转让债权凭证的票据时均加注“无追索权”（Without Recourse）字样，因此出口商的汇票贴现是一种卖断，出口商将合格有效的代表应收账款的票据转让给融资商后，出口商必须放弃与债权凭证相关的一切权利，而同时融资商对出口商也放弃了对债券凭证的追索权。鉴于此，出口商在使用该项融资方式时必须与进口商协商，进口商开出的远期汇票必须有进口地第一流银行的担保。

2. 融资期限一般较长。福费廷业务往往用于金额大、付款期限长的大型设备的出口中，福费廷融资商提供的融资期限一般为 6 个月到 5 年，最长可至 10 年。在这段时间里，如果融资商不想再持有该债权凭证，它可以在债券流通市场上将该凭证出售于那些愿意购买的金融机构。

3. 批发性融资。福费廷业务属于以国际贸易为背景的批发性融资业务，融资金额由 10 万美元至 2 亿美元不等，因此适合于 50 万美元以上的大中型资本性货物出口。鉴于此，一笔福费廷业务可能要有多个福费廷融资商参与，并按一定比例分享收益与承担风险。

4. 利率固定。福费廷融资商提供便利时，一般采用固定利率的形式，使进出口商在交易开始时就知道成本总额。

5. 费用较高。福费廷业务对出口商是很有利的，通过该业务，出口商原先面临的商业信用风险、汇率风险、利率风险以及国家风险等都得到了消除，只要出口商出售的是合格有效的、有银行担保的债券凭证，他的有关契约责任即可告以结束，所有的一切费用将由福费廷融资商承担，所以这种业务一般收取的费用较高。

（三）福费廷业务给出口商带来的利益

1. 扩大了企业的市场规模。与出口贸易有关的国家风险、资金转移风险及商业信用风险已经全部转嫁给福费廷融资商，因此出口商不必承担各种风险，从而该业务使出口商敢于与风险较高的国家作贸易，在一定程度上扩大了企业

① 参见陈立平：“国际贸易融资的‘新军’”，中国外汇网（http://www.chinaforex.com.cn）。

的国际市场份额。

2. 改善资本结构。福费廷业务将远期应收账款变成了现金销售收入,有效地解决了应收账款的资金占用问题和对应收账款的回收管理问题,并且减低了出口商对国内银行的负债,从而在两方面改善了公司的资产负债表。

3. 易控制成本。出口商可以从福费廷融资商得到一个固定利率,因此可以将融资成本计入合同价款,如果需要的话,还可以将汇率变动的风险成本计入到合同价款中,从而对出口商来讲无利率、汇率变动风险,容易迅速确定成本。

4. 手续简便。福费廷融资商处理福费廷业务的程序一般比较标准化,是否受理该笔业务主要取决于担保人的资信情况,因此可以给出口商迅速报价,且一般的福费廷融资商要求较少的文件,因而办理手续简单,便于企业迅速做出与执行相应决策。

5. 保密性强。福费廷融资商会替出口商承担保密责任,而不像商业贷款那样要办理公开登记等手续,从而不会对企业的其他生产经营活动产生外部影响。

6. 加快出口退税。这是在中国国情下福费廷业务具有的特殊优势。根据中国外汇管理局规定,只有出口企业实际收汇后,才允许银行为企业出具出口收汇核销联,出口企业才能据此到税务部门办理出口退税。因为商业银行为企业提供的打包放款、出口押汇、出口贴现等融资产品,均不能出具核销专用联,所以如果是出口企业与外商签订了中长期收汇的出口合同,而不办理福费廷融资的话,该企业的资金将被长期占用在出口退税款项,加重企业的财务负担。但出口商获得福费廷融资商无追索贴现款后,则可视为正常收汇,银行可据此出具出口收汇专用核销联。①

案例分析

福费廷业务在中国的操作过程

一、案例介绍

国内一家有权出口电信设备的公司参与越南政府电信部门所需的程控电话设备国际招标项目,标的价值 1 000 万美元。一旦中标,越南进口商将向中标公司开立由越南外贸银行出具的 3 年远期承兑信用证。中国的电信出口公司

① 参见陈立平:“国际贸易融资的‘新军’”,中国外汇网(http://www.chinaforex.com.cn)。

为了取得出口合同,必须迎合进口商要求的支付条款,向越南进口商提供3年信贷。但该电信公司不想在3年后才收到货款,更不想承担延期付款下的任何风险。在这种情况下,福费廷便是合适的财务解决办法。

二、案例操作

(一) 询价

电信公司为将融资成本合理地计入出口设备单价中,针对此项招标内容及条件,联系一家信誉卓著的福费廷融资商,要求融资商提供一个出口到越南的3年期福费廷融资报价。

(二) 报价

一般来说,报价内容包括贴现费、承诺费和延期费。福费廷融资商将会要求电信公司提供一些基本资料,以了解整个合同交易的来龙去脉。然后针对此笔业务,融资商的市场营销人员可以利用其掌握的资料,调查越南的国家风险额度、越南外贸银行是否在融资商可接受的银行名单内、其信用额度余额是否足够、其贴现率是多少等,这是融资商对外报价的主要依据。

(三) 签约

接到融资商的报价后,电信公司会严格计算融资总成本,将融资成本核算到设备单价中,即通过调整产品单价将福费廷融资成本转嫁给进口商,从而使得该出口合同与即期收汇出口合同没有本质的区别。电信公司接受融资商的报价后,就要与融资商签订福费廷融资协议。

(四) 履约

若电信公司中标,将与进口商签订有关电信设备出口合同。进口商应按照合同规定的日期向越南外贸银行申请开立远期承兑信用证。电信公司接到国内银行通知并收到信用证后,就开始生产有关货物以备出口。根据交货计划,货物被运往越南,电信公司向议付银行提供所有信用证规定的文件。当议付文件被接纳后,开证银行便发出延期付款的本票或汇票给电信公司。电信公司将该本票或汇票以"无追索权"的形式背书后提供给福费廷融资商。融资商将要求出口商或议付银行提供信用证项下的全套副本单据,以及出口商对其出口单据真实性的证明材料和保证书。审核无误后,融资商按福费廷协议规定支付折现的款项给该电信公司,并向电信公司提供一份贴现清单,列明贴现票据面值、贴现率、期限、承诺费等事项。

(五) 索偿

在本票或汇票到期前,福费廷融资商将开证行承兑的汇票或本票寄交开证银行(越南外贸银行),收取有关款项。越南外贸银行应按照融资商的付款指示将款项汇到融资商指定的账户上。如果越南开证银行因为各种原因未能如期付款，融资商只能委托律师起诉开证银行，而不能向出口商追索。如果由于进口国出现政治动荡、自然灾害等不可抗力因素导致开证银行无法偿付，福费廷融资商只能独自承担一切损失。

资料来源：中国外汇网（www.chinaforex.com.cn）。

七、抵偿贸易

（一）抵偿贸易的含义

抵偿贸易（Counter Trade），是指在互惠的前提下，由两个或两个以上的贸易方达成协议，规定一方的进口产品可以部分或者全部以相对的出口产品来支付的一种贸易形式。

在该贸易方式下，一方商品或劳务的出口必须以进口为条件，实现了进口与出口的结合，体现了进出口双方互惠的特点。与此同时，用出口产品来支付进口产品，有利于保持一国的国际收支平衡，对于外汇储备较紧张的国家具有重要意义。抵偿贸易的具体形式有很多种，如易货贸易、补偿贸易、反购或互购、转手贸易和抵消贸易等。

（二）抵偿贸易的作用

抵偿贸易的积极作用在于：抵偿贸易是一种可以不动用外汇或少动用外汇就可以发展一国对外贸易的有力手段，从而可以在扩大对外贸易规模的同时，保持或增加一国的外汇储备；采用抵偿贸易可以冲破国外保护贸易的障碍，增加出口，特别是带动国内某些初级产品的出口，用国内剩余产品来换取本国生产建设所急需的技术、设备和物资，从而能够有效地促进一国的经济建设；从发达国家角度看，抵偿贸易承诺一定的回购，提供信贷或投资，不仅可以增强其市场竞争能力，而且有助于推销一些用现汇难以销售的产品、技术，争取到廉价的原材料或零部件供应。

但是，由于抵偿贸易是在互惠的原则下进行的，这就必然造成交易局限性，使得交易对象的选择和交易达成及履行出现巨大困难；不仅如此，由于该种贸易方式带有浓厚的双边性和封闭性，这其实是以限制性的措施来反对保护主义，其结果反而增加了贸易保护主义的气氛；再者，在抵偿贸易模式下，人们往往不是按最佳价格从最理想市场购进所需商品，也不是按理想价格把产品销往最佳的目标市场，这对一个国家来说，就难以实现通过对外贸易获得社会劳动最大限度的节约并取得最大经济效益的目标，从世界范围看，则可能造成商品流向和贸易格局的扭曲，甚至可能导致世界资源的错误配置。

第二节　国际贸易融资机构

为了促进对外贸易的发展，提高本国企业产品的国际竞争力，许多国家都设立了专门的政府机关对本国出口企业提供融资支持。

一、美国的对外融资机构①

（一）美国进出口银行

美国进出口银行（EXIM Bank）是一家独立的美国政府机构，创立于1934年，至今已有七十多年的历史，其最初的意图在于促进美苏贸易，而如今它的主要职责是通过提供一般商业渠道所不能获得的信贷支持促进美国商品及劳务的出口，保持美国企业在海外市场的竞争优势。作为一个独立的政府机关，其与商业银行之间是一种互补而非竞争的关系，它的主要任务在于：靠承担潜在的信用风险与相关的国家风险，鼓励其他金融机构向出口企业提供贸易融资；在其他金融机构不愿提供融资支持时，该银行向外国进口商提供直接贷款。在2008年，进出口银行向2 704家美国企业提供了144亿美元的贷款、担保资金及出口信贷保险，支持了美国196亿美元的出口。

为了顺利完成以上任务，美国进出口银行所提供的业务有如下几类：

1. 担保项目

在该业务中，两个应用最广泛的项目是营运资金担保项目与中期担保项目。营运资金担保项目是指美国进出口银行以对贷款本金与利息提供全面担保的方式，鼓励商业银行向有资格的出口商扩大短期融资。在此担保项目中，美国进出口银行要向被担保方收取一定的担保费。由于出口商违约风险的存在，一般商业银行对出口融资采取非常谨慎的态度。而该担保项目的推出，转嫁了出口商的违约风险，从而使商业银行能够比较容易地接受出口商短期贷款的申请。中期担保项目是指美国进出口银行以对全部贷款本金及利息提供担保的方式，鼓励商业贷款人向购买本国资本设备和劳务的有资格的外国进口商提供中期融资（向中期产品销售融资，还款期限一般在1—5年）。在此担保中，一般规定商业贷款人对外提供的融资金额不能超过销售合同价款的85%，且美国进出口银行在该业务中收取担保费的多少由还款期限与外国进口商的信用等级来确定。

---

① 参见〔美〕杰费·马杜拉：《国际财务管理》，东北财经大学出版社2000年版，第389页。

2. 银行保险项目

美国进出口银行向商业银行提供多种保险业务,其中应用最广泛的是银行信用证保险。该保险能使商业银行确认外国银行签发的信用证,从而保证美国产品出口的顺利进行。没有这种保险时,一些商业银行不愿意承担与确认信用证相关的商业风险和政治风险,因此只接受与自己有业务往来的银行签发的信用证。在该业务下,商业银行最高可为外国政府银行投保至100%,为其他银行投保至95%,从而有效保障了商业银行的利益。

3. 出口信贷保险

美国进出口银行1992年开始直接提供出口信贷保险业务,即该公司给出口商、银行和其他有资格的申请人,提供了多种短期和中期保险业务,对外国进口商不付款的风险提供保险。如果外国进口商由于商业原因(如现金流动问题或破产)不能向出口商付款,美国进出口银行将根据保险单的种类和进口商的不同,向出口商按其投保金额的90%—100%进行赔付;如果损失是政治因素(如外汇管制或战争)引起的,美国进出口银行将向出口商按其投保金额的100%进行赔付。保险单被出口商当做市场竞争工具,在保护其免受信用风险影响的同时,使其在与外商谈判时能够提供更具竞争力的条款。出口商还可把保险单与债权凭证转让给银行,从而把保险单当做融资工具的一部分,保证企业短期融资的顺利进行。在美国进出口银行提供保险业务时,根据其经验以及当时的经济和政治条件,对有些国家的进口商可能实施一定的限制。2008年,进出口银行提供了39亿美元的出口信贷保险,其中小企业16亿美元,且2008年当年进出口银行出台了有关小企业出口信贷保险的政策1 854个,占当年出台政策的91.4%。[①]

4. 贷款项目

两个最常见的贷款项目是直接贷款项目与项目融资贷款项目。在直接贷款项目下,美国进出口银行直接向购买本国资本设备和劳务的外国进口商提供中长期固定利率贷款(其贷款利率一般比市场利率低)。一般规定,进口商的总融资额不得超过合同价款的85%。进口商的还款期限取决于融资额的大小,通常中期为1—5年,长期为7—10年。项目融资贷款允许商业银行、进出口银行或两者结合起来向主要项目的资本设备和相关劳务进行长期融资。对于典型的大型基础设施项目(如电厂、飞机场等),其还款期取决于项目的现金流动,担保费和利率因项目风险而异。在这些项目中,通常允许外国进口商支付15%的现金而且允许担保至合同金额的85%。

---

① 资料来源:美国进出口银行2008年年报。

（二）私人出口基金公司

私人出口基金公司（Private Export Funding Corporation）是一个私营企业，由商业银行和工业公司共同所有。该公司业务一般是与美国进出口银行合作完成的，该公司向国外进口商提供中长期固定利率的融资，而美国进出口银行再对该公司的所有出口贷款提供担保。

私人出口基金公司的资金有很大一部分是靠在资本市场上公开发行长期担保票据、无担保中期债券、短期票据来筹集的（由于私人出口基金公司发行的债券事实上大部分已经被美国进出口银行所担保，所以它们能够很快在市场上进行交易），还有一部分是通过来自各银行与进出口银行的信贷限额获得的。该公司的大多数贷款是向大项目（如飞机制造和电厂建造等）提供资金融通，由于这种贷款的时间一般较长，商业银行通常不提供此种贷款，所以说私人出口基金公司在这方面填补了市场空白。

（三）美国海外私人投资公司

美国海外私人投资公司（OPIC）成立于1971年，是一个独立的、自负盈亏的联邦政府机构，负责对美国在外国的直接投资可能遭受的货币汇兑风险、没收风险及其他政治风险进行保险。通过直接贷款或提供担保的方式，OPIC向国外从事风险经营的美国投资人提供中、长期信贷支持，以帮助其扩大在发展中国家和新兴市场国家的对外直接投资，并通过此类服务来获取收入。OPIC提供的服务主要包括：通过提供贷款和贷款担保为企业融资；对那些为美国公司海外投资项目而投入的私人投资基金提供支持；为美国海外私人投资所可能产生的政治风险提供担保，包括货币不可兑换风险、财产被没收风险及政治动乱风险；除了常规保险和融资项目外，海外私人投资公司还向出口商投标或执行海外合同提供特种保险，从而为美国商界提供了许多海外投资机会。

OPIC所提供的服务都是以美国政府的名誉和信用作担保的，它在鼓励美国私人企业向发展中国家以及所谓的新兴民主和自由市场经济国家投资方面一直起主导作用。目前OPIC提供融资和担保的新、扩建项目已经遍布全世界150多个国家，范围涉及农业、能源、建筑、自然资源、电讯、交通及银行等。在OPIC成立至今的40年中，已支持了1 800亿美元的美国对外私人投资。

二、中国的对外贸易融资机构——中国进出口银行[①]

（一）中国进出口银行简介

中国进出口银行成立于1994年，是直属国务院领导的、政府全资拥有的国

① 本节所有数据资料与图表除有特殊说明外，均参见中国进出口银行网站（http://www.eximbank.gov.cn）。

家出口信用机构。中国进出口银行的主要职责是贯彻执行中国产业政策、外经贸政策和金融政策，为扩大中国机电产品和高新技术产品出口、推动有比较优势的企业“走出去”、促进对外经济技术合作与交流，提供政策性金融支持。

目前，中国进出口银行是中国外经贸支持体系的重要力量和金融体系的重要组成部分，经过10年的发展，已成为中国机电产品、高新技术产品出口和对外承包工程及各类境外投资的政策性融资主渠道，外国政府贷款的主要转贷行和中国政府对外优惠贷款的承贷行，为促进中国开放型经济的发展发挥着越来越重要的作用。中国进出口银行的国际信用评级与国家主权评级一致，美国穆迪投资者服务公司和美国标准普尔公司对该行的评级如图 11-5 所示。

	中国主权 China's Sovereign Ratings	中国进出口银行 The Export-Import Bank of China
STANDARD & POOR'S 美国标准普尔公司	A+	A+
美国穆迪投资者服务公司 Moody's Investors Service	A1	A1
惠誉信用评级有限公司 Fitch Ratings	A+	A+

图 11-5　中国进出口银行国际信用评级

（二）中国进出口银行的主要业务

1. 出口买方信贷

中国进出口银行办理的出口买方信贷，是向国外借款人发放的中长期贷款，用于进口商即期向中国出口商支付货款，促进中国资本性货物和技术服务的出口。出口买方信贷贷款期长，利率优惠。该行的买方信贷业务操作参照了OECD（经济合作与发展组织）颁布的《关于官方支持的出口信贷准则的约定》中的相关条款。此信贷主要用于支持中国机电产品、大型成套设备等资本性货物以及船舶、高新技术产品和服务的出口，支持中国企业贷资承包国外工程。

出口买方信贷的贷款条件一般为：贷款货币为美元或中国进出口银行认可的其他货币；贷款利率参照 OECD 公布的商业参考利率（CIRRs）执行固定贷款利率，或在伦敦银行同业拆放利率（LIBOR）的基础上加上一定利差后执行浮动利率，在特殊情况下可由借贷双方协商确定；贷款额一般不超过合同金额的85%（对出口船舶提供的贷款，贷款额一般不超过合同金额的 80%），对于承包国外工程项目的贷款比例则参照中国有关政策规定确定；贷款期（从首次提款之日起，至贷款协议规定的最后还款日止）最长不超过 15 年；借款人须向中国进出口银行支付管理费、承担费和风险费等贷款费用；贷款协议项下的款项提取应与商务合同的相关条款保持一致。

2. 出口卖方信贷

出口卖方信贷是指银行为出口商制造或采购出口机电产品、成套设备和高新技术产品提供的信贷，主要解决出口商制造或采购出口产品或提供相关劳务的资金需求。出口卖方信贷的资本金由国家财政全额提供，且其发放要贯彻国家产业政策、贸易政策、金融政策和财政政策，体现政府强有力的支持，因此这种贷款具有官方性质，不以营利为目的。

出口卖方信贷具有以下特点：此贷款是为出口商提供的贷款；金额大、期限长、利率优惠；具有官方性质，体现国家意志；与出口信用保险相结合；银行承担较大的信贷风险。该贷款的作用主要在于：支持本国产品出口，提高国际市场竞争力；为国家出口创汇，平衡外汇收支；增加国内就业，促进本国经济发展等。

3. 对外担保业务

中国进出口银行办理的对外担保业务，是指进出口银行以保函形式向境外债权人或受益人（含境内外资金融机构）承诺，当债务人（被担保人）未按有关合同偿付债务或履行义务时，由进出口银行履行保函所规定的义务。中国进出口银行对外担保业务为国际担保，支持范围包括：机电产品、成套设备和高新技术产品出口，对外承包工程及视同出口的境内国际金融组织和外国政府贷款国际招标项目。

中国进出口银行的担保业务种类有受客户委托开立保函、出具担保意向书、受银行委托通知和转开保函以及代客索赔业务等，而最主要的是开立保函。其中，开立的保函有融资类保函和非融资类保函之分。融资类保函主要有借款保函、融资租赁保函、补偿贸易保函、1 年期以上的延期付款保函以及其他为客户融资行为承担保证责任的保函等；非融资类保函主要有贸易和承包工程项下的投标保函、履约保函、预付款保函、质量保函、关税保付保函、海事保函、维修保函、1 年期以下的延期付款保函以及其他非融资性的保函等。

4. 外国贷款转贷业务

外国政府贷款是受财政部委托，由中国进出口银行转贷的外国政府向中国政府提供的优惠贷款和混合贷款，其用途主要在于支持企业引进国外先进设备和技术，促进国民经济的结构调整。该贷款一般期限长、利率低，条件相对比较优惠。如日本政府项目贷款转贷期限一般为 30 年，利率为 2.2% 左右；德国政府贷款转贷期限一般为 20 年，利率为 0.75%—3.25%。该贷款的贷款对象主要是政府部门或经工商行政管理机关核准登记的企（事）业法人；贷款用途主要是用来支付贷款项目商务合同、咨询合同项下的设备和技术、服务费用及其他相关费用;贷款主要投向交通、能源、城建、电讯、农林、水利、环保等国民经济建设的基础行业。

中国进出口银行自1995年4月1日开始承办外国政府贷款转贷业务以来,截至目前,已承接了二十多个国家和五个国际金融机构的外国政府贷款。

5. 筹融资业务

作为政策性银行,中国进出口银行的筹融资业务具有其自身的特点:一方面,除少量资本金外,中国进出口银行的业务营运资金几乎全部来自于在境内外市场发行的金融债券,其中又以在境内发行人民币金融债券为主体;另一方面,由于债券发行具有一次到账资金量大、到账时间集中等特点,为有效控制账面头寸,提高资金使用效益,中国进出口银行需在同业市场开展经常性的资金拆借与运作。

长期以来,在筹融资业务方面,中国进出口银行与国内各类金融机构,包括国有商业银行、股份制商业银行、保险公司、证券公司以及农村信用社等建立了良好的合作关系,其发行的金融债券成为各类金融机构获取投资收益、进行资产管理的有效工具,同时也对丰富国内债券市场交易品种、推动债券市场发展做出了积极贡献。从2000年开始,中国进出口银行的全部债券均以市场化招标方式发行。其中,2000年市场化发债195亿元,2001年发行490亿元,2002年发行575亿元,2003年发行320亿元。

除以上业务外,中国进出口银行的业务还有:办理对外承包工程和境外投资类贷款,办理本行贷款项下的国际国内结算业务和企业存款业务,办理国际银行间的贷款,组织或参加国际、国内银团贷款,从事自营外汇资金交易和经批准的代客外汇资金交易,办理与本行业务相关的资信调查、咨询、评估和见证业务及经批准或受委托的其他业务。

三、日本的对外贸易融资机构——日本贸易振兴机构

日本贸易振兴机构(JETRO)成立于1958年,总部设在东京,是日本政府为促进贸易发展特别建立的公共机构,其主要任务是支援日本的对外政策,加强同国外的友好经济关系。

JETRO的主要职能包括:促进企业与东亚各国交流——帮助日本企业,尤其是中小企业与东盟国家及东亚其他国家开展更紧密的商务活动,以振兴日本经济;促进外国直接到日投资——吸引更多的资金、技术,加强服务贸易领域的合作,以推动日本经济发展,增加就业,保持日本在全球经济中的领先地位;支持日本企业开展国际业务——帮助日本中小企业将高品质的产品、技术和设计出口到世界市场;扩大企业对外交流——开展市场调研,搜集海外信息,通过举

办展览会、组织贸易和投资团组出访，扩大企业对外经济交流。

建立之初，JETRO 主要致力于促进出口，以推动日本经济的快速发展。此后，工作重点转为帮助外国公司进入日本市场。1998 年，JETRO 与经济发展研究院合并，加强了研究力量。为了适应经济全球化和日本经济发展的需要，2003 年 10 月 1 日，JETRO 重组成为新型公共资助机构，以外资企业和广大的日本中小企业为主要服务对象，更贴近特定目标用户的专业需求。①

第三节 中国贸易融资简介

2005 年，中国进出口贸易突破 1.4 万亿美元，出口中多为单笔金额小、低附加值的劳动密集型产品；越来越多的出口商采用赊销方式结算，非信用证结算方式已占贸易结算量的 70%—80%；中国现有企业数约 1 000 万，其中 99% 是中小企业，急需流动资金支持与专业的金融服务产品。而同时，多年以来，以中国进出口银行为代表的各家商业银行陆续推出了各种贸易融资产品，对我国的进出口贸易做出了巨大贡献。如招商银行目前就提供了汇款融资、打包贷款、出口押汇、对外担保、保函融资、国际保理等多种贸易融资方式，不仅如此，以其优秀的市场表现，2005 年 6 月，在国际保理商联合会（FCI）第 37 届年会上，招商银行从全球 160 多家会员中脱颖而出，一举夺得“最佳市场营销奖”，这也是国内银行首度获此殊荣。②

专栏 11-2

中行获评最佳现金管理银行和最佳贸易融资银行

新华网北京 2006 年 2 月 13 日电，日前在《财资》杂志公布的 2005 年度 AAA 奖项评选结果中，中国银行摘取了此次评选三个奖项中的两项桂冠：“中国地区最佳现金管理银行”和“中国地区最佳贸易融资银行”。

《财资》是香港一家金融类英文专业杂志，其 AAA 奖项评选范围涵盖亚洲

① 参见日本贸易振兴机构网站（http://www.jetro.go.jp）。
② 资料来源：“中国招商银行国际业务实现跨越式增长”，《证券日报》，2006 年 2 月 6 日。

地区的商业银行、投资银行等各类金融机构，在亚洲享有较高知名度和权威性。此次评选以银行交易业务为主题，分别从现金管理、贸易融资和托管三个方面选出相关领域中的行业佼佼者。

中行有关负责人说，自股份制改革以来，中国银行坚持贯彻“以客户为中心、以市场为导向”的宗旨，把产品创新和提高服务品质作为立行之本，在现金管理、贸易、托管等业务领域不断开发出满足客户需要的新产品和新技术，以适应市场竞争和客户需求，行业竞争力进一步提高。

资料来源：人民网(http://finance.people.com.cn/GB/1040/4100316.html)。

为深入了解企业规避汇率风险的具体情况，中国人民银行还对外向型经济占比较高的十个省市的323家企业(包括中资企业、跨国公司、生产型企业和外贸公司等大中小各种规模企业)的汇率风险规避方式进行了专题调研。调研结果显示：2005年8—9月，贸易融资在各类避险方式中居首要地位，占30.8%。从贸易融资构成看，福费廷这一中长期贸易融资方式使用比例同比明显提高(5个百分点)，打包贷款等其他贸易融资方式比重也有所增加，反映出企业应对长期汇率风险的能力提高。[①]

虽然我国出口企业增强了抵抗汇率风险的能力，但是商务部研究院对500家外贸企业的抽样调查表明，作为全球第三大贸易体的中国，正面临日益严峻的国际贸易信用风险，中国出口业务的坏账率高达5%，而在发达国家，这个数字仅为0.25%—0.5%，即中国出口业务的坏账率是发达国家平均水平的10倍至20倍。而在另一项对中国1 000家外贸企业的调查中，68%的企业曾因贸易对方信用缺失而利益受损，超过半数企业遭遇过“应收账款延迟收付”。

而造成目前这种状况的原因，其一在于中国的出口企业大多信用风险意识淡漠，其二则在于对坏账风险存在几种认识误区。第一种误区认为“信用证没有风险”。国内很多出口企业认为信用证结算方式万无一失，其实，开证行本身的资信、开证行所在地区的政治经济状况，以及信用证里的“软条款”，也会威胁出口企业的收汇安全。第二种误区认为“大客户没有风险”。其实客户规模大未必能够保障收汇安全，近年来很多大企业都发生过亏损、破产保护和信用危机。而且，中国的出口企业常常将一些中间商等同于大企业本身，结果导致上当受骗。第三种误区认为“老客户没有风险”。其实国内很多出口企业的坏账往往发生在老客户身上。买家的信用从根本上讲是建立在商业利益上，而非交

① 数据来源：“中国货币政策执行报告(2005年第四季度)”，《中国证券报》，2006年2月22日。

易历史上,不能因为是老客户就忽略风险的存在。还有一种误区认为"发达国家的市场比较安全"。其实这只是一种想当然的看法,事实情况并非如此。根据中国出口信用保险公司的统计,2003 年的赔款中,发达国家发生的赔款比例高达 67%,其中北美占到 42%。①

中国企业在国际贸易中面临的信用困境,已经引起中国政府的高度关注。2001 年 12 月,国务院批准成立了中国出口信用保险公司,以帮助出口企业规避国际贸易中的政治和商业风险(见专栏 11-3)。

专栏 11-3

出口信保为中国企业撑起"保护伞"

统计数据显示,截至 2008 年 11 月我国 24 万家有外贸经营权的企业中投保了出口信用保险的只有数千家,央企中用信用险的也只占 1/3,2008 年前 5 个月,中国出口信用保险公司(简称中国信保)承保了 30 亿美元的对美出口,收到报损金额为 9 939 万美元,损失率为 3%;同期,中国对美国出口额为 955.1 亿美元,而投保出口信用险的企业还不足 10%。据此推算,我国出口企业自行承担的货款损失风险有 20 多亿美元。

中国企业遭遇严冬

美国某大企业突然宣告破产,欠下中国企业千余万美元的货款。当许多企业绕了大半个地球催讨货款空手而归时,绍兴某机电股份有限公司凭借出口信用保险,短短 11 天内就拿到了中国信保的赔付款 140.45 万美元。据了解,这家有着 43 年历史的美国大型便携式发电机生产企业,今年 3 月 17 日由于资金链断裂,向美国破产法庭提出破产申请,直接导致中国出口企业 1 055 万美元的出口账款无法收回。

在出口过程中,如何既成功开拓市场又有效规避风险,是企业面临的一个共同课题。中国信保作为中国唯一承办出口信用保险业务的政策性保险公司,出口信用保险给绍兴 5 000 余家外贸企业撑起了"保护伞"。正如该机电股份有限公司老总所说:"对于非洲、中东等风险较高的地区,企业通常不敢放账赊销,

① 资料来源:"中国出口业务的坏账率高达 5%",《中国贸易报》,2005 年 12 月 13 日。

而投保出口信用保险，为企业开拓市场提供了收汇安全保障。”

资料来源：中国资讯行(www.bjinfobank.com)。

本章重要术语

国际贸易融资	应收账款融资	国际保理
信用证	银行承兑汇票	营运资本融资
出口信贷	卖方信贷	买方信贷
福费廷	抵偿贸易	反购
互购	延期付款保函	预付款保函
质量保函		

本章小结

- 在国际贸易中，应收账款融资是以应收账款的转让为担保，银行向出口商提供的贷款融资。
- 国际保理业务是国际贸易融资的一种主要方式，是在赊销、托收等结算方式下，保理商对出口商收汇风险的一种担保。
- 信用证是银行代表进口商签发的，承诺当出口商发货所得到的货运单据与合同条款一致时，出口商即可得到银行付款的一种单据。
- 银行承兑汇票是由出票人签发的、由银行承兑的、委托付款人在指定日期无条件支付确定的金额给收款人或者持票人的票据。
- 出口信贷是指一个国家的银行为了鼓励本国商品的出口，加强本国出口产品的国际竞争力，对本国的出口企业、外国的进口企业或进口方银行提供的贷款。
- “福费廷”是指一个票据持有者将其未来应收债权转让给第三方(福费廷融资商)以换取现金，在转让完成后，若此票据期满不能兑现，福费廷融资商无权向出口商追索的一种中期的国际贸易融资方式。
- 在国际贸易中，交易各方可以达成一种协议，规定一方的进口产品可以部分或者全部以相对的出口产品来支付，这就是抵偿贸易。
- 美国进出口银行是一家独立的美国政府机构，它的职责是通过提供一般商业渠道所不能获得的信贷支持促进美国商品及劳务的出口，保持美国企业在海外市场的竞争优势。中国进出口银行是直属国务院领导的、政府全资拥有的国家出口信用机构，其主要职责是贯彻执行中国产业政策、外经贸政策和金融政策，为扩大中国产品出口、推动有比较优势的企业“走出去”、促进对外经济技术合作与交流，提供政策性金融支持。日本贸易振兴机构是日本政府为促进贸易发展特别建立的公共机构，其主要任务是支援日本的对外政策，加强同国外的友好经济关系。

相关网络地址

● http://www.factors-chain.com:国际保理商联合会网站,可以查询到该协会所有成员,了解国际保理业务的最新进展;

● http://www.exim.gov:美国进出口银行网站,可以了解到美国进出口银行的主要业务及其对美国对外贸易的支持政策;

● http://www.opic.gov:美国海外私人投资机构网站,可以获得该机构主要业务的重要信息;

● http://www.jetro.go.jp:日本贸易振兴机构网站,可以了解到该机构对日本对外贸易的支持政策;

● http://www.eximbank.gov.cn:中国进出口银行网站,可以了解到我国唯一一家进出口政策性银行对我国国际贸易的支持政策及其历年来在这方面的重要贡献;

● http://fec.mofcom.gov.cn:中国对外经济合作指南,可以查询到我国对外经济合作信息。

简答题

1. 什么是国际保理业务?
2. 简述国际保理业务中双保理的业务流程。
3. 简述信用证支付方式的产生与发展对国际贸易的促进作用,并说明这种支付方式对进出口双方带来的益处。
4. 美国进出口银行如今的作用是什么?
5. 简述美国私人出口公司的作用。
6. 什么是"福费廷"业务?其特点是什么?
7. 中国进出口银行的主要业务是什么?
8. 什么是抵偿贸易?
9. 信用证业务所涉及的当事人有哪些?他们各自的任务是什么?
10. 银行承兑汇票是如何能够对进口商、出口商及银行都有益处的?

思考题

1. 解释为什么如此多的国际贸易活动需要由商业银行的国际贸易融资业务来促进。
2. 试分析一下,与众多融资产品(如商业贷款、商业银行票据贴现业务、出口信贷及出口保理等)相比较,福费廷业务的优势所在。
3. 在银行承兑汇票于国外日受冷落的今天,中国发展该业务的动因与作用何在?

第十二章 国际直接投资与财务管理

12

- 国际直接投资
- 国际并购管理
- 国际现金管理

[知识要求]

通过本章的学习,掌握

- 国际直接投资的类型;
- 国际直接投资理论;
- 国际直接投资环境的评价方法;
- 国际并购投资的动因及其管理;
- 国际现金管理的主要内容与方法。

[技能要求]

通过本章的学习,能够

- 运用国际直接投资理论分析国际直接投资的发展趋势;
- 对一国的投资环境做出恰当的评价;
- 根据具体情况做出正确的国际并购投资决策;
- 建立适合本企业发展的国际现金管理体系。

第一节 国际直接投资①

国际直接投资(FDI)是与国际间接投资相对应的一个概念,是指投资者为了在国外获得长期的投资效益并拥有对企业或公司的控制权和经营管理权而进行的在国外直接建立企业或公司的投资活动,其核心是投资者对国外投资企业的控制权。

表 12-1 2007 年接受外商直接投资最多的国家和地区(单位:10 亿美元)

国家/地区	2006 年	2007 年
美国	236.7	232.9
英国	148.2	224.0
法国	78.1	158.0
加拿大	62.8	108.7
荷兰	8.0	99.4
中国	72.7	83.5

① 本节内容主要参考了范爱军、綦建红:《国际投资学》,山东大学出版社 1995 年版。

（续表）

国家/地区	2006 年	2007 年
中国香港	45.1	59.9
西班牙	26.9	53.4
俄罗斯	32.4	52.5
德国	55.2	50.9

资料来源：贸发会议《2008 年世界投资报告：跨国公司与基础设施的挑战》和外国直接投资/跨国公司数据库（www. unctad. org/fdistatistics）。

表 12-2　2007 年对外直接投资最多的国家和地区　（单位：10 亿美元）

国家/地区	2006 年	2007 年
美国	221.7	313.8
英国	86.8	119.6
法国	121.4	224.7
德国	94.7	167.4
西班牙	100.2	119.6
意大利	42.1	90.8
日本	50.3	73.5
加拿大	39.1	53.8
中国香港	45.0	53.2
卢森堡	3.6	51.6

资料来源：贸发会议《2008 年世界投资报告：跨国公司与基础设施的挑战》和外国直接投资/跨国公司数据库（www. unctad. org/fdistatistics）。

一、国际直接投资的类型

按照不同的划分标准，国际直接投资可以划分为不同的类型。

（一）横向型、垂直型和混合型

按照母公司和子公司的经营方向是否一致，国际直接投资可分为三种类型：横向型、垂直型和混合型。

1. 横向型投资。又称为水平型投资，是指母公司将在国内生产的同样产品或相似产品的生产和经营扩展到国外子公司进行，使子公司能够独立地完成产品的全部生产和销售过程。

2. 垂直型投资。又称为纵向型投资，是指企业到国外建立与国内的产品生产有关联的子公司，并在母公司与子公司之间实行专业化协作。

3. 混合型投资。此类投资是指企业到国外建立与国内生产和经营方向完全不同、生产不同产品的子公司。目前,世界上只有少数的巨型跨国公司采用这种形式。例如,美国的埃克森石油公司不仅投资于石油开采、精炼和销售,而且还投资于石油化学工业、机器制造业、商业和旅游业等。

(二) 创办新企业和控制外国企业股权

按照投资者是否创办新企业,国际直接投资可分为两种类型:绿地投资和控制外国企业股权投资。

1. 绿地投资。绿地投资是指由外国投资者投入全部资本,在东道国创立个拥有全部控制权的独资企业,或者由两个以上的投资者共同创办合资企业。这种方式既可以集中各方的经营优势,又可以分散投资风险,是目前较为普遍的投资方式。

2. 控制外国企业股权投资。这是指外国投资者通过一定的程序和渠道,购买东道国企业的股票并达到一定比例,从而拥有对该企业进行控制的股权。按照国际货币基金组织的标准,只要拥有投资国企业25%的股权,即可视为直接投资。

(三) 合资经营、合作经营和独资经营

按照投资者对外投资参与方式的不同,国际直接投资可分为:合资经营、合作经营、独资经营。

1. 国际合资经营企业,即由两个或两个以上国家或地区的投资者,在选定的国家或地区投资,并按照该投资国或地区的有关法律组织建立起来的以盈利为目的的企业。国际合资经营企业由投资人共同经营、共同管理,并按投资股权比例共担风险、共负盈亏。

2. 国际合作经营企业,即由两国或两国以上合营者在一国境内根据东道国有关法律通过谈判签订契约,共同投资、共担风险所组成的合营企业,双方的权、责、利均在契约中逐项明确规定。它与国际合资经营企业的最大区别在于:它不用货币计算股权,因而不按股权比例分配收益,而是根据契约规定的投资方式和分配比率进行收益分配或承担风险。所以,合作经营企业是一种契约式的合营企业。

3. 国际独资经营企业,即根据有关法律规定而在东道国境内设立的全部资本由国外投资者出具,并独立经营的一种国际直接投资方式。独资企业由外国投资者提供全部资本,自主经营,自担风险;独资企业是东道国的企业和法人,享有充分的自主权;由于独资企业的利润和风险全部由外国投资者获得与承担,东道国不参与生产经营管理活动,所以东道国政府对独资企业的掌握尺度较为严格。

二、国际直接投资动因

一般而言,国际直接投资的动因大体可以概括为以下几个方面:

1. 取得高额垄断利润。对外直接投资的跨国公司一般实力雄厚,且大多拥有自己的核心技术,凭借这种优势,他们可以垄断东道国某一行业产品的生产与销售,从中获得巨额利润。

2. 占领国际市场。出于这种目的的投资,一般称为市场导向型投资,又可以分为以下四种:绕开贸易限制的投资、稳定与扩大市场的投资、为了在市场竞争中不处于劣势而进行的投资和为了开辟新市场而进行的跨国投资。

3. 保证自然资源的供应。自然资源的供应,对各个国家的任何生产性企业来说都是非常重要的,许多主要依靠进口自然资源的企业(如日本),不得不进行对外投资,控制自然资源来源,以便保证企业正常生产的进行。这种自然资源导向型投资在国际直接投资中一直占有重要地位。

4. 取得所在国的先进技术和管理经验。这种投资可通称为技术导向型投资。进行国际投资,就要雇用当地的技术人员和管理人员,通过他们,可以迅速获得国外的先进技术和管理经验,因此它是企业为学习和利用国外先进技术、生产工艺、新产品设计、管理经验、关键设备、零部件及新产品等而进行的对外投资。

5. 增加外汇收入。通过对外投资可以从以下两个方面取得外汇收入:一是获得投资利润和利息。现在许多国家对对外投资所获得的利润和利息收入,已经能够抵偿外国投资者在本国投资获得并汇出的利润和利息。二是在国外设立企业,把产品直接销往国外市场,从而直接取得外汇。这对一些外汇贫乏的国家特别重要。

6. 分散和减少预期收益的风险。根据投资组合理论,如果把几个相关系数很小的投资项目结合起来,就能有效地降低预期收益的风险。企业在国际范围内多样化投资比只在本国内多样化投资能更有效地降低整体经营风险。

7. 带动机器设备及劳务的出口,扩大对外贸易额。在国外投资设立企业,除了投入一定数量的现金以外,还可以提供生产所需的机器设备及相关技术人员的劳务,这虽然不能直接取得外汇收入,但是却可以在未来很长一段时间内得到应得利润。从这种角度看,其实国际投资是一种变相的国际贸易。

三、国际直接投资理论

随着战后国际直接投资活动的迅猛增长,解释这种经济现象的国际直接投资理论在西方经济学界获得了快速发展,且较之国际间接投资理论,不仅更加接近现实经济生活,而且也更加系统与深刻。

(一) 垄断优势论

垄断优势论由美国经济学家海默于 1960 年在其博士论文《国内企业的国

际经营:对外直接投资的研究》中提出。该理论认为企业的垄断优势和市场不完全性是企业对外直接投资的决定性因素。

他认为市场的不完全性产生了企业的垄断优势,而企业基于以下优势进行海外投资:

(1) 资金优势。跨国公司的资金优势并不仅仅表现在自身拥有的巨额资产上,更重要的是表现在筹资的便利性和多渠道上。由于大公司的信誉度高及不动产多,能轻易地从许多国际金融机构获得贷款,并且能在投资地获得东道国银行或其他金融机构的贷款,这也是一般国内公司所无法比拟的。

(2) 技术优势。跨国公司通常拥有较强的科研队伍,并有能力投入大量资金研发新技术和新产品。开发出新技术后,跨国公司可以用许可证贸易的方式把技术转让给东道国使用,从中获取销售利润。但是,这种一次性转让所获得的收益总量相对较小,且这种技术转让方式会使跨国公司的产品失去东道国的市场。因此,实践中,跨国公司更倾向于以独有的先进技术对东道国直接投资,由此所获得的垄断利润要大得多。

(3) 信息与管理优势。跨国公司的子公司、分公司及各类销售机构分布在不同类型的国家中,而统一的管理和全球一体化战略原则又把这些分支机构连为一体。因此,他们各自所获得的信息和情报能在总体利益一致的前提下互相交流。

(4) 信誉与商标优势。信誉与商标是跨国公司所拥有的无形资产的重要内容,也是其垄断优势的一个重要方面。大型跨国公司凭借自己悠久的历史和显赫的信誉度,能比其他企业更容易地巩固老市场和开拓新市场。

(5) 规模经济优势。提高企业效益的途径有多种,除了人们常说的提高产品技术水平和改善管理方法外,扩大生产规模也是降低产品成本、提高企业利润的通行方法。在生产方面,跨国公司不仅可以在母国进行大规模的生产,而且还可以利用各子公司的优势从事国际间的分工与协作,从而生产出成本低而质量高的产品。在销售方面,跨国公司有灵通的市场信息渠道,加之遍布世界各国的销售机构以及与国际经销商长期而稳定的业务联系,使产品能够大批量、低成本、高速度地销向世界各国。

(二) 产品生命周期论

美国哈佛大学教授雷蒙德·弗农(R. Vernon)在1966年发表的题为《产品周期中的国际投资与国际贸易》的论文中,提出了产品生命周期论。该理论用产品生命周期的变化规律来解释美国与其他国家间国际投资格局和国际贸易格局的变化规律,并从中分析这种变化的动向和影响。

所谓产品的生命周期,是指产品在市场销售中的兴与衰,即从推出新产品,到广泛流行,再到最后退出市场的全过程,而不是从使用价值角度所说的产品自然属性逐渐消失的过程。弗农认为,随着美国所发明的新技术的向外扩散,产品经历了三个发展阶段,对外投资和对外贸易格局也相应发生着变化。弗农的产品生命周期论可以用图 12-1 描述如下:

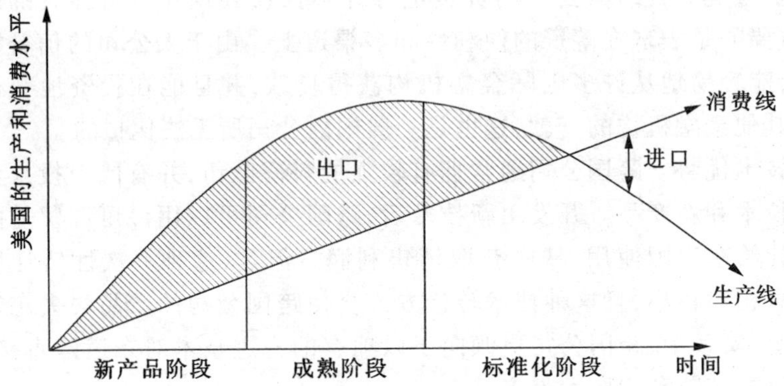

图 12-1　美国新产品的生命周期

1. 新产品阶段

新产品往往在发达国家首先推出,因为一种新产品的推出,需要投入大量的产品开发资金,并要求有很高的技术。此时,新的创造发明技术刚刚从试验转入商业实用,因此产品还很不完善,其最佳生产地点只能设在本国,没有向外转移。新产品的开发与生产之初,主要是为了满足国内的需求,并主要是提供给国内少数高收入阶层消费,此时也出口一小部分,供收入水平相近的国家消费。美国企业在这一阶段中处于完全的垄断优势地位。

2. 成熟的产品阶段

在这个阶段中出现了下面几个特点:其一,国内外的需求都在增长。由于消费的示范效应和新产品价格的逐渐下降,美国国内的需求增长很快,国外的需求也明显增加。美国的该产品出口已不仅销向西欧发达国家,而且也销向发展中国家。其二,美国国内的生产大量增加。由于产品已定型,技术已成熟,国内的很多生产者涌入这一部门,因而市场竞争明显增强,企业越来越注意改进技术与管理水平,并注意提高规模效益,以便降低生产成本。其三,开始出现跨国生产。美国产品的大量出口,不仅引起对方国家贸易壁垒的限制,而且也使美国越来越遭受到原材料供应不足、运输设施缺乏及中间费用增加等问题的困扰。在这种情况下,美国公司仅通过出口来维持和扩大在国外的市场利益是相当困难的,于是开始向国外直接投资设厂。这一时期的对外投资,主要是面向西欧这类市场容量大、生产条件好、要素价格比美国相对便宜的国家。

3．标准化产品阶段

此时的生产技术和产品都已高度标准化，对技术的要求和对生产者劳动熟练程度的要求都比以前减弱了，但对降低生产成本的要求却比以前更迫切。在这种情况下，选择在生产成本最低的国家投资设厂就更加重要。于是，自然资源丰富、劳动力价格便宜的发展中国家便成为美国公司向海外转移生产场所的较理想的选择对象。美国公司在逐渐放弃这一老产品生产的同时，又开始研制和开发新的产品，继续在新技术和新产品领域中保持垄断优势。

弗农的产品生命周期理论表明，企业到国外投资设厂的主要原因，是通过把自己的垄断优势与东道国的区位优势结合起来的方式，达到降低生产成本、提高产品竞争力以巩固和扩大市场占有率的目的。与此同时，国际直接投资中的投资国一般是发达国家，它们首先向各种条件相近但又有一定区位优势的其他发达国家投资，然后又会转向广大的发展中同家。

（三）内部化理论

内部化理论亦称市场内部化理论，是分析国际直接投资动因的一般理论。该理论起源于20世纪30年代的“科斯定理”。20世纪70年代，英国经济学家巴克雷和卡森在其1976年合著出版的《跨国公司的未来》和1978出版的《国际经营论》中，把“科斯定理”融入国际直接投资理论，提出了现实意义更强的内部化理论。

巴克雷和卡森认为，影响企业交易成本并因而决定市场内部化的因素主要有四个：（1）产业因素，主要包括产品的性质、规模经济以及外部市场的结构等。（2）国家因素，主要包括国家的政治制度、法律制度和财政金融政策对公司行为的影响。（3）地区因素，主要包括有关区域内的地理和社会特点，如地理位置、社会心理、文化环境等。（4）企业因素，主要包括企业的组织机构、管理经验、控制和协调能力等。在上述因素中，产业因素和企业因素是影响内部化行为的关键因素。

巴克雷、卡森以及赞同内部化理论的学者，还论述了市场内部化行为的动机和原因，可以概括为：防止技术优势的扩散和丧失；降低外部市场交易造成的不确定性；减弱国际市场不完全所引致的损失；利用转移价格获取高额利润；逃避国内税等等。可见，内部化理论如同垄断优势论一样，属于一般的国际投资理论，能够解释大部分对外直接投资的动因。

（四）比较优势论

在战后出现的诸多国际直接投资理论中，日本学者小岛清的理论独具特色，向占统治地位的垄断优势论提出了挑战。人们将小岛清的国际直接投资理论称为比较优势论，或称边际产业扩张论。

1. 指出垄断优势论的局限与弊端

小岛清认为,国际直接投资理论中占统治地位的垄断优势论的局限性是明显的,只适合于解释美国式的对外直接投资。他在1977年出版的著作《对外直接投资论》中进一步分析了垄断优势论的弊端。他指出:以海默为代表的垄断优势论过分地强调了企业的微观经济效益,忽略了国家的宏观经济效益。该理论只从厂商的角度考察对外直接投资的垄断优势和投资利益,重视了对海外投资企业的微观经济分析,却完全忽略了对宏观经济因素的分析,把国家的整体经济利益抛开不顾。

小岛清指出,在垄断优势论的指导下,美国出现的对外直接投资主要是贸易替代型的,即用到国外投资生产的方式替代出口该类产品,以便绕开外国政府设置的贸易壁垒。但是,美国的这种经济行为违背了国际分工体系中的比较优势原则,不利于美国的总体经济利益。在批评垄断优势论的基础上,小岛清从宏观分析的角度入手,提出了自己的国际直接投资理论——比较优势论。

2. 比较优势论的主要内容

小岛清的国际投资理论是以日本的对外直接投资为研究对象的,可以归纳为:"对外直接投资论的核心,集中于一点就是:对外直接投资应该从本国(投资国)已经处于或即将陷于比较劣势的产业(可称边际产业,这也是对方国家具有显在或潜在比较优势的产业)依次进行。"①

依据上述基本理论,小岛清做出以下几点重要推论:一方面,可以把国际直接投资和国际贸易从理论上统一到比较成本理论上来。在贸易方面,按照既定的比较成本行事,一国大力生产和出口具有比较优势的产品,同时缩小国内的比较劣势产业并进口该种产品,就可以获得贸易利益。在对外直接投资方面,按照比较成本原则行事,投资国应从趋于比较劣势的边际产业开始进行投资,这可以使东道国潜在的比较优势显现出来,并可以扩大两国间的比较成本差距。可见,国际直接投资和国际贸易都可以用比较成本理论来解释。另一方面,日本式的对外直接投资不是取代贸易,而是补足贸易、创造和扩大贸易。这是因为,从本国趋于比较劣势的边际产业进行对外直接投资,在东道国廉价生产并返销回本国是有利的。在两国模式的情况下,日本式的对外直接投资要把部分产品返销回本国;在多国模式的情况下,产品要大量销向第三国。此外,日本对外直接投资会伴随机器、设备的出口。东道国引进外资,提高国民收入后,也会从日本进口更多的商品。

① 参见〔日〕小岛清:《对外贸易论》(中译本),南开大学出版社1987年版,第444页。

（五）国际生产折中论

国际生产折中论也被称作国际生产综合论，是英国经济学家约翰·邓宁教授于1977年在题为《贸易、经济活动的区位与多国企业：折中理论探索》的论文中提出来的，用以解释跨国公司的对外直接投资行为。由于吸收了理论界各家之长，加上邓宁的系统分析，国际生产折中理论成为当代影响力极大的国际直接投资理论。

邓宁认为，以往的国际直接投资理论各流派都只是从一种主要因素去分析企业进行对外直接投资活动的动因，虽然各有各的道理，但却缺乏全面性。他认为，现代国际直接投资活动的动因是多重的、缺一不可的，因此，需要用一种综合性的理论去分析这类经济行为。他指出，决定对外直接投资活动的三个基本因素是所有权优势、内部化优势和区位优势，并且，他将这三种优势称为“三优势范式”（OLI paradigm）。

1. 所有权优势

所有权优势又称垄断优势或厂商优势，是指一国企业拥有或能够获得的，而国外企业没有并无法获得的资产、技术、规模和市场等方面的优势。邓宁这里讲的所有权优势包括四个方面的内容：(1) 技术方面的优势，包括专利技术、技术诀窍、销售技巧、驰名商标以及生产技术和新产品的开发能力。(2) 管理方面的优势，包括高素质的管理人才和丰富的管理经验。(3) 资金方面的优势，既有巨额的自有资金，也较容易多渠道、低成本地获取外部资金。(4) 规模方面的优势，包括两层含义：公司规模越大，研究、开发、创新能力越强；产品成本越低，竞争力越强。

2. 内部化优势

内部化优势是指企业为避免不完全市场带来的影响，而把企业优势保持在企业内部。邓宁认为，由于市场的不完全性，企业所拥有的各种优势可能会逐渐丧失，因而企业本身存在着使企业优势内部化的强大动力。只有把市场上的买卖关系变为企业内部的交易关系，才会使企业拥有的优势发挥出更大的作用。当企业把这种内部化优势跨越国界扩展时，便引发了国际直接投资活动。

3. 区位优势

区位优势是指东道国能为外国厂商在本国投资设厂提供的有利条件。区位优势不同于前两种优势，它是跨国公司所无法控制的、只能去熟悉和利用的优势。邓宁这里讲的区位优势包括两个方面的内容：要素禀赋性优势，包括自然资源、地理位置、气候条件、土地和劳动力资源及价格等；制度政策性优势，包括政治经济制度、贸易金融政策、法律法规的建立与执行情况、行政机构的效率情况以及对外资的优惠条件等。①

邓宁认为，企业不一定能够同时具备上述三种优势，因而应灵活选择参加国际经济活动的方式，可以简单归纳为以下三组公式：

所有权优势 = 许可证贸易

所有权优势 + 内部化优势 = 商品出口

所有权优势 + 内部化优势 + 区位优势 = 国际直接投资

由此可见，国际生产折中理论是具有较强实用性的国际直接投资的“通论”。该理论既继承了海默的垄断优势论的观点，也吸收了巴克雷等人的内部化论的观点，并借鉴了“区位优势”的概念，构成了兼收并蓄的综合理论。这种综合性理论能够解释企业参加国际经济活动的三种主要形式，即对外直接投资、商品出口和许可证贸易。

（六）投资周期理论

为了从动态分析的角度解释各国在国际直接投资中的地位，进一步发展和完善国际投资折中理论，邓宁于 20 世纪 80 年代初系统研究了 67 个国家 1967 年至 1978 年间的经济发展水平与对外直接投资活动的内在联系，提出了他的投资发展周期论。

在对 67 个国家的研究过程中，邓宁根据人均国民生产总值，把这些国家分为四组，并相应地将投资发展周期划分为四个阶段，如表 12-3 所示：

表 12-3　不同发展阶段国家的直接投资流入流出状况

人均 GNP(1971)	加权平均 1967—1978 年			非加权平均 1967—1978 年			
	流入	流出	净流出	流出	流入	净流出	
						1967—1975 年	1976—1978 年
4 000 美元以上	33.0	16.3	16.7	24.8	30.3	-5.5	7.9
2 500—3 999 美元	20.2	15.7	4.5	20.8	31.4	-5.5	-7.6
1 000—2 499 美元	3.2	12.9	-9.7	1.2	38.6	-10.6	-32.6
500—999 美元	0.4	8.6	-8.2	0.4	21.8	37.4	-14.4
400—499 美元	0.2	7.4	-7.2	0.2	9.0	-21.4	-7.1
300—399 美元	0.2	3.2	-3.0	0.1	3.7	-8.8	-3.2
200—299 美元	0	3.1	-3.1	0	1.9	3.6	-2.9
125 美元以下	0	0.5	-0.5	0	1.3	-1.9	-1.6

资料来源：J. H. Dunning, *International Production and the Multinational Enterprise*, George Allen and Vnwin Ltd., 1981。

① 2000 年，邓宁又在 *International Business Review* 上发表了“The Eclectic Paradigm as an Envelope for Economics and Business Theories of MNcs Activity”一文，对直接投资的区位因素作了进一步的细化和补充。

邓宁认为，对外直接投资的发展阶段也可以用国际生产折中理论来解释。在第一阶段，国家所有权优势、内部化优势和区位优势三种优势均缺乏，而本国的区位优势对外国投资者的吸引力也较小，因而没有资本流出，资本流入也很少。在第二阶段，随着国内市场的不断扩大，购买力不断提高，直接投资流入开始增大。在第三阶段，国内经济发展水平显著提高，对外直接投资开始迅速增加，相对地，直接投资流入开始放慢。在第四阶段，经济发展水平已经很高，对外投资净额成为正数，这说明本国的垄断优势很强，并且具备了所有权优势、内部化优势和利用外国区位优势的能力。

邓宁的投资周期理论向人们揭示了国际直接投资活动的规律性和发展趋势。这一理论表明，一个国家的经济发展水平决定着该国经济活动中的所有权优势、内部化优势和区位优势的强与弱，进而决定着该国在国际直接投资领域中的地位。通过实证分析，邓宁得出如下一般结论：一国的所有权优势和区位优势与引进国外直接投资呈正相关关系，与对外直接投资呈负相关关系；内部化优势既可以促进对外直接投资，也可以促进引进外国直接投资，取决于投资国和东道国市场不完全的程度。一国的经济发展水平决定了“三优势”（即所有权优势、内部化优势和区位优势）的强弱，而“三优势”的均衡决定了一国的净国际直接投资地位。

四、国际直接投资环境

国际直接投资环境，是指影响国际投资的各种自然因素、政治因素、经济因素、社会因素和法律因素相互依赖、相互完善、相互制约所形成的矛盾统一体。目前，学术界比较通行的看法是把国际投资环境分为自然、经济、法律、政治、文化等五个方面。在国际投资实践中，具体评价投资环境的方法多种多样，但其思路是大致相同的，即将总投资环境分解为若干具体指标，然后再综合评判。

1. 冷热比较分析法

美国学者伊西阿·利特法克和彼得·拜廷根据他们对 20 世纪 60 年代后半期美国、加拿大等国工商界人士进行的调查资料，于 1968 年在《国际经营安排的理论结构》一文中提出了投资环境“冷热比较分析法”，指出要从政治稳定、市场机会、经济发展与成就、文化一元化、法令障碍、实质障碍、地理与文化差异等七个方面对各国投资环境进行综合比较分析。其中，政治稳定性、市场机会、经济发展与成就、文化一元化同属“热”因素，而法令障碍、实质障碍、地理与文化差异同属“冷”因素。“热”因素越大，“冷”因素越小，一国投资环境越好（即“热国”），外国投资者在该国的投资参与成分就越大。反之，一国投资环境越差（即“冷国”），则该国的外国投资成分就越小。

2. 等级尺度法

1969 年 9 月，美国学者罗伯特·斯托鲍夫（R. B. Stobauch）在《哈佛商业评论》上发表了《如何分析外国投资气候》一文，提出了关于投资气候的分析方法，其中一种办法即为等级尺度法（Rating Scale），又称为评分分析法。

等级尺度法主张从东道国政府对外国直接投资者的限制和鼓励决策着眼，具体地分析影响投资环境的各种微观因素，即币值稳定、每年通货膨胀率、资本外调、允许外国所有权的比例、外国企业与本地企业之间的差别待遇和控制、政治稳定、当地资本供应能力、给予关税保护的态度。在这八大因素中，罗伯特又把每一个因素分解为若干子因素，然后根据各个因素对投资环境的有利程度予以评分，满分为 100 分（见表 12-4），其中又根据八大因素各自在投资环境中作用的大小确定了不同的权重，从而避免了对不同因素的平等看待。

表 12-4　投资因素等级尺度法

考察因素	评分
1. 货币稳定性	4—20
自由兑换货币	20
官价和黑价之差不超过 10%	18
10%—40%	14
40%—100%	8
超过 100%	4
2. 近 5 年通货膨胀率	2—14
低于 1%	14
1%—3%	12
3%—7%	10
7%—10%	8
10%—15%	6
15%—35%	4
超过 35%	2
3. 资本外调	0—12
无限制	12
有时限制	8
对资本外调有限制	6
对资本和利润收入有限制	4
严格限制	2
完全不准外调	0

（续表）

考察因素	评分
4. 外商股权	0—12
允许占 100%，并表示欢迎	12
允许占 100%，但并不表示欢迎	10
允许占多数股权	8
允许最多占 50%	6
只允许占少数	4
只允许占 30% 以下	2
完全不允许外商控制股权	0
5. 外国企业与本地企业之间的差别待遇和控制	0—12
外国与本地企业一视同仁	12
对外国企业略有限制但无控制	10
对外国企业不限制但有若干控制	8
对外国企业有限制并有控制	6
对外国企业有些控制，且有严格限制	4
严格限制与控制	2
根本不准外国人投资	0
6. 政治稳定性	0—12
长期稳定	12
稳定，不过依赖某一重要人物	10
稳定，但要依赖邻国的政策	8
内部有纠纷，但政府有控制局面的能力	6
来自国内与国外的强大压力对政策有影响	4
有政变或发生根本变化的可能	2
不稳定，极有可能发生政变	0
7. 当地资本供应能力	0—10
发达的资本市场、公开的证券交易	10
有部分本地资本、投资证券市场	8
有限的资本市场、缺乏资本	6
有短期资本	4
对资本有严格限制	2
资本纷纷外逃	0

（续表）

考察因素	评分
8. 给予关税保护的态度	2—8
全力保护	8
有相当保护	6
有些保护	4
非常少的保护或无保护	2
总计	8—100

资料来源:引自〔美〕罗伯特·斯托鲍夫,"如何分析对外投资气候",《哈佛商业评论》,1969 年 9—11 月。

3. 加权等级分析法

该方法是由美国教授威廉·A. 戴姆赞于 1972 年提出的。按照这种方法,公司首先对各种环境因素的重要性进行排列,并给出相应的重要权数。然后,根据各环境因素对投资产生不利影响或有利影响的程度进行等级评分,每个因素的评分范围都是从 0(完全不利的影响)到 100(完全有利的影响)。最后,把各环境因素的实际得分乘以相应的权数,并进行加总。按总分高低,可供选择的投资对象国被分为:投资环境最好的国家、投资环境较好的国家、投资环境一般的国家、投资环境较差的国家、投资环境恶劣的国家(见表 12-5)。

表 12-5 投资环境加权等级分析法

按重要性排列的环境因素	A 国			B 国		
	(1) 重要性权数	(2) 等级评分 0—100	(3) 加权等级评分(1)×(2)	(1) 重要性权数	(2) 等级评分 0—100	(3) 加权等级评分(1)×(2)
1. 财产被没收的可能性	10	90	900	10	55	550
2. 动乱或战争造成损失的可能性	9	80	720	9	50	450
3. 收益返回	8	70	560	8	50	400
4. 政府的歧视性限制	8	70	560	8	60	480
5. 在当地以合理成本获得资本的可能性	7	50	350	7	90	630
6. 政治稳定性	7	80	560	7	50	350
7. 资本的返回	7	80	560	7	60	420
8. 货币的稳定性	6	70	420	6	30	180
9. 价格稳定性	5	40	200	5	30	150

（续表）

按重要性排列的环境因素	A 国			B 国		
	(1) 重要性权数	(2) 等级评分 0—100	(3) 加权等级评分(1)×(2)	(1) 重要性权数	(2) 等级评分 0—100	(3) 加权等级评分(1)×(2)
10. 税收水平	4	80	320	4	90	360
11. 劳资关系	3	70	210	3	80	240
12. 政府给予外来投资的优惠待遇	2	0	0	2	90	180
加权等级总分	5 360			4 390		

4. 成本分析法

成本分析法是西方常用的评价方法。这一方法把投资环境的因素均折合为数字作为成本的构成，然后得出是否适合于投资的决策。对此，英国经济学家拉格曼通过深入的研究，提出了“拉格曼公式”。拉氏认为，将各种投资环境因素作为成本构成代入，可能会出现三大类情况：

(1) 若 $C+M'<C'+A'$，便选择出口，因为出口比对外直接投资有利；

若 $C+M'<C'+D'$，便选择出口，因为出口比转让许可证有利。

(2) 若 $C'+A'<C+M'$，便建立子公司，因为对外直接投资比出口有利；

若 $C'+A'<C'+D'$，便建立子公司，因为对外直接投资比转让许可证有利。

(3) 若 $C'+D'<C'+A'$，便转让许可证，因为转让许可证比对外直接投资有利；

若 $C'+D'<C+M'$，便转让许可证，因为转让许可证比出口有利。

其中，C 表示本国国内生产正常成本；C'表示东道国生产正常成本；M'表示出口销售成本（包括运输、保险和关税等）；D'表示各种风险成本（包括泄露和仿制等）；A'表示国外经营的附加成本。

成本分析法不仅综合了各种因素所造成的成本，而且把它和参加国际市场的三种形式结合起来，是西方投资者经常采用的评价方法。

5. 抽样评估法

抽样评估法是指对东道国的外商投资企业进行抽样调查，了解它们对东道国投资环境的一般看法。其方法是，首先选定或随机抽取不同类型的外企，列出投资环境评价要素，然后由外企高级管理人员进行口头或笔头评估，评估通常采取回答调查表的形式。

抽样评估法的最大优点是能使调查人员得到第一手信息资料，它的结论对潜在投资者的投资来说，具有直接的参考价值。但是，其缺点是评估项目的因素往往不能列举得很多,因而可能不够全面。此外,评估结果常常带有评估人的主观色彩。

专栏 12-1

世行报告:评点中国五大城市投资环境

世界银行从2001年开始,用了两年时间对京、沪、穗、津、蓉五个城市作了大量调研后,发布了《改善中国的投资环境》的报告。该报告使用了"政府有效性"、"劳动力市场灵活性"等七项指标对五大城市的投资环境进行了具体评价。从评价结果看,各城市在不同方面都有它们的优势和不足。

表 12-6　城市投资环境主要构成因素分析表

指标名称	上海	广州	北京	天津	成都
国际一体化	最佳	第二	第三	第四	最差
国内市场进入与退出障碍	第二	最佳	第四	第三	最差
劳动力灵活性(即劳动力就业成本)	第二	最佳	并列第三	并列第三	最差
金融服务	最佳	第二	第三	最差	第四
技能和技术(即人力资源的质量与在职员工培训、科技研发方面的投入力度)	最佳	并列居中	并列居中:员工素质好,员工培训少	员工培训与R&D均较差	并列居中:R&D好,培训和员工素质居中
民营部门的参与水平	最差	最佳	第三	并列第二,外资比例高	并列第二,外部私有部门比例高
政府效率	航运损失低,腐败指数居中,管理负担高	航运损失高	腐败指数较低,但较官僚	腐败指数较高,航运损失和管理负担居中	腐败指数高,但管理负担最小,航运损失居中

第二节 国际并购管理

市场经济条件下的企业,作为一种特殊的商品,可在特定的市场(如产权交易市场、证券市场)上作为买卖的对象。获得诺贝尔经济学奖的史蒂格尔教授在研究中发现,世界500强企业几乎全都是通过资产联营、兼并、收购、参股、控股等手段发展起来的。由此可见,并购是企业超常规发展的重要途径。

一、企业国际并购动因①

企业的经营目标是自身价值最大化,国际并购作为其一种重要的跨国投资活动,其产生的动力主要在于最大可能地实现企业增值,但就单个企业的具体的国际并购行为而言,其动机又各不相同,归纳起来大体有以下几种:

(一) 获得规模效益

规模经济是指每个时期内,企业从事产品生产的业务、职能的绝对量增加时,其单位成本下降的现象。具体而言,规模经济又可分为生产规模经济和管理规模经济两个层次。生产规模经济主要是指企业通过国际并购对生产资本进行补充和调整,达到规模经济的要求,在各子公司实行专业化生产。管理规模经济主要是指企业现在的管理者以非标准方式经营,当其被更有效率的国外企业收购后,在更替管理者的同时,能够提高管理效率。不仅如此,由于管理费用可以在更大范围内分摊,使单位产品的管理费用大大减少,企业可以集中人力、物力和财力致力于新技术、新产品的开发。这种效应即“韦斯顿协同效应”,又常被称为“1 +1 >2 效应”。

(二) 借壳上市

目前,许多国家对上市公司的审批都比较严格,上市资格从而成为一种资源。某些国际并购不是为获得目标企业本身,而是为获得目标企业的上市资格。通过到国外借壳上市,企业可以在国外筹集资金进入外国市场。

① 参见许朝兵:“企业并购的财务分析”,经济学家网站(http://www.jjxj.com.cn)。

专栏 12-2

国美香港借壳上市

2004 年 6 月 7 日，中国鹏润集团有限公司（简称中国鹏润，HK0493）在香港联交所的复牌公告称，将斥资 83 亿港元收购持有国美电器 65% 股权的 Ocean Town 的全部已发行股份。此次收购完成后，中国鹏润拟改名为国美电器控股有限公司，而国美电器也以借壳方式成功实现了在香港上市的计划。

国美借壳鹏润上市，实际上是其共同的控股人黄光裕旗下的"鹏润系"的一次重大重组（如图 12-2 所示）。黄光裕自创业以来先后建立了国美电器和鹏润投资，形成了电器连锁、地产两大主业以及"国美"、"鹏润"两大品牌。2002 年 3 月，鹏润投资在香港收购上市公司"京华自动化"（0493），并更名为"中国鹏润"，而国美上市的计划也在同年正式展开。首先，黄光裕将准备上市的资产打包装入"国美电器有限公司"，由北京鹏润亿福网络技术有限公司（最终控制人为黄光裕）持有其 65% 的股权，黄光裕直接持有剩余 35%。其次，黄光裕在 BVI 成立两家境外公司，即 Ocean Town 和 Gome Hodings Limited，并先将北京鹏润亿福所持国美电器 65% 的股权转让给 Ocean Town，使国美电器变成一家中外合资零售企业，再由 Gome Hodings Limited 全资拥有 Ocean Town。最后，中国鹏润以代价股份和可换股票据支付，出资 83 亿港元向 Gome Hodings Limited 收购 Ocean Town 所持国美电器 65% 的股权，国美电器最终成功实现借壳在港上市。

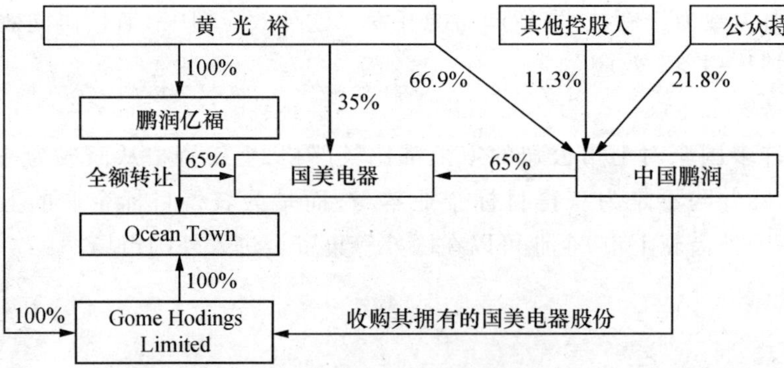

图 12-2　国美买壳上市过程图

资料来源：中国并购交易网（http://www.mergers-china.com）。

（三）获取战略机会

购买未来的发展机会也是一个很重要的并购动因，因为当一个企业决定扩大其在某一特定行业的经营时，一个重要战略就是并购那个行业中的现有企业，这样可以直接获得正在经营的研发部门，避免了工厂建设延误的时间，且并购不仅会使该行业中减少一个竞争者，而且还可以使并购方直接获得被并购方在行业中的位置。

（四）经验成本曲线效应

经验（主要为企业在技术、管理和企业文化等方面的特长）往往是一种有效的进入壁垒，而通过国际并购可以使本企业分享目标企业的经验，减少企业为积累经验所需付出的学习成本。

（五）财务协同效应

1. 避税因素。由于股息收入、利息收入、营业收益与资本收益间的税率差别较大，在并购中采取恰当的财务处理方法可以达到合理避税的效果。不仅如此，国外企业还可以通过制定内部转移价格，实现盈利从高税率国家向低税率国家的转移，从而减少公司整体的纳税额。

2. 筹资因素。在国外并购一家掌握有大量资金盈余但股票市价偏低的企业，可以同时获得其资金以弥补自身资金不足。举例来说，在香港注册上市的上海实业控股有限公司斥资 6 000 万元收购了上海霞飞日化公司，为我国企业探索出一条间接利用外资发展自身品牌的新路。霞飞虽然拥有驰名商标的优势，但是由于缺乏资金，仍然发展缓慢。并购完成后，它通过在香港注册的公司向海外融资。

3. 财务预期效应。由于并购时股票市场对企业股票评价发生改变而影响股价，成为股票投机的基础，而股票投机又促使并购发生。在美国的国外并购热潮中，预期效应的作用使企业并购往往伴随着投机和剧烈的股价波动。

4. 投机因素。企业并购的证券交易、会计处理、税收处理等所产生的非生产性收益，可改善企业财务状况，同时也助长了投机行为。在我国出现的外资并购中，投机现象日渐增多，他们以大量举债方式通过股市收购目标企业股权，再将部分资产出售，然后对目标公司进行整顿再以高价卖出，充分利用被低估的资产获取并购收益。

专栏 12-3

并购成为 2009 年中国重要投资主题

2009 年第一期汤森路透亚太区并购季报显示,全球其他地区并购活动在 2008 年均出现回落。2008 年,全球并购下降 29.6% 至 2.9 万亿美元。其中欧洲并购跌至 1995 年以来最低水平;亚洲(日本除外)并购下降 11.1%;在美洲,若不是美国政府救助刺激的并购,市场化的并购也不乐观。

不过,同期中国并购活动仍保持强势并飙升至历史新高的 1 596 亿美元交易额,较 2007 年跃升了 44%。中国是在亚洲(日本除外)地区内有最多目标并购的国家,占区内市场份额 26.9% 和共值 1 042 亿美元的交易。其中,中国的跨境并购交易更创下历史最高纪录,达到 784 亿美元,较上一年的 519 亿美元增长 51.1%。

在中字号企业 2008 年上演的海外并购大戏中,国企成为主导。中钢集团、中集集团等多家大型国有企业均参与出境并购。从被并购企业所在地区上看,澳大利亚仍为中资企业出境并购案例发生最多的国家,占出境并购总数的 30% 以上。

进入 2009 年,业内人士普遍预计,中国企业的并购热情将有增无减。并购将成为 2009 年的重要投资主题。

2008 年 12 月 2 日,商务部官员透露,正在协同相关部门研究放宽国内企业海外并购条件的相关政策措施,支持我国企业海外并购。12 月 9 日,银监会出台《商业银行并购贷款风险管理指引》。值得关注的是,该办法规定,并购的资金来源中并购贷款所占比例最高可以达到 50%,而且并购贷款期限可以达到 5 年。这无疑为新一轮并购浪潮的到来注入强心剂。

资料来源:根据“并购将成为 2009 年中国重要投资主题”,《羊城晚报》,2009 年 1 月 8 日整理而得。

二、国际并购投资所需考虑的因素

在评估一个国际并购项目的可行性时,并购方必须考虑以下几个因素:汇率变动、目标公司的经营风险、运用财务杠杆的能力、并购企业所在国的会计制度与税法以及国家障碍。

（一）汇率变动

在前面的式(1)中，我们可以看到，当前与以后各期的预期即期汇率将直接影响到一个并购项目的净现值，并最终决定该项目的可行性。在其他因素保持不变的情况下，当前即期汇率 S_0 越低，并购方收购目标企业所需支付的本币越少；未来各期的即期汇率 S_t 越高，并购方公司收到的以其本币表示的净现金流量也将越多；将目标公司出售时（第 n 期）的即期汇率 S_n 越高，并购方公司收到的以本币表示的残值收入也就越高。由以上分析可见，收购一外国公司的最佳时机就是目标公司所在国货币即期汇率很低但却有很大升值潜力的时刻。

（二）目标公司的经营风险

国际投资者对位于不同国家的不同企业的经营风险，所要求的收益率是不同的，且随着经营风险的增加而提高，即各国潜在并购者对同一个目标公司要求的收益率因其在第三国所面临的风险而异。这样，一些国家的公司可能比另一些国家的公司认为该兼并项目更有吸引力。

（三）运用财务杠杆的能力

在国际并购中，并购方一般都会用借来的资金为其并购提供部分融资。由于各国筹集资本的灵活性具有很大差异，所以在国际并购中，并购方必须首先考虑到自身融资能力，如果本国的投资者和债权人可以接受较高的财务杠杆，则其在国际并购中就更易取得主动。

（四）并购企业所在国的会计制度与税法

在一些国家中，会计和税法能为该国的潜在并购公司创造竞争优势，从而使其能够对目标公司提出更高的报价。

（五）国家障碍

有些国家或地区为了阻止对某些目标公司的并购，而制定了一系列制度，从而为国际并购制造了许多显性和隐性障碍。例如，敌意兼并在一些国家是犯法的，因此在这些国家，外国潜在并购企业通常不能够以这种方式并购目标公司。

并购与兼并经常会牵连到公司上层管理者的财务、就业及其他利益，所以自利的公司管理人员在面临被收购的处境时，不仅会针对应向公司股东支付的价格与收购方讨价还价，还会非常在乎这样一些问题，如谁将在兼并后的公司中担任 CEO、谁将成为董事会成员、总部设在何地、公司名称是否改变，以及对被兼并公司高层管理人员的补偿是多少。美国学者 Jay C. Hartzell 在其最近研究中指出，有相当一部分目标公司的 CEO 在被兼并的过程中会以特殊红利或奖金的形式收到一部分其与兼并公司事先商定的现金，这些现金流与该 CEO 原来在职时能拿到的额外补偿是正相关的，而与其能在兼并后公司继续任职的可能性是负相关的。[①] 由此可见,被兼并公司的高管人员的自利行为同样为跨国并购增加了障碍,并且这种障碍有时直接决定了并购的成败,因此这同样也是跨国公司在制定并购决策时所必须考虑的问题。

三、国际并购投资项目的再评估

即使并购企业在已经对目标企业进行了并购可行性评估,并做出了接受或放弃的决定的情况下,也仍应该在一段时间后或重大经营条件发生改变时,对该项目进行重新评估。

当该目标企业经营风险或跨国公司资本成本降低时,当目标企业所在国政府优惠政策增加及该国经济情况改善时,或当对汇率有更加有利的预期时,以前已被放弃的国外项目可能会变得可以被接受。同理,由于经营环境的恶化,已被国际并购企业实施的国外项目也必须不断接受再评估,以决定该项目是应继续经营还是应撤资。

案例分析

中铝并购力拓失败为中国企业海外收购敲响警钟

2月12日

中铝和力拓发布联合公告称,中铝公司与力拓集团已于2月12日签署战略合作协议,力拓集团将接受中国铝业195亿美元现金注资。转股后中铝公司在力拓集团整体持股比例将由目前的9.3%增至约18%,同时中铝公司将提名2位非执行董事进入力拓集团董事会。

3月17日

中铝并购力拓被澳大利亚相关政府审查延长90天。

3月26日

澳反垄断机构批准中铝与力拓的交易。

3月27日

国内4家银行210亿美元贷款支持中铝入股力拓。

① 参见 Jay C. Hartzell, "What's In for Me? CEO Whose Firm Are Acquired", *The Review of Financial Studies*, Volume 17, Number 1, Spring 2004。

5月16日

中铝与力拓交易获美国外国投资委员会批准。

6月5日

力拓发布声明，力拓集团董事会已撤销对双方战略合作交易的推荐，并将依据双方签署的合作与执行协议，向中铝支付1.95亿美元的“分手费”。

6月5日

必和必拓与力拓就合资铁矿石业务达成协议。

尽管2009年是走出去的好时机，但欧美国家对中国企业海外收购的警惕也在不断加深。面对中铝海外并购失利，业内专家认为，中铝的失败已经为中国企业海外并购敲响警钟。面对其他国家对中国，特别是国企投资苛刻限制这一“潜规则”，国企亟待在战略和战术等方面进行提高。中国在海外并购方面明显缺乏经验。包括联想、TCL、海尔、中海油等在内的中国企业巨头都没有特别好的成功案例。联想收购IBM一直被国人看好，但实际情况很糟糕，目前已经亏损了几亿美元。目前企业面临国际经验不足、风险评估不足等诸多问题，政府总体规划、指导企业控制风险、跨国并购人才等多方面都远远不够。

因为国企的特殊性，一个投资往往被其他国家当做是政府行为。这也是国企海外投资困难加剧的重要原因。这也表明我们企业在进行海外项目时，应该更加强调其商业性而非战略意义。从现阶段看，可以通过与一些投资银行、民营企业等合作，形成投资基金或新的企业来进行海外投资，避免单一企业进行大宗并购活动。此外，中国企业在并购中还要增强全方位的运作，除了交易过程本身，还要注重与当地政府和交易关联方股东的游说，加强当地舆论方面的引导。

中国企业在短期内扎堆涌向澳大利亚，过分引人注目，加大了中国投资方的政治性风险，特别是某些企业的海外投资真实动机可能并不是旨在提高效率的协同效应，而是在股市上制造题材。中国企业在并购过程中还要注重时间效率，因为多数情况下，与中国企业“合作”这一消息都会对相应外方公司产生利好，当其公司股价回升、投资者信心恢复后，中国企业将丧失原有的优势，失败可能性也更大。中铝在交易中错失了最佳时机就是很好的例子。

资料来源：根据“中国铝业失利已为中国企业海外并购敲响警钟”，《经济参考报》，2009年6月8日整理而得。

第三节 国际现金管理

现金是企业资源中流动性最强的一种资产,但它的收益性却往往很差,因此如果企业持有过量的现金,在降低财务风险的同时,必然会降低企业的收益。所以,一般国内企业现金管理的目的是在保证生产经营活动所需现金的同时,尽可能节约现金、减少现金持有量,而将闲置的现金用于投资,以获取更多的投资收益,而国际现金管理的目的是在全球范围内达到与国内现金管理相同的目标。因此,国际现金管理的具体任务可以分为两点:一是尽可能快速有效地控制公司的现金资源;二是在保持最佳现金持有量的同时,充分有效地利用闲置资金。

一、现金管理体系的建立

考虑到国际汇率与利率的剧烈波动,各个跨国公司都要求有一个集权化的现金管理体系。这是因为,一个完全集权化的现金管理体系具有许多各自为政的分权式现金管理体系所不具备的优点:在集权式现金管理体系下,子公司只需持有满足交易所需的现金储备,而不必为应对投机性需求及预防性需求而保有多余的现金余额;可以降低融资成本,增加利润率;公司的财务主管可以从公司全局的利益出发来制定决策;通过降低公司在国外的总风险资产,可以减少资金转移限制所导致的损失;通过增加总部的外汇汇兑及其他交易量,可以使银行为公司提供更优惠的外汇报价及更优质的服务;现金管理由一个固定的部门来负责,可以增强其专业性,从而提高公司总体的现金管理水平。鉴于以上优势,现在越来越多的跨国公司将更多的现金管理的权力集中于公司总部。当然,集权化仅是对公司内部达到一定层次以上的决策而言,并且这些决策的制定也需要通过各子公司提供充分的相关信息来完成。

二、国际现金管理中的净额支付

为了获得更多的利润,许多跨国公司正在全球范围内布置自己的生产线,使产品零部件的生产分布在不同的国家或地区,伴随着这一过程的进行,公司内部交易(如 A 子公司从 B 子公司购买某部件,而 B 子公司又从 A 子公司或者 C 子公司购买另一部件)与日俱增,子公司之间的现金流动总量越来越大。而与此同时,国际现金流动的成本却对公司业务的进一步发展提出了挑战。这是因为,据估计,国际现金流动的总交易成本(主要包括购买外汇的成本、外汇汇率浮动的成本及其他交易成本)大约为交易额的0.25%—1.5%,如此高昂的交易成本在一定程度上阻碍了公司内部交易的顺利进行,降低了公司的总利润。

净额支付(Payments Netting)体系的建立在一定程度上解决了该问题。净额支付体系的思想在于,尽管公司各分支机构之间交易频繁,但是并不需要每笔业务即期计算,而只需在一段时间以后支付交易净额。根据参与机构的数量的多少,可以将净额支付分为双边净额支付与多边净额支付两类。

双边净额支付是指跨国公司的两个分支机构之间互相销售商品,而在最终结算时只需支付(或收取)销售净额的做法。例如,中国的一家跨国企业在美国和日本建有两家分公司A与B,在某期中,A向B销售了1 000万美元的某零部件,并且随后从B购买了1 200万美元的半成品,在双边净额支付体系下,尽管其业务总量为2 200万美元,但在期终结算时仅需由A向B支付200万美元的净额即可。可见,双边支付体系简单易行,但是有时却无法处理更加复杂的公司内部交易。如图12-3所示情况,在该例中,每个子公司都与其他子公司之间有业务往来,双边支付体系并不能够很好地达到降低交易成本的目的,此时需要有一个更加复杂的净额支付体系——多边净额支付体系的建立与运用。

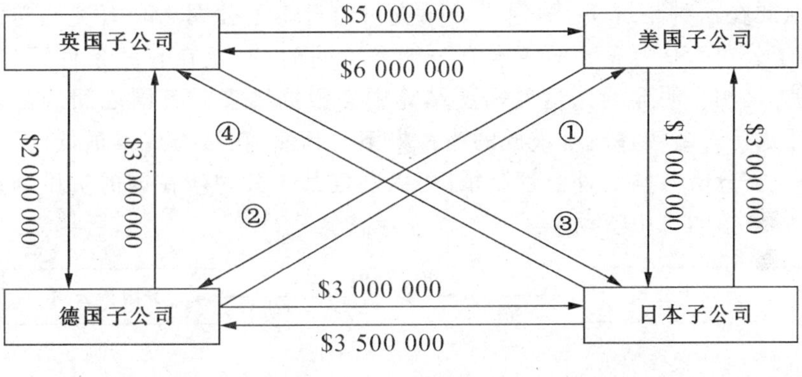

注:① 4 000 000　② 3 000 000　③ 7 000 000　④ 1 500 000

图12-3　某跨国企业各分公司之间的交易情况

在多边净额支付体系下,跨国公司一般在汇率管制较少的国家和地区建立一个结算中心,负责收集与记录企业各子公司之间在特定时期内的具体交易情况。在结算日,该结算中心利用公司内支付矩阵(如表12-7所示)来确定各子公司的净支付额或净收入额。在表12-7的例子中,如果没有净额支付体系,那么公司内部总的资金转移次数为12次,资金转移额为4 200万美元,而在净额支付体系下,公司内部资金转移额仅为500万美元,降低了88%,如果假设资金转移成本为1%,那么将节省资金转移成本37[(4 200－500)×1%]万美元。

表 12-7　公司内支付矩阵　　单位:百万美元

		支付公司					
		英国	美国	德国	日本	总收入	净收入
收入公司	英国	—	6	3	1.5	10.5	-3.5
	美国	5	—	4	3	12	2
	德国	2	3	—	3.5	8.5	-1.5
	日本	7	1	3	—	11	3
	总支付	14	10	10	8	42	0

在该案例中,一种可行的方案如图 12-4 所示,英国子公司支付给美国子公司 200 万美元,然后再支付给日本子公司 150 万美元,与此同时,德国子公司支付给日本子公司 150 万美元。当然还有其他可行的方案,如英国子公司支付给日本子公司 300 万美元,然后再支付给美国子公司 50 万美元,与此同时德国子公司支付给美国子公司 150 万美元。但值得注意的是,这两种方案尽管在理论上都是可行的,但是在具体情况下,一种方案会明显优于另一种方案。这是因为,在各国货币汇率波动频繁的今天,两国之间的货币兑换成本将随时间的改变而改变,因此在这种情况下,德国子公司支付给日本子公司 150 万美元与其支付给美国子公司 150 万美元的成本有可能是不同的(甚至在有些条件下,这种成本的差距是相当明显的),这就需要结算中心根据结算时各国之间的汇率稳定性,选择执行资金转移成本最低的一种方案。当然,在考虑成本最低的同时,结算中心还需分析各国的外汇管制情况,以确定其子公司所在国的货币当局是否允许国际资金的自由流动。

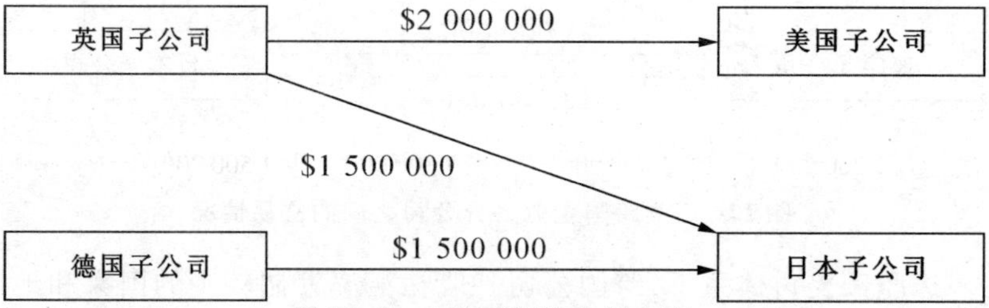

图 12-4　一种可行的支付方案

三、最优现金持有量的确定

在典型的集权式现金管理体系下,跨国企业一般将各分支机构的剩余现金集中到一个中央现金账户(Cash Pool),各企业只需要在本地持有维持交易所需的最低现金余额。这时,只要各子公司对现金的需求是相互独立的,那么集权化现金管理就能够以更少的现金储备来达到相同的保护程度。此外,企业建立中央现金账户可以在减少资金筹措量的同时,把大量的剩余资金以风险调整后收益最大化的原则投入到利润丰厚的领域,从而既可以降低企业的总体筹资成本,又可以增加企业利润。再者,中央现金账户的建立可以使企业集中管理由于持有外币资产而产生的风险暴露。

中央账户是建立在跨国公司完全掌控其分公司现金储备的基础之上的,而这必然会产生一系列问题,如子公司的管理者将无法充分实现本地的财务目标,因此母公司对其经营业绩的评价将面临严重挑战,而如果降低子公司管理者的盈利责任,那么他们又会缺乏动力来充分利用只有他们才能觉察到的特殊投资机会。对此问题的一种有效的解决方法是,子公司在向中央现金账户存入货币时会收到一定的利息补偿,相应地,如果它们要借用该账户的资金,那么他们必须支付一定的利息,从而中央账户扮演了一个银行的角色,它以一定的内部利率来吸收及贷放货币。在这种方法下,子公司的管理者能够更加清楚地认识到他们的闲置资金的机会成本,并且更有动力去把握好的投资机会。

本章重要术语

国际直接投资	横向型投资	纵向型投资
混合型投资	绿地投资	垄断优势论
产品生命周期理论	内部化理论	比较优势论
国际生产折中论	投资周期理论	国际直接投资环境
冷热比较分析法	等级尺度法	加权等级分析法
成本分析法	抽样评估法	国际并购投资
借壳上市	财务协同效应	中央现金账户
国际现金管理体系	双边净额支付	多边净额支付

本章小结

- 国际直接投资是指投资者为了在国外获得长期的投资效益并拥有对企业或公司的控制权和经营管理权而进行的在国外直接建立企业或公司的投资活动,其核心是投资者对国外投资企业的控制权。按照投资者对外投资参与方式的不同,国际直接投资可分为合资经营、合作经营、独资经营等三种类型。
- 由于企业所处国家、产业及自身发展水平方面存在很大的差异,进行跨国投资的目的并不相同。
- 随着战后国际直接投资活动的迅猛增长,解释这种经济现象的国际直接投资理论在西方经济学界也快速发展起来,这种理论不仅极其接近现实经济生活,而且更加系统与深刻。
- 垄断优势论、比较优势论、内部化理论及国际生产折中理论等都是具有深远影响的国际直接投资理论。

● 国际投资环境是指影响国际投资的各种因素相互依赖、相互完善、相互制约所形成的矛盾统一体，国际直接投资环境的优劣直接决定了一国对外资吸引力的大小。

● 企业的经营目标是自身价值最大化，国际并购作为其一种重要的跨国投资活动，产生的动力主要在于最大可能地实现企业增值的动机，但就单个企业的具体的国际并购行为而言，其动机则会有不同的具体表现形式。

● 在企业面临国际并购投资的选择时，必须对国外目标企业进行资本预算分析（净现值），以决定是否执行并购决策。

● 国际现金管理的目的是在全球范围内尽可能快速有效地控制公司的现金资源，且在保持最佳现金持有量的同时，充分有效地利用闲置资金。

相关网络地址

● http://www.mofcom.gov.cn：中华人民共和国商务部网站，可以了解到我国外资政策及我国当前吸引外资情况；

● http://fec.mofcom.gov.cn：中国对外经济合作指南，可以了解到我国最新的对外经济合作信息及世界主要国家的投资环境；

● http://www.cei.gov.cn：中国经济信息网，可以浏览到中国动态经济信息及各产业发展情况；

● http://www.china.com.cn/chinese/EC-c/636108.htm：经济_中国网，中国网的一个板块，可以浏览到我国当前经济热点问题与宏观经济信息；

● http://www.fdi.gov.cn：中国投资指南，可以查询到我国对外资的具体利用情况；

● http://www.mergers-china.com：中国并购交易网，可以浏览到众多在线并购信息；

● http://www.online-ma.com.cn：全球并购研究中心，可以了解到全球并购动态。

简答题

1. 什么是国际直接投资？
2. 简述绿地投资与控制外国股权投资的区别。
3. 为什么世界上许多国家对国际合资经营企业中外商的投资比例都有明确限制？
4. 一般而言，国际合资经营企业的经营管理至少应包含哪几个方面？
5. 国际直接投资的动因主要有哪些？
6. 试简要叙述邓宁（J. H. Dunning）的三优势范式。
7. 试述国际直接投资环境的重要性及其决定因素。
8. 国际并购投资的主要动因是什么？
9. 国际并购投资中应考虑哪些重要因素？
10. 净额支付体系为什么被越来越多的跨国公司所采用？
11. 跨国公司为什么要与银行建立并保持良好的银企关系？

思考题

1. 有人认为投资者应该借入预期贬值的货币而投资于预期升值的货币，请针对这种观点发表你的看法。

2. 随着我国“走出去”战略的积极推进，越来越多的中国企业走出国门，寻求跨国投资之路。试用本章介绍的国际投资理论浅析中国企业走出国门的战略选择。

3. 分析为了更好地吸引外资，应如何改善我国的投资环境。

参考文献

1. Alan C. Shapiro, *Multinational Financial Management*, 5th edition, Prentice-Hall Inc. , 1996.
2. Bridge, M. G. , *The Sale of Goods*, Clarendon Press Oxford, 1997.
3. Bradford Cornell's, "Spot Rates, Forward Rates, and Market Dynamics", *Journal of Political Economy* 5, No. 1, 1977, and "Spot Rates, Forward Rates, and Exchange Market Efficiency", *Journal of Financial Economics*, December 1976.
4. Bradford Cornell and J. kimball Dietrich, "The Efficiency of the Market for Foreign Exchange Under Floating Exchange Rate", *Review of Economics and Statistics*, February 1978.
5. Chowdhry, Bhagwan, and Vicram Nanda, "Financing of Multinational Subsidiaries: Parent Debt vs. External Debt", *Journal of Corporate Finance*, 1998.
6. Fry, Maxwell, *Money*, *Interest*, *Banking in Economic Development*, Johns Hopking University Press, 1995.
7. Madura, Jeff, *International Financial Management*, 7th edition, Jointly Published by Peking University Press and Thomson Learning, 2003.
8. Maurice Levi, *International Finance*, McGraw-Hill Book Company, 1996.
9. Marshall, Andrew P. , "Foreign Exchange Risk Management in UK, USA and Asia Pacific Multinational Companies", *Journal of Multinational Financial Management*, Vo. 10, 2000.
10. Moosa, Imad A. , *International Finance: An Analytical Approach*, The McGraw-Hill Companies, Inc. , 2001.
11. Reid W. Click & Joshua D. Coval, *The Theory and Practice of International Financial Management*, Pearson Education Company, 2002.
12. Richard M. Levich, *International Financial Markets: Price and Policies*, McGraw-Hill Companies, 1998.
13. Simons, Katerina, *Should U. S. Investors Invest Overseas*? Federal Reserve Bank of Boston, *New England Economic Review*, 1999.
14. Stephen H. Goodman, "Foreign Exchange Rate Forecasting Techniques: Implications for Business and Policy", *Journal of Finance*, May 1979.
15. Steven W Popper, Caroline S. Wagner, and Eric V. Larson, *New Forces at Work: Industry Views Critical Technologies*, Washington, D. C. : Rand's Critical Technologies Institute.
16. UNCTAD, *World Investment Report*, 2001, 2002, 2003.
17. Wall, Larry D. , and John J. Pringle, *Interest Rate Swaps: A Review of the Issues*, Federal Reserve Bank of Atlanta, *Financial Derivatives: New Instruments and Their Uses*, 1993.

18. 〔美〕保罗·萨缪尔森著:《经济学》,高鸿业译,北京:中国发展出版社1992年版。
19. 〔美〕保罗·克鲁格曼著:《国际经济学》(第5版),海闻译,北京:中国人民大学出版社1998年版。
20. 〔美〕杰费·马杜拉著:《国际财务管理》,杨淑娥、张俊瑞主译,大连:东北财经大学出版社2000年版。
21. 〔美〕曼瑟尔·墨尔森著:《集体行动的逻辑》,陈郁主译,上海:三联书店1995年版。
22. 〔日〕原信著:《外汇风险》(第1版),羊子林、王祝平译,北京:中国金融出版社1987年版。
23. 常勋主编:《高级财务会计》,沈阳:辽宁人民出版社1995年版。
24. 陈彪如著:《国际货币体系》,上海:华东师范大学出版社1990年版。
25. 陈玉箐著:《国际财务管理》,上海:立信会计出版社2002年版。
26. 陈雨露主编:《国际金融》,北京:中国人民大学出版社2001年版。
27. 董安生主编:《国际货币金融法》,北京:中国人民大学出版社1999年版。
28. 董小君著:《金融风险预警机制研究》,北京:经济管理出版社2004年版。
29. 胡奕明主编:《外汇风险管理》,大连:东北财经大学出版社1998年版。
30. 姜波克主编:《国际金融学》,北京:高等教育出版社1999年版。
31. 姜波克、陆前进编著:《汇率理论和政策研究》,上海:复旦大学出版社2000年版。
32. 罗进著:《跨国公司在华战略》,上海:复旦大学出版社2001年版。
33. 史燕平、章昌裕主编:《国际融资学教程》,北京:中国对外经济贸易大学出版社2000年版。
34. 施用海主编:《怎样使用日元贷款》,北京:中国对外经济贸易出版社1996年版。
35. 宋清华、李志辉主编:《金融风险管理》,北京:中国金融出版社2003年版。
36. 陶湘主编:《外汇风险管理实务》,北京:中国金融出版社1995年版。
37. 涂永红编著:《外汇风险管理》,北京:中国人民大学出版社2004年版。
38. 吴丽华编著:《外汇业务操作与风险管理》,厦门:厦门大学出版社2003年版。
39. 夏乐书主编:《国际财务管理》,北京:中国财政经济出版社2001年版。
40. 闫小彦、王中华主编:《新编国际融资方式》,北京:首都经济贸易大学出版社1999年版。
41. 周斌主编:《国际融资实务》,上海:上海交通大学出版社1999年版。
42. 朱叶主编:《国际金融管理学》,上海:复旦大学出版社2003年版。
43. 柴忠东:"经济全球化发展进程中的若干显著变化",《世界经济与政治论坛》,2001年第1期。
44. 崔晓红:"对中国外贸依存度的分析与研究",《中国经贸导刊》,2004年第1期。
45. 戴道华:"国际金融市场回顾与展望",《国际金融研究》,2003年第2期。
46. 葛顺奇:"中国利用外资的业绩与潜力评析",《世界经济》,2003年第6期。
47. 马庆泉:"当前国际金融市场的问题和发展趋势",《经济理论与经济管理》,2002年第9期。
48. 聂名华:"中国企业境外融资方式的比较",《国有资产管理》,2000年第4期。
49. 宋岚:"国际企业外汇经济风险受险额的测量及管理",《华东经济管理》,2002年第6期。

50. 谭雅玲:“2004 年国际金融风险可能性分析”,《经济要参》,2004 年第 6 期。
51. 谭雅玲:“动荡显复苏,博弈有风险——国际金融市场的回顾与展望”,《中国经济信息》,2004 年第 1 期。
52. 王绍文:“论国际金融市场对企业国际化经营的影响”,《经济与管理研究》,2000 年第 6 期。
53. 王雪青等:“国际融资外汇风险防范”,《中国软科学》,2003 年第 3 期。
54. 薛万祥:“网络技术对国际金融市场的影响”,《中国外汇管理》,2000 年第 2—3 期。
55. 喻德坚:“国际资本流向与国际金融市场内在不稳定性”,《社会科学》,2001 年第 5 期。
56. 张永:“中国对外直接投资流向何方”,《经济观察报》,2003 年 11 月 10 日。
57. 周自明:“1995—2002 年外国直接投资对中国国际收支的影响分析——兼对 1995—2002 年人民币汇率稳定走势原因探析”,《世界经济研究》,2003 年第 8 期。

教师反馈及教辅申请表

北京大学出版社以“教材优先、学术为本、创建一流”为目标，主要为广大高等院校师生服务。为更有针对性地为广大教师服务，提升教学质量，在您确认将本书作为指定教材后，请您填好以下表格并经系主任签字盖章后寄回，我们将免费向您提供相应教辅资料。

书号/书名/作者			
您的姓名			
校/院/系			
您所讲授的课程名称			
每学期学生人数	______人　　______年级	学时	
您准备何时用此书授课			
您的联系地址			
邮政编码		联系电话（必填）	
E-mail（必填）			
您对本书的建议：		系主任签字 盖章	

我们的联系方式：

北京大学出版社经济与管理图书事业部

北京市海淀区成府路 205 号，100871

联 系 人：徐　冰

电　　话：010-62767312 / 62752926

传　　真：010-62556201

电子邮件：xubingjn@yahoo.com.cn　em@pup.cn

网　　址：http://www.pup.cn